《易经》是经典中的经典，哲学中的哲学，智慧中的智慧。

彩图全解

周易

任犀然　主编

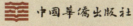

中国华侨出版社

·北京·

图书在版编目(CIP)数据

彩图全解周易 / 任犀然主编. —北京：中国华侨出版社，2013.7（2022.3
重印）

ISBN 978-7-5113-3812-9

I.①彩… Ⅱ.①任… Ⅲ.①《周易》—研究 Ⅳ.①B221.5

中国版本图书馆CIP数据核字（2013）第160404号

彩图全解周易

主　　编：任犀然
责任编辑：江　冰
封面设计：冬　凡
文字编辑：李　鹏
美术编辑：潘　松
经　　销：新华书店
开　　本：720mm×1020mm　　1/16　　印张：25　　字数：721千字
印　　刷：三河市嘉科万达彩色印刷有限公司
版　　次：2013年9月第1版　　2022年3月第8次印刷
书　　号：ISBN 978-7-5113-3812-9
定　　价：78.00元

中国华侨出版社　北京市朝阳区西坝河东里 77 号楼底商 5 号　邮编：100028
发行部：（010）88893001　　　传　真：（010）62707370
网　址：www.oveaschin.com　　E－m a i l：oveaschin@sina.com

如果发现印装质量问题，影响阅读，请与印刷厂联系调换。

前　言

《易经》也称《周易》，约形成于西周初年，原本是筮占用的工具书。这种人类文明轴心期产生的经典，正如其他文化元典一样具有跨越时空的力量。其中寄寓着深邃哲学原理的思维方法，使得《周易》生发和影响了整个中国文化。中国传统文化的六经及所有天文、地理、数学、历法、中医、体育、文学、艺术、建筑、军事等无不与《周易》有着密切的联系。它还是我们历代智者"进德修业"和"安身立命"的修身处世的宝典，融知识、信仰、实践于一体。太极世界，宇宙乾坤、阴阳变化……理解自然宇宙，生生不息，厚德载物，天下之事，无平不陂、无往不复，亢龙有悔、物极则反……认识人生社会；谦受益，满招损，终日乾乾，革故鼎新。六十四卦中蕴藏着博大精深的中国智慧、中华精神世界。

《周易》在我国被尊为"六经之首，大道之源"，是受老子、孔子等古圣先贤和历代伟人、哲人推崇并为近现代国内外的思想家、科学家、文学艺术家和经济学家、企业家等重视的蕴藏了万事万物发展变化规律的大智慧之书。

《周易》是古人的占筮记录，成为了一种文明的智慧之源，又成为体系完备的哲理经典——至今也是不可思议的未解之迷。

《周易》让人心如明镜，让人对世界上的万事万物、千奇百怪的现象都看得清、想得明，不再陷于困惑之中，不再经常有惊奇或是愤慨。有一篇教人创业的文章说，如果这个世界时不时地带给你一些惊喜，请不要创业，因为你的阅历还不够。其实比阅历重要的是智慧，只要有足够的智慧，就有了创业的能力。《周易》讲透了万事万物的现象，也讲透了万事万物的道理，一切都在变，没有什么是不可能发生的；但变是有规律的，一切发生的事都是可以预测、可以把握的。所以孔子说，五十岁以后读《易》，就可以少犯错误了，他重视的是理性的智慧，他很少谈到性和命。

孔子说："始作《易》者，其有忧患乎？"人生是离不开忧患的。《周易》时代的先民，面临着极其险恶的生存环境，他们要有足够的智慧生存和发展。生活在现代的我们，忧患也并不少，科技的发达、经济的发展虽然增强了人对自然的控制，但人类生存和发展的基本问题却依然如故。诸如人与自然的关系，人与人的关系以及成功、幸福、爱情、生死……这些问题不但没有解决，反而更显咄咄逼人。在这个世界上，由于地域、宗教、种族、阶层、观念、体制的不同，每时每刻都在发生着冲突、对立、斗争；但是致力于共同生存和发展的人们也在合作、让步、妥协，为和谐而努力。人们还面临着诸如气候变暖、资源消耗等共同的问题，对于这些忧患，我们都可以从《周易》中找到解除的智慧。

《周易》是洁静精微的学说。我们知道，莲藕生长在淤泥之中，可莲花却洁静美丽，生活的现实红尘滚滚，但生活的真理却洁静精微。《周易》帮助我们在人世的红尘和泥泞之中找出洁静的真理，在浮躁粗俗的社会现象中呈现精微的智慧。《周易》六十四卦，可以视为社会、人生中的六十四种变化现象，代表了世界万事万象的典型，它们喻示了特定的时间、特定的环境条件下的自然、社会、人生的规律，并提出了相应的解决问题的明智对策。

"朝乾夕惕""自强不息"，这是人生励志最基本的原则；"柔顺含弘""厚德载物"，这是为人处世最得人心、能致长远的品德。"作事谋始"，提醒人们做事要慎初，真的谨慎就是"履虎尾"也能平安。做大事必须广泛团结，"同人于野"，成大功必须"顺乎天而应乎人"。要想无往而不利（六爻皆吉）就记住低调做人"卑以自牧"，有功而不居（劳谦）。要想生活幸福必须从"富家"做起，而想"富家"就先要"言有物而行有恒"，把专长的行业做到底。凡事要想得开，明白万事"无平不陂，无往不复"。

《周易》出现两千多年了，但是它的一句句箴言、一条条对策，好像是针对我们眼前的问题写的，好像是先人为我们预先配下的一把把解开问题之门的金钥匙。真的是经典永远有用，经典永远年轻。

目录

上经

❀ 下经 ❀

系辞传

上经

上经三十卦的相承之义：

《周易》首先立《乾》☰、《坤》☷两卦，象征天地，开天辟地，然后万物始生。⟹开辟鸿蒙，万物初生。后面是象征事物"初生"的《屯》☷卦。⟹万物初生，蒙昧无知，所以接着要发蒙、启蒙，是为《蒙》☶卦。⟹万事万物幼稚时需要时间来养育，所以接着是象征"需待"的《需》☵卦。⟹有饮食大欲必然有所争讼，接着是象征"争讼"的《讼》☰卦。⟹争讼必然要组织武装众人的力量，所以接着是《师》☷卦。⟹兴师动众，接着是象征"亲密比辅"的《比》☷卦。⟹相互比辅必然要有聚畜，接着是象征"小有畜聚"的《小畜》☴卦。⟹有所畜聚，必然行动，动必依礼，接着是《履》☰卦。⟹循礼而行则天地通泰，所以接着是象征"通泰"的《泰》☷卦。⟹事物不可能永久亨通安泰，所以接着是象征"否闭"的《否》☰卦。⟹否极必然求同与人，接着是象征"和同于人"的《同人》☰卦。⟹与人和同，有大同大有之象，《大有》☰卦。⟹大有之时切记要戒骄戒躁，所以接着是象征"谦虚"的《谦》☷卦。⟹大有而谦和便能愉悦快乐，所以接着是象征"欢乐"的《豫》☳卦。⟹欢乐之事必然有人随从，所以接着是象征"随从"的《随》☱卦。⟹燕乐过久必然产生积弊，所以接着是象征"拯弊治乱"的《蛊》☶卦。⟹可以临众治事，所以接着是象征"高临"于众人的《临》☷卦。⟹事物崇高盛大便可以受人观瞻景仰，所以接着是象征"观仰"的《观》☴卦。⟹观仰而受教化然后上下之间就有所交合，《噬嗑》☲卦。⟹事物必须讲究文饰，《贲》☶卦。⟹过分的文饰将使事物剥蚀，所以接着是象征"剥落"的《剥》☶卦。⟹剥尽于上将要回复于下，所以接着是象征"回复"的《复》☷卦。⟹能回复正道就不能妄为，《无妄》☰卦。⟹能够不妄为然后可以大量畜聚，《大畜》☶卦。⟹事物大为畜聚然后可以用于颐养众人，《颐》☶卦。⟹接着是象征"大为过甚"的《大过》☱卦。⟹事物如果长久过甚地发展，必然遭遇危险，《坎》☵卦。⟹遭遇危险时必须要有所附着和依靠，接着是象征"附丽"的《离》☲卦。

乾 卦

乾为天
（乾下乾上）

【乾卦导读】

　　卦象：乾下乾上，为天道运行刚健不息之象。卦德：上卦为乾为健，下卦为乾为健。
　　全卦揭示创造宇宙万物的本始力量及变化规律，强调刚健不息。

卦辞

【经文+传文】

　　《乾》元亨利贞。

　　《彖》曰：大哉乾元，万物资始，乃统天。云行雨施，品物流形。大明终始，六位时成。时乘六龙以御天。乾道变化，各正性命，保合大和，乃利贞。首出庶物，万国咸宁。

　　《象》曰：天行健，君子以自强不息。

　　《文言》曰：元者，善之长也；亨者，嘉之会也；利者，义之和也；贞者，事之干也。君子体仁足以长人，嘉会足以合礼，利物足以和义，贞固足以干事。君子行此四德者，故曰："乾：元亨利贞。"

　　《乾》"元"者，始而亨者也；"利贞"者，性情也。乾始能以美利利天下，不言所利。大矣哉！大哉乾乎！刚健中正，纯粹精也。六爻发挥，旁通情也。时乘六龙，以御天也；云行雨施，天下平也。

【译文】

　　乾　元始，亨通，和合有利，贞正坚固。

　　《彖传》说：真是伟大啊，乾的创始！万物都依赖它诞生，万物都是属于天的。云朵漂浮，雨水降下，万物的形态千变万化。太阳东升西落，于是上下和东西南北这六个方位就定下了。太阳按时驾着六条龙在天上往返。乾道不断变化，使万物各归其位，使宇宙保持着大和谐的状态，于是万物受益，正道运行。乾道始生天下万物，使万国都得到了安定。

　　《象传》说：天道刚健，君子取法天道，自强不息。

　　《文言》说：元，是善的开始；亨，是美的荟萃；利，是义的和谐；贞，是行事的根据。君子践行仁德，足以

乾卦六爻以龙来象征乾道德变化。

为人君长；荟萃美好，足以合乎礼仪；利人利物，足以响应道义；坚守正道，足以干出事业。君子能践行仁、礼、义、正这四德，所以说："乾：元亨利贞。"

《乾》卦中的"元亨"，是说天创始和亨通万物；"利贞"，是说天具有利益和规正万物的性情。天创始时用美利来利益天下，却不夸耀它对天下的利益，真是伟大啊！真是伟大啊，天！它刚健中正，达到了纯精的地步。《乾》卦的六爻推演变化，就能广通万物的情状。太阳按时驾着六条龙，为的是在天上运行；云朵漂浮，雨水降下，于是天下太平。

爻辞

初九　潜龙勿用。

《象》曰"潜龙勿用"，阳在下也。

《文言》曰：初九曰"潜龙勿用"，何谓也？子曰："龙，德而隐者也。不易乎世，不成乎名，遁世无闷，不见是而无闷，乐则行之，忧则违之，确乎其不可拔，潜龙也。"

"潜龙勿用"，下也。

"潜龙勿用"，阳气潜藏。

君子以成德为行，日可见之行也。"潜"之为言也，隐而未见，行而未成，是以君子"弗用"也。

【译文】

初九　龙藏水中，暂时不宜妄动。

《象传》说："潜龙勿用"，是因为君子还居于下位。

《文言》说：初九说"潜龙勿用"，是什么意思呢？孔子说："潜龙，是指有德的隐者，他不为世俗所转移，不求虚名，避世却不觉苦闷，不被世人赞同也不苦闷，喜欢的事就去做，忧恼的事就避开，意志坚定不拔，这就是潜龙。

"潜龙勿用"指出事物的初期阶段，应暂行潜藏。

"潜龙勿用"，是因为君子尚居下位。

"潜龙勿用"，因为阳气还在潜伏中。

君子以成就德业为目标，每天都可看见他在行动。说是"潜"，因为君子隐伏不现，行动未成，所以君子不妄动。

【爻意分析】

此为本卦的初始之爻。初九位于乾卦的开始，阳气潜藏，为龙藏于地下之象。初九虽为阳爻，但身居最下之位，故宜将阳气深潜于渊，暗中积聚力量，蓄龙德于内。故虽有时不为他人所理解，亦不要将刚锐之势形诸于外。宜韬光养晦，谋求发展之时机。

【可断结果】

此为"勿用"之爻。然"勿用"绝非不用，只因此时处于条件酝酿阶段，阳气未足，内功尚不坚厚，时机不成熟，还不是崭露头角、发挥作用的时候。故而暂时隐忍潜藏，厚积薄发，以待时机。

【自取之道】

此爻之"勿用"并非不可行动，而应积极酝酿有利条件，以备将来之大用；要暗中积聚力量，时刻观察有利时机，主动创造有利条件，把握分寸，决不可不动或妄动，以期将来有大用。

【经文+传文】

九二　见龙在田，利见大人。

《象》曰："见龙在田"，德施普也。

《文言》曰：九二曰"见龙在田，利见大人"，何谓也？子曰："龙，德而正中者也。庸言之信，庸行之谨，闲邪存其诚，善世而不伐，德博而化。《易》曰：'见龙在田，利见大人。'君德也。"

"见龙在田"，时舍也。

"见龙在田"，天下文明。

君子学以聚之，问以辩之，宽以居之，仁以行之。《易》曰："见龙在田，利见大人。"君德也。

【译文】

九二　龙出现田间，见大人有利。

《象传》说："见龙在田"，这是说君子要广施德泽了。

《文言》说：九二说"见龙在田，利见大人"，是什么意思呢？孔子说："龙，是指有德又中正的人，他常言有信，常行谨慎，防范邪僻，秉持真诚，有益于世却不自夸，德泽广大感化了天下。《周易》说：'见龙在田，利见大人。'这就是君主的品德。"

"见龙在田"，是因为时机到了。

"见龙在田"，因为万物正当锦绣光明。

君子通过学习积累知识，通过问询辨别是非，宽容处世，仁慈办事。《周易》说："见龙在田，利见大人。"这就是君主的品德。

"见龙在田"指出进取者应及时显现。

【爻意分析】

此为本卦的初升之爻，居下经之中位。虽不当正位，但所处地位有利。九二位居第二爻，位置在地面之上，象征纯阳之气已从地下升出地面，就像龙离开潜藏的地下而显露于地面。此时，九二君子应该崭露头角，拜见九五大人，以求施展自己的抱负。

【可断结果】

此爻为阳气更生、龙初出渊之爻，故应上接地表之阳气，下乘渊源之沧水，既上借上位之力，又赢下位之推托，可以施展抱负，但决不可脱离群人大众，而应借自己所处的有利时机和地位主动赢得大众的支持，否则既可崭露头角，亦能重沉深渊。

【自取之道】

处于此爻之位，可选择有利时机初露锋芒，但要审时度势，谨言慎行，心律纯正，谦恭为人，方可有成。

【经文+传文】

九三　君子终日乾乾，夕惕若，厉无咎。

《象》曰："终日乾乾"，反复道也。

《文言》曰：九三曰"君子终日乾乾，夕惕若，厉无咎"，何谓也？子曰："君子进德修业，忠信所以进德也，修辞立其诚，所以居业也。知至至之，可与言几也；知终终之，可与存义也。是故居上位而不骄，在下位而不忧，故乾乾因其时而惕，虽危无咎矣。"

"终日乾乾"，行事也。

"终日乾乾"，与时偕行。

九三重刚而不中，上不在天，下不在田。故乾乾因其时而惕，虽危无咎矣。

【译文】

九三　君子整天勤勉不懈，晚上谨小慎微，纵使遇险也能化险为夷。

《象传》说："终日乾乾"，是说君子反复行道。

《文言》说：九三说"君子终日乾乾，夕惕若，厉无咎"，是什么意思呢？孔子说："这说的是君子增进道德，治理事业。忠信可以增进道德，说话立足真诚，可以积累功业。知道方向并走上了方向，就可以跟他谈事业的精微的道理了；知道目标并达成了目标，就可以和他一道秉守事业的大义了。所以君子居高位时不骄傲，处低位时不忧愁，随时勤勉警惕，纵使遇险也能化险为夷了。

"终日乾乾"，是说君子勤勉行事。

"终日乾乾"，是说君子与时俱进。

九三与九二重刚，又未居上卦或下卦中位，上不在天位，下不在地位，所以只有随时勤勉警惕，才能纵使有危险，也能转危为安。

九三君子终日自强不息，直到晚上也能怀抱戒惧之心，那么纵处危险境地，也能没有咎错

【爻意分析】

九三位于下卦之上，上卦之下，位于上下卦交界处，并即将进入上卦乾卦。其处境尴尬，是个危厉之地，有刚阳相冲，盛极必衰之象。幸而九三以阳爻居阳位，是个刚健君子，若能终日勤勉，时时事事警惕，亦可无咎。

【可断结果】

此爻"无咎"之果决非天成，而完全在自己选择。若终日谨慎自励，注重己身修养，时刻自励、自省、自强，则会得无咎之果；否则将酿恶果。

【自取之道】

居于此位，若不思进取，时不自警，当会上讨上爻九四之厌，下受下爻九二之指责，处境不利，然时时处处多加勤勉，终日警惕，上不骄，下不卑，上下交结，待人以诚，修养德行，以信立业，将能化险为夷。

【经文+传文】

九四　或跃在渊：无咎。

《象》曰："或跃在渊"，进无咎也。

《文言》曰：九四曰"或跃在渊，无咎"，何谓也？子曰："上下无常，非为邪也；进退无恒，非离群也。君子进德修业，欲及时也，故无咎。"

"或跃在渊"，自试也。

"或跃在渊"，乾道乃革。

九四重刚而不中，上不在天，下不在田，中不在人，故"或"之。"或"之者，疑之也，故"无咎"。

【译文】

九四　（龙或飞腾上天），或遁守深渊：无害。

《象传》说："或跃在渊"，这是说向前进取无害。

《文言》说：九四说"或跃在渊，无咎"，这是什么意思呢？孔子说："（君子像龙一样）或上或下不定，不是为了使坏；或进或退不定，不是脱离群众。君子增进道德，治理事业，只是想把握时机罢了，所以是无害的。"

"或跃在渊"，是说君子自试才能。

"或跃在渊"，是说天道开始变化了。

九四与九三重刚，又未居上卦或下卦中位，上不在天位，下不在地位，中不在人位，所以说"或"。所谓"或"，是说君子的位置疑而未定，所以说"无咎"。

"或跃在渊"说明相机而动没有咎错。

【爻意分析】

此爻居本卦之上卦，上卦之下爻，正在从下体进入上体之时，其地位未定，进退两难，又兼阳爻居阴位，有不当位之过。其处九五尊位之侧，所处之位特殊，易遭受上尊位之疑忌。故居此位者应进退得当，审时度势，灵活进退，见机而动，切忌妄动。

【可断结果】

九四爻已进上体，绝不可盲目冒进，但也应相机而动，切不可一味无所作为。只要把握时机，修身养性，依托众人，可得无咎之果。

【自取之道】

此爻"无咎"之果并非天定，处于本位者应勤于思考，不可因畏惧而回避矛盾。宜审时度势，借有利之机知进知退，能上能下。更应依靠群众，绝不可脱离群众，该进则进，方可无咎。

【经文+传文】

九五　飞龙在天，利见大人。

《象》曰："飞龙在天"，大人造也。

《文言》曰：九五曰"飞龙在天，利见大人。"何谓也？子曰，"同声相应，同气相求；水流湿，火就燥；云从龙，风从虎。圣人作而万物睹。本乎天者亲上，本乎地者亲下，则各从其类也。"

"飞龙在天"，上治也。

"飞龙在天"，乃位乎天德。

夫"大人"者，与天地合其德，与日月合其明，与四时合其序，与鬼神合其吉凶，先天而天弗违，后天而奉天时。天且弗违，而况于人乎？况于鬼神乎？

【译文】

九五　龙飞在天上，见大人有利。

《象传》说："飞龙在天"，是说大人可以大有作为。

《文言》说：九五说"飞龙在天，利见大人"，这是什么意思呢？孔子说："同类的声音互相应和，同种的气息互相觅求；水流向湿处，火烧向干处；云伴从龙，风伴从虎。圣人兴起就会万人仰望。本属天的亲近上面，本属地的亲近下面，那么万物就都能各得其所了。

"飞龙在天"，是说君子居高治国。

"飞龙在天"，是说君子具有天一样的品德。

所谓"大人"，品德可比天地，贤明可比日月，行为有序可比四季，察知吉凶可比鬼神，

飞龙在天。

走在天之前办事却能不违背天，落在天之后办事却能奉行天时。天道尚且不违背他，何况人呢？何况鬼神呢？

【爻意分析】

此爻九五，"九"为阳数之至高，"五"为阳数之至中，故位极尊。乾卦的六爻皆属阳爻，乃纯阳而至为刚健。乾卦变化到九五爻之时，其阳气已壮盛于天。九五爻居中位，又为阳爻居阳位，其深得乾道精义，故极为中正刚健，纯粹而精，不偏不倚。若能与"天、地、人"三才相和，顺应天道法则，必能以其刚健中正之德，向上腾飞至于天位，为万民景仰。是大德大才之人大展宏图，有大作为之爻。

【可断结果】

九五爻处于上卦中位，又是阳爻居于阳位，居中而得正。此位已至阳气鼎盛之态，又居阳位，如龙之飞腾在天，必将功业无限。九五在所有卦里都是最吉之爻，被称为"君位"。皇帝被称为九五之尊就是这么来的。

【自取之道】

因九五之龙腾于浩天，故所交之"大人"当德重而位高，才智非凡。若能泽被于民，同时对"大人"施之以德而至，于民于己必当有大利。反之，如若居功自傲，脱离众人，则"大人"将不为我所用，功业减小，损失极大。

然只有自己修身自砺，广施惠泽于民，又能推德于"大人"，必能使"大人"为我所用，自己方能鸿图大展。

【经文+传文】

上九　亢龙有悔。

《象》曰："亢龙有悔"，盈不可久也。

《文言》曰：上九曰"亢龙有悔"，何谓也？子曰："贵而无位，高而无民，贤人在下位而无辅，是以动而有悔也。"

"亢龙有悔"，穷之灾也。

"亢龙有悔"，与时偕极。

"亢"之为言也，知进而不知退，知存而不知亡，知得而不知丧。其唯圣人乎，知进退存亡而不失其正者，其唯圣人乎！

【译文】

上九　飞得过高的龙会有麻烦、陷于困境。

《象传》说："亢龙有悔"，是说凡事过度就久不了。

《文言》说：上九说"亢龙有悔"，是什么意思呢？孔子说："尊贵却没有君德，居高却脱离群众，贤人屈居下位而丧失辅助，所以君主一妄动就有悔恨。"

"亢龙有悔"，因为君子途穷遭灾了。

"亢龙有悔"，因为君子与时途穷了。

[上九]说是"亢"，是因为君子知进而不知退，知存而不知亡，知得而不知失。大概只有圣人吧——既知道进退存亡，又不失正道的，大概只有圣人吧。

亢龙有悔。

【爻意分析】

此爻上九之位既为本卦最高位，又为本卦之末位，阳气将消，阴气欲长，高而无民，贵而无位，处于不利之境。

【可断结果】

此爻阳居阴位，又为阳气之末。处此位者，如若一味前行而不择时机，只知大动而不论时势，只知取而不事付出，不为前行创造必要条件，则会盲目前驱，肆意冒进，将悔之无及。

【自取之道】

此爻之发展趋势植根于下爻九五之作为。身居九五之时，君临天下，往往得意忘形，抛却居安思危之古训，如若处上九之位仍不知进退，则会急于发展，盲目跃升，则必盛极则衰，以致有悔；如若居九五尊位之时安中知危，下依众人，左右交接，慎终如始，警惕戒惧，知过能改，则可能善始善终。

【经文+传文】

用九　见群龙无首：吉。

《象》曰："用九"，天德不可为首也。
《文言》曰：乾元"用九"，天下治也。
乾元"用九"，乃见天则。

【译文】

用九　群龙出现，都不以首领自居：吉祥。

《象传》说："用九"，六条龙具有的都是天一样的德行，彼此势均力敌，谁也不能成为谁的首领。

《文言》说：乾元"用九"，是说天下大治。

乾元"用九"——"用九"体现了天的规律。

【爻意分析】

"用九"是指占筮时得到了六个"九"而不是六个"七"。九为变爻，所以六个阳爻要变为阴爻，乾卦将变为坤卦。"群龙"是指乾卦的六个爻都从阳爻变为阴爻。值得注意的是，"用九"之卦，既不完全是乾卦，也不完全是坤卦。是乾卦将转变坤卦之时，所以兼有乾坤两卦的美德。

用九"群龙无首"，兼具"乾""坤"二卦之美德，刚柔相济，必能得吉。

【可断结果】

乾卦的六个爻都从阳爻变为阴爻，除了具有阳刚的本性外，又兼具阴柔之美。本为刚强却能柔顺，刚柔相济必能得吉。

【自取之道】

乾卦本为纯阳，为至刚至健之卦，居于领首地位。而其居于首领地位却不以首领自居，对待德行、才学或权位比自己差的人，却能平易谦逊，先人后己。越是这样，就越能得到大家的拥护。不以领首自居者，人们却偏偏愿意推举他为首领。

龙——中华文化刚健向上、奋斗不息精神的象征

龙，在中国文化中是一种至高无上的形象，象征着无穷的活力和美好与吉祥。龙的形象是力量、威严和美的集合，它"角似鹿、头似驼、掌似虎、耳似牛"（罗愿《尔雅翼·释龙》），"能幽能明、能细能巨、能短能长、春分而登天，秋分而潜渊"（许慎《说文解字》），乾卦以龙为象表现了中华文化刚健向上、奋斗不息的精神特征。

坤 卦

坤为地
（下坤上坤）

【坤卦导读】

　　卦象：下坤上坤，为大地绵延伸展，无边无际之象。卦德：下卦为坤为顺，上卦为坤为顺。
全卦揭示此柔顺厚重的坤的发展规律。

卦辞

【经文+传文】

　　《坤》 元亨，利牝马之贞。君子有攸往，先迷后得主；利。西南得朋，
东北丧朋；安贞吉。

　　《彖》曰：至哉坤元！万物资生，乃顺承天。坤厚载物，德合无疆。含
弘光大，品物咸亨。牝马地类，行地无疆，柔顺利贞。君子攸行，先迷失
道，后顺得常。"西南得朋"，乃与类行；"东北丧朋"，乃终有庆。安贞
之吉，应地无疆。

　　《象》曰：地势坤。君子以厚德载物。

　　《文言》曰：坤至柔而动也刚，至静而德方。后得主而有常。含万物而化
光。坤道其顺乎，承天而时行。

【译文】

　　《坤》 元始，亨通，像雌马一样柔顺而守正道必然
吉祥；安祥守正就会吉祥。

　　《彖传》说：真是达到了极致啊！坤的创始！万物都
依赖它诞生长成，它是顺承着天道的。坤道的大地深厚，
承载万物，坤德配合乾德，没有止境。大地涵容一切，广
阔无垠，万物都亨通畅达。母马和地同类，在地上奔驰无疆，
它性情柔顺，利于秉守正道。君子出行，起初因抢行而
先迷失道路，后来随于人后顺利得回正路。往西南去得
到朋友，于是伴友同行；往东北去失去朋友，却能终获
福庆。安守正道是吉祥的，能适应大地的广大无边。

　　《象传》说：地势柔顺，君子取法大地厚德载物。

　　《文言》说：大地极其柔顺，但运动却是刚健的；

坤卦以柔顺的雌马为象征。

大地极其宁静，但地道却是方正的。地道随天道之后，
以天道为主人，有稳固的规律。地包容万物而化育广大。地道是柔顺的呵，顺承天道且按时运行。

爻辞

【经文+传文】

 　　初六　履霜，坚冰至。

《象》曰：初六　"履霜"，"坚冰"，阴始凝也；驯致其道，至"坚冰"也。

《文言》曰：积善之家，必有余庆，积不善之家，必有余殃。臣弑其君，子弑其父，非一朝一夕之故，其所由来者渐矣，由辩之不早辩也。《易》曰："履霜，坚冰至。"盖言顺也。

【译文】

初六　当脚踩到秋霜时，寒冬的坚冰也将来临。

《象传》说："履霜"，是说阴气开始凝结了；顺着自然规律发展下去，就会形成"坚冰"。

《文言》说：积善的人家，必然多福庆，积不善的人家，必然多灾殃。臣弑君，儿弑父，不是一朝一夕的缘故，它所以变成这样是渐成的，是由可以察觉却没有早点察觉造成的。《周易》说："踩上霜，坚冰也将来临。"大概说的就是这种事物发展的必然趋势吧。

踩着微霜，就知道坚冰快要出现了。这正是坤卦阴柔的美德，能从微小的迹象中体察事物的发展趋势。

【爻意分析】

此爻处六爻阴气之极下，是阴气初生之象。阴气凝结，其始甚微，及其积增渐盛，以至为霜，所以要及时察觉征兆，早做预防。此爻以阴爻居阳位，不当位，故而此爻处境不利，要谨慎小心，见微知著，可预知坚冰将至。

【可断结果】

依此爻所处之位猜测坚冰将至，但应视此为自然规律，不可回避或畏惧，坚定信念，经受考验，则终会有寒冰融化、春暖花开之时。

【自取之道】

此爻处不利境地。若畏难不前甚或退却，则半途而废；然能正视天道规律，勇于面对，以备履冰之难，坚定信心，则会难中获益，取胜有望。

【经文+传文】

 　　六二　直方大，不习，无不利。

《象》曰：六二　六二之动，"直"以"方"也；"不习无不利"，地道光也。

《文言》曰："直"，其正也，"方"，其义也。君子敬以直内，义以方外，敬义立而德不孤。"直方大，不习无不利"，则不疑其所行也。

【译文】

六二　正直、端方、博大，即使不修习也没有什么不利。

《象传》说：六二君子们的行为，趋于正直端方；"不习无不利"，这是因为地道广大。

《文言》说："直"，是指正直，"方"，是指行事合乎道义。君子通过诚敬成就内在的正直，通过道义成就外在的方正。诚敬、道义确立了，德行就不会孤立了。"直方大，不习无不利"，那么人们就不会怀疑他所做的了。

坤卦六二正直端方，即使不修习也无所不利。

【爻意分析】

此爻居地之上，地气蒸腾而旺盛；阴爻居阴位而当位，又居下卦之中位，有地之象（初、二为地，三、四为人，五、上为天），可以说是纯正的坤道的体现者，中正纯粹，为本卦之主爻，居有利之势位。

【可断结果】

此爻居位中正，若又能以直、方、大、不习为修身之道，注重个人修养，简物修德，不重小利，则可"无不利"。否则则会功败垂成。

【自取之道】

处此位者，若能借其中正之位，心诚而意专（直），尊事物之道（方），以天下为公之德（大），以绝偏门邪道（不习），应其自然，顺承天道，摒却功利，则无往而不利。反之，则坐失其利，劳而无功。

【经文+传文】

 六三　含章可贞；或从王事，无成有终。

《象》曰：六三　"含章可贞"，以时发也；"或从王事"，知光大也。

《文言》曰：阴虽有美，含之以从王事，弗敢成也。地道也，妻道也，臣道也。地道"无成"，而代"有终"也。

【译文】

六三　内蕴文采，能守持正道，或从事辅佐君王的事业，不能成功也有好结果。

《象传》说："含章可贞"，要适时使用；"或从王事"，是因为他智慧大。

《文言》说：臣子虽有美德，却能收敛着从事王事，不敢以成功自居。地道就是妻道、臣道。地道无所谓成功，它只是替天道成功罢了。

【爻意分析】

六三爻位于下卦上方，是得位的人臣。其以阴爻居阳位，不中不正，形势并不利。但六三能含蓄才能，不露锋芒，静待君王下令才依命而行。六三所行唯王命是从，等到事情成功之后，也不居功，将所有的功劳都归于主上。其将功劳都视为自己的职分所在而已，一切事功都不过是依从王命而有所得。能持守这样的原则，必能避免招致不幸而无所悔恨。

此爻阴气脱地而腾空，又兼阴爻居阳位，不中不正却半刚半柔，动静双兼。故可见处此位者利弊兼收，其成败在两可之间。

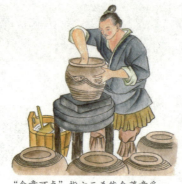

"含章可贞"指六三爻能含藏章采，谨言慎行。

"或从王事，无成有终"是指辅佐君王的事业，功成而不自居，最后才会有结果。

【可断结果】

若此爻之主深涵美德而不露，依天道而行，恪守为臣之道，辅佐君王之业，能做到不居功自傲，行事谨慎，当能善始善终。反之，则致无终。

【自取之道】

此爻利弊兼具，其终极之果赖于人之作为。若消极等待而未竭力进取，终致无成。若能固守正道，示以柔顺，含章不露，不居功自傲才，不急于求成，谨小慎微，坚守阴柔之固有美德，必会善始善终。

【经文+传文】

六四　括囊：无咎无誉。

《象》曰：六四　"括囊无咎"，慎不害也。

《文言》曰：天地变化，草木蕃；天地闭，贤人隐。《易》曰："括囊，无咎无誉"，盖言谨也。

【译文】

六四　捆紧囊袋（比喻遇事缄口，不理是非）：无害也无赞誉。

《象传》说："括囊无咎"，是说君子行事谨慎就会无害。

《文言》说：天地变化，草木就旺盛，天地闭塞，贤人就退隐。《周易》说："括囊，无咎无誉。"大概说的就是谨慎处世的道理吧。

"括囊无咎"是指扎紧囊口，免遭危害，也不求赞誉。

"括囊无咎"是说君子行事谨慎就会无害。

【爻意分析】

此爻居上卦之最下位，阴爻居阴位，而位居不中，而又乍离下体，位处上体之卑位，上下均不可即，处势尴尬，乃危惧之地。

【可断结果】

因此爻处境尴尬，无依无托，故应谨言慎行，既不为恶，亦不言他人之过；既不争誉，亦不赞誉他人，保持缄默，则可安然度过险地。否则，自处是非之地，极易惹祸上身。

【自取之道】

处此位者，誉咎皆可取祸。一则自己未能谨言慎行而得其咎，此祸自不可免；次则誉谤他人，因所处时位不利而引咎上身；再则居功自傲，功高震主，又惹争誉之嫌。投手措足艰难异常，动辄得咎，然能三缄其口，谨言慎行，不参毁誉，当可步过危地，否则，将祸至无日。

【经文+传文】

六五　黄裳：元吉。

《象》曰：六五　"黄裳元吉"，文在中也。

《文言》曰：君子"黄"中通理，正位居体，美在其中，而畅于四支，发于事业，美之至也。

【译文】

六五　黄下衣（象征富贵）：大吉。

《象传》说："黄裳元吉"，是因为君子心怀美德。

《文言》说：君子内怀美德，通达事理，端正位置，秉守仪礼，美德在心中，外现在四肢上，发扬在事业上，美德真是达到了极致呵。

黄居五色之中，裳为下体之衣，所以"黄裳"为"谦中居下"之意。

【爻意分析】

此爻居上卦之中位，然非本卦之正位；阴居阳位，故能刚柔相济，具柔顺之德。坤卦第五爻时，坤阴发展到鼎盛时期，升居卦中尊位，但仍能保持柔顺之德，谦恭而能居下，极尽辅佐之力，所以是大吉之兆。

【可断结果】

本卦本色为黄，为地之象征。又上为乾卦，古装上衣下裳，故本卦为"黄"为"裳"。此爻居坤卦之内，宜与本卦之色一致，以示柔顺之德，时刻持谦恭卑下之态，顺从天道，滋生并承载万物，籍本卦之大吉显现此爻之吉象；而若反道而行，则凶多吉少。

【自取之道】

此爻宜遵循本卦之谦恭美德及善之本性，谦逊柔和，慧于中而形于外，开阔心胸，海纳百川而甘居人下，自会大吉。

【经文+传文】

上六　龙战于野，其血玄黄。

《象》曰：上六　"龙战于野"，其道穷也。

《文言》曰：阴疑于阳必战，为其嫌于无阳也，故称"龙"焉，犹未离其类也，故称"血"焉。夫"玄黄"者，天地之杂也，天玄而地黄。

【译文】

上六　二龙在野外搏斗，淌出黑黄色的血。

《象传》说："龙战于野"，是说君子途穷了。

《文言》说：阴和阳势钧力敌时，一定起争斗，本是阴与阳战而说成"龙战"，是因为怕人们误以为无阳，但上六还没脱离它的阴类属性，不能离开阳，所以称"血"表示阴阳交合。所谓"玄黄"，这是天地杂合的颜色，天是玄色，地是黄色。

龙战于野，其血玄黄。

【爻意分析】

此爻居本卦之末极，又阴居阴位，故阴气凝重而向外逸散。物极而必反，势极而必衰，阴极而宜阳。本卦至此柔顺之德转为刚逆之势，大有与乾阳一决高下之态。

【可断结果】

此爻因阴极而阳，本性颠倒，先后不分，主从错乱。故居此位者若以前时柔顺之策以柔克刚，则可不战而屈人之兵；若不择时机，不分情势，以阴极之阳逞刚于外，两相争斗，则会两败俱伤，或致不可收拾之境地。

坤卦阴爻皆为太阴，则已柔顺至于极点，唯有变为阳刚，才能永久保持正固。

【自取之道】

处此爻者宜顺从前之阴柔之气，潜以发展自身之力，图谋以柔克刚，则可不战而胜；如若阴极而逞刚勇之势，必与乾阳之势相互争斗，或可致两败俱伤之惨局。

【经文+传文】

 用六 利永贞。

《象》曰：用六 "用六永贞"，以大终也。

【译文】

用六 永远坚守正道就会有利。

《象传》说：用六说，永远正直，就会大有收获。

【爻意分析】

"用六"是指占筮时得到了六个"六"而不是六个"八"。六为变爻，所以六个阴爻要变为阳爻，坤卦将变为乾卦。

为什么六十四卦只有乾、坤两卦有"用九用六"？

用九为乾卦最上的一个爻名。乾卦的卦象全部由阳爻组成，六爻都称"九"，是纯阳之卦，所以在六爻之外增加一个"用九"爻。用，是通的意思，"用九"是通观全卦之意。古人占筮时逢乾卦变坤卦就据用九爻辞占断。

用六为坤卦最上的一个爻名。坤卦是纯阴之卦，故多出一个"用六"爻，这是通观六爻皆阴的全卦之意。古人占筮时遇坤卦变乾卦，一般就用六爻辞占断吉凶。

用九、用六这两爻只有爻题和爻辞，而无相应的爻位爻象，所以所称为无位之爻。《周易》六十四卦中只乾、坤两卦有此无位之爻。

屯 卦

云雷屯
（下震上坎）

【屯卦导读】

卦象：下震上坎，为云雷交动之象。卦德：下卦为震为动，上卦为坎为险。

全卦喻示"万事开头难"的事理。但此卦也预示了创业虽难，必将如新生幼芽，破土而出。

卦辞

【经文+传文】

《屯》 元亨，利贞；勿用有攸往，利建侯。

《彖》曰：《屯》，刚柔始交而难生，动乎险中，大亨贞。雷雨之动满盈，天造草昧。宜建侯而不宁。

《象》曰：云雷，屯。君子以经纶。

【译文】

《屯》象征事物的初生：元始、亨通，利于坚守正固；不宜有所前往，利于建立诸侯。

《象传》说：《屯》卦的象征是，阴阳二气开始相交，艰难也随之萌生，事物在艰险下运动发展，（如同雷雨，动生万物而润泽之，）有元大、亨通、正直的美德。雷雨动行天下，大自然虽然蒙昧，却一片生机。适宜封侯得大安宁。

《象传》说：云行于上，雷动于下，这就是《屯》卦。君子取法《屯》卦，在事业草创之际即规划治国方略。

屯卦象征事物初生，利于坚守正道，不宜有所前进。

为了巩固自己的地位，可以分封诸侯。

爻辞

【经文+传文】

初九　磐桓；利居贞，利建侯。

《象》曰：初九　虽"磐桓"，志行正也。以贵下贱，大得民也。

【译文】

初九　徘徊迟疑；静居守持，正固有利，利于建立诸侯。

《象传》说：虽然徘徊难以前进，志向和行为却是端正的。地位虽高但能以谦和态度对待人民，就能大获民心。

徘徊迟疑；静居守持，正固有利。

【爻意分析】

此爻阳爻居初位，上有两阴爻相阻，故阳气不足，需要积蓄力量。初九如果想要扩大功业，就应礼贤下士，以求协助。初九爻处于艰难创始时期，不可轻举妄动，只有固守正道，才能安然渡过屯难时期，前途大有可为。

【可断结果】

此爻阳气未足，又兼孤立无援，徘徊不前，彷徨不安，故需先稳定自己，修身养性，恪守正道，积聚条件，依事或物的规律办事，建立深广的根基，先立志而后图谋，寻求机会，决不可贸然妄动。只要固守贞正的德行，时机一到，动则成功。

【自取之道】

此爻虽有刚勇善进之意，但阳气未足，故而徘徊不前。在迷惑不明时，宜坚定守正，厚积薄发以待时机，切忌妄动。

【经文+传文】

六二　屯如邅如，乘马班如，匪寇，婚媾；女子贞不字，十年乃字。

《象》曰：六二　六二之难，乘刚也。"十年乃字"，反常也。

【译文】

六二　（他们）聚集前来，乘马回旋，不是抢劫的，是求婚的；女子守持正固，不急出嫁，十年后才能嫁。

《象传》说：六二中的"女子贞不字，十年乃字"是艰难的，是因为女凌驾男。"十年乃字"，是反常的事。

【爻意分析】

此爻阴居阴位，又为中位，当为中正之爻。然又阴乘初九阳位之上，故而难以驾驭，亦为盘桓难进之爻。

【可断结果】

此爻因阳气不足，又居阳爻初九之上，故若为男子，因创业伊始，难有所成，此时向女子求婚会为女方所不许；若为女子，则宜坚守礼节，不可轻易许嫁他人。

女子十年守正不嫁，指出守正待时的重要。

【自取之道】

此爻处于艰难困境之中，必当意志坚定，不为威武所屈，不被反常现象所动摇。当待得修炼自己致功成名就之时，自会水到渠成，必遂所愿。

【经文+传文】

六三　即鹿无虞，惟入于林中，君子几不如舍，往吝。

《象》曰：六三"既鹿无虞"，以从禽也。君子舍之，"往吝"，穷也。

【译文】

六三　逐鹿而没有虞官的帮助，只是空入林海之中，这时与其继续追捕，不如舍弃，继续追捕则将有不利。

《象传》说："即鹿无虞"，这是说追捕禽兽。君子弃追，是因为"往吝"，前去也难有得，而且会受困。

【爻意分析】

六三阴爻居于阳位，不正不中，又与上六同为阴爻，亦不相应，其力弱而急于求进，好比无虞人相助而入林逐鹿（古人打猎，虞人负责驱赶出禽兽以供猎人捕捉），只能白白深入林海，不如放弃不逐。若轻率冒进，深入山林，不仅徒劳无功，说不定还会陷入险境。

即鹿无虞，宁可放弃野鹿而不去追逐，如果执迷不悟，一心要追逐到那只鹿才肯罢休，最终只会得到不利的下场。

【可断结果】

此爻之意阴居阳位，因内心躁动而欲追鹿入林，结果将不得而知。若执意继续追赶，将会迷途密林，遭受小挫。如若当机立断，放弃不切实际的追求，虽此机会有失，但能重寻机会，舍而后得。

【自取之道】

处此爻位，应当看清机会，明辨取舍，不可盲目行动；宜当机立断，调整心态立刻回头，以寻找更好的机会。

【经文+传文】

六四　乘马班如，求婚媾，往吉，无不利。

《象》曰：六四　求而往，明也。

【译文】

六四　乘马徘徊去求婚，前去吉祥，没有不利。

《象传》说：有求于下而前往——这是明智的。

六四爻以应承求婚之事指出邀贤辅佐是明智之举。

【爻意分析】

六四爻为阴爻居于阴位，当位得正，上承九五刚正之君。但六四为阴柔之质，尚不足以独自济难出险，有待于外援。六四爻于是下应与它有正应关系的初九，以成婚配。六四与初九阴阳相应，同舟共济，刚柔相得，共同辅佐九五君王，如此以往，则吉而无不利。

【可断结果】

处此爻者略为柔弱，与上卦九五接近。初九、九五与之相互牵制，使处此位者意志动摇，进退两难。六四若孤身上行必将不利，然又与九五相近。如若能应初九相求，初九可助其一臂之力，两力相合，刚柔相济，共同辅佐九五，则有所成。

【自取之道】

处此爻者不可孤力冒进，应主动自省自修，矢志不移；并且要放下身段，无所顾忌地以上求下，求贤相辅，取刚济柔。如二力相合，择机而动，既有前之受挫经验，又有外力相助，如婚配于之前所中意者，将无不利。

【经文+传文】

九五　屯其膏，小贞吉，大贞凶。

《象》曰：九五　"屯其膏"，施未光也。

【译文】

九五　处草创之艰难，需要普施恩泽。柔小而守正可得吉祥，若刚大则守正也凶险。

《象传》说："屯其膏"，是说君子尚未广施德泽。

【爻意分析】

此爻居中正之位，又位居本卦至尊，然陷于上之坎卦中心，而致举措艰难，需辅佐之力。

【可断结果】

九五与六二本能阴阳相应，而六二因过于阴柔而无力辅佐，其力不足以解九五之困厄。故九五处重围之内，若有才力亦难施展。如能保持纯正之心，小事能逢凶化吉，大事亦不免涉于凶险之中。

【自取之道】

此爻处柔弱之时，虽居位中正，但处于屯难之时，又陷于坎险之中，天地人不合，故宜广施恩泽于众人，收齐人心，则可小事获吉。

屯其膏。

【经文+传文】

 上六　乘马班如；泣血涟如。

《象》曰：上六　"泣血涟如"，何可长也？

【译文】

上六　乘马之人徘徊不前；血泪直流。

《象传》说："血泪直流"，这种状况怎能长久呢？

【爻意分析】

此爻位于屯卦之终，在屯难之极，因其为阴柔之质，与六三不成正应，显孤立无援之状，忧惧交加，血泪交流。上六欲乘马而去，无奈无处可去，已然是困厄到了极点。"泣血涟如"比喻上六急切地想挣脱出险境而无可奈何，以致悲痛欲绝。

【可断结果】

上六以柔爻居于屯卦极上之地，进退不能，困厄非常。此爻内乏刚阳之气，外无相援之手，又处困顿之中，故处境艰险，或至盘旋不前，血泪涟涟。然屯极思变，变者可通。若困顿之极而思变通，中正慎行，困厄之状不会久远。

乘马班如；泣血涟如。

【自取之道】

处此爻者虽孤困相交，然能坚定信念，看清事物初始之艰难，力行中正之道，穷思变通，依道而行，终能冲破险阻。

蒙 卦

山水蒙
（下坎上艮）

【蒙卦导读】

卦象：下坎上艮，为泉水源源不断从山壁涌出之象。卦德：下卦为坎为险，上卦为艮为止。
全卦揭示了人生最重要的是启蒙的道理，强调蒙昧无知只有通过启蒙教育才能茁壮成长。

卦辞

【经文+传文】

《蒙》亨；匪我求童蒙，童蒙求我，初筮告，再三渎，渎则不告；利贞。

《彖》曰：《蒙》，山下有险，险而止，《蒙》。"蒙亨"，以亨行时中也。"匪我求童蒙，童蒙求我"，志应也；"初筮告"，以刚中也；"再三渎，渎则不告"，渎蒙也。蒙以养正，圣功也。

《象》曰：山下出泉，《蒙》。君子以果行育德。

【译文】

《蒙》亨通；不是我去求幼童占筮，是幼童求我占筮，初次求教就施以教诲，再三乱问，这就渎犯了神圣的筮法，乱问就不再为之筮。此卦是有利的占问。

《彖传》说：《蒙》卦的象征是，山下有危险，君子遇险止步，这就是《蒙》卦。《蒙》卦是亨通的，是因为遇险止步是及时的和中正的。"匪我求童蒙，童蒙求我"，这是说双方的想法一致；"初筮告"，是因为蒙童求问的是刚健中正的事；"再三渎，渎则不告"，是因为这种行为是渎犯神灵的和蒙昧的。通过培养中正的道德去除蒙昧，这是圣人的功业。

《象传》说：山下涌出泉水，这就是《蒙》卦的象征。君子取法《蒙》卦果断行动，培养道德。

"匪我求童蒙，童蒙求我"强调受教育者求知的欲望和主动性对于启蒙教育是非常重要的。

爻辞

【经文+传文】

初六 发蒙；利用刑人，用说桎梏；以往吝。

《象》曰：初六 "利用刑人"，以正法也。

【译文】

初六 启发蒙昧；利于以法教育人，使其脱离桎梏。但有所前往则会发生艰难之事。

《象传》说："利用刑人"，是说君子按照法令办事。

【爻意分析】

此爻为本卦之初始，其位置最下，且以阴爻居于阳位，不中不正，好似个蒙昧不守正道的学童，需要九二刚中师长的教导。启蒙之始，宜严以施教，必要时应给以惩罚，使之回归正途。若姑息迁就，任其自由散漫，劣性滋长，日后铸成大错，则后悔莫及。所以初六犯下小错之时，就要予以适当惩戒，使其铭记在心。如此才能避免其日后的无穷祸患。

对初六应该严加管束，必要时可以采取惩戒手段，非如此不能使之归于正途。若听任其劣性滋长，日后恐将铸成大错，结果成为受桎梏之苦的刑犯。

【可断结果】

此爻处蒙学伊始，所持柔弱，然为可造之才，故当施教以严，敦其走正途，或可有为；若对其姑息迁就，不加训诫，则会遗患无穷，悔之莫及。

【自取之道】

处此爻位为蒙昧之初，可严加训导，必要时可以施以薄惩，可免其以后遭受更大的灾难。

【经文+传文】

九二 包蒙：吉；纳妇：吉，子克家。

《象》曰：九二 "子克家"，刚柔接也。

【译文】

九二 包容蒙昧之人：吉祥；为子娶妻：吉祥；儿子能够继承父志兴家立业。

《象传》说："子克家"，是说男女相配。

【爻意分析】

九二爻阳爻居阴位，虽不正，但又居中位，故可包容初、三、四、五诸阴爻，师尊于上，远近皆至，故而吉祥。九二爻上应六五，下应诸阴爻，又好比男子娶妻纳妾一般，意指能够包容接纳。九二爻位于下卦中位，虽然地位低下，却能像儿子继承父志一样，兴家立业，所以爻辞上说："子克家。"

包蒙。

【可断结果】

九二爻行刚中之教，能够以为包容的态度引导蒙昧者。其有纳妇之象，虽妇不贤亦可教化之。九二行为刚中而不过于苛责，因材施教，故亦可为六五尊者之师，帮助其为国治家。聪明的人能够包容蒙昧的人是吉祥的。九二为师，能行其"刚中"之教；六五为蒙童，能够虚心受教，使蒙昧得以开启，人格得以成长。九二老师与六五蒙童相得益彰，十分吉祥。也只有这样，才能教育出成功的传承之才。

【自取之道】

得此爻者应包容万物，启迪蒙昧，宽以包容；纳妇并教化之；努力教导六五尊者并助其为国治家。努力为此者，吉祥。

九二纳妇，尽显包容之德。

【经文+传文】

　　　六三　勿用取女，见金夫，不有躬，无攸利。

《象》曰：六三　"勿用取女"，行不顺也。

【译文】

六三　不能娶那样的女人，她看见有钱人，就会失身，娶她没有什么好处。

《象传》说："勿用取女"，是说事情不顺。

【爻意分析】

此爻阴居阳位，不中不正，兼处蒙卦下体之末，乘凌位卑而中正刚明的良师九二，攀附于与之同样不中不正而位居极位的上九，故而现邪辟妄行、见利忘义之端倪，行有不顺。

【可断结果】

此爻处位不中不正，又上结不中不正而位居极位的上九，凌于位卑而中正刚明的良师九二之上。因而若遇此类女子，决不可娶以为妻，因为此类女子见钱眼开，趋利舍义，娶之不利。

品行不端的人（女子）应弃之不教。

【自取之道】

　　初六虽为顽童，但处人之初始，故可蒙教；九二可纳之并施以教化，可得善果。此爻境况却不如此。因其本质邪佞，教之无果，故不可纳以为妻。

【经文+传文】

六四　困蒙：吝。

《象》曰：六四　"困蒙"之"吝"，独远实也。

【译文】

　　六四　困于蒙昧之中：有艰难。
　　《象传》说："困蒙"是艰难的，是因为远离实际。

【爻意分析】

　　此爻阴居阴位，又处于六三、六五两阴爻之间，虽得位而阴气太重，而与九二与上九两阳爻相距甚远，既非亲比，又无正应，故困于蒙昧之中。

【可断结果】

　　此爻内质昏暗，外受锢闭甚重，昏昧而亟待教化，却因远离名师，深陷蒙困之中难以自拔。

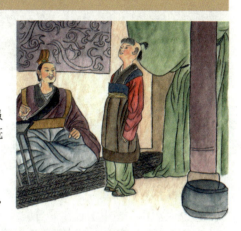
困而不学的幼童最为蒙昧。

【自取之道】

　　处此境地，宜竭力脱离致使自身蒙昧之人、物，悉心接近可启蒙自己之师朋，虚心向学，主动亲近贤人。否则，终将困于蒙昧。

【经文+传文】

六五　童蒙：吉。

《象》曰：六五　"童蒙"之"吉"，顺以巽也。

【译文】

　　六五　童子蒙昧受启发（能够听从教导）：吉祥。
　　《象传》说："童蒙"是吉祥的，是因为蒙童柔顺又能服从大人。

【爻意分析】

　　此爻居尊位而柔善，又与九二相正应并得其相助。面对九二刚中之师，六五谦恭好学，欣然接受九二的教诲，其智慧日益增长，其学业日益精进，故为此卦之吉爻。

六五谦逊好学，自然能够得到吉祥。

【可断结果】

此爻所处之位地利人和，又有柔顺之意，故可得九二教导与协助。若能柔以应之，谦以待之，必能获利。

【自取之道】

处此位者，当以柔顺为本，谦逊向学，以赢得有德师朋相助；决不可目无他人，自视高明，无法获得他人尊重与相助。谦虚好学，为谦谦君子，自可获吉。

【经文+传文】

上九　击蒙；不利为寇，利御寇。

《象》曰：上九　"利"用"御寇"，上下顺也。

【译文】

上九　以猛击开启蒙昧；过于暴烈则不利，用抵御盗寇之法有利。

《象传》说："御寇"是有利的，是因为御寇是自卫，臣民都会顺从支持。

【爻意分析】

阳爻居阴位，不中不正，不当位，一阳而乘三阴爻，以刚乘柔，高高在上，故而刚勇无羁，柔性不足。上九个性刚猛，其教育过于严厉，任意处罚学生，结果会适得其反，其所作所为对启迪蒙昧毫无帮助。

以猛击来启发蒙昧，不宜过于暴烈。

【可断结果】

处此爻者，气质刚勇而乏柔，若能克制刚勇之气以防过之。做事多想方法策略，可取得好的效果；若向以刚勇为用，则可能适得其反。

【自取之道】

处此位宜知以柔克刚之理，处事应讲方法，切勿凭刚勇率性而为（能够起到不让受教育者为寇作乱的作用就可以了）；要严于律己宽以待人，方能成就大事。

需 卦

水天需
（下乾上坎）

【需卦导读】

卦象：下乾上坎，为云气上集于天，待时降雨之象。卦德：下卦为乾为健，上卦为坎为顺。
全卦揭示需待以养精蓄锐之道，强调等待的重要意义。

卦辞

【经文+传文】

《需》 有孚，光亨，贞吉，利涉大川。

《彖》曰：《彖》曰：需，须也。险在前也，刚健而不陷，其义不困
穷矣。《需》，"有孚，光亨，贞吉"，位乎天位，以正中也。"利涉大
川"，往有功也。

《象》曰：云上乎天，《需》。君子以饮食宴乐。

【译文】

《需》 真诚守信，光明亨通，守正吉祥，渡大河有利。

《彖传》说：需，指等待。前有危险，人却能凭着刚健，
避免使自己陷险，宜其不会困穷。《需》卦说："有孚，光亨，
占吉。"这是因为人居尊位，道德中正。"利涉大川"，这是
说前往有收获。

《象传》说：云在天上，这就是《需》卦的象征。君子
取法《需》卦安于饮食宴乐。

需卦象征等待，懂得等待，前程光明而亨通。

25

爻辞

【经文+传文】

 初九 需于郊，利用恒，无咎。

《象》曰：初九 "需于郊"，不犯难行也；"利用恒无咎"，未失常也。

【译文】

初九 停留郊野外，恒心等待有利，无害。

《象传》说："需于郊"，是说不要冒险前进；"利用恒，无咎"，是因为没有违反常道。

【爻意分析】

古人居住于城墙之内为"邑"，城墙之外称为"郊"。"需于郊"，说明初九离开城邑，来到郊外，知道前面有坎水之险，所以停下来等待。此爻阳爻居阳位，又为本卦初爻，故有阳刚之勇，又与六四柔爻相应，所以有上行之势，容易为意气所动而执意前行。初九动辄接近坎水之险，唯有安分守己，以恒常之心处之，才可以远离祸患而无咎。

"需于郊，利用恒"指出要耐心等待，不可轻易冒险。

【可断结果】

处此爻者若义气行事或恃才放旷，或为形势所激、利益所诱而失去理智，则会失败；若能懂得持之以恒，审时度势，积蓄力量等待时机，则能成功。

【自取之道】

处此位者应树立恒心，懂得寻找有利时机，深知进退之法则，耐心等待，决不能涉险冒进，盲目蛮干，这样才不会偏离常规。

【经文+传文】

 九二 需于沙，小有言，终吉。

《象》曰：九二 "需于沙"，衍在中也，虽小有言，以吉终也。

【译文】

九二 停留在难行的沙地上，会受到小的谴责，但终获吉祥。

《象传》说："需于沙"，是说君子停于不当停之处而有过失，受到小的谴责，结果却还是吉祥的。

【爻意分析】

此爻虽阳居阴位而不正，然又处下卦之中位，上无应与，不求遽进，其居柔守中，静待不躁。

九二离坎险尚隔九三，犹如在靠近水旁之沙滩上等待时机，接近危险但未陷入危险，虽然有小小的语言中伤，但并无大碍。

【可断结果】

此爻居位不正，且渐近于坎险，故有些谗谤之言，然其有刚中之德，无畏于人之毁誉，俟机待时，终获吉祥。

【自取之道】

此爻宜持其刚正之气等待时机，虽遭言语中伤而胸怀宽广，不计小嫌，更应静待不燥，终会吉祥。

九二爻在沙滩上等待，宽裕自处，不躁进盲动，虽稍有伤害，终必得吉。

【经文+传文】

 九三 需于泥，致寇至。

《象》曰：九三 "需于泥"，灾在外也。自我"致寇"，敬慎不败也。

【译文】

九三 停留淤泥里，会招致盗寇到来。

《象传》说："需于泥"，是说灾祸就在外面。虽是自己招来的寇盗，但谨慎防御，还是能避免失败的。

【爻意分析】

"泥"为与水相接的泥淖之地，是险陷之地，"寇"指大灾祸。九三最接近上卦的坎体，身处河边的泥地，其处境非常容易招致寇至。此爻处需下卦之上，濒临坎险，又以阳居阳位，有刚亢躁进之象，若稍有不慎，则会致祸。

【可断结果】

处此位者，因外毗邻上卦坎险之边缘，内有阳刚亢进之象，若谨慎行事，或处不败；若不择时机亢进犯险，则会自惹其祸。

"需于泥，致寇至"，咎由自取，不必怨天尤人。

【自取之道】

得此爻者宜临险而镇静，谨慎而有节，不猝然犯险，时以警慎从事，则会保全己身，不致惹火烧身。

【经文+传文】

六四　需于血，出自穴。

《象》曰：六四　"需于血"，顺以听也。

虽然陷入险境，但能从容待机，终得脱险。

【译文】

六四　停留血泊中，（形势凶险），但终能逃出洞穴，（度过灾难）。

《象传》说："需于血"，是说要顺乎时势应乎天命。

【爻意分析】

此爻阴居阴位，柔弱有加，又居坎险下位，有待于血泊之象；然又居正位，得上之尊爻九五之庇护，虽在伤地而终得出也。六四虽已在坎险中受伤，却能以柔顺之道应对自处，即便在血泊中也能冷静等待脱险的时机，加上九五的帮助，最终化险为夷。

【可断结果】

得此爻者宜禀其本质阴柔随顺之气，外则上随九五，内则冷静等待时机，虽处易于被伤害之地，需于血泊之中，而终得出。

【自取之道】

处此位者若以阴柔和顺为本，冷静需待，上结九五并顺其志，或不受险害；若不随九五之意而冒进犯险，则会伤败而归。

【经文+传文】

九五　需于酒食：贞吉。

《象》曰：九五　"酒食贞吉"，以中正也。

【译文】

九五　停留酒食之地：占问说吉祥。

《象传》说："酒食贞吉"，是因为君子能行中正之道。

【爻意分析】

九五爻已深入坎险中间，本来是非常值得忧虑的，但此爻阳居中位，又高居君位，阳刚中正，其德足以服人。中则左右逢源，正则长久不已。九五爻知上下协助不力，在困境中仍能自得其乐，处变不惊，乐以待之。其乐观宽裕的态度最终等到了圆满的结果。

【可断结果】

九五能"需于酒食",不急于济难出险,安守正道,故能得吉。处此位者若能洞察形势,知己知彼,蓄养力量,乐而待机,养德修行,泽被民众,并能蓄积人、力,则会长久。

【自取之道】

得此爻者应审时度势,修养德行,广泽民众,蓄养人力,固守正道,则能从容地应对困难,处险而不惊,以待大起之时机。在艰难困险之中还能饮食自若,安然自处,以待时机,才是应对险困的大境界。

"需于酒食"指身处困境而能不改其乐。

【经文+传文】

上六　入于穴,有不速之客三人来,敬之终吉。

《象》曰:上六　"不速之客来,敬之终吉",虽不当位,未大失也。

【译文】

上六　进入居住之处,有三个不速之客来访,恭敬接待就会终获吉祥。

《象传》说:"不速之客来,敬之终吉"。上六处的位置虽有不当,也不会酿成大过失。

【爻意分析】

此爻虽阴柔得正,而身居险极,有陷而入穴之象。九三与之相应,携初九、二九相助,敬之则可获吉。

【可断结果】

处此位者若能深得需道真义,容忍守静,对相助者敬以待之,慎以待时,可无大失。

【自取之道】

得此爻者应审时度势,确定以守为攻的战略,对相助之人礼敬有加,临危不乱,容忍而不冒进,则可自保不失。即使遇有意外之事,或"不速之客",也要谨慎地以诚敬之心相待,哪怕是彼以伪来,也要我以诚往,这样最终的结果一定会是比较好的。

上六有柔顺之德,能恭敬接待三位不速之客,终能化险为夷而得吉。

讼 卦

天水讼
（下坎上乾）

【讼卦导读】

卦象：下坎上乾，天上行，水下行之象。卦德：下卦为坎为险，上卦为乾为健。
全卦教人讼的规则，倡导息讼。

卦辞

【经文+传文】

《讼》 有孚，窒，惕，中吉，终凶；利见大人，不利涉大川。

《彖》曰：《讼》，上刚下险，险而健，《讼》。《讼》"有孚，窒惕，中吉"，刚来而得中也；"终凶"，讼不可成也；"利见大人"，尚中正也；"不利涉大川"，入于渊也。

《象》曰：天与水违行，《讼》。君子以作事谋始。

【译文】

《讼》 有俘获；心中恐惧警惕，事情中途吉祥，结果凶险；见大人有利，渡大河不利。

《象传》说：《讼》卦的象征是，君子刚健时遇险，遇险时依然刚健，这就是《讼》卦。《讼》卦说"有孚，窒，惕，中吉"，这是因为君子刚健中正；"终凶"，这是说君子争讼不会赢；"利见大人"，是因为君子崇尚中正；"不利涉大川"，是因为强渡会落水。

《象传》说：天和水反向运动，这就是《讼》卦的象征。君子取法《讼》卦，做事考虑好开始（以绝争讼之源）。

讼卦总的指导思想是，争讼必然凶险，不争讼最好。

爻辞

【经文+传文】

　　初六　不永所事，小有言，终吉。

　　《象》曰：初六　"不永所事"，讼不可长也。虽小有言，其辩明也。

【译文】

　　初六　事情做不久，会受到小的谴责，但终获吉祥。

　　《象传》说："不永所事"，是说争讼不可长久不了。虽然受到（官吏）小的谴责，是非却已辩明白了。

【爻意分析】

　　初六以阴柔之爻居于卦下，阴居阳位而不正，虽与九四阴阳相应，但中有九二阻碍。幸而九四阳刚，有呼应之势，故终能平息争讼。初六地位低下本质柔弱，与人争讼根本没有实力取胜。初六度德量力，知道争讼最终对自己不利，所以在语言上解释几句为止。虽然因为语言上的争辩而有轻微的灾患，但终究化险为夷而得吉。

【可断结果】

　　处此爻者，九四虽有相助之意，然阻隔重重，施力不足，勿寄过大希望于九四。若不将争讼久拖，虽受小的责难，但最终还会吉祥。

【自取之道】

　　得此爻者，应当机立断，努力将争执诉讼化解在起始阶段，切忌久拖不决，纠缠于口舌之争。如此，虽受小的指责与埋怨，然终归获吉。

初六是讼卦的开始，爻辞中说"不永所事"，是希望能够免于争讼。

【经文+传文】

　　九二　不克讼，归而逋，其邑人三百户无眚。

　　《象》曰：九二　"不克讼"，归逋窜也。自下讼上，患至掇也。

【译文】

　　九二　争讼不能取胜，回家后逃跑，他封邑内的三百户人家就能免于灾祸了。

　　《象传》说：争讼赢不了，回来后就逃跑。居于下位而和上位发生争讼，招来祸患十分容易。

【爻意分析】

　　此爻以阳爻居阴位，又处坎险之中，又与阳刚而处尊位的九五不相应，处于相对位置，两刚相遇而不相应，造成争讼，九二居下而必败无疑。《象传》中也说，不能胜讼，于是逃跑回来，下面的人与上面的人争讼，招来的祸患会像俯身拾物一样容易。由于九二能够迅速抽身撤退，他的邑人三百户得以免祸了。

【可断结果】

九二与九五争讼，必败无疑。处此爻位者必须分清利害，明晰自己与人争讼所处的不利境地，急流勇退，疾抽身于争讼而逃避，方可避却大害。九二明白此理，迅速打退堂鼓息讼逃避，最终使自己和自己的亲近之人得以免祸。

【自取之道】

得此爻者宜明晰自己弱小而受压抑，在争讼的过程中不能赢过对方，应当机立断，方能保自己不受过大的损失。

九二与居上位者争讼，无非自取祸端，幸而九二明智，火速退出争讼而逃跑，最终避免了灾祸的进一步发展。

 【经文+传文】

六三　食旧德：贞厉，终吉；或从王事，无成。

《象》曰：六三　"食旧德"，从上吉也。

【译文】

六三　靠祖业过活：守持正固以避免危险，但终获吉祥；或者从事君王事业，成功不自居。

《象传》说："食旧德"，是说顺从上位就能吉祥。

【爻意分析】

此爻阴居阳位而不正，以阴柔之质居九二、九四两阳爻之间，为危厉之地，又兼处上下卦之间，更为进退两难是非之地，应顺上息讼。即使是从事君王委派的任务，也能谨守固有俸禄，尽忠职守，与人无争，即使有功劳也不居功。这样的君子即便是小人也无法与之起争端。《象传》说，安享旧的俸禄，是说六三顺从居上位的阳刚而得到吉祥。

六三资质柔弱，安分守己而不妄求，顺从于居上位的阳刚就能得到吉祥。

【可断结果】

处此爻位者，应秉持以往之美德，欲起争讼之时安分守己，当可获吉；或为尊者做事，亦应谨慎有加，不应居功自傲，亦能获吉。

【自取之道】

得此爻者当守其旧有的德行，保持良好的作风，反思修整并顺从处尊者之意；或为尊者做事而不居功自傲，才会有好的结局。

【经文+传文】

九四　不克讼，复即命渝；安贞吉。

《象》曰：九四　"复即命渝"、"安贞"，不失也。

【译文】

九四　争讼不能取胜，回来后服从命令；安守正道则吉祥。

《象传》说：回来后服从命令，安守正道，这就不会有过失。

【爻意分析】

此爻以阳刚之势居于阴位，不正不中，与初六位置相对，有以强凌弱、以上压下之势；初六阴柔势弱，不想与之相争，其以"不永所事"为戒，仅仅是解释了几句，并不与九四争讼。因此九四虽然刚强好讼，但终究不能成讼。九四不能胜讼，所以回心转意归于正道正理，改正其好与人争讼的性格，修正错误，所以不会有什么损失，结果也是吉祥的。

【可断结果】

处此爻者势刚而位不正，如若以强犯弱，必将偏离正理，失于正道，不得人心；心向正理正道，方可吉祥。

争讼无理，要立即息讼回头，改正错误。

【自取之道】

得此爻者当摒弃以强凌弱之态，一改自己之前好与人争讼的性格，修正错误做法，回归正理正道，方能挽回人心，终获吉祥。

【经文+传文】

九五　讼元吉。

《象》曰：九五　"讼元吉"，以中正也。

【译文】

九五　明断讼事，大吉。

《象传》说：争讼大吉，是因为君子居中守正。

【爻意分析】

此爻阳居阳位，又兼居尊位，故能中正刚直，行中正之道，即卦辞中所提"大人"，也就是决断讼事的大人。九五阳气充沛，立于正义之上，由九五来仲裁讼事，则争议必得伸张，非常吉祥。《象传》也说，九五能够决断争讼，大吉，因为九五能行中正之道。

【可断结果】

处此爻者，若能刚正而行道义，不恃强凌弱，以中正之念进行诉讼，当可获吉祥之果。

【自取之道】

得此爻者当以道义中正而行，不可以强凌弱，诉讼亦以中正为本，如此则可吉祥。

诉讼之人都需要九五这样有才德且具公信力的大人来评理。

上九　或锡之鞶带，终朝三褫之。

《象》曰：上九　以讼受服，亦不足敬也。

【译文】

上九　偶或（讼胜）得到显贵的大腰带，但一天里多次得到又多次被剥夺。

《象传》说：通过争讼捞得官位，是不值得人敬重的。

【爻意分析】

此爻以阳刚居于本卦终极，具争强好胜之本性，与下卦六三相对；六三忍让而不争不讼，故而一时胜诉。爻辞中说，或因（讼胜）得到显贵的大腰带，但一天里又多次被剥夺。这种通过争讼而获得的高官厚禄，不仅不光彩，而且饱受舆论谴责，非常凶险。上九好讼成性，若不知悔改，纵然一时得意，也终会落得身败名裂。

好讼成性，若不知悔改，纵然一时得意，也终会落得身败名裂。

【可断结果】

处此爻者若逞好强之心，恃强凌弱，一味与柔弱者相争锋，虽一时可获胜，或可得官得利，然终会被完全剥夺，以致身败名裂，咎由自取，毫无善果。

【自取之道】

得此爻者宜克制自己争强之心，待人以善，以和为贵，决不可逞强施威；否则，虽一时占得上风，或可得官加爵，然会因而失去道义、民心，终致身败名裂。

师 卦

地水师
（下坎上坤）

【师卦导读】

　　卦象：下坎上坤，为地中有水之象。卦德：下卦为坎为险，上卦为坤为顺。
全卦阐发兴师动众、行军作战的道理。

卦辞

【经文+传文】

　　《师》 贞，丈人吉，无咎。

　　《彖》曰：《彖》曰："师"，众也；"贞"，正也。能以众正，可以王
矣。刚中而应，行险而顺，以此毒天下，而民从之，吉又何咎矣。

　　《象》曰：地中有水，《师》。君子以容民畜众。

【译文】

　　《师》 坚守正固，贤明长者率兵吉祥，无害。

　　《彖传》说："师"，指众人；"贞"，指正道。
能使众人都来归顺正道，就可以称王了。刚健中
正又能得人响应，身处危险仍能顺应正道，这样
治理天下，百姓就会归附，这是吉祥的，哪里会
有害处呢？

　　《象传》说：地中有水，这就是《师》卦的象征。
君子取法《师》卦容纳和蓄养百姓。

师卦象征军队。守持正道，以贤明长者为统帅，可以吉
祥，没有灾祸。其要点在于，第一要师出有名。第二要
善于选择贤明而富有经验和威望的统帅。决定战争胜负
的关键是正义与否，得道多助，失道寡助，正义就能得
到百姓拥护，就能最终取胜。具体用兵原则首先是要纪
律严明，令行禁止。统帅要有权威，并爱惜士兵的生
命。其次，在具体战术运用上，需要因时因机而动。师
卦用在社会上，教人要有容民畜众的度量。

爻辞

【经文+传文】

初六　师出以律，否臧凶。

《象》曰：初六　"师出以律"，失律凶也。

【译文】

初六　行军靠军纪，不守军纪会有凶险。

《象传》说："师出以律"，失了纪律是凶险的。

【爻意分析】

此爻阴居阳位，又为本卦之起始，阴柔之象明显，为初出茅庐之征，又处卦主之左右，以其柔弱之质恐难治军以律，所以爻辞告诫说军纪不佳会有风险。《象传》也说，军队出动要靠纪律约束，军机不良就会有凶险。初六爻当严以律己，谨小慎微，以严明军纪为首要法则。

行军之始，要能严明军纪，令出必行。如果军纪不良，纵使暂时取胜，也终必导致大的灾祸。

【可断结果】

处此爻者，处事之初始，又处卦主之左右，应谨小慎微，严以律己，否则不论胜败皆会招致凶险。

【自取之道】

得此爻者，阴柔居下，受制于九二卦主，举动应严于律己，谨小慎微，决不可违规犯则，否则随时会得咎涉险。

【经文+传文】

九二　在师中：吉，无咎，王三锡命。

《象》曰：九二　"在师中吉"，承天宠也；"王三锡命"，怀万邦也。

【译文】

九二　在军统兵，持中不偏者吉祥，无害，天子多次奖赏他。

《象传》说："在师中吉"，是因为受到上天的宠爱；"王三锡命"，为的是收服万国的心。

【爻意分析】

此爻阳爻居下卦之中位，为中庸之象；又为本卦之唯一阳爻、一卦之主，受众阴爻之拱卫；上之六五虽阴柔，然位居尊位，为卦中之君，与之相应。九二主爻居于军中，总摄用兵行师之事，因其具备刚中之德，所以吉祥没有咎错。爻辞中"王三锡命"说明六五君王对九二大人宠信之深，依赖之重，委以重任，并多次嘉奖。《象传》中所说的"怀万邦"指出，君王多次嘉奖将帅并不是要穷兵黩武，而是为了更快地结束战争，收服安抚百姓之心。这就强调了用兵作战的根本原则是要坚守正道、师出有名，且要适可而止。

对于在外用兵行师的军帅来说，能够守持中道，得到君王的信任是非常重要的。

【可断结果】

处此位者，当为军之统帅，又为六五所节制，故做事宜把握分寸、不偏不倚，守持中道，当为众人所拥，君王所信；若专权自用，必将招致众人埋怨，君王猜疑，以致祸不旋踵。

【自取之道】

得此爻者当守持正道，以正服众，以诚释疑，审时度势，把握分寸，且要取得上位者的绝对信任，如此则可吉祥而无祸。

【经文+传文】

六三　师或舆尸：凶。

《象》曰：六三　"师或舆尸"，大无功也。

【译文】

六三　军队或会用车载着尸体回来：凶险。

《象传》说："师或舆尸"，是说征伐不仅毫无战绩，而且出师的军队可能载尸而归。

【爻意分析】

此爻阴居阳位，不正不中，才能有限；又乘于九二之上，刚愎自用，故行事易失。这象征将领有勇无谋，才弱志刚。其轻率用兵，大意轻敌，所以吃了败仗，军队最后载尸而归，可见是多么的凶险！

【可断结果】

居此位者，若能收敛邪心，走中正之道，又能兼听兼信，人心可用，当能自保；若心术不正又刚愎自用，定会遭遇惨败。

六三志大才疏，绝非将帅之才，若用此等人用兵将至为凶险。

【自取之道】

得此爻者，宜修心养德以正其性，放弃不正之念，以中正之道行事，集思广益，上下协调一致，否则会惨败。

【经文+传文】

六四　师左次：无咎。

《象》曰：六四　"左次无咎"，未失常也。

【译文】

六四　军队撤退安全处驻扎：免遭灾害。

《象传》说："左次无咎"，撤退驻守，没有出现灾祸，是因为军队没有违反行军的常道。

六四爻身处险地，能够暂时退避，保持战力，得以无咎。

【爻意分析】

"左次"为退避歇止之义，六四爻处上下两卦之交，为"多惧之地"，下又无阳爻为继，处势不利，所以暂时退后一步，按兵不动，因此而得无咎。六四爻柔居阴位，阴柔而得正，故可处险自警，不致一意孤行；一时受阻，能暂退而按兵不动，所以没有灾祸。

【可断结果】

处此爻者，若能自知处境之艰险，又能以柔正抚众而得人和，集思广益，占据有利地势以得地利，虽处困境，因调节有度，也可无咎。

【自取之道】

得此爻者应谨慎分析自己的处境，不致贸然进犯凶险之地，又需在困苦中安抚众人，还应调度有节，占据地利。这样才不会做出有违常规之事。

【经文+传文】

六五　田有禽：利执言，无咎；长子帅师，弟子舆尸：贞凶。

《象》曰：六五　"长子帅师"，以中行也；"弟子舆尸"，使不当也。

【译文】

六五　田野上有野禽，利于捕捉，无害；可以委任长者统率军队出征，委任幼稚者就会战亡，尸体用车载着回来：要保持贞正以防凶险。

《象传》说："长子帅师"，是因为长子能行中道；"弟子舆尸"，是因为用人不当。

【爻意分析】

六五爻以阴爻居于处上卦中央的至尊之位，显柔顺、中庸之象，不会贸然犯险，是柔顺中正而能用师的明君。"田有禽：利执言"比喻敌人来侵犯领土，应该予以打击。这是师出有名的正义之战，所以是有利的。没有灾祸。君王派出自己非常信任的，能以中道行事的"长子"九二率师出征，这是正确的。而派柔弱平庸的小子六三参与军事指挥，则是用人不当了。

【可断结果】

处于此爻者本中庸柔顺，不主动犯险，其立场有利而没有过错，然由于用人不当，出师有大败而归的忧虑。幸而六五处于正义立场，又是不得已而应战，所以虽败无咎。

"长子帅师"指任命九二长子为主帅，代表君王出征。此为用人得当。而派出九二率师又派出不是将才的六三参与军事指挥，结果只会大败而归。

【自取之道】

得此爻者，宜坚持站在自己正义之上，学会了解事物实情，努力做到知人善用，不可不了解实情而盲目进攻，则可无咎。

【经文+传文】

上六　大君有命，开国承家，小人勿用。

《象》曰：上六　"大君有命"，以正功也；"小人勿用"，必乱邦也。

【译文】

上六　天子有奖赏，有功者封为诸侯或大夫，小人不得受封。

《象传》说："大君有命"，为的是论功行赏；"小人勿用"，不然必定乱邦。

【爻意分析】

此爻为本卦之终极，阴居阴位而得位，象征战争结束，君王论功行赏。强调小人即便在战争中有功，也不可以赏赐。

【可断结果】

处此爻者，应及时对有功之人施以奖赏，并对不力之人施以惩罚。如此则可获得人心，弘扬正气。同时更应对自己的得失进行总结，特别应当注意勿用小人，否则会搅乱邦国，祸国殃民。

上六说明军队凯旋，君王论功行赏的道理。

【自取之道】

得此爻者，应及时总结经验教训，特别是在用人方面，应当不用小人，同时应当赏罚分明。这样才能服众，为以后的成功打下基础。

比 卦

水地比
（下坤上坎）

【比卦导读】

卦象：下坤上坎，为水贴地面流之象。卦德：下卦为坤为顺，上卦为坎为险。

全卦讲述人际关系的上下左右之间"亲密比辅"的道理。

卦辞

【经文+传文】

《比》 吉，原筮，元，永贞无咎；不宁方来，后夫凶。

《象》曰：《比》，吉也；《比》，辅也，下顺从也。"原筮元。永贞无咎"，以刚中也；"不宁方来"，上下应也；"后夫凶"，其道穷也。

《象》曰：地上有水，《比》。先王以建万国，亲诸侯。

【译文】

《比》 亲密比辅则吉祥，初次占问大亨通，长久坚持正固则无害；不获安宁的邦国前来朝拜，迟来的有凶险。

《象传》说：《比》卦是吉祥的，《比》，指辅佐，指臣子顺从君主。"原筮元，永贞无咎"，是因为君主刚健中正；"不宁方来"，是因为君臣能彼此响应；"后夫凶"，这是说后到者将无路可走了。

《象传》说：地上有水，这就是《比》卦的象征。先王取法《比》卦建立众国，亲近诸侯。

能够相互亲密比辅，互相协作是吉祥的。

确定亲附对象后要抓住时机，犹犹豫豫，姗姗来迟将得凶。

爻辞

【经文+传文】

初六 有孚；比之，无咎；有孚盈缶，终来有它，吉。

《象》曰初六 《比》之"初六"，"有它吉"也。

【译文】

初六 心怀诚信，亲比天子则无害；积累的诚信有如水装满瓦器，最终还有别的收获到来：吉祥。

《象传》说：《比》卦初六爻："终会有他人来亲近自己"吉祥。

【爻意分析】

此爻以阴柔之质居下，地位低微，还无力辅佐于谁；又远离九五至尊，故与九五至尊结交不易。初六想要亲比九五，应当内心充满诚信，犹如缶中盈满物品，满腹皆诚，这样不但会没有咎错，还会有意想不到的吉祥降临。初六虽然没有刻意亲比于谁，但其诚信守正，自然会获得亲比而得吉。

朴素的瓦缶内充满了水，好比有德的君子不靠外表而是靠内心的真诚与人结交。自然会获得亲比而得吉。

【可断结果】

处此爻位者，地位卑下，而又与尊贵之人相隔甚远，其亲比的愿望看似没有实现的可能。但若能心怀诚意主动与人交往，不加丝毫修饰，全凭满腹热忱以诚信待人，则会终获吉祥，甚至能有意外的好事降临。

【自取之道】

得此爻者，应当明确自己所处的不利地位，诚信待人，则会取得别人的信任，最后不但无咎，还可能会获得意外的惊喜。

【经文+传文】

六二 比之自内：贞吉。

《象》曰：六二 "比之自内"，不自失也。

【译文】

六二 在朝廷内辅助天子：守持正固吉祥。

《象传》说：从内部相亲相辅，是没有失去自己本来就有的正应关系（强调亲比要从自己做起）。

【爻意分析】

此爻以阴柔居下卦之中，处中正之位，又与本卦之至尊九五成正应关系，能上下呼应，故而条件优越。"自内"意谓由己而发，与人亲比能固守正道，则得吉。

【可断结果】

处此爻位者，若能修身正己，坚持正道，以待人君之求，不曲志辱身，汲汲钻营，盲目攀附，动机纯正，则可吉祥。否则则可失去其优势。

【自取之道】

得此爻者宜锤炼自己的德行修养，以纯正之心坚持正道，不应心怀杂念汲汲钻营比附；坚持人格不失，就不会出什么岔子。

六二、九五君臣相得，六二爻强调亲比贵在守正。

【经文+传文】

六三　比之匪人。

《象》曰：六三　"比之，匪人"，不亦伤乎？

【译文】

六三　亲近比辅了不该亲近的人。

《象传》说："比之匪人"，岂不是会被伤害？

【爻意分析】

此爻以阴柔之气居阳位，又处下卦之末，与其相对应之爻上六位居不中，且其与刚正的九五无比应关系，故而处境不利。在比卦中，初六亲比九五"有它吉"；六二以中正之道亲比九五，六四以正德亲比九五，而六三缺乏亲比九五的德行和正应关系。所以六三是"比之匪人"，不能和恰当的对象亲比，必有悔吝。

【可断结果】

此卦之初六先人为主，六二与九五正应，六四与九五亲比，故仅六三无人可比附，处境最为不利；然若能于时机未到之时守正以待时变，结果未必凶险。

【自取之道】

得此爻者虽无人可攀附，处境不利而令人伤心，然能于处境艰难之时坚守中正之道以待时变，则凶吉未定。进而言之，此爻之象不仅是无可攀附，而且是接近了不该接近的人，正所谓"遇人不淑"，其结果自然是十分不好的。

想亲附却不得其人，在条件不成熟时，最好的方式是守正以待变。

【经文+传文】

六四　外比之：贞吉。

《象》曰：六四　外比于贤，以从上也。

【译文】

六四　在外亲比于上：守持贞正则吉祥。

《象传》说：在朝廷外辅佐贤君，是因为臣子要服从君主。

【爻意分析】

此爻本与初六相应，而阴阴相斥，故而既不能相应，亦无法相比。然又阴居阴位而当位得正，与九五至尊之位相比邻，刚柔相济，故可吉祥。六四能亲近贤人而顺从君上，符合比的正道，所以爻辞中谓之"贞吉"。

六四强调亲附于上要注意守正。

六四不与它相对应的初六亲比，而向上与居于君位的九五相亲比，所以爻辞特别提醒六四要坚守正道。

【可断结果】

处此爻者，若能亲近投靠贤明之人，以正义之念亲附于九五至尊，则可行为端正，别人的指责亦可不攻自破。

【自取之道】

得此爻者应心怀善念而亲附贤明高尚之人，并以正义之心与之交往，借以消除诌媚之嫌，如此则能吉祥。

【经文+传文】

九五　显比，王用三驱，失前禽，邑人不诫：吉。

《象》曰：九五　"显比"之"吉"，位正中也。舍逆取顺，"失前禽"也。"邑人不诫"，上使中也。

【译文】

九五　用光明之道广获亲比；天子用三驱法狩猎，放掉逃向前面的野禽，当地人对此不感到惊奇：吉祥。

《象传》说：用光明之道辅助君主是吉祥的，是因为君主中正。舍弃迎面奔来的野兽不射杀，却去射杀往前远跑的，是"失前禽"的原因。当地人对此不感到惊奇，是因为君主中正。

【爻意分析】

此爻以刚正之阳气居阳位而得位，又居于上卦之中位，得位中正而又兼居至尊之位，故为本卦之主爻。九五君王打猎，只从三面设围，并不赶尽杀绝，表现了君王仁爱的美德。对于民众，也不专门告诫其亲附自己，而是完全凭自己的美德而使之自愿亲附，这正是君子至善之德的表现。

【可断结果】

处此爻者，若能持光明正大之心，舍弃违逆者，容纳顺从者，宽待属下之人，一视同仁，明君而行中道，远近来亲比，故吉祥。

【自取之道】

得此爻者应光明正大地交往，保持中正，舍弃叛离者，容纳归顺者，以中正治国，平易近人，才会吉祥。

九五对于属下之人，并不专门告诫，而是凭借自身的德行来让臣民亲附。这才是君王亲比天下之道。

【经文+传文】

上六　比之，无首：凶。

《象》曰：上六　《象》曰："比之无首"，无所终也。

【译文】

上六　亲比而没有好的开端：凶险。

《象传》说："比之无首"，是说事情没有好收场。

【爻意分析】

此爻位居本卦之末，阴居阴位而得位，位置甚高而紧邻九五，故本有有利之势；但其"比之无首"，是说上六在开始的时候不愿亲比九五，直到看到其他爻都已亲附于九五，自己已陷入孤立的困境，才求比于九五，但已错过时机。这就是卦辞所说的"后夫凶"。

【可断结果】

处此位者虽占据有利条件，若其自视甚高而未与九五亲比，条件优越而不加利用，先踞后恭，则难免陷于凶险。

【自取之道】

得此爻者应充分发挥自己的先天优势，以中正之心亲比刚正之人，坚守诚信，积极接近有德之人，否则会陷于被动和凶险之中。

上六地位本来得天独厚，但自己不愿意主动亲附于其主，直等到不得已才为之，其结果自然多凶。

小畜卦

风天小畜
（下乾上巽）

【小畜卦导读】

卦象：下乾上巽，为风行天上之象。卦德：下卦为乾为健，上卦为巽为顺。

全卦揭示了事物发展的"小畜大""阴离阳"之理。

卦辞

【经文+传文】

《小畜》 亨；密云不雨，自我西郊。

《象》曰：《小畜》，柔得位而上下应之，曰"小畜"。健而巽，刚中而志行，乃"亨"。"密云不雨"，尚往也；"自我西郊"，施未行也。

《象》曰：风行天上，《小畜》。君子以懿文德。

【译文】

《小畜》 亨通；浓云不下雨，从我的西邑郊外涌来。

《象传》说：《小畜》卦的象征是，六四阴爻居阴位即是柔顺者得其位，上下五阳爻与之相应，所以小有蓄聚，所以卦名叫"小蓄"。君子刚健谦逊，道德中正，志向得以推行，所以亨通。"密云不雨"，这是说乌云上涌聚集；"自我西郊"，这是说雨尚未降下，说明阴阳交和之功方积，而未大行其道。

《象传》说：风刮在天上，这就是《小畜》卦的象征。君子取法《小畜》卦，磨练自己的才能和道德。

"密云不雨"是说小畜卦处于蓄养未用之时，犹如天上的云层已然积聚得很密，但还未能降雨。

爻辞

初九　复自道：何其咎？吉。

《象》曰：初九　"复自道"，其义吉也。

【译文】

初九　从正路返回，能有什么灾祸呢？吉祥。

《象传》说："复自道"，是吉祥的。

【爻意分析】

此爻阳居阳位而得位，阳刚好动，动则阳刚之气上行，与本卦之唯一——阴爻六四相应，成正应关系。而因此爻处阳之初，阳气尚弱，如为六四所蓄聚则会失去本身德性。爻辞中说"复自道"，是要初九返身回归于本位，静待时机，这样做是没有危害而且吉祥的。

初九只有持正自守，不躁动妄进，才能够得吉。

【可断结果】

处此位者阳气初升，刚力尚弱，应摒弃好动冒进之性格，培养自己持之以恒的精神，刚柔相济，则可为吉。

【自取之道】

得此爻者应培养自己的耐心，及时调整自己的方向，往来返复都遵循道德规范，禁止冒进，刚柔相济，其果能吉。

九二　牵复：吉。

《象》曰：九二　"牵复"在中，亦不自失也。

【译文】

九二　受人牵引返回：吉祥。

《象传》说："牵复"，是因为君子能守中道，不会有什么过失。

【爻意分析】

此爻处于下卦中位，向上与九五相敌无应，所以容易受到其同类初九牵连。九二以刚爻居于阴位，资质刚健而能用柔顺之道。其处于下卦正中，刚健中正，又不急于上行，同样避免了被六五蓄聚。所以卦辞说九二受到初九牵连而返回本位是吉祥的。

【可断结果】

得此爻者，刚质未盛，有被兼蓄之危险。其处境又与初九相牵连，志同道合，携手联合可以抵挡前方兼蓄之吸引。若能返归于中正固守之道，则能避免为阴所蓄聚，不会有错失，是吉祥的。若贸然上行，则会陷入被控制的困境。

【自取之道】

得此爻者宜联合同处下位之人，同心相携，同行同止，共进共退。其若能保持自己的中庸固守之道，不做贸然躁动之举，则不会失去自己持之以恒向前发展的本质，必然是吉祥的。

阳质薄弱应考虑回归固守本位，才不会陷入迷失。

【经文+传文】

九三　舆说辐；夫妻反目。

《象》曰：九三　"夫妻反目"，不能正室也。

【译文】

九三　车轮辐条脱落；夫妻反目成仇。

《象传》说："夫妻反目"，这是因为丈夫不能使夫妻关系正常，使家庭和睦。

【爻意分析】

此爻阳居阳位，又处下卦之上位，刚亢而躁动，又与六四相比，因处六四阴质之下，六四乘凌于此爻之上，此爻为六四所蓄积，故为六四所制而失去主导，阴阳平衡被打破。

【可断结果】

处此位者为六四所左右。六四乘于此爻之上，此爻受制，终致有舆脱辐，夫妻反目，虽无兆辞而难免其凶。

【自取之道】

得此位者宜端正心态，避免刚亢躁进，否则会不能正其室，不能正其家，更不能正其位，使夫妻反目失和。

车轮的辐条散落，夫妻反目失和，皆因阳受制于阴，有违中道，终将造成阴阳离异。

【经文+传文】

六四　有孚，血去惕出，无咎。

《象》曰：六四　"有孚惕出"，上合志也。

【译文】

　　六四　心怀诚信，忧患将要过去；出远门无害。

　　《象传》说："有孚惕出"，是能与居于上位的阳刚者心志相合。

【爻意分析】

　　"孚"是诚信的意思。"血去"指远离杀伤之地。"惕出"指免于危险惊惧。此爻阴居阴位而得正，又与九五相比邻，与初九相应并蓄积其余上下五阳，故内外上下都有利。六四之位正如近君大臣，其如能以其至诚之心、柔顺之道得君王的信任和重用，则可以避免凶险，没有咎错。

六四爻心怀诚信，就能免去伤害，脱出惕惧，不会有过失。

【可断结果】

　　处此爻者三才俱全，兼有巽柔之德，诚信有望，故能蓄积上下卦之三阳，上乘九五，下应初九；而若想独当一面，定会大受伤害。应秉守道义而持之以恒，上下合志，则能免除伤害。

【自取之道】

　　得此爻者应联合他人，上应天道而得至尊信任，心怀诚信而下得民心，顺承阴阳平衡之道，不破坏自己与九五主从关系，蓄积之道才会顺利进行。

【经文+传文】

九五　有孚挛如，富以其邻。

《象》曰：九五　"有孚挛如"，不独富也。

【译文】

　　九五　心怀诚信，密切相联，与近邻共同富裕。

　　《象传》说："有孚挛如"，是说不要一家独富。

【爻意分析】

　　九五与六四相承，是为诚信牵系，阳居阳位，以刚正之态居巽卦之中，为本卦之主。"有孚挛如"意谓心怀诚信，相互紧密合作，指九五刚爻处于尊位而承六四。六四积存诚心以蓄辅九五，九五也能以诚相待加强与六四的紧密合作，君臣心志相连。"富以其邻"指九五将自己的中正诚信之德推及到了其邻六四。

【可断结果】

处此位者与六四君臣同心相连，若能以至诚之心对待其他各爻，特别对六四抱以信任，消六四之疑虑，团结奋进，则会共同获得大的成功。

【自取之道】

得此爻者宜以诚待人，对他人加以信任，协调各方力量并积极地施以配合，则会与他人一起获得成功。

九五爻以其至诚之心促使小畜之道得以实现。

【经文+传文】

 上九　既雨既处，尚德载；妇贞厉；月几望，君子征凶。

《象》曰：上九　"既雨既处"，德积载也；"君子征凶"，有所疑也。

【译文】

上九　雨下过了，停了，此时应当积德载物，妇女应保持贞正以防危险；接近阴历十五时，君子出征有凶险。

《象传》说："既雨既处"，是说这时可以装货出行了；"君子征凶"，是因为出兵时对敌我形势、战争策略都迟疑不决。

【爻意分析】

此爻居巽卦之上位，又居全卦之顶端，为蓄止之终极，小蓄之道亦至极盛。阴气已经充分积累，阳气也已经蓄聚完成，阴阳二气相合而成雨水，功德已经圆满。如若再往下发展下去则会向盛极必衰方向转换。卦辞中说"既处"，表示停止，就停在月亮将圆而不过盈的境地。

上九爻是说君子要积德，女子要贞守，以待事物之变。

【可断结果】

处此爻者应坚守正道，以阴蓄阳要适可而止，不可过盈，否则会破坏阴阳平衡，引起阴阳对立，呈盛极必危、物极必反之态，后果必然不妙。

【自取之道】

得此爻者宜刚正而不敢犯主，修炼正德，做阴爻之长，既能畜刚健之气，又能满而知止，则不会失其阴柔之道。反之则阴为阳所疑，必被战伐，故而会有凶险。

履 卦

天泽履
（下兑上乾）

【履卦导读】
　　卦象：下兑上乾。为天在上，泽在下之象。卦德：下卦为兑为悦，上卦为乾为健。
　　全卦阐发"礼"是"人之所履"的道理。行为若是合礼，踩在老虎尾巴上，虎都不咬人。

卦辞

【经文+传文】
　　《履》　履虎尾，不咥人：亨。
　　《彖》曰：《履》，柔履刚也。说而应乎乾，是以"履虎尾，不咥人"、"亨"。刚中正，履帝位而不疚，光明也。
　　《象》曰：上天下泽，《履》。君子以辩上下，安民志。

【译文】
　　《履》　踩到老虎尾巴，老虎不咬人：亨通。
　　《彖传》说：《履》卦的象征是，小民凌驾君子。小民和悦地响应君子，这就是"履虎尾，不咥人""亨"的象征。君子刚健中正，即使登临帝位也毫无愧疚，前途光明。
　　《象传》说：上天下泽，这就是《履》卦的象征。君子取法《履》卦，建立秩序分别上下名分，安定百姓思想。

履卦卦辞之意：踩到老虎尾巴，老虎却不咬人。

爻辞

【经文+传文】

　　　　　　　初九　素履往：无咎。
　　《象》曰：初九　"素履"之"往"，独行愿也。

【译文】
　　初九　穿着朴素无华的鞋子前往：无害。比喻人以朴实坦白的态度行事，则无害。

《象传》说：朴素无华地往前走，是说君子行事坚定。

初九处于履卦之初，相当于初涉世事的君子，应保持其质朴的行事风格，执守其恒常的道德。

【爻意分析】

此爻阳居阳位而得正，因而能履行正道；居本卦之最下位，为本卦之初始，故能有大的发展前途。《象传》中说，以质朴的态度行事而继续前进，说明初九能独自实行自己的意愿。初九初涉世事，做事安分守己，为人朴实无华，虽然未必得吉，但起码没有过错。

【可断结果】

处此爻者，阳刚之气始生，刚步入人生之道，宜纯正、谦虚、朴实，安分守己，不贪非分之得，不越非分之位，更应小心谨慎、以本色示人，精诚专一并持之以恒，必无过错。

【自取之道】

得此爻者应做人质朴，做事本分自然、谨小慎微、履行正道并持之以恒；实践理想、履行责任，不随世俗而改变自己的初衷，特立独行而不同流合污。这样就能没有过错。

【经文+传文】

九二　履道坦坦：幽人贞吉。

《象》曰：九二　"幽人贞吉"，中不自乱也。

【译文】

九二　大路平坦：幽静无争的人吉祥。

《象传》说：安静、中和、恬淡的人是幽人，能坚持守住中正之道，自然是可以获得吉祥的。

【爻意分析】

此爻阳居阴位，故而阳刚而能柔；又处下卦之中位，得中而不偏，故而内心安恬清静，前途平易坦荡。《象传》说，安静恬淡的人坚持正道可得吉祥，说明九二没有扰乱自己的内心世界。只有安静自守的幽人才能固守正道，永远走在平坦的大道上自然会得到吉祥，所以爻辞中说"履道坦坦，幽人贞吉"。

履道坦坦。

【可断结果】

处此位者应自我修心养性，执着纯正，做事持中庸之道。如此方可得吉。

【自取之道】

得此爻者宜秉持安静恬淡，不求闻达，秉持清净之心而不因世间纷争受扰乱，加强自我修养，不与道不同者相谋，做事能持之以恒，终可获吉。

中和、恬淡的人能坚持守住中正之道，是可以获得吉祥的。

【经文+传文】

六三　眇能视，跛能履；履虎尾，咥人，凶；武人为于大君。

《象》曰：六三　"眇能视"，不足以有明也；"跛能履"，不足以与行也；"咥人"之"凶"，位不当也；"武人为于大君"，志刚也。

【译文】

六三　眼瞎了却自以为视力好，瘸腿的却自以为能走路；踩到老虎尾巴，老虎咬人：凶险；粗猛武人要担当君主给的大任。

《象传》说："眇能视"，是说独眼看不清东西；"跛能履"，是说瘸腿走不了路；"咥人"是凶险的，是因为地位失当；"武人为于大君"，是说武人刚愎自用。

【爻意分析】

此爻阴居阳位而不当，无阳刚之质而心志刚强，以柔乘刚而涉险，处于上下两卦之间而身居多惧之地。

【可断结果】

处此爻位者质本柔弱而心雄万夫，志大才疏，独眼却自以为能视，跛足却自以为能行，履虎尾而不能待之以柔，处险境而不能自省，持匹夫之勇而暴虎冯河，故而凶险异常。

【自取之道】

得此爻者宜有自知之明，明确自己所处的危险环境，修身养性，积聚力量，懂得审时度势，决不可以匹夫之勇而盲目乱动，切戒刚愎自用，做事应寻求以柔克刚之道。

【经文+传文】

九四　履虎尾，愬愬，终吉。

《象》曰：九四　"愬愬终吉"，志行也。

【译文】

九四　踩到老虎尾巴，心里戒惧，终获吉祥。

《象传》说："愬愬终吉"，是因为君子得志了。

【爻意分析】

此爻以阳爻处于阴位而不中不正，又居九五之下而履虎尾，内刚而外柔，能以阴柔行事。《象传》说，保持恐惧谨慎，最终能获得吉祥，是说九四紧随九五之虎尾，不但内具阳刚之质，而且能柔顺行事，小心翼翼，那么终究可以免于危难而得吉。

【可断结果】

处此爻位者虽处位不中不正，又与九五相比邻，有履虎尾之险，然其居于阴位，能惊惧谨慎，履危知惧，掩饰刚强之势而行之以柔，故能实现锐意进取之志。

【自取之道】

得此爻者应审时度势，明晰自己所处的危险境地，隐藏自己阳刚之气势，内怀刚志而外示柔行，履危知惧，谨慎小心，则会有吉祥之果。

【经文+传文】

九五　夬履：贞厉。

《象》曰：九五　"夬履贞厉"，位正当也。

【译文】

九五　决然行事但不可一意孤行：要守正以防危险。

《象传》说："夬履贞厉"，不过他的地位毕竟是得当的。

【爻意分析】

此爻阳爻居阳位，兼处上卦乾体之正中，故而处中正之位，为本卦之主卦；又因本卦上乾下兑，故本爻气质刚硬果决而失之以柔，所以九五英明刚决有余，而兼听包容不足。如果一味主观武断，听不得不同意见，长此以往，必有危厉。

《象传》说，行事刚断果决，要守正以防危险，因为九五处于君位。这是要主宰者防止武断行事。

【可断结果】

处此位者属阳刚之爻而处阳位，兼居乾卦之中位，阳刚有余而柔性不足，不能兼听包容，行事虽果决而近于武断，长此以往必有危厉。

【自取之道】

得此爻者应坚守正道，应兼听而包容，杜绝刚愎自用，做事果决而不武断，持外圆内方之处事法则，刚柔相济，居安思危，方能获吉。

【经文+传文】

上九　视履考祥，其旋元吉。

《象》曰：上九　"元吉"在上，大有庆也。

【译文】

上九　小心回顾走过的路，考察其中福祸得失的征兆，返回时就能大吉。

《象传》说："元吉"在上九出现，是说上位君子大获福庆了。

【爻意分析】

此爻居于本卦之末，处履卦之终，故可借前车之鉴履行本身之责任，善于周详考察前五爻的经历，总结它们的胜败得失，从中总结经验教训，故而能吉。

【可断结果】

处于此位者若能周密分析前面五爻践行中的利害得失，总结它们的胜败经验，处事能就利避害，随机应变，审时度势，把握住主动权，则能大喜大庆。

【自取之道】

得此爻者应分析他人处事的利害得失，借鉴他人的处事经验，把握大局随机应变，遇事不怨天尤人，而是反求诸己，再加以行中正之道，终将获大吉。

泰 卦

地天泰
（下乾上坤）

【泰卦导读】

卦象：下乾上坤，为天地交泰之象。卦德：下卦为乾为健，上卦为坤为顺。

全卦揭示了自然、社会与人的阴阳和谐的基本规律。

卦辞

【经文+传文】

《泰》 小往大来，吉，亨。

《象》曰：《泰》：小往大来，吉，亨。"则是天地交而万物通也，上下交而其志同也。内阳而外阴，内健而外顺，内君子而外小人。君子道长，小人道消也。

《象》曰：天地交，《泰》。后以财成天地之道，辅相天地之宜，以左右民。

【译文】

《泰》象征和畅通泰：小的去了大的来，吉祥，亨通。

《象传》说："《泰》：小往大来。吉，亨。"这是说天地阴阳二气相交就会万物亨通，君臣相互沟通就能心意一致。《泰》卦内卦是阳，外卦是阴，内卦是健，外卦是顺，内卦是君子，外卦是小人。君子的道将要发展，小人的道将要衰落。

《象传》说：天地阴阳二气相交，这就是《泰》卦的象征。君主取法《泰》卦，制定符合天地之道的制度，辅助百姓从事生产，以便统治百姓。

爻辞

【经文+传文】

初九 拔茅茹以其汇；征吉。

《象》曰：初九 "拔茅征吉"，志在外也。

【译文】

初九 拔茅草的根，连同茅草的同类也一同拔起来；如此同根同志地团结出征，吉祥。

《象传》说："拔茅征吉"，是说君子志在向外发展。

【爻意分析】

此爻处下卦乾卦之初，阳爻居阳位，又处坤乾上下交泰之时，阳气盛长，必与六四相应，又可兼带九二、九三分别与六五、上六相应，一阳动而三阳俱动，呈君子并进之象。爻辞中说，拔起茅草，根系牵连并出，比喻君子相互牵引共同上进。《象传》中说，拔起茅草，前进可获吉祥，说明初九志在外取。

拔起茅草，根系牵连并出，为君子志同道合，相互牵引共同上进之象，所以得吉。

【可断结果】

处此爻位者以刚爻居于阳位，上与六四柔爻相应，志在上往。若能借此天地交泰之机积极进取，使内心能由下而上、由内而外地旺盛生长，并使上下内外通泰，同心同德地带动左右一同进取，就会得到吉祥。

【自取之道】

处此爻位者应顺应天时，在积极蓄积力量奋发向上的同时，还能带动其他同伴一心一意共同奋进，则能皆得吉祥。

【经文+传文】

九二　包荒，用冯河，不遐遗，朋亡，得尚于中行。

《象》曰：九二　"包荒，得尚于中行"，以光大也。

【译文】

九二　有包容大川的胸怀，涉越长河的能力，不遗弃远方的贤人，也不结党营私，要中道行事。

《象传》说："包荒，得尚于中行"，是因为君子光明正大。

【爻意分析】

此爻以阳爻居阴柔之位，内刚外柔；又得下卦之中位，能以中正之道行事；上与六五正应，为君臣相得之象。九二爻好比刚柔相济的中正大臣，能包容污秽，又刚健果决，不遗弃远方之人，且不结党营私。九二德行合于中道，与六五君王同心同德，合作无间，所以《象传》中有言赞其"光明正大"。

九二爻好比刚柔相济的中正大臣。其能包容污秽，又刚健果决，不遗弃远方之人，且不结党营私。

【可断结果】

处此爻位者内部刚阳而外显柔和宽大，能够大度包容，含垢纳秽，又具果敢之质，既不遗弃远贤，又不结党营私，心迹光明而度量宏大，故而可成大事。

【自取之道】

得此爻者当心胸宽大，能包容污秽，恩泽遍布而不结党，坚守中道，则终成大事。

【经文+传文】

九三　无平不陂，无往不复；艰贞，无咎；勿恤其孚，于食有福。

《象》曰：九三　"无往不复"，天地际也。

【译文】

九三　没有哪种平坦，永远不会倾斜，没有哪种失去，永远不会得回；事情艰难也要坚守正道，自然是无害的；不用忧虑无法取信于人，生活是会变富足的。

《象传》说："无往不复"，是说事情发展到了临界点（就要转变了）。

【爻意分析】

此爻阳居阳位而得正，处泰卦上下二体乾坤之交接之处，又处阴阳两爻之交界处，为本卦阳爻之最后一爻，虽有艰险而无咎。

【可断结果】

处此爻位者应不忘艰难，坚持正道，可以避免过错。不必过分忧虑，要以诚待人，坚信有平就有坡，有往就有来，有"泰"就有"否"的道理，不仅可以避祸，而且会有福庆降临。

【自取之道】

得此爻者应明确自己所处的关键位置，知道利害互转是客观事物发展的规律，防止由"泰"变"否"，以诚待人，艰难过后就是吉祥。

【经文+传文】

六四　翩翩，不富，以其邻不戒以孚。

《象》曰：六四　"翩翩不富"，皆失实也；"不戒以孚"，中心愿也。

【译文】

六四　像鸟飞那样轻飘自得，难保财富。但与邻居相互信任不必加以戒备。

《象传》说："翩翩不富"，是说君子丧失财物；有诚信不戒备，这是君子的心愿。

【爻意分析】

此爻以阴爻居阴位，处上卦之初，柔顺谦逊，并与初九相应。当下卦之三阳上升求阴之时，带动六五、上六相随而主动下降以应，故而上下交济，形成一派通泰之气。卦辞中的"翩翩"谓三阴爻像

"以其邻不戒以孚"是说上卦三阴爻同心同德，无需告诫。

飞鸟一样翩然同下，上下交济，阴阳通泰。《象传》中也说，无需互相告诫，都心怀诚信，因为内心有应下的意愿。这是指上卦三爻无需告诫就自然信从六四，成群联翩而降。

【可断结果】

处此爻者若显其谦虚柔顺之德，与邻融洽相处而不生戒备之心，彼此以诚相见，讲求信用，不以个人的殷实富贵为念，终会天随人愿。

【自取之道】

得此爻者应待人以诚，与人相处不可时时戒备，奉行信用至上的观念，不以功名利禄为处世之目标，这样才能心想事成。

【经文+传文】

六五　帝乙归妹，以祉，元吉。

《象》曰：六五　"以祉元吉"，中以行愿也。

【译文】

六五　帝乙出嫁少女，因而得福，大吉。

《象传》说："以祉元吉"，是因为君子行事中正。

【爻意分析】

此爻以阴爻居中，为上卦之中位，位尊而性柔，并与下体九二相应，故能屈尊而下，主动与九二相交。帝王之女下嫁给贤臣，比喻君位六五阴爻屈尊与下卦中的九二阳爻相应，阴阳交泰因此而实现，获得了莫大的吉祥。

殷高宗将自己的小女儿嫁给了西部诸侯姬昌。

【可断结果】

处此爻位者若能居尊而不亢，位尊而性柔，能自愿主动而诚信地与居于下位者相交，当能兑现承诺，获得大吉。

【自取之道】

得此爻者应礼贤下士，不高高在上，主动心怀诚意地与贤能之人结交，以柔待刚，则将会阴阳交泰，获得福祉。

【经文+传文】

上六　城复于隍，勿用师，自邑告命，贞吝。

《象》曰：上六　"城复于隍"，其命乱也。

【译文】

上六　城墙倒塌在壕沟里。命令说是不要用兵，只能自我检讨，坚守正道来防止危害。

《象传》说："城复于隍"，是说统帅的命令错乱失当。

【爻意分析】

此爻阴居阴位而得位，又处泰卦之终末，与下卦九三相应，大有泰极否来之象，故而处凶险之境。

【可断结果】

处此爻者形势已现错乱不利之象，其前景不妙。此时即使尽量不与别人争夺，坚持正道，也难免灾祸。

【自取之道】

得此爻者应坚守正道而行事，不与别人争讼，切记遇事兴师动众更会无济于事，反会坏事。遇事不可力争，尽量使形势向好的方面发展，以防出现土崩瓦解的局面。

否 卦

天地否
（下坤上乾）

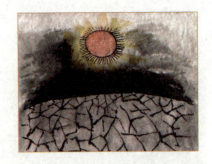

【否卦导读】

卦象：下坤上乾，为天地不交、为上下闭塞之象。卦德：内卦为坤为顺，外卦为乾为健。全卦揭示了如何从否塞转化为通泰的道理。

卦辞

【经文+传文】

《否》 否之匪人，不利，君子贞；大往小来。

《彖》曰："否之匪人，不利，君子贞；大往小来。"则是天地不交而万物不通也，上下不交而天下无邦也。内阴而外阳，内柔而外刚，内小人而外君子。小人道长，君子道消也。

《象》曰：天地不交，《否》。君子以俭德辟难，不可荣以禄。

【译文】

《否卦》象征天下闭塞不通：否闭之世排斥贤人，天下不得其利，君子此时应坚守贞正；大的阳刚去了，小的阴柔来了（事业由盛转衰）。

《彖传》说："否之匪人，不利，君子贞；大往小来。"这是说天地阴阳二气不相交，就会万物不亨通，君臣不相沟通，国家就会衰亡。《否》卦内卦是阴，外卦是阳，内卦是柔，外卦是刚，内卦是小人，外卦是君子。小人的道将要发展，君子的道将要衰落。

《象传》说：天地阴阳二气不相交，这就是《否》卦的象征。君子取法《否》卦，崇尚俭德，躲避祸难，不以利禄为荣。

否卦象征闭塞，君子之道被阻塞。

爻辞

【经文+传文】

初六　拔茅茹以其汇：贞吉，亨。

《象》曰：初六　"拔茅贞吉"，志在君也。

【译文】

　　初六　拔茅草的根，连同茅草的同类也一起拔起：君子应当坚守正道，吉祥亨通。

　　《象传》说："拔茅贞吉"，这是说君子志在辅助君王。

【爻意分析】

　　此爻阴居阳位，质弱而欲亢动，然又处于上下否塞之时，阴阳阻隔，不能通达。故而做事应符合自然规律，不可轻举妄动。初六像"拔茅茹"一样牵引下卦六二、六三阴爻贞固自守才能得吉。初六爻以柔爻居于阳位，应该克服其资质柔弱却轻躁易动的缺点。

【可断结果】

　　处此位者若能了解自己正处否塞初始之时，事态不可能立刻向好的方面转化，坚守于本位正道而不妄动，当守而决然自守，静待事态之变化，择时而动，可保平安。

初六爻爻象是拔茅草的根，连同茅草的同类也一同拔起，警示君子要能守住正道，不可躁动。

【自取之道】

　　得此爻者当了解"否""泰"互化乃世间之规律，明了自己正处否塞之时，故不可盲目冒进，而应决然自守，坚持守正不动，则可吉祥亨通。

【经文+传文】

六二　包承：小人吉，大人否，亨。

《象》曰：六二　"大人否，亨"，不乱群也。

【译文】

　　六二　被包容并顺承尊者：小人吉祥，大人闭塞，以后才亨通。

　　《象传》说："大人否，亨"，是因为大人不和小人厮混。

【爻意分析】

　　此爻以阴爻居阴位，又处于下体之中位，有至顺之象。而本卦有小人处下之象，故而居此位者当防小人作乱。六二爻以阴爻居于阴位，好像一位善于阿谀逢迎的小人，顺承上位者，以求取上位者的包纳和信任。这种行为对于小人来讲是吉利的。而对于君子来说，处于否塞的险境时，宁可固守原则，安于否塞，也不应随波逐流，自毁原则。正因其坚守节操，令人敬佩，所以亨通。

　　《象传》中也说，大人闭塞，可以获得亨通，说明君子不与群小混乱在一起，而有自己的原则。

【可断结果】

六二以阴爻居阴位，正是小人道长；君子道消之时。处此位者若如小人一般阿谀奉承，以吹捧谄媚为能事，巴结上司，笼络君子，对于小人是吉利的，也许会得到一时的好处，或者仅能作为救济否塞的权宜之计，但绝不可长久；如若守正不阿，洁身自好，甘于寂寞，安于闭塞，藏器待时，不与小人同流合污，则会有长远的亨通。

【自取之道】

得此爻者当坚守正道，安守否塞，莫受私利诱惑而失却本性。要认清小人本非同类，警戒自己莫落入狐狗之群。

六二，包承，小人吉。

六二，大人否。

【经文+传文】

 六三　包羞。

《象》曰：六三　"包羞"，位不当也。

【译文】

六三　位置不当，包藏羞辱。

《象传》说："包羞"，是因为地位失当。

【爻意分析】

此爻处于上下两体之间，迫近于上，又以阴质居于阳位，又偏离中位，不中不正，当处于否塞之世时，则不能守中正之道。六三爻是个地位较高却又不中不正的小人，其处于否塞之世时，不能固守正道，安持本分，反而急于向上九刚爻求应。而上九爻乃是守贞的君子，所以六三爻的所作所为只能是自取其辱。

【可断结果】

六三爻为不中不正、秉性浮躁之人，其急于高攀，媚态十足，遇到君子只会自取其辱，而若对此类人进行包容，则会使自己蒙受羞辱。

六三居位不当，急于取宠必自取其辱。

【自取之道】

得此爻者当严防不守正道之人以媚态惑人，改变自己喜爱别人奉承的人性弱点，远离只会巴结讨好之人，不落入其拉拢奉承的圈套，才可避免遭受羞辱。

【经文+传文】

九四　有命：无咎，畴离祉。

《象》曰：九四　"有命无咎"，志行也。

【译文】

九四　保有天命：无害，同志都来会一起享有福祉。

《象传》说："有命无咎"，是说君子得志了。

【爻意分析】

此爻阳居阴位，柔中有刚，又居上卦三阳爻之下，处上卦乾卦之始，有否塞过中、否极泰来之象，又与其他二阳爻相比邻，故能同心协力。九四处于否塞转为泰通之时，奉九五君王之命，与初六相交相应，因此没有咎错。爻辞中说"畴离祉"，是指九四与和它同类的九五及上九两刚爻相互依附，齐心协力，共成大业，所以能一同受福。

九四爻顺应天命，所以无咎。

【可断结果】

此爻处阴衰阳长之地，否极泰来之始位，又阳中有刚，故有魄力与才能同九五、上九相携以扭转乾坤。同类之三阳相互依附，共同行动而成此大功，将一齐受福。

【自取之道】

得此爻者应及时顺应天时，联合群朋积极行动，相互支持，共同奋斗，利用有利时机因势利导地推动转否为泰，当会共享福祉。

【经文+传文】

九五　休否，大人吉，其亡其亡，系于苞桑。

《象》曰：九五　"大人"之"吉"，位正当也。

【译文】

九五　终止闭塞的局面，大人才能吉祥，（但还要时刻警惕）将要灭亡，将要灭亡，才会像系结于桑树一样安然无恙。

《象传》说：大人是吉祥的，是因为他地位得当。

【爻意分析】

此爻阳居阳位，又占上卦之中位，中正得当，故而具阳刚之气而能行中正之道，处于泰来而否休之时。九五爻有其德而居其位，但能身处治世而不忘乱亡，其要达到彻底休否的境地，所以居安而思危，时时告诫自己"将要灭亡，将要灭亡！"以免掉以轻心。也正是因为能够时常保持警惧之心，九五才能如系绑于根深蒂固的桑树般稳固不移。

【可断结果】

此爻既得其时，又有其德，又得其位，阳刚中正而居尊位，若能居安思危，常怀戒惧之心，联同上下左右，必可打消闭塞之气运，重新恢复通泰之佳境。

九五爻指出转否为泰时要居安思危。

【自取之道】

得此爻者宜审时度势，把握否将转泰之时机，看清自己所处位置之优势，联合上下有才德之人，发挥自己的阳刚之气，同时不失惊惧之心，齐心协力，则可重新造就阴阳相和、上下通泰之形势。

【经文+传文】

上九　倾否，先否后喜。

《象》曰：上九　否终则倾，何可长也？

【译文】

上九　倾覆闭塞的局面，起初闭塞，后来通泰喜悦。

《象传》说：事情闭塞到了极点就要变了，怎么可能长久不变呢？

【爻意分析】

此爻以阳爻居于阴位，兼居乾体之上，积乾阳之气至极盛，故具刚健勇猛、无坚不摧之力以待天时。否极泰来，故云"先否后喜"。

【可断结果】

处此爻，若能积极而又谨慎行事，起初还是闭塞不通的，后来则会顺畅通达，终会皆大欢喜。

时世闭塞不通之状将要改变，将发生天翻地覆之变化。

【自取之道】

得此爻者当顺应天时，发挥自己的阳刚之气，勇猛而又谨慎地适时而动，既能在胜利时防颠覆，又能在艰难困苦中不气馁，则会重创阴阳交泰之局面。

同人卦

天火同人
（下离上乾）

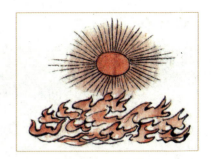

【同人卦导读】

卦象：下离上乾，为天在上，火也向上之象。卦德：下卦为离为明，上卦为乾为健。
全卦讲述了如何广泛团结人和同于人的可贵思想。

卦辞

【经文+传文】

《同人》 同人于野：亨；利涉大川，利君子贞。

《象》曰：《同人》，柔得位得中，而应乎乾，曰"同人"。《同人》
曰："同人于野，亨，利涉大川"，乾行也。文明以健，中正而应，君子正
也。唯君子为能通天下之志。

《象》曰：天与火，《同人》。君子以类族辨物。

【译文】

同人　在郊野外聚
集众人：亨通；渡大河有
利，君子坚守贞正有利。

《象传》说：《同人》
卦的象征是，柔顺者地
位得当，秉守中正，响
应刚健者，所以卦名叫
"同人"。《同人》卦说："同
人于野，亨，利涉大川。"
这是因为君子行事刚健。
文明刚健，中正又得人
响应，这是因为君子秉
守正道。唯有君子能通
晓天下人的心思。

《象传》说：天和火，
这就是《同人》卦的象征。
君主取法《同人》卦的卦象以区分物类，辨明物事。

在野外聚集众人，同心协力，友好合作，有利于涉险渡难，共同创造出大的事业。

爻辞

初九　同人于门：无咎。

《象》曰：初九　出门同人，又谁咎也？

【译文】

初九　出了门和同众人：无害。

《象传》说：刚出门就能与人和睦相处，又有谁会来怪罪你呢？

【爻意分析】

此爻居于本卦之初始，处本卦之下位，阳居阳位而当位，与九四同阳而相斥，却与本卦之唯一——阴爻相比邻，故易与之相接近而不心怀私念。初九处于同人卦之始，象征刚出家门就与人和同，《象传》中说，又有谁会来怪罪呢？走出门外与人和同，打破门户之见，不分亲疏远近，求同存异，其行为大公无私，符合同人卦的卦义，所以没有咎错。

在家门之内，人往往容易沉溺于私情。离开家门在外，则需要秉承公理，无失于偏私。初九能以大公无私之心与人和同，因此没有咎害。

【可断结果】

处此爻者若能弘扬自己阳刚之气，心怀博大而至善之心与人和同，摒却私念，以诚待人，与人和睦相处，同心同德，则不会招致过失和灾难。

【自取之道】

得此爻者当心怀善念而尽快与德正之人相和同，与人交往而不存私念，公正且交往广阔，不分亲疏厚薄，不生门户之见，必无过错。

六二　同人于宗：吝。

《象》曰：六二　"同人于宗"，吝道也。

【译文】

六二　在宗庙聚集众人：危险。

《象传》说："同人于宗"，是危险的举动。

【爻意分析】

此爻阴居阴位，处中正之位，又居于下卦之中位，与上卦之九五阳爻阴阳相合，为正应关系，故而能相互和同。六二与九五正应，本来是好事，但在同人卦中，五个刚爻都想与六二柔爻相和同，而六二只想亲近位于君位的九五，违背了同人卦"同人于野"的精神，有攀高附贵之嫌。所以有所鄙吝。

【可断结果】

处此爻者若只一味与拥有权势者或本派别的人相和同，而对其他众人置之不理，不能团结其他派别之人，则有逢迎巴结之嫌，会招致怨恨。

【自取之道】

得此爻者宜以诚心广泛地与尽可能多的人和同，打破宗族观念和派别观念，摒弃心中之私念，以博大、博爱之心与人相交。不可执一己之偏私，仅同与自己有关系、相感应的人和同亲近。

六二爻提示，只想着与宗主和同，而忘记了相互间的广泛和同，有违同人卦卦义，所以会有弊病。

【经文+传文】

九三 伏戎于莽，升其高陵，三岁不兴。

《象》曰：九三 "伏戎于莽"，敌刚也；"三岁不兴"，安行也？

【译文】

九三 在草丛埋伏军队，又登上高地瞭望，三年了都不能取胜。

《象传》说："伏戎于莽"，这是因为敌兵强大；"三岁不兴"，怎能贸然行动呢？

【爻意分析】

此爻以阳刚之质居阳位，又处下卦之上位而不能得中，与六二相比邻而承于其上。六二本可以与九三相亲比，却舍近求远，专门攀附九五结好，这就引起了九三的忌恨。九三欲夺取与九五正应的六二，其横亘于六二、九五之间，埋下伏兵，伺机而动，但忌惮九五实力

伏兵在草莽间，说明对手刚强。三年也不敢与之交战，怎能贸然行动呢？这是在说九三欲夺取与九五正应的六二，碍于九五太过强大，所以只得观望而无所作为。

雄厚，所以不敢轻举妄动，如此过了三年，仍然没有采取行动，所以爻辞中不言结果。

【可断结果】

处此爻位者质刚而妄动，与其身边之人疏远而结交旷远势力之人，故不能得众人之助。而无奈于对手实力雄厚，自己势孤力薄，终致失败。

【自取之道】

得此爻者应分析自己的实际情况，改变自己势力之心，努力与大多数人相交。同时加强自身修养，严戒刚强盲动的性格，则能相安无事。

【经文+传文】

九四　乘其墉，弗克攻，吉。

《象》曰：九四　"乘其墉"，义弗克也。其"吉"，则困而反则也。

【译文】

九四　登临敌城了，但又放弃了进攻，是吉祥的。

《象传》说：虽然登临敌城了，不过按照道义是不宜赶尽杀绝的；军队是吉祥的，是因为军队受困时能回归正确的作战计划。

【爻意分析】

此爻阳刚而居阴位，不中不正，有刚阳之质而兼具阴柔之德；处上卦之下位，与初九不能成正应，势单力孤，故于攻而不胜之时能反躬自省。《象传》说，登上城墙，但从道义上考虑是不能发动进攻的。获得吉祥，是由于九四在陷入困境时能够回到正道上来。九四与初九不应，也想与唯一阴爻六二相和同，但被九三所阻隔，九四居于九三之上，所以说"乘其墉"，也想以武力争取六二。九四攻而不取，自知其行为不合义理，所以反躬自省，及时回归于正道，因而能得吉祥。

登临敌城了，但又放弃了进攻，因为按照道义是不能赶尽杀绝的。

【可断结果】

处此爻位者因具刚阳之质而妄动，故而攻而不胜；又因居阴位而能施阴柔之德，在陷于困境时可知困而反，退而不攻，因此得以自保，结果吉祥。

【自取之道】

得此爻者应力戒恃强妄动之念，多施阴柔之德，时而察己自省，多以诚心结益友良朋，坚守正义之道，困而知反，以获吉祥。

【经文+传文】

九五　同人，先号咷而后笑，大师克，相遇。

《象》曰：九五　"同人"之"先"，以中直也；大师相遇，言相克也。

【译文】

九五　和同于众人，先是号哭，然后大笑，（原来是因为）大部队攻克了敌人，会师成功了。

《象传》说：赞同他人，先是哀哭，后是破涕为笑，是因为君子能守中正；军队和大部队会师，是说战争打赢了。

【爻意分析】

此爻阳居阳位，刚阳之气充盈，又居上卦之正中尊位，故而得中得正，阳刚而中正；然虽与本卦之唯一一阴爻六二成相应关系，却为九三、九四相阻隔，所以九五为之痛哭。为了争夺阴爻六二，九五准备与九三、九四作战，而九三、九四终究因为实力不足、行为不合义理而退避。九五最终能战胜九三、九四而与六二和同，所以破涕为笑。

大军攻克了敌人，会师成功了，说明九五爻克服了阻碍。

【可断结果】

处此爻位者虽阳气充盈，阳刚中正，然与其相应者受外力牵制而无力相助，故初期行事受阻；若能以中正之道为行事之准则，以真心对待他人，则能最后取得成功。

【自取之道】

得此爻者应坚持正道，以真诚之心待人，处困境而不自弃，选择时机力破大敌以取得相应者相助，先苦后甜，终能成功。

【经文+传文】

 上九 同人于郊：无悔。

《象》曰：上九 "同人于郊"，志未得也。

【译文】

上九 在野外聚集众位同仁：无悔。

《象传》说："同人于郊"，这是说君子尚未得志。

【爻意分析】

此爻以阳爻居阴位，处本卦之极末，居六爻之边缘，与之相应者九三阳刚，故而内无和同之人，大志无法实现。

【可断结果】

处此爻位者若不能尽量多地与大众和同共进，抛却私心，以天下为怀，求天下之大公，加强与人和同的协作精神，大志将无法实现。

在野外聚集同仁，因为尚未得志。

【自取之道】

得此爻者应当积极与人和同，不可逃避，固然不能同流合污，但自命清高、脱离群众的孤僻态度亦不可取。当以道义为基础，于异中求同，积极、广泛地与人和同，才能实现世界大同的理想。

大有卦

火天大有
（下乾上离）

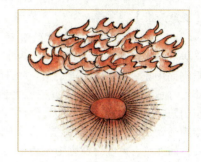

【大有卦导读】

卦象：下乾上离，为火在天上，照耀万物之象。卦德：下卦为乾体为健，上卦为离为火。全卦讲述慎终如始的富有之道。

卦辞

【经文+传文】

《大有》 元亨。

《彖》曰：《大有》，柔得尊位大中，而上下应之，曰"大有"。其德刚健而文明，应乎天而时行，是以"元亨"。

《象》曰：火在天上，《大有》。君子以遏恶扬善，顺天休命。

【译文】

《大有》象征大获富有：事业大亨通。

《彖传》说：《大有》卦的象征是，阴爻赢得了尊位，秉守中道，得到众阳刚的响应，所以卦名叫"大有"。君子的道德刚健而又文明，能顺应天道适时行事，所以说前途必是至为亨通。

《象传》说：火在天上，这就是《大有》卦的象征。君子取法《大有》卦遏恶扬善，顺应天道，磨练命运。

大有卦象征富有，至为亨通。

爻辞

【经文+传文】

初九　无交害，匪咎，艰则无咎。

《象》曰：初九　《大有》初九，"无交害"也。

【译文】

初九　没有因不当的交往受祸害，就无灾殃，身处艰难时也无害。

《象传》说：《大有》初九说："无交害。"（传对此爻没有释读）

【爻意分析】

此爻虽阳居阳位而得位，然处本卦之最下一爻，不但与本卦之主六五相距甚远，无比无应，与位置相对的九四亦不能相应，独立无恃。"无交害"意谓不与事物相交涉，所以没有祸害。初九爻象征富有而地位低下的人，与六五、九四均不相交涉，没有利害关系，没有咎害。

初九提示人们富有时也不要忘记艰难。

【可断结果】

处此爻位者若能处富而思艰，不忘以往创业之艰难，不生骄奢之心，谨慎行事，不要彼此侵害、得意忘形，因而不会得咎。

【自取之道】

得此爻者当居安思危，富贵而不可生骄奢淫逸之心，不可掉以轻心，时刻不忘自己艰难之时和现在处境艰难的人，自能不涉及利害。而如果松懈而怠慢，那就会有过错和灾祸了。

【经文+传文】

九二　大车以载，有攸往：无咎。

《象》曰：九二　"大车以载"，积中不败也。

【译文】

九二　用大车运载货物出行：无害（因为有良好之工具、设备）。

《象传》说："大车以载"，是说货物堆在车上塌不了。

【爻意分析】

"大车"是古代用牛牵引，承载重物的交通工具。九二辅佐虚中的六五明君，犹如以牛牵引承载重物的大车。此爻为阳爻，故有刚健之气；而又居于阴位，又兼谦和之德；同时居下卦之中位，能中道而行；上与居本卦之主的六五阴阳相应，为其倚重与信任。九二爻处于大有丰盛之时，其所承载虽然盛大，但还没有到达顶点，又与六五相应，所以可以前往而没有咎错。

【可断结果】

处此位者，兼有刚柔，材质强健又深得处尊位者信任，有能力承担重大责任。若能谦逊待人，以中正之道行事，不贪得无厌，则可行以致远。

【自取之道】

得此爻者当刚柔并施，做事坚守中正，稳妥、周到，待人以谦诚，审时度势，适可而止，虽任重道远而不会颠覆。

九二爻刚健谦和，中道而行，能够保有其富。

【经文+传文】

九三　公用亨于天子，小人弗克。

《象》曰：九三　"公用亨于天子"，"小人"害也。

【译文】

九三　公侯向天子献礼，小人不能担当重任。

《象传》说："公用亨于天子"，是说小人担当重任会有害。

【爻意分析】

"亨"同"享"，指诸侯朝觐时向天子献礼。此爻阳刚之爻居于阳位，处下体乾卦之末，乘九二阳刚强健之上，而履得阳刚之位，与九五同功而异位，威权达到了极盛的阶段。九三就好像执守正道的封疆大吏，不把其管辖之物据为己有，而将之送给天子，向天子做出物质上的贡献和精神上的敬意，增益天子的所有。而小人若居此位，非但会营私舞弊，不能"用亨于天子"，减损天子所有，还会危害社会，害人害己。

公侯向天子献礼致敬，小人做不到这一点。

【可断结果】

处此爻位者，若能在物质上与尊者共享，精神上对尊者示以敬意，则能上下通达于正道。若鼠目寸光，吝以守财，无视尊者之威，骄盈傲物，则会遭遇祸害。

【自取之道】

得此爻者当高瞻远瞩，不吝啬于物，敬上礼下，以自己之财物贡献于社会，处富有尊贵之位不忘危难之时，行正道以取民心，则会通达于上下，不致获害。

【经文+传文】

九四　匪其彭：无咎。

《象》曰：九四　"匪其彭，无咎"，明辨晢也。

【译文】

九四　富盛而不炫耀：无害。

《象传》说："匪其彭，无咎"，是因为君子明辨事理。

【爻意分析】

此爻以阳刚之爻居于阴柔之位，具内刚而外柔之质；然上近至尊之六五，下比分权之九三，身又处危惧之地。九四处大有之时，已经进入上体，所有极为丰大壮盛，身处多惧招嫌之地。幸而九四刚而能柔，能够谦逊自处，不以富有骄人，自觉抑制减损自身的丰有盛大，所以得以免过。

过分富有就应进行自我抑制减损。

【可断结果】

处此爻位者若识盛极得咎的规律，若能克制私欲，谦虚谨慎，以刚正之气走中正之道，不以富贵骄人，自我损抑，急流勇退，则可免过。若是不知收敛，因其位其势已僭逼六五君王，则极易招致嫌疑，灾祸过错亦将随之而来。

【自取之道】

得此爻者当以阴柔之态行刚阳之正道，处事谨小慎微，严防私欲膨胀，若能审时度势，自损自抑，关键时刻能急流勇退，当可为明哲之士。

【经文+传文】

　六五　厥孚交如威如：吉。

《象》曰：六五　"厥孚交如"，信以发志也。"威如"之"吉"，易而无备也。

【译文】

六五　他与人交往诚信明亮威严：吉祥。

《象传》说："厥孚交如"，是说君子能老实地表达愿望。办事威严是吉祥的，是因为他平易近人，毫无心机。

【爻意分析】

此爻以本卦之唯一——阴爻居阳位，处本卦之尊位，柔而居中，有处事中正之象，故五阳爻俱心系之。六五爻居于尊位而能用柔守中，以诚信的态度与众阳爻交往，众阳爻因其诚信无私而心悦诚服，心生敬畏，六五的威信因此而得以彰显。六五既能以诚信待下，又不失威严，因此盛大而得吉。

【可断结果】

处此爻位者不私于物，处事公正；不疑于事，以诚信待人，既公且信，刚而带柔，恩威并举，因此自然而然地树立了威信，体现出威严庄重的气象，盛大而获得吉祥。

【自取之道】

得此爻者应柔中带刚，刚柔并济；以阳刚与诚信立威，以柔德与财物示恩。恩威并举，诚信待人，才可天下归心，以致大有之象。

六五爻温和而诚信，坦然无私，受人爱戴。其以诚信交接天下，刚柔并济；人们不会畏惧戒备六五，但也受其诚信感发，敬重六五，必然盛大庄重而得吉。

【经文+传文】

上九 自天祐之：吉，无不利。

《象》曰：上九 《大有》上"吉"，"自天祐"也。

【译文】

上九 上天降下保佑：吉祥，没有不利。

《象传》说：《大有》上九是吉祥的，是因为有上天的保佑。

【爻意分析】

上九居于大有卦之终，刚爻居于阴位，以刚顺柔，以阳从阴。上九刚爻亲比六五，为辅助君王之臣。其将所拥有之物归诸六五，有自上天协助六五之象。因其富而不骄，不私蓄其所有，所以得到吉祥，无所不利。

【可断结果】

处此爻位者好比贤人处于终极之地，因其能够知晓盈满则溢出，盛极必衰的道理，所以能够坦然将其所有归诸其辅弼之人，因而可长保富有。

【自取之道】

得此爻者应顺应客观规律，谨记满则溢出，盛极必衰的道理，富而不骄，慎终如始，坦然无私，则凡事能逢凶化吉，无所不利。

得到来自上天的保佑，吉祥，无往而不利。

谦 卦

地山谦
（下艮上坤）

卦象：下艮上坤，为高山屈于卑地之下貌。卦德：下卦为艮为止，上卦为坤为顺。

全卦讲了守国守家守自身的要道——谦。

卦辞

【经文+传文】

《谦》 亨，君子有终。

《象》曰：《谦》，"亨"。天道下济而光明，地道卑而上行。天道亏盈而益谦，地道变盈而流谦，鬼神害盈而福谦，人道恶盈而好谦。谦，尊而光，卑而不可逾，君子之终也。

《象》曰：地中有山，《谦》。君子以裒多益寡，称物平施。

【译文】

《谦》卦象征谦虚：亨通，君子能保持谦虚最终有好结果。

《象传》说：《谦》卦是亨通的。天道屈尊向下，照耀成就地上的万物，地道谦逊卑下，从而使得地气得以上升。天道减损盈满的，补充谦虚的；地道毁坏盈满的，增益谦虚的；鬼神道伤害盈满的，造福谦虚的；人道厌恶盈满的，喜爱谦虚的。秉守谦虚，居尊位时是光荣的，居卑位时也不会遭人羞辱，这就是君子的好结果。

谦虚有益，要始终坚持。

《象传》说：地中有山，这就是《谦》卦的象征。君子取法《谦》卦取多补少，称物平分。

爻辞

【经文+传文】

初六　谦谦：君子用涉大川，吉。

《象》曰：初六　"谦谦君子"，卑以自牧也。

【译文】

　　初六　谦虚而又谦虚的君子：这种态度可以渡过大河，吉祥。

　　《象传》说："谦谦君子"，是君子就要培养谦逊。

【爻意分析】

　　初六在谦卦中，已是谦下之位，又处全卦最下位。初六前临互坎（六二九三六四），坎为水，故言"用涉大川"，意为遭遇山难水险，重重阻碍，但是初六因其谦谦君子之风，即便跋山涉水，行难涉险，也可保处境无虞。

此乃谦卦第一阴爻，谦谦君子与人交往谦和谦逊，此等人更能甘心自居人下。乃为人处世之大道。

【可断结果】

　　"谦"卦之初六爻，位于下卦之中的下位，一是谦下之意，同时也意为所做的事业正处于初始时期，方兴未艾，此时事业尚未大成，若无谦虚谨慎之心，甘居他人之下，难以广建人脉，树立口碑，对应卦爻辞义来看，"用涉"依旧践行于"谦之又谦"之理，意为抛开眼前之"蝇头小利，蜗角微名"放眼未来，先自修谦卑之心以处事待人，

【自取之道】

　　本卦虽然身临艰险之境地，但因其谦谦君子之风，艰难当迎刃而解，只需持续保持美德，必不至于明珠暗藏，假以时日定会受到应有的器重而大展宏图。

【经文+传文】

六二　鸣谦：贞吉。

《象》曰：六二　"鸣谦贞吉"，中心得也。

【译文】

　　六二　名声在外，但仍能保持谦虚：吉祥。

　　《象传》说："鸣谦贞吉"，是因为君子心怀中正。

【爻意分析】

　　此乃谦卦第二阴爻，在谦卦中，六二一爻是阴爻又位于阴位，居中得正，有上升之势，意为事业成就稳步高升，前程远大，所以爻辞中写道："鸣谦。"鸣为鸣放，声名广扬之意。

　　六二与全卦的主爻九三十分契合，可谓阴阳互补，得谐而鸣，意为君子谦和并非缄默不

言，而是既不四处标榜自己，却又能恰到好处地表达自己的内心感受，并且能将自己的美德散播于他人。

【可断结果】

此时凡事更需谨慎小心，不可因急躁而轻举妄动，当安守中正之道。这世间太多人稍获声名便难以自控，开始居功自傲，目空一切，因此而损坏了前程。所以，人若在声高名显之时，还可以做到谦逊谨慎，实属难得，自然吉祥。

【自取之道】

"鸣"与"谦"之间的分寸尺度甚为关键，切忌因名声而生出骄傲自满之心，届时悔之晚矣。应更加奉行谦逊之道，严谨身心，要使自己成为言行相同，表里如一的真君子。切忌将己所不欲之事强加于人，而失去人心，应慎行谨言，以谦和有礼之方式令众人敬服。

此爻中"贞吉"字意为纯正美好，意喻声名由外而来，谦逊由内而发，一切顺其自然，并无半点强求，所以过程令人愉悦。

【经文+传文】

九三　劳谦，君子有终：吉。

《象》曰：九三　"劳谦君子"，万民服也。

【译文】

九三　功劳很大，但仍能保持谦虚：吉祥。
《象传》说："劳谦君子"，使万民都敬服了。

【爻意分析】

此爻乃是谦卦之主，是位于爻中第三的阳爻，三亦是阳位，是以，九三乃是阳爻居于阳位，当位得正，故而十分吉祥。九三与六二相辅相成，无应不合。九三因位于本卦的中爻，上下皆为阴爻，一阳居于众阴之中，乃是下卦的上位，位高权重责任重大，自然劳心劳力，所以爻辞中写道："劳谦。"

九三处于两阴爻之间，居于坎位，身在险地。君子有终，意为需持之以恒，有善始亦要得善终，此时事业已经有所小成，业绩开始显露，更应谨慎小心，提防变生肘腋。

【可断结果】

九三身处众阴爻之中，孤身入险地，必定劳心劳力。然而此时之所劳，为日后成功之基业，此时也是建立口碑绝佳的时期，当以平等平和之心处事待人。

而今日若犯下纰漏，必定成为日后隐患，甚至会导致毫无建树，劳而无功。此时正处于崭露头角之际，于上于下身负众望，此时也最易惹人非议，成为众矢之的，不可有丝毫松懈，更当谦虚谨慎，提防行事虎头蛇尾，有始无终。

【自取之道】

此爻虽有山高而甘心居于地下之心，但还应当有顺应奔腾流水之智，不可刚愎自用，认定所付出的辛劳已经得到收获，而沾沾自喜。应当守谦不骄，持之以恒，聆听众议，警醒于心，静待最终善果。

【经文+传文】

 六四　无不利，㧑谦。

《象》曰：六四　"无不利，㧑谦"，不违则也。

【译文】

六四　在事业上发扬谦虚，没有不利。

《象传》说："无不利，㧑谦"，是因为没有违反法则。

【爻意分析】

六四爻为谦卦中的阴爻，且身居阴位，象征柔顺守正。然而此爻在谦卦之中位于第四爻，四处于多惧之位，六四爻在谦卦之中又属于小过卦，特别的是其上是位于谦卦尊位的六五爻，而其下是位于谦卦之主的九三爻，六四处于这两者之间，动辄会有失误之忧。六四的爻中带有小过，即为很小的过失，所以即便有失也非大错。"㧑"为分散分裂之意，"㧑谦"意为将谦逊传播开来。

六四爻的小过存于谦卦之中，意为谦逊得稍微过分了，且受到身处惧位的影响，所以难免有唯唯诺诺之嫌。不过，六四爻此时已经进入新阶段，事业已经有了根基，状态趋于稳定，小的失误当可化解成无，所以爻辞中写道："无不利。"

【可断结果】

将谦虚的美德四下传播，倡导世人皆成为谦逊之人固然是好的，但是应当注意其中的分寸与程度，并且，这种谦虚是真心还是假意，是有迥然之别的。

真正的谦虚是能做到顺势而止，在大趋势不利的情况之下能做到断然而止，不一意孤行，将损失降到最低，而不是在自己能力完全可以达到的情况下，做出不必要的退让。前者是真谦虚，后者则是没有掌握好分寸的假谦虚，过分的谦虚便是骄傲，是虚伪，便与谦虚背道而驰了。

【自取之道】

当事业稳定，付出的艰苦辛劳小有所成并且声明鹊起之时，还能坚持谦虚谨慎的处事之道，自然事事亨通，无不利处。

反之，若是此时因意乱生骄而迷失谦虚谨慎的正道，便会水满则溢，转胜而败，转升而落，转盛而衰，虽善始而不得善终。所以需保持谨慎之心，克己为人，不可背离谦逊之道，自毁根基。

【经文+传文】

六五　不富以其邻，利用侵伐，无不利。

《象》曰：六五　"利用侵伐"，征不服也。

【译文】

六五　不能和邻国共富的国家，可以对它进行征伐，没有不利。

《象传》说："利用侵伐"，君子前去讨伐的是不臣服的国家。

【爻意分析】

六五爻为谦卦中的阴爻，居于本卦的尊位，阳爻象征殷实富庶。而阴爻象征空虚贫穷，此卦中阴爻居于君位。意为国力不够强盛富裕，但是有君临天下的威严，所以言行能够左右自己的邻国。但是阴柔者居于尊位，震慑之力较弱，难免有不甘心服从者出现，因六五爻所奉行的是谦恭大道，所以，但凡对他服从的国家都是信服于他的德行道义，而不服从的国家，则是因六五爻实力不强，难以甘心屈于其下，那么不服从者必定是信奉骄横的强势之道。

对于不信服者，六五便不可再坐视其变，姑息养奸了，若是等其势力扩张到不可收拾的地步，岂不被动？况且，当以谦道处世，民众赞服之时，还有傲慢骄横者一意孤行，那么将出兵征伐作为对骄横者的惩处，并不为过，也并不与谦道相违背。

所以此时应当与志同道合的邻国联合，共同将不服从者制服以断绝后患，爻辞上之所以说"利用侵伐，无不利"，是因为此行乃是匡正去邪、民心所向、出师有名的正义之举。

【可断结果】

谦卦中的六五爻居于君位，意为此时的谦谦君子与以前已不可同日而语，事业正处于功成名就之际，此时，尤其应当注意戒骄戒躁。

六五本身是阴爻，说明内在实力尚有欠缺，若此时生出骄躁之气，那么与不服从者的矛盾就会激化，愈演愈烈，由惩戒变为互殴争势，谦谦之风便消失殆尽，失去德行的同时也会丧失身边的拥戴，这是六五爻成败之中最为重要的一点，所以切记不可如此。

六五爻因其谦谦君子之风而成为民心所向，又有"不富而以其邻"的能力，当更加持守谦恭柔和之道，集思广益，博采众长，弥补先天弱点，增益己所不能，对于骄横僭越者，应当把握好惩治的分寸，既给予警示但又不可过分欺凌，这样恩威并施，刚柔共济，方是众心归附的君子，自当无往而不利。

正如南宋的著名思想家朱熹在《周易本义》所说的一样："以柔居尊，在上而能谦者也，故为不富而能以其邻之象。盖从之者众也，犹有未服者，则利以征之，而于他事亦无不利。"

【自取之道】

谦卦中的六五爻，此时已经功成名就，有了一定的社会地位与声名，是一众人等的首脑，这意味着自身的影响力也大幅度增加，那么，他应该更有责任带头去维护和推崇谦逊的美德。

六五爻自身的成就都源自谦虚谨慎，身为谦和君子行事做人便中正仁和，不争锋夺利，自然趋吉避凶，若是此时居功自傲，目空一切，那么必定会迷失本性，做出种种偏激错误的决定，不光事业前程将毁于一旦，甚至会给自身招致灾祸。所以此时定当时刻警醒自己，不可做功亏一篑之事。

【经文+传文】

上六　鸣谦：利用行师，征邑国。

《象》曰：上六　"鸣谦"，志未得也。可"用行师"，"征邑国"也。

【译文】

上六　名声在外，但仍能保持谦虚：用这种态度出兵征讨邑国有利。

《象传》说："鸣谦"，是因为尚未得志。出兵征伐不臣服的邑国是可以的。

【爻意分析】

此爻是谦卦中的第六爻，是最上一爻，主身居高位之意，而爻辞上又道"鸣谦"，意为此时虽然身份显赫，却未改初衷，依然秉持和宣扬谦逊之道。

"征邑国"中的邑是封地之意，"征邑国"意为动用军队去征讨临近小国。谦卦的核心要义便是谦逊，但是有些骄横跋扈的人是无法用谦德之心去感化的，那么此时只有用更强硬的方式解决问题了。这种做法并不与谦和之道相抵触，因为在六五爻中已经显示出来，这个将要出兵前去征讨的国家，挑衅侵犯在先，再不作出抉择，会给

上六爻是谦卦中的阴爻，且居于阴位，上六爻与六二爻虽同为"鸣谦"，但其势却与六二区别甚大，六二之声名如同小荷才露尖尖角，而上六此时的声名已经是声震四野，名扬天下了。上六与六五爻一样同为征战之爻，但是不同的是六五爻主要是御敌，而上六则是主动出击。

人软弱可欺之感，此时出兵乃是顺势之举，况且爻辞上带有"鸣谦"，就是说此行一路都会宣扬谦道，能避免杀伐就会避免，即使是征战也会尽力采用兵不血刃的办法，所以并无不利。

【可断结果】

此次的征战应注意以告诫为主，并要设法缓和引起敌对的矛盾，不可将惩戒变为杀伐，否则定会招惹事端。

但是也不可优柔寡断，放任挑衅者进犯，谦者乃仁义之人，这种仁和是出自于内心的慈悲，并非胆小怕事，懦弱无能，当有保家卫国的勇气。孔子道："仁者静而智者动。"谦谦君子乃是仁智兼备之人，以德行服众，以智慧取胜。那些所谓恃才傲物之人，便是典型的有才而无德无智的人。

谦和的君子应是既有真才实学，又能恭谨谦让的人，这样的人必是深孚众望的首脑，人人追随的领袖。

【自取之道】

谦卦至上六这里，之前所付出的辛劳努力都已经见到了成果，由默默无闻到声名鹊起，此时实力渐强，可以适当向他人展现，但是切记其把握其中的分寸，令别人了解到自己的优秀与能力便可，不能无故炫耀，如此行事便毫无不利。此时的事业虽然有所成，但是身边还有僭越者，说明大志尚未实现，所以要努力将眼前优越的局面长久保持，并继续上升，最终达到心中所祈愿的大同。

那么就要遵循《老子》中所说，一慈，二俭，三不敢为天下先。因为物极必然反转，所以应当明白，运不可用尽，能不可使尽，势不可逞尽。这样再加上由心内而发的谦恭谦逊，必然事事和谐，人人敬重，事业亦会渐入佳境。

豫 卦

雷地豫
（下坤上震）

卦辞

【经文+传文】

　　《**豫**》 **利建侯行师。**

　　《彖》曰：《豫》，刚应而志行，顺以动，《豫》。《豫》顺以动，故天地如之，而况"建侯行师"乎？天地以顺动，故日月不过，而四时不忒。圣人以顺动，则刑罚清而民服。《豫》之时义大矣哉！

　　《象》曰：雷出地奋，《豫》。先王以作乐崇德，殷荐之上帝，以配祖考。

【译文】

　　《豫》象征欢乐：利于建立诸侯出征打伐。

　　《彖传》说：《豫》卦的象征是，君子得到小民的响应，心意得以推行，顺应规律办事，这就是《豫》卦。《豫》卦象征君子顺应规律办事，所以天地会顺从君子，何况是"建侯行师"这种愿望呢！天地顺应规律运转，所以日月的更替没有过失，四季的循环不会出错。圣人顺应规律办事，于是刑罚清明，百姓服从。《豫》卦这种顺应规律办事的道理真是大啊！

　　《象传》说：雷出地动，这就是《豫》卦的象征。先王取法《豫》卦制作音乐，推崇道德，用丰盛的祭品祭献上帝和祖先。

爻辞

【经文+传文】

　　初六　鸣豫：凶。

　　《象》曰：初六 "初六鸣豫"，志穷"凶"也。

【译文】

　　初六　人有名声而耽于享乐：凶险。

《象传》说："初六鸣豫"，是玩物丧志的表现，会有凶险。

【爻意分析】

豫卦为上震下坤，震为阳，坤为阴。初六爻为豫卦中的阴爻，居于阳位有失正体，且初六阴柔居于卦之初位，其地位卑下而又不中不正，却与本卦唯一的阳爻九四相应。这就好像一个行为不端的小人居于下位却与上层有势力者拉上关系，而洋洋自得，这结果当然不会好。"豫"意为喜悦，与"谦"之意思正相反。爻辞为"鸣豫，凶"，又可以理解为：自鸣得意，沉溺于欢乐之中难以自控，浮夸之气大涨，志气丧失，乃是凶险之兆。

初六虽是阴爻，但是却与豫卦中唯一的阳爻九四相应和，乃是自身羸弱毫无志向，全靠依附于位高权重者而得势，并因此洋洋得意。豫卦初始之爻，一上来表现出这种得意忘形的不思进取的态度，实在不免令人心忧。

【可断结果】

豫卦中的初六爻，身为阴爻，能力较弱，却处于阳位，如同不谙世事的稚子，独自把持万贯家财，自鸣得意，门户大开，岂不凶险？况且人贵在其志，志向与前途事业息息相关，若是心中毫无志向，便如无帆无桨的孤舟飘摇于大海之上，毫无左右自己命运的能力，身既弱而力又薄，心中无志，更加无法控制利欲之心，无法纠正偏颇的言行，长此以往，难居上流。自古一切祸端损害的源头都是乐极忘形，当避免招惹灾祸，若是这种境况再持续下去，悔之晚矣。

明代曾出现过一些气焰熏天的宦官，如王振、刘瑾、魏忠贤等。特别是魏忠贤，利用昏庸皇帝的信任，横行霸道，残害忠良，其最得势的时候，朝中很多大臣都自认是他的儿辈、孙辈，全国很多处都有他的生祠。这样的一种小人得志的情况，本身就不会长久，就蕴藏着凶险。结果，崇祯皇帝一上台，魏忠贤及其党羽就遭遇了灭亡之祸。

我们来看正面的例子，东晋宰相谢安运筹于帷幄之中，指挥他的弟弟谢石、侄子谢玄等率军击败了来势汹汹的入侵秦军，赢得了历史上有名的淝水之战，建立了巨大的功勋。当他得到了捷报时，正在与客对弈，面上了无喜色，若无其事，继续下棋。客人问他，他只淡淡地说："小孩子们已经打败了秦军。"他这种宏大的气量成了历史佳话。

【自取之道】

此爻中的"鸣"便是凶祸之因，"豫"便是贫穷之由，若能不"鸣"则可以去除凶险，若能不"豫"则可避免贫穷。所以反危为安的唯一办法，便是安分守己，不再张扬标榜。此时应当审时度势，认清自身处境，常怀未雨绸缪，居安思危之心，不沉浸于物欲享乐之中，心中立下宏大志向，将所有可能导致灾祸的因素抛弃掉，自然可保平安。

【经文+传文】

六二　介于石，不终日：贞吉。

《象》曰：六二　"不终日贞吉"，以中正也。

【译文】

六二　坚贞如石，不用一天就明白坚守中道，吉祥。

《象传》说："不终日，贞吉"，是因为君子能守中正。

【爻意分析】

六二爻是豫卦中的阴爻居阴位，位置中正。此爻中二阴相逢，主极晦暗，安静之至。但此爻的静并非沉寂不动，而是要在暗中静观其变，周围的福祸，事态的吉凶当可一目了然。

此爻动静有致，配合相当，刚柔相济，且柔要大于刚，是以沉稳宁静，虽强敌在外，也不能乱其心志，御外敌，除内患，开新局，功不可没，是豫卦六爻中最值得称道的一爻。

【可断结果】

所谓天降的吉凶，有大半决定于人为，身临险境如何抉择至关重要，正如六二爻爻辞中的"贞"字，此爻的吉祥安宁皆拜此字所赐，贞者，稳固，坚持，能安守中正而不乱，这种定力正是六二爻成功的关键所在。

六二爻宜守不宜攻，宜静不宜动，若是心中贞静被扰乱，在还未弄清楚状态的情况下冒然而动，那么不止外敌能轻而易举地进犯，自身的内忧也会同时涌动，届时内忧外患夹攻，必将苦不堪言，一败涂地。

所以千万不可悖逆柔静之道而妄逞急行之功，得贞则吉，失贞则凶，贞静一无，立时凶机四起。当柔顺安静以避外敌之锋芒，暗中自强自坚，伺机而动，假以时日，便能将一切忧患化解成无。

爻辞中的"介于石"便是主静，而"不终日"则是主动，当局势中的一切都趋于明朗，那么要果断地展开行动，将不利之处破除。爻辞中的"介于石"还有为人耿介正直，不混迹于俗流，安于正道的意思。"不终日，贞吉"的意思是，用不了一天便明白了欢乐愉悦必须适度的真谛，六二爻居中守正，洁身自爱，所以即便身处享乐之中也不必担心，穷则独善其身，达则兼善天下，所以必定吉祥无忧。

【自取之道】

六二爻为豫卦之中的解卦，是疏解缓和之意，意为眼前艰难不会持久，当可缓解，拨乱反正指日可待，之后会趋于稳固平安。

应先自困而后自救，在贞静自守之时，不可攀附于外力，扰乱自身，更不可贸然以进，丧失安稳。鉴于初六之骄躁，必定内患众多，所以，安定内部为至关重要一步。持之以恒，安守中正，身边忧患才可以解除；内忧消除之后，自身毫无破绽，才有能力去除外患。

【经文+传文】

 六三　盱豫，悔；迟有悔。

《象》曰：六三　"盱豫有悔"，位不当也。

【译文】

六三　贪慕他人放肆享乐，会有悔恨；迟疑不改，又有悔恨。

《象传》说："盱豫有悔"，是因为地位失当。

【爻意分析】

六三爻是豫卦中的阴爻，此爻以阴而居于阳位，位置不当，有失稳妥。

好在六三爻毕竟受到所处的阳位之影响。对于自身的失误已经有所醒悟，所以爻辞中写道："悔，迟有悔。"第一个"悔"字，悔在醒悟自己已经失掉了最好的时机，而第二个"悔"字才是真正有感而发，对于自身决策的后悔。

豫卦之六爻，阴盛阳衰，全卦只有九四为阳爻，其余皆是阴爻，六三阴爻居阳，位置不当，阴阳难以调和，此种情形也导致思想反复，会不经过深思熟虑就贸然行动抉择，随后又顿生悔意。

【可断结果】

"盱"为举目扬眉，抬头仰望，是自下向上看的角度。"上"可解释为上属或是地位比自己高的，此处有攀权附势之意，六三因身居不正，难免有失德之行，为达到目的，会作出以佞言献媚的小人之态来讨好权贵，然后很快又会心生悔悟，但苦于性子软弱，没有决断，而使自己处于进退维谷之中。

而"盱"还有四下张望，要将事事都看通透之意，这也是导致犹豫的根本原因，迟，则生变，而变，更加不及。

【自取之道】

六三若是不想如爻辞中所说的一样悔上加悔，便要先整改自身，不可太过优柔寡断。等小过酿成大祸，难以挽回之时，即便是再悔，也于事无补，所以要毫不犹疑，发现失误便当机立断地纠正，珍惜最初的机会，将不好的事情在初露端倪的时候就消除掉。应真心悔悟，切切不可瞻前顾后，迟而不决正是六三的症结所在。

若是依旧犹豫难断，那最终不止要"迟有悔"，只怕更是"悔已迟"。

【经文+传文】

九四　由豫，大有得，勿疑，朋盍簪。

《象》曰：九四　"由豫大有得"，志大行也。

【译文】

九四　人们由于他而得到欢乐，必将大有所得，但不能猜忌，这样朋友就都聚集来了。

《象传》说："由豫大有得"，是说君子大大得志了。

【爻意分析】

九四爻为豫卦中的主爻，也是本卦中唯一的阳爻，居于阴位之上，但阳刚之气盖过阴气，所以于自身干扰不大。

"由豫"有犹豫迟疑之意，也有由其中而得到

"勿疑，朋盍簪"意指九四的朋类，将像簪子把头发绑成一束般，紧密地聚合在一起。

之意。"大有得"自然是指九四爻一阳居上，众阴附和，一呼百应，有很强的影响力，其志向宏大，能力过人，自然成绩斐然，有大成就与大收获。因爻辞前面说到"由豫"二字，所以后面称"勿疑"，意思是无需多虑，更无需计较旁人的流短蜚长，只要一心一意去做事即可。

"朋友簪"，簪是古人梳拢头发后固定用的簪子，此处意为九四爻如发中的簪子一般，是能将众人都积聚在一起的关键人物。九四居于主位，其他五爻有在其上者亦有在其下者，在其上者为朋友，而在其下者为随从，而九四的凝聚力很强，可以将各类人等都汇聚在自己的身边。

【可断结果】

此爻中虽然不曾涉及危险灾祸，但也并非毫无可忧虑之处，九四爻在处于君位的"六五爻"

之下，自己阳爻居阴位，身居不正，却一呼百应，难免会犹豫迟疑，心中惴惴。

自古以来，大的功劳难得一见，而大的业绩难以长期保持，九四爻的成就与其广大的人脉密不可分。他的迟疑有可能会影响他的抉择，令倚重他的朋友失望，若不加以克制，难免与众人心生间隙。所以九四爻应当注意的是，柔缓处事当然可行，但是不可过份，过了便是犹豫不决，会迟误时机，甚至会影响事情的最终结果。

【自取之道】

世间道理万变不离其宗，只要有安守之心，事业必定不会倾覆；胸中大志不失，自然不会困顿于图圄；只要行端身正，便不会为人所诟病。九四爻要做的便是秉持心中所坚持的正理大道，将心中的犹豫疑虑，清除干净，一心一意放下不必要的忧思，自然事事顺利。

【经文+传文】

六五　贞疾，恒不死。

《象》曰：六五　"六五贞疾"，乘刚也；"恒不死"，中未亡也。

【译文】

六五　坚守正道防止疾病：人能永久健康。

《象传》说：六五说"贞疾"，这是因为小民凌驾君子；"恒不死"，是因为中道尚未丧失。

【爻意分析】

六五爻是豫卦中的阴爻，身处主位之尊，而强臣九四爻在下威望极高，不免令六五爻有所顾忌。六五身为阴爻，其质阴柔，身居刚位，力不从心，对自身的掌控之力较差，对自己的要求又甚低，这些因素导致这位柔弱的君主沉溺于享乐安宁之中，胸无大志，毫无责任心与使命感。

六五凌驾于全卦唯一的阳爻之上，以阴乘阳，

故此中说六五长期疾病，指出其沉溺于安乐的弊病。

是为不吉，所以爻辞中写道："贞疾。"所幸，贞在柔道中为中正，所以爻辞中又道"恒不死"，意为，六五虽然身染疾患，但是只要不失其中正之位，便可确保无性命之虞。

【可断结果】

六五爻疾患的根本在于，他将所有的责任都推在九四爻的身上，自己一味地贪图眼前享乐，既无承担大事的能力，又没有励精图治的心愿，任由自己的元气被声色之物所消磨。

而治理天下的大权旁落在强臣九四爻的手中，六五不但没有任何担心与改变，反而乐地坐享其成，甘当一个有名无实的国君，这一切都是弊病的根源。在这种情况之下，要是再加剧沉沦，很快便会疾病缠身，不治而亡。

六五一直得九四所辅佐，九四将自己的心智都放在六五的基业之上，并不时开导六五，所以六五若是能有所感悟，心生悔意，借重九四之阳刚之气，那么自身的阴郁当可化解一些，身上的疾患不会愈演愈烈，最终可以避免很多懊悔。

【自取之道】

六五爻身为一卦之尊，却被九四爻功高盖主，其基业的成败枯荣，可说皆系于九四一身。要

依仗九四的能力智慧保基护业，就要给他应得的信任与回报，但同时又要防备九四爻阳气过于刚猛，生出高傲之心而难以控制，其间的关键全在于六五如何处置自身与九四的关系。

若相处得当，那君臣相辅，大有裨益，若是相处不当，所有危害的源头也在这一爻上，所以六五更应当勤勉不懈，固守中正之道，令自身毫无破绽，拿出全部的心智来稳定局势，做一个令九四信服的明君。

【经文+传文】

上六　冥豫成，有渝无咎。

《象》曰：上六　"冥豫"在上，何可长也？

【译文】

上六　沉迷享乐成性，但能及时改好就无害。

《象传》说：作为上级而沉迷享乐，这种享乐怎能长久呢？

【爻意分析】

上六是豫卦中的阴爻，位处上爻，尊位之六五爻已经纵情于声色，而上六爻，又处豫卦之终。爻辞中写道："冥豫。"冥乃昏沉不清之意，显然上六爻如同六五爻一般，依旧沉迷于享乐之中，毫无清醒悔悟之意，此时局面急转直下，已经危如累卵，如同头上悬挂千斤巨石，动辄有灭顶之灾。

终极之爻沉溺享乐，代表了其所作所为之极端，乐极必定生悲，爻辞中的"有渝无咎"实为警醒之言。"渝"是背弃，改变之意，"无咎"本意为没有过错，在此是说可以免责，此句话是说，此时悬崖勒马，浪子回头，还来得及。

昏昧纵乐到了极点，又怎能长久呢？

【可断结果】

快乐愉悦本身是好事，但一味地沉浸在快乐中难以自拔，任由本性迷失，就成了极度危险的事情，若再加上心生自暴自弃之念，那么人生事业就都会呈下坠之势，其危害可想而知。

如今，上六爻的冥昧糊涂已经有目共睹，平庸的臣子尚且轻视而不愿辅佐昏君，何况是深孚众望的九四爻？此时，外有觊觎疆土的强敌，而内有心生犹疑的强臣，可以说上六爻内忧外患已经迫在眉睫，若是还不思悔改，挽回自己在众人眼中的形象，审时度势认清局势，在臣子的帮助下消除所有威胁自己的基业的忧患，那么不但江山倾覆无可避免，贞疾之贞也将失去，自身还会有性命之虞。

【自取之道】

上六爻最重要的是顺势顺时，要根据自身所处的形势而随时调整改变自己的做法与决策，切不可逆势而行，自以为是，凡事当谨慎谦虚，居安思危，这样，身边的忧患就会变为真正毫无妨害的喜乐。

随 卦

泽雷随
（下震上兑）

【随卦导读】
　卦象：下震上兑，为大泽中有雷声响起之象。卦德：下卦为震为动，上卦为兑为悦。
全卦阐发了与时偕行，以正随人，不故步自封的道理。

卦辞

【经文+传文】
　《随》　元亨，利贞，无咎。
　《彖》曰：《随》，刚来而下柔，动而说，《随》。大"亨贞无咎"，而天下随之。《随》之时义大矣哉！
　《象》曰：泽中有雷，《随》。君子以向晦入宴息。

【译文】
　《随》象征追随：人有元创、亨通、利物、坚守正道之美德，人都愿意随从之，无危害。
　《彖传》说：《随》卦的象征是，君主礼遇臣子，臣子对君主的行动感到欣喜，这就是《随》卦。君主正直，大亨通无害，天下人都追随他。《随》卦这种因时随人的道理真是大啊！
　《象传》说：泽中有雷，这就是《随》卦的象征。君子取法《随》卦，夜来时休息。

爻辞

【经文+传文】
　　初九　官有渝：贞吉；前往交有功。
　《象》曰：初九　"官有渝"，从正"吉"也；"前往交有功"，不失也。

【译文】
　初九　做官要懂得变化之理，又要坚守正道，吉祥；前往与人交游必能成功。
　《象传》说："官有渝"，是说官吏改邪归正是吉祥的；"前往交有功"，是因为没有迷失正道。

【爻意分析】
　初九爻为随卦中的阳爻。"渝"，意为变动、改变，"官有渝"意为因官家的命令，而导致自身发生变动。"贞吉"意为安守中正则会吉祥，"出门交有功"意为出门与人交往便会得到功劳和利益。

【可断结果】

初九爻据阳刚之身，却屈居于下位，得正未能得中，如今原本安稳平静的生活又被突如其来的变动所扰乱，难免生出不甘与焦躁之心，兼之初九爻心中既怀凌云之志，又具备腾飞之能，此时不甘于人下之心最为强烈。初九爻若是率性而为，不顾后果，固持己见，违背命令，那么不但原本所持有的庇护与特权会消失，还会有难以想象的麻烦与制裁。这种情况下，守贞则吉，失贞便会妨害自身，大为不吉。

无论身份环境如何变化，初九爻都要安守中正，听从长官的调遣，应始终明白自己的位置与身份。这会对初九爻大有益处，不但可以增广见闻，扩大视野，而且随着人脉的增加，与之俱来的机会与利益也会增加，功名成就指日可待。

【自取之道】

本卦之初九爻身处多变之时，身份又卑微，实处潜龙勿用之境遇，万不可因急躁而贸然行事。在内须得仰仗保护，在外更要广交朋友，内外相辅相成，自身安守贞正，积蓄德行。既有所固守，又有所变通，乘时而动，顺势而行，届时功成名就又未失其节，两全其美，人人称颂。

【经文+传文】

 六二　系小子，失丈夫。

《象》曰：六二　"系小子"，弗兼与也。

【译文】

六二　追随了小子，却失去了丈夫。

《象传》说："系小子"，是说丈夫和小子不可兼得（这句是说鱼和熊掌不可得兼，必须二者选一）。

【爻意分析】

六二爻为随卦中的阴爻，此爻过于柔弱，以女人取相，有心中无坚守之志，难以安于寂寞之迹象，对于身边所临近的初九爻，有依附之势。初九在六二爻之下方，位置临近，而阴柔的六二爻最易为初九爻的阳刚之气所吸引，大有追随之意。

本卦中处于尊位的九五爻与六二爻虽然也是阴阳相合，但是所居甚远，令六二爻难以仰仗，以至于六二爻生出叛离九五爻之心，所以才有"系小子，失丈夫"之爻辞。

李斯襄助秦始皇一统天下，建立典章制度，功劳不可谓不大，但在赵高的威逼利诱下拥立胡亥为二世皇帝，背弃臣子正道而从于赵高阴谋，最终落得满门抄斩之结局，其下场正是舍正从逆的教训。

【可断结果】

鱼与熊掌自然难以兼得，但是以六二犹豫懦弱，只顾趋利，且贪图甜言蜜语，难免令自己深陷泥沼，届时只怕不但君子远离，连小人也会将之厌弃，落得个一无所有的下场。

【自取之道】

六二爻最要注意的是切不可见利忘义，失去了做人的本分与底线，尤其在择人上应当小心谨慎，是良禽当择木而栖，若是因一时的喜爱与冲动，而失去了辨别是非的能力，势必造成得不偿失的后果，因追随小人而失去君子，结局必定令人扼腕。并且，人以群分，物以类聚，六二爻不只应当心怀贞定，并且应当注重提高自身的素养与心智，这样才可远离小人的引诱，从善如流，择良人相随。

【经文+传文】

六三　系丈夫，失小子；随有，求得，利居贞。

《象》曰：六三　"系丈夫"，志舍下也。

【译文】

六三　追随了丈夫，却失去了小子；追随就会有，追求就能得，坚守正道乃为有利。

《象传》说："系丈夫"，是说君子的意见是放弃小子。

【爻意分析】

六三爻是随卦中的阴爻，依旧做女相，"系丈夫，失小子"之爻辞意为此爻与之前的六二爻相比已经开始拨乱反正，放弃了不切实际的想法，重新依附于九五爻，是弃下而随上之势。

"随有求得"意为六三爻已经开始意识到自身的欠缺，因此去追随真正强大而有学识的人物，并从中有所增益和收获。

"利居贞"中的"居"并非是居住之意，所指的是内心居于贞守贞静，才能有求必应，而无枉道媚上的嫌疑。六三爻遇事要多在自己身上反省思索，现时与未来都会安稳，一旦做了正确的抉择就一定要坚守。

【可断结果】

六三爻所得到的并不周全，"系丈夫，失小子"，虽然所得远远大于所失，但是六三心中难免喜忧参半。六三所处之位较为相宜，刚柔相济，有求必应，所以作决定的权利往往握于六三的手中。此时最怕六三爻外表贞静而心生懊悔，加上自己的召唤很容易得到应和，而在冲动之中作出反复的小人之举，最终令九五远离。

【自取之道】

随卦中的六三爻有失有得，所失去的乃是迷途，所得到的乃是正道，六三爻位居中爻，与六二截然相反，六二所追随的恰为六三所摒弃的，而六二所遗失的又为六三所拥有。六三爻志在得阳，向上攀附之意十分明显。但是，相交者，贵在情谊真切，心中坚贞才能避凶防恶，有原则才能行端表正。所以六三爻切忌利字当头，贪图物欲，为一己之私而失去做人的原则。

索要太多是为贪，非分之求是为奢，这些都是六三爻应当注意避免的。

【经文+传文】

九四　随有获：贞凶。有孚在道，以明，何咎?

《象》曰：九四　"随有获"，其义凶也；"有孚在道"，明功也。

【译文】

九四　追逐能有所收获（但不免相争）：坚守正道以防凶险；行路有诚信，又能明察，这样能有什么害处呢？

《象传》说："随有获"，是凶险的；"有孚在道"，是君子明察的功劳。

【爻意分析】

本卦中的九四爻是阳爻，居于同样身为阳爻，却是一卦之尊的九五爻之下，意为强臣辅佐强盛的君主，相得益彰。"随有获"意为跟随在君主的身后，就会有所收获，这种收获所指为官禄的封赏。但是爻辞中道"贞凶"，意为九四爻阳爻身居阴位，身居不正，难免生出些不当的心思，并因此而扰乱言行。

贞守本身并没有过错，但九四并非能安于静默，而是心中怀有远大的志向，所以追随九五，意欲建立一番功绩。贪天之功不可行，但是有建功立业的机会而苟且偷安，犹豫畏缩，一派丧志之相，无疑是有悖天道，有渎职之罪的，所以爻辞中写道："贞凶。"

【可断结果】

能建功立业之人必定能获得威望与信服。九四居于臣位，最忌讳的便是居功自傲。九五爻是身在尊位的阳爻，代表了强大的君主，这样的君王大多猜忌与戒备心深重，九四臣服于其下，若是重于功利，锋芒过盛，威名过强，难免有功高盖主之嫌，君王心中若是惴惴难安，那么九四的平安日子也就不多了。

【自取之道】

横生之祸往往出自于非分之想，九四爻只要心中磊落，行事光明，安守为人臣子之道，便不必担心自己的处境会由顺转逆。

在随卦中的诸爻最注重的就是一个"随"字，审时度势，顺机而变是最为可贵的能力。六三爻因贞获益，而到了九四爻这里却会因贞惹祸，皆为自身的条件与所处的位置大不相同所致。九四爻上辅佐九五爻，下应和六二爻，承上启下，一身所为，其位高权重，可想而知，其言行举止事关全局，所以当机敏应对，变通合理，总理枢机。

并且尤其要注意谨慎谦虚，当做到"权倾天下朝不忌，功盖一代主不疑"。

【经文+传文】

九五　孚于嘉：吉。

《象》曰：九五　"孚于嘉吉"，位正中也。

【译文】

九五　对美德者广施诚信：吉祥。

《象传》说："孚于嘉吉"，是因为君子能守中正。

【爻意分析】

随卦中的九五爻是阳爻，居于尊位，代表其居尊而得正，爻辞中的"孚"为信服信用之意，"嘉"意为美善的人物与事情。九五爻的爻辞意为一国之君以诚恳之心治国，唯善是从，感化天下，并因此得到天下臣民的信服与赞美，吉祥。

九五爻表示高高在上的君主如能发扬善德，礼贤下士，那么在下的臣民也会效仿，国家自然强盛。

【可断结果】

历史上开国建立基业的君主不乏其人，但是知人善用，心怀诚挚，不随便见疑于有功之臣的帝王却不多。九五爻阳刚之气充足，身正位尊，自然追随者甚众，这诸多的追随者固然是想辅佐明君建立一番丰功伟业，但同时也希望自己所拥戴的君主，在建立了太平盛世之后，会赐予自己应得的荣华与尊名，封爵赐侯人人向往。

九五爻若是在江山稳固之后，自恃九五之尊，无人可以僭越，而将之前众人的协助之功抛诸脑后，生出"飞鸟尽，良弓藏；狡兔死，走狗烹"的心思，便会丧失诚信，必定为天下人所不齿，就不能称为"孚于嘉"了，结果自然不吉。

所以九五爻切忌不可行出这样自毁长城之举，当以己之诚信随天下之善。

【自取之道】

九五爻为全卦之主，居中得正，统御四方，以自身的威望与诚挚，建信于天下臣民，当属一位明君。九五爻应和天道运势，自身又中正仁德，而且还得到九四爻那样有才能的贤臣辅佐，其功业国运必然稳固昌盛。

【经文+传文】

上六　拘系之，乃从维之；王用亨于西山。

《象》曰：上六　"拘系之"，上穷也。

【译文】

上六　绑了他，又放走了他；获释后的周文王在西山举行祭祀大礼。

《象传》说："拘系之"，是说上六处于上位而陷于困境。

【爻意分析】

上六爻是随卦中的阴爻，但身处本卦最高之位，任何事物到了极致之时，往往产生逆向的变化，于是，此爻中的"随"开始向着"不随"而发展。

象征上六爻不易随从于人，此爻是随卦中的无妄之卦。无妄即是无妄之灾的意思，在随卦中出现了无妄卦，有因为追随的问题而惹来灾祸的意思。

爻辞中写道："拘系之，乃从维之，王用亨于西山。"意思是说上六爻因不愿臣服顺从于九五而遭到捆绑拘禁，不得已才从之，而后随同帝王于西山进行宴享，席间受到帝王诚挚爱重之心的感召，以不从变为心愿从之。

【可断结果】

九五爻身处帝王之尊，不但从善如流，且能安守中正仁和，面对如此明君，上六爻却并不肯继续追随其后，难免令九五震怒。并且上六之前的功绩皆是为了九五而建立，两人一直休戚与共，互相扶助，这样的君主可遇不可求。上六也并非就能做到对这段情谊断然舍弃，所以不可过于执拗，将原本属于自己的机遇，与大好的局面错失，届时悔之晚矣。

【自取之道】

随卦之上六爻居于随卦之终，意为所做的事情已经到了终点，如同行路之人已经抵达目的地，不愿再向前行进；但是首脑人物的决策与之相反，所以爻辞中道："拘系之，乃从维之。"拘系一般指对有罪者不使私逃的控制手段，也可以理解为主人心中喜爱自己府上的一位客人，不愿其离去而一力挽留。

这位首脑人物，位高权重，以上六之力无法与之抗衡，所以不如既来之则安之，抛却自己的想法随从其命令。

爻辞后面所说的"王用亨于西山"正是告知上六顺从的结果。这位首脑在看到上六对自己妥协之后，与上六一同宴享庆祝，并且会对上六之前所建立的功绩予以表彰，此举无疑是想令上六抛却顾虑，安抚其心志，增进双方的情谊。

蛊 卦

山风蛊
（下巽上艮）

【蛊卦导读】

卦象：下巽上艮，为山下起风之象。卦德：下卦为巽为入，上卦为艮为止。
全卦揭示了除弊治乱之理。

卦辞

【经文+传文】

《蛊》 元亨，利涉大川，先甲三日，后甲三日。

《彖》曰：《蛊》，刚上而柔下，巽而止，《蛊》。《蛊》"元亨"，
而天下治也。"利涉大川"，往有事也；"先甲三日，后甲三日"，终则有
始，天行也。

《象》曰：山下有风，《蛊》。君子以振民育德。

【译文】

《蛊》象征要拯弊治乱：大亨通，利于渡过大河。
物极必反，宜先想好"甲"日前三天的情况，然后
定好"甲"日后三天的治乱方针（符合"七日来复"
的自然规律。）。

《彖传》说：《蛊》卦的象征是，君主居上，臣
子居下，都谦逊清静，这就是《蛊》卦。《蛊》卦
是大亨通的，会天下大治。"利涉大川"，这是因为
有事要办；"先甲三日，后甲三日"，这是说事物到
头后又是新的开始，这就是天道。

《象传》说：山下有风，这就是《蛊》卦的象征。
君子取法《蛊》卦感化百姓，培育他们的道德。

蛊卦论述的重点在于蛊乱发生之后，如何拯救弊端，
整治乱事，也就是治蛊乱之道。

爻辞

【经文+传文】

初六 干父之蛊，有子，考无咎，厉，终吉。

《象》曰：初六 "干父之蛊"，意承考也。

【译文】

初六 纠正父辈积累的弊端：这种儿子能继承先业而且于父辈没有危害，即使有危险，也能终获吉祥。

《象传》说："干父之蛊"，整治父辈留下的弊病，是说儿子志在继承父亲的事业。

【爻意分析】

初六爻是蛊卦的第一爻，身为阴爻而处于阳位之上，爻辞中的"蛊"是弊端祸害之意，"干父之蛊"意为干预纠正父辈所犯下的弊端与失误，避免因此能造成的祸害与影响。

初六整饬治理先父生前所为蛊事，先父则因有儿子为他补正过失而能免受责难。

"有子，考无咎"中的"考"本是用来称呼已经去世的父亲的，但在此也有指离职的前任之意，意为继任之人对前者的工作予以肯定，并且不去计较前任在工作中所犯的差错，以理解的态度认为这些错误难以避免。

"厉终吉"的意思是，心中应当时刻警醒明白这些隐患的厉害与危急，应及时弥补，绝不掉以轻心，最终便可得到吉祥的结局。

【可断结果】

初六爻在注意到隐患之时，切不可因为其所造成的问题尚在轻微阶段，而忽视耽搁，任其蔓延至无法收拾的地步。只有整治弊乱，初六爻才能大展宏图，若是因轻敌而丧失补救的最佳时机，那么牵一发而动全身，接下来的工作将处处受阻，渎职之责，上六与其前任都难以免除。

【自取之道】

蛊有蛊惑之意，在此是指难以看清楚自己的错误，并且固执地认为其错误选择是正确的。冰冻三尺非一日之寒，而蛊之祸患也非一朝一夕所致，随着时间的推移与事情的发展，祸患在此时显露出端倪。

所幸初六爻此时已经有所警觉，并且这些祸患的影响尚在初期，亡羊补牢，未为晚以，所以只要立刻拿出措施干预，便可以将所有的祸患化解成无，自此防微杜渐，使两者所共同经营的事业得以顺利发展。

初六爻此举，如同家中的子辈不但能够承当家业，而且能力更胜于前人，完善修补了前辈的失误，而令前一任不失其所守，继任者还能有所承接，实属大功。

【经文+传文】

 九二 干母之蛊：不可贞。

《象》曰：九二 "干母之蛊"，得中道也。

【译文】

九二 纠正母辈的过失：情势难行时不能强行，要守正以待。

《象传》说："干母之蛊"，是合乎中道的。

【爻意分析】

九二爻是蛊卦中的阳爻,身处下卦居中之位,与处于本卦之尊位的六五爻相对应,呈辅佐之势,处于尊位的六五爻是蛊卦中的阴爻,阴柔的统治者领导阳刚的下属,恰与爻辞中的"干母之蛊"之说相符。爻辞中父母之称谓,只是比喻,在理解上并不必拘泥。

上一爻"干父之蛊"可说是子承父业,而这一爻的"干母之蛊"可说是绍继母德。处本卦尊位的六五爻,柔中居正,即便是所作所为中有什么偏差弊端,也不至于太过严重,所以九二在整治弊端的时候,态度不可强硬固执,应以缓和的方式进行,并在适当的时候变通折中。爻辞中的"不可贞"便是此意。

父亲陷于蛊患中,那么所犯的错误大多是可以影响家国天下的大事,而母亲陷入蛊患中应该只是对内不对外的家事。母亲较之父亲对于子女更为慈爱,以情感之法打动,更为有效,所以说话行事要适度,不可太过,过犹不及,且违背中正之道。与母失和,便是失德,所以当谨慎待之。

【可断结果】

在位于尊位的六五混乱迷惑之时,作为其子的九二爻当然有义务去提醒干预,虽然爻辞中的贞乃中正之意,但是也不可自恃自己的观点正确,而强迫六五爻作出改变或让步。

【自取之道】

九二爻是身在阴位的阳爻,受自身的局限,对于处尊位的六五爻应当顺从恭敬,所以即便是看到六五有必须改正的错误,也不可以道貌岸然之态与其发生正面冲突,尤其是当六五不听从之时,更应当暂时屈从忍耐,等待恰当的时机委婉地将利弊与其详细分析,加以劝导,使其改正。

【经文+传文】

九三　干父之蛊:小有悔,无大咎。

《象》曰:九三　"干父之蛊",终"无咎"也。

【译文】

九三　纠正父辈的过失:小有不幸,但无大害。

《象传》说:九三说"干父之蛊",结果"无咎"。(传对此爻没有释读)

【爻意分析】

九三爻是蛊卦中的阳爻,且居于阳位之上,身端位正,阳气刚猛无亏,此爻与初六一样,都是"干父之蛊",但与初六不同的是,初六爻乃是在父亲有错误之初上前干预,一则初六身为阴爻,行事不会过于激烈,二则此时一切初始,即便有错误也并未演变至很严重的状态,所以纠正的过程会相对的温和,出现大冲突的可能性微乎其微。

九三爻此时眼看父亲所犯下的过错已经愈演愈烈,自己又是阳气过盛,一派刚猛,难免心生急躁之情绪而出现矫枉过正的问题,但这些局面都是暂时的,因为九三爻毕竟身居正位,说话行事不会出现偏差,同时也可解释为以己之正道去修正父亲的昏昧,所以大节不亏,不会背负太大的错责。

【可断结果】

九三爻刚猛有余而持重不足，很可能会在整治弊端的过程中出现行事鲁莽，举措不恰当的问题，直接的影响首先是自身会留下遗憾与懊悔，更重要的是最终整治的效果与自己所预想的稍有偏差，但是毕竟微小的细节也可以决定大局的安危，即便最终结果是好的，过程也难免艰辛。

所以在行事之初还是应当谨慎思虑，将可能发生的因果详加分析，这样才会稳妥顺利。

爻辞中道："小有悔"，意为九三爻事后会因为自己过于激烈的处理措施，而感到小小的懊悔，并且会因为这种自己内心的后悔，而使纠正父亲错误的行为出现搁置与反复。

【自取之道】

九三爻是深明大义之爻，志气高昂，阳气充裕，有成就大事之象，但本爻以行事为重，所以一味的刚强恐怕不能持久，以至于所行之事会有虎头蛇尾之嫌，所以当稍作缓和，以温和恭让之德处事待人，必会得到四方朋友协助，自身重刚的问题也会得到缓解，最终即便有小悔也必无大咎。

【经文+传文】

六四　裕父之蛊，往见吝。

《象》曰：六四　"裕父之蛊"，往未得也。

【译文】

六四　放任父辈的过失，这样发展下去会出现危险。

《象传》说："裕父之蛊"，这种做法是不得当的。

【爻意分析】

六四爻是蛊卦中的阴爻，居于阴位。九三爻阳刚之气过猛，而六四爻与之相反，以其重柔之气居中位，志向纯静，行事却难免优柔寡断，缺少决策之力，尤其是见到自己的尊长犯了错误时，往往无法直面指正，而是持着宽容拖延的态度。所以爻辞上写道："裕父之蛊。"此言意为对父亲所犯的错误宽缓不争，一任事态发展下去，势必造成令自己悔恨的结果，所以爻辞上又写道："往见吝。"

六四爻眼见父亲因受蛊惑而犯下错误，并且也能想见这些错误将要造成的恶果，如同眼看父亲处于水火之中，不但不提醒劝阻，反而在一旁默然不语。六四此举与他意愿中的恭敬孝顺，截然相反，乃是亲手陷至亲于不义之中的行为，不是正派所为。

【可断结果】

六四爻至阴至柔，行事畏首畏尾，既无劝谏的魄力，又无拨乱反正的能力，以至于进退受阻，行止不畅，六四以阴爻居于阴位，按着《本义》上所说，便是无可作为之相，所以其宁可委曲求全也不愿与上级的意愿相违背，皆是出自于懦弱的本性。他即便是眼见蛊患日益加深，也会默然处之，这样长此以往，当六四见到千里之堤最终毁于自己发现的小小蚁穴，当然会为自己当日的不作为而心生懊悔与遗憾。

【自取之道】

六四爻应当将自身的缺点转化成优势，凭借自身的阴柔，行以柔克刚之法，六四爻之优势在于柔正，可进可退，寻机而动，不必急功近利，但是要持之以恒，在父亲身边劝解疏导，将事态向着良性的方向扭转，不可因为心慈手软导致半途而废。诚然，六四爻所奉行的乃是中庸之道，然而"中"者，是天下之正道，而"庸"者，是天下之定理，所以六四不要只看着"庸"之定理，更应当看到"中"之正道。

【经文+传文】

六五　干父之蛊，用誉。

《象》曰：六五　"干父用誉"，承以德也。

【译文】

六五　纠正父辈的过失，会得到称赞。

《象传》说："干父用誉"，是说儿子以美德来继承先业。

【爻意分析】

六五爻乃是蛊卦中的阴爻，以阴柔之身居于本卦的尊位，六五爻位高权重却安守中正之道，有承顺父辈的德行，"干父之蛊，用誉"意为纠正了父亲因被蛊惑而犯下的错误，并且对外宣称这改正错误的功劳在父亲身上，因此保住了父亲的声誉。

蛊卦之大用卦在于六五爻，六五爻统领众爻，与九二爻内外应和，与九三爻刚柔并济，与六四爻并柔行刚，调度有理，为众望所归；并且，六五爻高居上位，勤勉谦和，德行显著，自然名满天下。

儿子来整饬父亲造成的蛊乱，父亲多会背负造就蛊乱的恶名。儿子善用父亲的声誉整饬蛊乱，最终成就父亲的美名，是整饬蛊乱的最佳方法。

【可断结果】

六五爻所承继的基业中，还有父辈们在治理中留下的诸多隐患与陈旧的弊端。六五爻身为新的君主，不可为眼前繁花般的景致所迷惑，也不可盲目屈从于父辈的经验教导，应当镇定自若地分辨是非，明察秋毫之末，正朝纲，肃风纪，这样才能将父辈的事业很好地传承下去。

【自取之道】

六五爻是乘时趁势得位之爻，既有可用誉之时机，又有可用誉之资本，行事光明正大，基业大有所成，又善于积累德行，能为了保全父亲之声誉，将自己的功绩加在父亲身上，至孝所为。

六五爻的做法不止维护了父亲的声誉，同时也增加了自己的声誉，厚德载物是君临天下必须具备的品质，而蛊卦中的六五爻当之无愧。

【经文+传文】

上九　不事王侯，高尚其事。

《象》曰：上九　"不事王侯"，志可则也。

【译文】

上九　不去侍奉王侯，先培养自己的志向为重。

《象传》说："不事王侯"，这种志向值得效法。

【爻意分析】

上九爻是蛊卦中的阳爻，居于蛊卦之终，虽然身为阳爻，却与同为阳爻的九三并不相应和，好比同殿侍君的两位臣子，脾气志向大相径庭。

上九爻是蛊卦中的升卦，以此爻来看，这个"升"在这里是升华超脱之意，所以爻辞

此爻意在说明功成而不居，退出名利之争，以充实的生活为高尚之事。

中道："不事王侯，高尚其事。"上九爻在经历了之前的整治弊端之后，似有所悟，已经开始超然物外，不再将功名利禄放在心上，开始将全部心神投入到自己所热爱的事业之中，甚至连王侯这样的权贵都无法令他听命于自己。上九爻心怀高远，志向凌云，不愿自己再被世俗之事干扰，将逍遥物外看做至高无上的的行事准则。

【可断结果】

本卦之前五爻功业已成，至上九爻时，治蛊之道已经极尽，极则生变，是以，上九爻此时处于无用武之境地。上九爻位于众人之后，又不当位，所以自居其下，方能自得安稳。上九爻乃是阳刚之爻，并非全无志向，但是局势如此，不得已才以清高自居，远离世事，慎守中道。

若是此时强要跻身于诸位臣子之列，恐有坐享他人之成的嫌疑，届时失德失誉，应当说上九爻此举，表现了其既有知人之智又有自知之明，其处事策略是暂时归隐退避，不做无谓之争，安守中道，静待适当的时机复出。

【自取之道】

蛊卦的前五爻都在除弊治乱，到了终爻之时，上九爻却开始超然物外，不愿有所作为，然而上九爻的这种不作为的姿态，与之前诸爻治蛊大有关联。

上九爻处于一卦之终，其下再没有能与之应和维系之爻。前五爻功绩卓著，德行昭然，到了上九爻这里已经无功可建，无德可宣，因此，上九自然一副置身事外的样子。上九爻是终爻，本身便有终止之意，且与九三不相和，一卦之中两个阳刚之爻难以调和，势必对卦象有所影响，而本卦乃是治蛊之卦，而九三爻在整治蛊患中，又至关重要。这些因素致使身为终爻的上九爻情不自禁地生出隐退之意，决意顺应天道，宁愿放弃利禄以保住德行。

临 卦

地泽临
（下兑上坤）

【临卦导读】

　　卦象：下兑上坤，为大地在水泽上之象。卦德：下卦为兑为悦，上卦为坤为顺。
全卦系统地阐述了管理之术和领导者应有的品质和休养。

卦辞

【经文+传文】

　　临　元亨，利贞。至于八月有凶。

　　《彖》曰：《临》，刚浸而长。说而顺，刚中而应。大亨以正，天之道也。"至于八月，有凶"，消不久也。。

　　《象》曰：泽上有地，《临》。君子以教思无穷，容保民无疆。

【译文】

　　《临》阳临阴消象征自上至下治理民众之事：大亨通，利于坚守正道。到了阳气日衰的八月份有凶险。

　　《彖传》说：《临》卦的象征是，君子的道德逐渐增长，性情和悦，顺应天道，刚健中正，得人响应。中正才能亨通，这就是天道。"至于八月有凶"，这是因为八月时阳气渐消，不能长久保持了。

　　《象传》说：泽上有地，这就是《临》卦的象征。君子取法《临》卦不懈地教导百姓，关心百姓，包容和保护百姓。

临为尊贵者屈就卑贱者，阳刚下临阴柔，也就是以尊降卑、以刚临柔的意思。

爻辞

【经文+传文】

　　初九　咸临：贞吉。

　　《象》曰：初九　"咸临贞吉"，志行正也。

【译文】

初九　用感化的政策治理百姓：正固吉祥。

《象传》说："咸临贞吉"，是因为君子品行端正。

【爻意分析】

初九爻是临卦中的阳爻且居于阳位，与本卦六四爻阴阳应和，而六四爻与临卦中处于尊位的六五爻相临近，是近君之臣，初九爻与君王的近臣相和，说明同样是受到君王信任的臣子。

爻辞上写道："咸临，贞吉。""咸"是感化感应之意，"咸临"意为初九得到了感应，既然后面说道"贞吉"，说明这种感应是正面的，与正道相符，能为初九带来吉祥，那么这份感应多半来自于君主的近臣六四爻，意为君主通过六四爻向初九流露出认可与欣赏的信息。

而初九爻不止与近君大臣六四爻相合，与跟自己相近的九二爻也相互呼应，有群臣共举之象，其言行意愿为众人所赞同，风采魄力为众人所欣赏。初九乘时而起，众望所归，于下无所牵绊，于上毫无阻挡，非人力可以阻挡。而初九爻最宝贵的不止在于才能出众，因其身为阳爻而居阳位，心中毫无隐晦，言行举止光明磊落，安守中正毫无僭越之心，既有才能示人，又有贤德服众，所以爻辞上写道："贞吉。"初九若是在受众人仰望之时，心中生出狂妄之心，开始得意忘形，言行有失端正，那么势必令君主与众人失望，生出无妄之灾。

【可断结果】

初九爻身为阳爻而居于阳位，纯阳无阴，但是身处于卑微之位，之所以能得到众人的应和与君主的赞赏，皆因其心志行为刚正不阿，见信于人，所以其成事的重要原因是固持中正，守贞得吉，失贞则失吉。

【自取之道】

初九以阳爻居于初始之阳位，如同初生的太阳，光芒耀眼，其势如飞，其志向必可达成，本卦的尊位六五爻为阴爻，初九以阳刚之气称臣于阴柔的六五爻，以阳临阴，则阴转随阳，阳爻所临之处，阴爻莫不相从。所以处于尊位的六五爻大有相倾之意，呈主人顺承于宾客，君主听从于臣子之势。

【经文+传文】

九二　咸临：吉，无不利。

《象》曰：九二　"咸临吉无不利"，未顺命也。

【译文】

九二　用感化的政策治理百姓：吉祥，没有不利。

《象传》说："咸临吉无不利"，是因为民众不从王命。

【爻意分析】

九二爻是临卦中的阳爻，居于下卦的中位，居中得正，又与处于尊位的六五爻相应和，身份地位更高于初九爻。九二爻比起初九爻之意气昂然，更多了持重与使命感，处本卦之尊位的六五爻阴柔而无所作为，全靠九二与初九戮力辅佐，而初九又有听命于九二之势，所以九二爻在临卦之中至关重要。

【可断结果】

九二扶植初九，二爻阳气日渐强盛，而柔顺的六五爻也为两爻的阳气所感染，对其越发亲厚爱重，极为信任，面对这样仁和宽厚的君主，九二爻会有得遇知己之感，但是也有可能而生出取而代之的心思。爻辞中的"咸临，吉无不利"所指的是九二爻安于臣子之道，进则有功，所以事事吉祥，无不利处，因其行为顺应天命，天下民众信服。

若是九二爻不再奉行臣子之道，想自强以统治天下，那么便悖离了中正，不应天顺命，便失了吉祥，即便得了天下，也难堵天下悠悠之口。

可以说天下是否安稳太平，都在九二爻一身，九二爻实为临卦中之大用。

爻辞中写道："咸临，吉，无不利。"意为九二爻是监临督导之臣，所到之处，如君主亲临，经过他的监临，民众的意愿为君主所闻，而君主的回复又通过九二爻很快地传达下去，因此九二爻十分关键，身负沟通安抚之要责，君臣同心，上行下效，皆是九二爻之功。

【自取之道】

九二爻阳得正位，意为贤德的臣子才能为君主所重视，乘时乘势，声望鹊起。九二爻身居高位又深受君主的宠信，以自己的才能治理天下，而天下的民众无不顺从，所做之事皆可成为功绩，其德行昭然于世。既有可为之事，又有功成之机，只要安守中正，便无所不利。

【经文+传文】

六三　甘临，无攸利；既忧之，无咎。

《象》曰：六三　"甘临"，位不当也。"既忧之"，"咎"不长也。

【译文】

六三　用巧言令色来治理百姓，无利可得；若是已经知道忧虑这种政策了，则无害。

《象传》说："甘临"，是说君主地位失当；"既忧之"，这样危机就久不了了。

【爻意分析】

六三爻是临卦中的阴爻，居于阳位，阴柔失正，好比资质平平之人，心中对自己怀有较高的期望。六三爻与初九阳爻相应和，其阴柔得到初九爻阳刚之力的协助，然而爻辞上道"甘临"，意味为这种协助是六三爻以巧言妄语，施惠于人而换取的，并非初九爻与其意气相投，出于欣赏而自发作出的帮助。

六三爻因为没有真正的才德，难以令众人信服，所以只得行小人之所为，以献媚之态向众人示好，以拉拢人心，但是这种做法向来为贤德之人所不齿，悖离中正之道，所以爻辞上又道"无攸利"，指明这样做没有任何实际的好处。

爻辞中所说的"既忧之，无咎"意为，若是六三爻能幡然悔悟，明白自己的所作所为难称上流，并为此感到悔悟忧虑，并因忧而生出悔改之心，自此谦虚恭谨，努力提高自身的学识与修养，便不会造成任何恶果，不必承担错咎。

【可断结果】

为官者若是以甜言去奉承上司，以蜜语督导下属，必定是上下欣欣内外和睦，但是这种以欺骗为基础的和睦关系，难以持久。初时以甜蜜的许诺哄骗下属为自己出力，事实上却无法兑现自己的承诺，屡屡自食其言之后，不仅会丧失人心口碑，还会招致愤恨。

而以献媚的言语奉承自己的上司，大夸海口巧言令色，日子久了却毫无实际性作为，便失去了上司的信任与器重，同时也失去了上升的机会。

六三爻居位不当，故而心术不正，一味地做些投机取巧欺上瞒下的事情，然而这种哗众取宠的手段，既失德行又丧志气，其成果不可能长久维持，随着时间的推移，很快便会为人所识破，届时，六三爻所营造的假象为众人拆穿，其结局必定是众叛亲离，为世人所不齿。

【自取之道】

从古至今，无论多么高明的骗术也难以持久，终有技穷之时。六三爻无德无能，不从自身寻求改变，反而借重投机取巧之术，行欺上瞒下的失德之举，纵然六三爻能口中所言灿若莲花，他所费心营造的一切也始终如同空中楼阁，不会带给他任何真实的利益与机遇。

此时便到了六三爻应当清醒之时。眼前尴尬的局面皆是六三爻虚而不实的言行所导致，而这些言行所带来的后果，会使六三爻困于其中，危机四伏；六三爻越早有所醒悟，之前的行为所造成的影响就会越小。

若是能临危而忧，因忧而自省，因自省而改弦易辙。将自己之前的言行尽数摒弃，转而完善己所不能，学习己所不明，增长德行，尽力扭转自己在他人眼中的形象，才会像爻辞中所说的一样，解除忧患，免除错责。

【经文+传文】

六四　至临：无咎。

《象》曰：六四　"至临无咎"，位当也。

【译文】

六四　用极为亲和的态度治理百姓：无害。

《象传》说："至临无咎"，是因为君主地位得当。

【爻意分析】

六四爻乃是临卦中的阴爻，且居于阴位，位置得当，虽柔而不失其正。爻辞中的"至临"，意为其正处于极好的位置上，以居高临下之势管理下属。因六四爻柔顺中正，所以其对待下属既公正严明又不失以礼，实有利贞和贞静之正道，所以爻辞中道"无咎"，意为毫无错咎。

六四不受阳刚逼临，当位得正，又是近君大臣，所以能持守正道，使贤任能，受人拥戴，所以无咎。

【可断结果】

六四爻柔中居正，处理政务又事必躬亲，所闻所见都是最为切实的信息，加上他性情儒雅柔缓，待人待事都施以平等之心，身端表正，安守贞静，礼贤下士，有君子之风，这样的领导者，走到哪里都不乏追随之人。

【自取之道】

六四爻身居外卦之初爻，其位得当，合乎既济之道，故而必定有所作为，君子治下不失其礼。六四爻身为柔爻而居于柔位，性子最为亲近下属，遇事通情达理，思虑周全，能够体谅下属的艰难，最为民众所拥戴。六四爻乃临卦中之重臣，上以诚挚之心礼奉君王，下以谦和之态应和下属，所作所为毫无不当，可圈可点。

【经文+传文】

六五　知临，大君之宜：吉。

《象》曰：六五　"大君之宜"，行中之谓也。

【译文】

六五　用明智的政策治理百姓，这是君主的适宜的做法：吉祥。

《象传》说："大君之宜"，是说君主能行中道。

【爻意分析】

六五爻是临卦中的阴爻，处于尊位，如同一国之君，位于外卦之中，在临卦中是节卦，"节"是节制有度之意。爻辞中的"知临"意为将自己的知识与智慧加临于平日的接人待物处理国事之中；"大君之宜，吉"意为用一国之君的大气作风去处理身边事宜，必定会吉祥。

【可断结果】

六五爻是身份尊贵的君主，应当高瞻远瞩，心怀天下，监临管理国事不必事无巨细，处处亲临；当有所节制，不可使自己在无关紧要的事情上太过费心分神；应当把精力放在重要的大事上去。

天下之大，绝不是只靠君王一人就能完成对众人的治理的。唯有兼收并蓄，善用众人的智慧才是大智。六五能知人善任，倚重九二、初九之才治理天下，真是贤明智慧的君主，所以说"大君之宜"。

六五爻是阴柔的君主，应守中致和，在国事上可以依仗阳气刚猛的下属，不必劳神费力，以一身代替百官之职。大君的知临是以知人善用之智，合理号令百官，自己施行无为之治。无为，既非无所不为，亦非一无所为，应善取天下之能者，智者，贤者，整合众人之力以供国家之所需，像这样以大智慧大胸怀君临天下，才是明君所为，哪有不吉祥的道理？

【自取之道】

六五爻身居高位，以阴行阳，既有俯视天下的地位，又有亲临世事的勤勉，六五爻乘时得位，与九二爻相互呼应，阴阳互济，刚柔相得。

能在位者必有德行，有德行者必有才能，德行与才能相辅相成，只有德才兼备，在治国治民的过程中才能为民众所归服。六五爻深明治世之理，又能慎守中道，乃是德行兼备之君。六五爻只要处处不失中和，便可事事顺利吉祥。在上者悲悯于下，在下者敬服于上，势必国道亨通，民心安定，大吉祥也。

【经文+传文】

上六　敦临：吉，无咎。

《象》曰：上六　"敦临"之"吉"，志在内也。

【译文】

上六　用诚恳厚道宽容的政策治理百姓：吉祥，无害。

《象传》说："敦临"是吉祥的，是因为君主心怀治好国家的愿望。

【爻意分析】

上六爻为阴爻，在临卦中是损卦，意为此爻可以做到自我减损，性格极其忠厚，所以爻辞中道"敦临：吉，无咎"，意为诚恳朴实的监临者，可以做到消减个人的利益而去增益于民众，此举大得人心，民众被他的行为所感动，大加拥戴，监临者的做法，毫无错误，非常吉祥。

上六尊贤而取善的心志笃实而亲切，关心民间疾苦，深得臣民爱戴，臣民也必受其感化。人人尊贤崇善，自然吉祥而无咎。

此爻是教人们怎样做领导。作为一个好的领导应该有良好的做人素质，即要有厚德载物的品质，有温和的态度。临卦的核心思想在于管理的思想和方法，古代讲的统御之术是有历史的局限性的，现代人不能再用一种权术的思想去对待被管理者。居于领导位置的人，掌握了很多主要的资源，获得了权势，很容易自以为是，以至于刚愎自用，甚至于施暴政以残虐人民。"敦临"强调的首先是真心诚意，要全心全意为人民着想，真诚要发自自己的内心，这样才能得到人民的真心拥护，自然是吉祥的。

【可断结果】

上六爻为临卦的终极之爻，彰显了临卦之大用。上六爻之位高出卦中其它五爻，而个性却比其它五爻都谦卑有礼，皆因物极必反，天道使然。上六爻居高临下，却以上俯就于下，以尊临卑，放弃自己的利益来维护民众的利益，足见其忠厚无私，至情至性，这样的领导者必为民众所喜爱；但是上六爻应当注意，敦厚宽容也要适度，不可因为将自己放得过于卑微，而失去威信。

【自取之道】

上六爻之道在于由内而外，以自身的言行去感化周围的民众，上六爻宅心仁厚，心系民间疾苦，对民众施以真实的恩惠，天下民众对这位敦临的统治者，也是有感而发地信服与爱戴。临者之道，只要善居其位，自然多吉，所以爻辞上写道："吉，无咎。"

观 卦

风地观
（下坤上巽）

【观卦导读】

卦象：下坤上巽，为和风吹在大地上之象。卦德：下卦为坤为顺，上卦为巽为入。
全卦阐发用美育教化人心的道理。

卦辞

【经文+传文】

《观》 盥而不荐，有孚颙若。

《彖》曰：大观在上，顺而巽，中正以观天下，《观》。"盥而不荐，有孚颙若"，下观而化也。观天之神道，而四时不忒，圣人以神道设教，而天下服矣。

《象》曰：风行地上，《观》。先王以省方观民设教。

【译文】

《观》象征观仰：观看用酒洒地迎神，即使没看到神供献祭品，心中已充满了虔信恭敬。

《彖传》说：君主遍观下民，柔顺谦逊，观察天下时能秉守中正，这就是《观》卦的象征。"盥而不荐，有孚颙若"，这是为了使下面的臣民看到并受感化。圣人观察上天神妙的规律，发现四季循环不会出错；圣人根据这种神妙的规律设立教化，使得天下都顺服了。

《象传》说：风刮在地上，这就是《观》卦的象征。先王取法《观》卦视察邦国，观察民情，设立教化。

观卦强调君王应当仰观天道，俯察民情，以身作则，行不言之教。政令深入人心，臣民顺从。

爻辞

【译文】

　　初六　像儿童一样幼稚地观仰事物，在小人不算过失，在君子则有害。

　　《象传》说："初六童观"，这是小人的观察方法。

【爻意分析】

　　初六爻是观卦中的初始之爻，身为阴爻而居于阳位，身居不正，距离处本卦尊位的九五爻又相离甚远，观察周围环境与自己应当仰望的九五爻，却因为视线模糊不清，而难以看明白。

　　所以爻辞中道"童观"，意思是初六爻本身阴柔无为，如同孩童一般，视角稚嫩，蒙昧无知，难以窥到事物的全貌，以及其本质。

　　而"小人无咎，君子吝"的意思为平民百姓因为地位低下，见识浅薄，难以看清楚天子诸侯的治世之道，自然是寻常之事，但是若是饱览群书，见识广博的君子或者贤士，也无法理解君侯的为观之道，那就令人难以谅解了。

市井平民安于自家生计，不必为天下大事负责，为国之抉择而忧，所以即便看不清楚也没有妨碍，毫无错咎，而君子贤者肩负兴邦立国的重任，若是因为蒙昧糊涂，无法认清事物的真实情况，便向君主献言，必定会造成重大的恶果，所以爻辞上写道："君子吝。"

【可断结果】

　　初六爻位于观卦之下位，如同少不更事的孩童，刚出家门，面对眼前纷扰熙攘的世界，一片茫然。其观瞻懵懂，难以明辨是非，分清始末，是为"童观"。

　　初六阴爻柔弱又身居不正，好比见识粗鄙，德行浅薄的小人，只能看见眼前之蝇头小利；而毫无远见卓识，这种人难成大事，难担要职，行事做人如同孩童般幼稚可笑，思考极为肤浅，在这种人的身上谁也不会寄以厚望。小人的无知只会成为世人眼中的笑柄。

《观卦》初六对于君子来讲就不是"无咎"了。世人中的君子是众之表率，肩负重任，影响极大，若是不去规范自己的言行，冲动行事，将君主与民众的信任置之于不顾，那么结果就远不是遭人耻笑那么简单了。应当视其所造成后果的恶劣程度来论处他的错责。

【自取之道】

　　君子之咎，是告诫那些身居要职的管理者，不可将自身的要求降低，事事应当高瞻远瞩，不可狭隘偏激，行小人之事。君子的德行用来观世治世，君子的学识用来明辨是非，当以自身的礼义仁智，上辅佐君王，下管理民众。万不可有草率无知的言行，或者贸然作出未经过深思熟虑的决定，否则，一旦造成难以挽回的后果，便会身负难以推卸的罪责。

【经文+传文】

六二 窥观，利女贞。

《象》曰：六二 "窥观女贞"，亦可丑也。

【译文】

六二 从暗中偷偷地的观仰，有利于女子坚守正道（但对于君子来说就不好了）。

《象传》说："窥观女贞"，是丑陋的行为。

【爻意分析】

六二爻是观卦中的阴爻，居于阴位，阴爻居于阴位，有阴云蔽日之象，且六二爻是观卦中的涣卦，"涣"是涣散之意，爻辞中的"窥观"解释为暗中偷看，也有暗地里有所谋求之意。"利女贞"意为此时六二爻心摇志动，应当如同女子守贞一般才能得到利益。

【可断结果】

门中窥物，难以得见全貌，以此种观察为依据得出的判断，难免偏颇。六二爻既做窥观，显然身在门内，门内者，耳目闭塞，对外界事态处于失察状态，自狭隘的角度向外张望，无非看到一些炫目的浮光掠影。

六二爻窥观之下，行事看人全凭臆想，往往会按着自己所期望的方向去分析问题。此时悸动不安，渴求自身有变，人云亦云，完全失去了理智与判断力，全没想过失去眼前安稳的处境会给自己带来的损失与麻烦，也没想过自己是否具备解决这些麻烦的能力，所以此种心境，对于六二爻来说有害无益。六二具有柔顺中正之德，若能以女子贞正之道顺从九五则为有利。

【自取之道】

六二爻阴柔之身，被利欲遮蔽了本性，心智被遮蔽，便难以自明，难正视听，好比自身柔弱的女子生出逾越之心。女子贵在贞德娴静，顺从中正，若是心生妄念，必会做出失节之举。

六二爻能力与心智有限，应有自知之明，坚守贞正，以柔守静，才是于己有利之举；若是自视过高，狂妄自大，为了功名而贸然行些上不得台面的小人之举，无疑会自取其辱。

【经文+传文】

六三 观我生，进退。

《象》曰：六三 "观我生进退"，未失道也。

【译文】

六三 观察自己的成长过程，以决定进退。

《象传》说："观我生进退"，是说君子没有迷失正道。

【爻意分析】

六三爻阴爻，居于阳位上，是观卦中的渐卦，"渐"为逐渐，循序渐进之意。爻辞中道"观我生，进退"，意为先观察自己所处的境遇与局势，以保证自身生存为目的，以德行为标准，谨慎地作出前进或是后退的决策，不可凭自己的臆想急功近利，而必须循序渐进，时刻反省，审时度势，步步为营。

【可断结果】

六三爻与同他相邻的六二爻与六四爻同为阴爻，于六三爻这里，便有阴霾不清，迷雾重重之象，而六三爻身为阴爻，无阳爻可依仗，只得与众阴相互遮蔽，处于蔽而难明，观而不清的境地，实为大观之阻碍；所以六三爻不可任由自己困顿其中，首先要认清自己的内心与所处境地，持守中正的德行，不可过久地在进退之间游移，应认清自身所需求，自观之后，结合利弊，作出适合自己的决定。

六三爻爻辞中道"观我生，进退"，意为先观察之后再作出决定，意为六三爻并未偏离观之正道。之前的初六爻与六二爻所侧重的是向外界所作的观察，而六三爻中所注重的是内观，问省于内心，之后将所处的环境与自己相结合，而后作出或弃或守的选择。

【自取之道】

六三爻以阴柔之质居于阳刚之位，又处于二阴爻之间，很容易因为观察不清而心生犹豫导致自己进退维谷，所以其对自己的反省与认知就更为重要。应随着形势的变化适时调整自己的言行作为，这样才会毫无制约，进退自如。

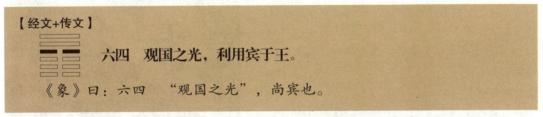

【经文+传文】

六四　观国之光，利用宾于王。

《象》曰：六四　"观国之光"，尚宾也。

【译文】

六四　观仰国家的光荣，明白这时出仕辅佐君主有利。

《象传》说："观国之光"，是说君子是时候出仕从政了。

【爻意分析】

六四爻身为处观卦之外卦的下爻，阴爻阴位居中守正，且临近观卦中处尊位的九五爻，乃是国君身边亲近的重臣。

"观国之光"，国光乃是国之光华，意为

君子修养的根基在于其德行与操守，而德行与操守根本在于"中正"二字，这便是古语所说的"君子有所为，亦有所不为"。六四爻追逐光明值得赞扬，但是若出于为自己牟利的私心，就偏离了中正的君子之道，成了遭人唾弃之举。

六四爻身在君王身侧，十分准确地看清了国家里所有光明与有希望的一面，心神为之振奋。"利用宾于王"意思为，想要实现自己的志向，最为有利的做法是成为幕下之宾，以臣子的身份去辅佐君王治理天下。

【可断结果】

六四爻身为国家重臣，心怀凌云之志，以使国家发展壮大作为自己的理想。六四既然仰观九五国君治国有方，应该成为君王幕僚，贡献一己之力，所以说"利用宾于王"。

【自取之道】

观之大用便在于观光，上能观天地之光华，因此而掌握万物生长的规律；中能观国家之光华，因此而修订统治国家的条例法则；下能观民众之光华，因此而懂得与百姓的相处之道。

所以，观之大者必是厚德的贤者，在观天光、国光、民光之后，先成就自身德行再去用自身的德行教化众生。政教应当合二为一，若是只顾着一人之明而置天下蒙蔽而不顾，便是有负民之期望，王之宠信，非真正观光的贤人。

唐太宗知人善任，其在位期间，有大批贤臣良相如房玄龄、杜如晦、魏徵、长孙无忌等人相辅佐。这些人殚精竭虑，各尽所长，帮助唐太宗开创了"贞观之治"。这正是爻辞中所说的"观国之光，利用宾于王"。

【经文+传文】

九五　观我生，君子无咎。

《象》曰：九五　"观我生"，观民也。

【译文】

九五　观察自己的成长，（时时自省）这样君子就可以无咎害了。

《象传》说：反观自己的生命历程，也是说君主观察民生。

【爻意分析】

九五爻阳爻居于阳位，乃是一卦之君主，乘时得位，自上俯下，其影响力如中天之日，普照天下。观的意图与结果便是明，而观卦之大用在于，将自己所观之结果明示于人，在九五爻身上意为应当向天下施以明德仁政。

一个人若是内心的德行不足，那么其言行也必定没有可称道之处。爻辞中所说"观我生，君子无咎"，意为应审视自己，并不断修正完善自身的问题与缺点。虽然巨细不同，但因为九五爻乃是一国之君，所以其言行应当以最高的道德标准来衡量，方可为万民表率，才会无错咎。

【可断结果】

九五爻所讲的是为国君之道，君主为一国臣民的首脑，国家的前途，百姓的安宁皆系于君王一身。君主若是个德智兼备的明君，为民众利益着想，为天下兴衰而忧，自然是万民敬仰人人辅助；若是违背明君之道，将天下视为自己囊中之私物，为所欲为，施严刑苛政，那便是自毁根基，亡国之君所为。

【自取之道】

九五爻是持政之君，以一阳独居群阴之首，如同一位阳刚的君主领导着众位阴柔的臣子，独居权势最高点，没有人敢去指点他的过错，所以最不容易生出自省之心，难以对自己所作出的决定有清醒的判断。

孔子曰："无为而治者，其舜也与？夫何为哉？恭己正南面而已矣。"这些话的意思是，舜之所以无所作为而天下大治，关键在于舜能够慎察自身，时刻使自己的言行合于正道。孔子又说："政者，正也。子帅以正，孰敢不正？"在上位者能够依于正道，秉持正道，民众自然会上行下效，整个社会的风气也会随之得以改观。这就是"观我生，君子无咎"的道理。

所以此时的内观与外观对于九五爻是至关重要的，内观是反省自我，外观是体察民生。君王站在至高无上的位置，其目光应当深远，于细枝末节审视人情全貌，这是外观；而在明察世事之后，应当持谦逊之姿态，以中正仁和的观念去治理天下，这是内观。九五爻只有做到这两点，才能算是行君子之大道的明智君主。

【经文+传文】

上九　观其生，君子无咎。

《象》曰：上九　"观其生"，志未平也。

【译文】

上九　观察别人的成长，（从中借鉴）这样君子就可以无咎害了。

《象传》说："观其生"，是说君子修养道德的心志未可松懈。

【爻意分析】

上九象征着居上位者自律且鉴人，不敢安逸松懈。

上九爻是观卦中的终结之爻，身为阳爻居于上极之地，此时上九爻极则生变，如同天上的太阳已经偏西，处于无可作为的境地，但若是君子处于此境地，则无论返本还源还是功成身退，都毫无错咎。因为君子行事，进依从于道，退亦依从于道，退则独善其身，进则思虑天下，所以爻辞中写道："观其生，君子无咎"。

"观其生"是指上九爻怀忧国忧民之思绪，观天下众生而以自省。上九爻与尊爻九五十分亲近，同心同德，所以常怀着君王才会有的忧思。在观众生的过程中，谦逊的上九爻心志从不松懈，时时想着增益自己的德行。像上九爻这样足以令人仰视的君子，自然诸事无咎。

【可断结果】

上九爻之无咎重在其是有道的君子。自古功成名就者，抽身而退难。上九爻非居于君主之位，却时刻以君主的标准要求自己，若是能恪守君臣之道，自然毫无罪咎，若是因受万民仰望，而心生非分之想，那不但会使之前的所有一切功绩毁之一旦，而且还将承受天下的骂名，所以观其生而自省对于上九爻是至关重要的。上九爻应时刻提醒自己，处于民众的目光注视之下，不可有失误的言行，安守君子中正之道，才能确保无咎。

【自取之道】

上九爻在观卦之中，既不当位亦不当中，未在君王之位而心忧君王之事，即将离开之际依旧心怀民生，足见他是个用心良苦的贤臣。观卦重审视观察，或观人或自观，其意义与结果各不相同。观人重在学习，自观重在反省。一个人的阅历与经验十分有限，若想获得更多的感悟，便要从观察他人的经历上下功夫。

上九爻正是因为善于观人，才令自己的思维不至于困于狭隘的空间内，虽然身处极位，却依旧安泰，这全拜其君子之德所赐。

噬嗑卦

噬嗑
（下震上离）

【噬嗑卦导读】

　　卦象：下震上离，为雷电交加之象。卦德：下卦为震为动，上卦为离为明。
　　全卦阐述了以德治为核心的法律思想。

卦辞

【经文+传文】

　　《噬嗑》　亨，利用狱。

　　《彖》曰：颐中有物，曰噬嗑。《噬嗑》而"亨"，刚柔分，动而明，雷电合而章。柔得中而上行，虽不当位，"利用狱"也。

　　《象》曰：雷电，《噬嗑》。先王以明罚敕法。

【译文】

　　《噬嗑》卦象征啮合：亨通，利于决断刑事案件。

　　《彖传》说：腮帮鼓动，口腔中有食物，这就叫"噬嗑"。《噬嗑》卦是亨通的，这是因为此卦三阳爻三阴爻刚柔均衡，下震上离，有雷有电，象征办事明察，威明结合。六五阴爻居上卦中位，能守中道，虽然地位失当，但和人打官司还是有利的。

　　《象传》说：雷和电，这就是《噬嗑》的象征。先王取法《噬嗑》卦明察刑罚，严正法令。

口中有物，嘴巴不能合拢，必须将其咬断，嘴才能合上。推演到人事方面，必须用刑罚除去强暴作梗的小人，社会才能安宁。

爻辞

【经文+传文】

　　初九　屦校，灭趾：无咎。

　　《象》曰："屦校灭趾"，不行也。

【译文】

初九　脚拖着刑具，脚趾被伤及了：倒也无害。

《象传》说："屦校灭趾"——这是为了使他不再犯罪。

【爻意分析】

噬嗑卦之初九爻是阳爻。爻辞中写道："屦校灭趾。""屦校"意为双脚被套上了枷锁，用以限制其行动，是惩戒罪犯的举措；灭为伤灭，指用刑具而使脚趾受伤，并非砍足，这意味着对罪犯还有改造的期许，"无咎"意为这种惩戒对于犯罪者来说十分得当，毫无过咎。

脚上戴刑具，属于较轻微的刑罚。由于只是初犯，罪过尚轻，初九如果能够就此觉悟，也不是坏事。

【可断结果】

罪责并未到不可收拾，无法弥补的地步，虽然被法规制约了自由，但还是可以教导纠正的。若是小错小非之时能够受到严惩，那么其施恶行之心必定会被震慑住，其所造成的影响也不至于继续扩散，对于初九爻这种小罪犯来说，何尝不是好事？

【自取之道】

初九爻既然触犯了法则，便应当服从刑法的惩戒，并在过程中反省自身，提高自身的素养，自此弃恶从善。这一足下的羁绊，可令初九爻避免远离善道，最终身陷囹圄之灾祸，所以也可算是因祸得福，爻辞上的"无咎"便是此意。

【经文+传文】

　　六二　噬肤，灭鼻：无咎。

《象》曰："噬肤灭鼻"，乘刚也。

【译文】

六二　偷吃肉，被施割鼻的轻刑（由此惩前毖后，所以说）：也无害。

《象传》说："噬肤灭鼻"，是因为小民凌驾君子。

【爻意分析】

六二爻是噬嗑卦阴爻，位于初九之上，柔居柔位，却以阴凌阳，如同一得势的小人出于私心而压制有才能的下属，长此以往必然给自身带来麻烦，引致灾祸。

爻辞中写道："噬肤灭鼻，无咎。"灭鼻是指对罪犯施以劓刑，将其鼻子割掉。这种刑罚毁坏人容貌，可谓重刑，然而爻辞中却道"无咎"，意味刑罚得当，六二爻所犯的罪过不轻。

【可断结果】

六二阴爻居于内卦之中位，其下的初九爻为阳爻，又做奋起之势，以六二爻阴柔之质既难以抗衡，又无法与之调和，其以柔乘刚乃是噬肤灭鼻之祸的源头。

六二爻秉性阴柔，是以对惩罚并未做过多的抵抗，所以对其的惩罚尚在皮肉，没有造成筋骨之害，此种刑罚虽然过重，但是对于六二爻所犯的罪责来说，只是矫枉过正，并无错咎。

【自取之道】

若所得之利本不应得，强行获取，定受其害，若所失乃是必然之失，那么即便造成了损害，也是天理昭彰。

六二爻身为阴爻而居于阳位，享受了非分之福，必然也容易招致无妄之灾。此爻能力欠缺，却居于要职，为一己私欲去强行压制下属，难免会使出些阴暗的小人举措，长此以往，危害极大，所以身受惩罚乃是必然之举。

六二爻应当及时自省，幡然悔悟，纠正自己偏激的思想与言行，回归中正的正道上来，才可从此趋吉避凶，免去罪责。

"噬肤，灭鼻，无咎"意味刑罚得当，可见六二爻所犯的罪过不轻。

【经文+传文】

 六三　噬腊肉，遇毒：小吝，无咎。

《象》曰："遇毒"，位不当也。

【译文】

六三　像吃坚硬的腊肉，遇毒：未咽小有不好，没有大害。

《象传》说："遇毒"，是因为他地位失当。

【爻意分析】

六三爻为噬嗑卦中的阴爻，却居于阳位，身居不正，阳遇阴爻是爻辞中遇毒的原因，腊肉是将鲜肉腌制后风干制成的，味道鲜美，口感有韧性。"噬腊肉。遇毒，小吝。无咎"意为腊肉在储藏时发生了变质，但所幸是干肉中所含有的毒素，毒性较轻。引申意为，弊端的积累并非朝夕之间完成的，但一直未被察觉，直到其威力显露出来。

【可断结果】

因与六三阳爻相违，又身居不正，所以爻辞中以中毒作为比喻，凡事应当顺其自然，不合用之人，不适当的行事，若是强行求之，必会为日后埋下隐患，如同每日吃有毒的腊肉一般，毒量虽然很轻微，但谁也架不住日积月累的堆积，待到最终毒性发作之时，势必面临难以收拾的局面。

腊肉之毒，其量甚微，若是噬者不贪心，那么所食入的毒素必不会多，就如一个小吝不贪的罪犯，所造成的负面影响不会很大，属于小罪责，没有大过咎。若是六三爻能及时反省，尽力弥补，那么最终他是可以免除错咎的。

【自取之道】

肯给予他人的很少，是为吝啬，而六三爻之吝，却并非缘于自己，而是因为受局势所限不可有所贪求，因此不得不吝，故称为小吝。在噬嗑卦中与小吝截然相反的是大贪。大贪伤德行，而小吝只要能及时忏悔，便可以做到免责无咎。六三爻若能做到明哲，那么必可保身，须得慎行于始，时刻自省，这样结局便不至于自忏，与食腊肉遇毒，因谨慎小心而免于被其毒所害是一个道理。

【经文+传文】

九四　噬干肺，得金矢：利艰贞吉。

《象》曰："利艰贞吉"，未光也。

【译文】

九四　吃带骨的干肉，吃到铜箭头：在艰难中要坚持守正，吉祥。（"噬干肺"比喻办事，"得金矢"比喻办事遇到了艰难；但扔掉金矢，肉还可继续吃，比喻艰难可除，所以说吉祥。）

《象传》说："利艰贞吉"，是说君子这时还未获得光明。

【爻意分析】

九四阳爻居于阴位，身居不正，其想施行之事必定受到阻碍，爻辞中道"噬干肺，得金矢"，是说口中吃着带骨头的干肉脯，竟然吃到了金属的箭头。这种突兀的情况，有柔在外而刚居其内之象，寓意为内有乾坤，意外之收获。"利艰贞吉"意为此爻对于占问艰难困苦之事有利，只要知道事情的的艰难，人便会警醒不松懈，再以贞正为行事的根本，便会一切吉祥。

九四爻以刚爻居阴位，刚柔相济，深得刑狱之道，干肺虽然难噬，但只要坚守金矢刚直之德，贞固守正，则必获吉祥。

【可断结果】

九四爻落于阴位，虽然自身阳刚，但是因为所处的环境阴暗，难免受到影响，如爻辞中所说，口中有难以咀嚼的肉脯，肉脯中还藏有箭头。九四爻口中塞物，有言路被堵塞之象，虽然知道身边发生了弊端或是超越常理的事情，却难以通过与他人沟通而得到协助，这也意味着此事颇为棘手，艰险重重。

九四爻若是因此而志气低落，犹豫不决，任由事态发展，那么势必为这件麻烦事所牵累，恐有与这种阴暗事情同流合污之嫌，所以应当机立断，表明立场，施以决策，以正视听；但同时，因为九四爻身为阳爻，难免压抑不住刚猛之气，处理事情唯恐不及而宁可有过，所以要尤其注意把握分寸，心中坚守贞正，必定可扭转事态，获得吉祥。

【自取之道】

九四爻居位不正，阴阳不应，其德行势必受到阻滞，所以行事倍感艰辛。九四一爻居于众阴爻之中，呈群阴裹胁之势，没有帮手和与之应和之人，凡事皆凭一己之力完成。行事不可优柔寡断，当知难而上，勇于排除身边的弊端。

九四爻食肉得金矢，虽然自身没有贪图之心，但是在世人眼中难免有爱宝之嫌，获得的利益只要来路不正，自身名誉便会有所沾污，所以九四爻必定要遵从德行，贞守中正，以身作则，明辨贪廉，这样才可解除眼前被困阻的局面，将原本的困扰与麻烦变成对自己有利之事。

【经文+传文】

六五　噬干肉，得黄金：贞厉，无咎。

《象》曰："贞厉，无咎"，得当也。

【译文】

六五　吃干肉，吃到黄金：固守正道，勤勉努力，终可无害。（黄金吃进肚里，能致病甚至致死，比喻事有危险；"得黄金"比喻危险发现了，终获无害。）

《象传》说："贞厉无咎"，是因为君子行为得当。

【爻意分析】

六五爻是噬嗑卦中的阴爻，居于本卦的尊位，原本以柔乘刚，以阴居阳是不当的，但是，六五爻虽然是阴爻，与其临近的九四爻与上九爻却皆为阳爻，六五处于两阳之间，上爻下爻对其皆有辅助，乃是个得当的位置，六五爻身居正位又生逢其时，是本卦之大用卦，

噬干肉，得黄金。

噬嗑卦至这里，已经集齐天下精华，君主六五爻阴绾阳，大富大贵，福禄优厚，既能享用珍馐美味，又拥有数之不尽的财富，所以爻辞中道"噬干肉得黄金"，意为六五爻居君王之尊，既有干肉可以随时噬食，又有黄金随时待他取用，一人在上，万民供奉。

六五爻虽然能享用甘美的食物与贵重的珍宝，但是并不可自觉一切都是理所当然的，应当经常自我反省，看看自己上能否对得起生养万物的天地，下是否没有辜负供养自己的民众，享用这些美食与财富是否可以无愧于心。所以爻辞中还有"贞厉，无咎。"的说法，"贞"自然是指中正贞静，"厉"是勤勉努力，其意思为，九五爻只要能做个德行中正，勤勉努力的明君，就可安享天下的美食与财富，而毫无错咎。

【可断结果】

爻辞中的干肉是利禄的象征，而黄金是财富的象征。六五爻身居尊位，所得所享皆与自己地位相宜，其它爻无法与之相比。财富可以强国，利禄可以安身，这些因素都是身为一国之君治理天下，所不可或缺的；但是任何事情与状态都不可能保持长久不变，身居安逸之地便会生出懈怠颓废之心，而常处于富贵之所难免有骄奢淫逸之念，这些心念一起便会引来无穷的祸患，届时福转为祸，利转为害，六五爻会因为难免错咎，而为天下所责骂。

【自取之道】

六五爻所得的福禄乃是由自身的名位带来的，既不是突然降临的幸运，也不是巧取豪夺的不义之财，但同时这份福禄也不是六五爻凭借自身的能力与努力争取而得到的。俗语道："打江山易而守江山难。"但凡这种传承而来的富贵都有定数，若得来之后只顾安逸享受，很快就会消失殆尽。

所以六五爻应当常怀谨慎贞正之心，修身立德，由内而外，返躬自审，珍馐美味呈于眼前只取己之所需，奇珍异宝环绕身边更当克制贪欲，这样才能不负民众的厚望，得到真心的拥戴，地位方能长久，自身方能安乐，即便处于享乐的境地也不会有任何的错咎。

【经文+传文】

上九　何校，灭耳：凶。

《象》曰："何校灭耳"，聪不明也。

【译文】

上九　肩扛着刑具，耳朵被割掉：凶险。

《象传》说："何校灭耳"，是因为他闭目塞听。

【爻意分析】

上九爻是噬嗑卦中的阳爻，处于一卦之极。全卦之富贵已经止于六五爻，如今上九爻虽然高高在上，却毫无地位，悬悬而起，上下不得呼应协助，既无用武之地，又无可立之功，原本每卦的终极之爻都会面临如此尴尬的境地，但是噬嗑卦中的上九爻这种境况尤其严重，所以此爻反吉为凶。

上九，灭耳。

爻辞上写道："何校，灭耳，凶。"何是负荷之意，校是木制的枷锁，灭耳是伤害到了耳朵，意为上九爻犯了重罪身受重刑的惩罚，肩上负荷着沉重而粗大的木制枷锁，连耳朵也被割掉了，处境很凶险。

【可断结果】

上九爻为卦中的离上爻，处于穷极之境地，既无可承继财产，又无朋友相帮。处境穷极无助之时，便应当审视自身，由内向外找到问题，然后改变完善自身而寻求出路，若是濒临无路可走的境地，还不知悔改，直至恶行积累到无法掩藏的地步，那么必然会有不好的事情发生。

【自取之道】

上九爻乃是穷亢之阳，身旁已经无资产可以度日，甚至到了口边无食的地步，所以情绪很难自控，大有为了生计而贸然行事之势，并且，上九爻身为阳爻，难以抑制自身的刚猛，行事有进无退，有动无止，行犯罪之事不计后果，且作恶多端，最终招致了重大的惩罚；且上九爻所犯的罪行乃是积累所致，自身毫无悔改之心，丝毫不引以为戒，任自己一步步加深罪行，最终不但一无所得，还落得伤害自身的下场，实在是蒙昧不堪，得不偿失。

贲 卦

山火贲
（下离上艮）

【贲卦导读】

卦象：下离上艮，为山下有火之象。卦德：下卦为离为明，上卦为艮为止。

全卦讲文与质的辩证关系，主张文以质为本。

卦辞

【经文+传文】

《贲》　亨。小利有攸往。

《彖》曰：《贲》亨，柔来而文刚，故"亨"。分，刚上而文柔，故"小利有攸往"。刚柔交错，天文也；文明以止，人文也。观乎天文，以察时变，观乎人文，以化成天下。

《象》曰：山下有火，《贲》。君子以明庶政，无敢折狱。

【译文】

《贲》卦象征文饰：亨通。前往有小利。

《彖传》说：《贲》卦是亨通的，臣子辅助君主，所以亨通。君臣各居其位，君主援助臣子，所以说"小利有攸往"。刚柔交错，就形成了自然景观；用文明约束人，就形成了人文。圣人观察自然景观，从中洞察时序的变迁，观察社会制度与教化，以此教化并成就天下之人。

《象传》说：山下有火，这就是《贲》卦的象征。君子取法《贲》卦，明察各种政务，不乱断官司。

《贲卦》探讨的是事物需不需要纹饰的问题，也就是"质"与"文"、本质与表象的关系。

爻辞

【经文+传文】

　　初九　贲其趾，舍车而徒。

《象》曰："舍车而徒"，义弗乘也。

【译文】

初九 修饰自己的脚，舍车走来。

《象传》说："舍车而徒"，是因为他乘车是不合理的。

【爻意分析】

初九爻是贲卦的初始之阳爻，爻辞中写道："贲其趾，舍车而徒。""贲"为文辞修饰，表面意为修饰好了脚趾之后，舍弃坐车改为徒步而行，实际上是指文饰的阶段，初九爻之"贲"此时如同人之足趾，尚在最低的阶段。

初九爻地位低下，安坐于车上自然是不适合的。行走与行动的意思相通，弃车而行，显示初九爻行事谦卑而有自知之明，既展示了自己，又显得十分低调，甘心下位。初九爻能为自己清醒而准确地定位，虽然爻辞中没有说到凶吉，但是此爻的处境一定无虞。

【可断结果】

文饰是务虚之物，是在事情的本质之上所增加的修饰。文饰的场合很多，可以是对仪表的装饰打扮，或是话语中增加的溢美之词，还可解释为某种特定的礼仪礼节，《程传》中写道："观人文以教化天下，天下成其礼俗，乃圣人之用贲之道。"初九爻一阳初始，如同身强体壮的少年，自低微处起步，不畏艰难，不沉浸在舒适享乐之中，以自身的辛劳示于天下，假以时日，必有所成。

【自取之道】

初九身为阳爻而居于阳位，居身而正。贲卦的要义在于"礼"而不在于"利"，初九爻舍弃坐车而步行，也是合乎礼仪之举措；而且文饰不宜遮蔽。车是载人之物，人居于车内，与外界隔离，初九爻阳爻居于阳位，阳气刚猛，有上升的志气，不愿自藏，其贲在于足趾，下车是为了显示自己。初九爻立身端正，毫无隐晦之处，将自己的言行，坦荡地展示于众人面前，自然无咎。

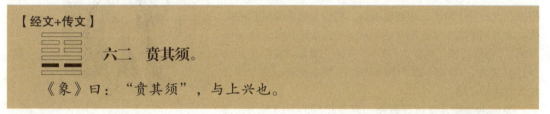

【经文+传文】

六二 贲其须。

《象》曰："贲其须"，与上兴也。

【译文】

六二 修饰自己的胡子。

《象传》说："贲其须"，是说六二辅助居上位者振兴事业。

【爻意分析】

六二爻是贲卦中的阴爻，上应和本卦处尊位的六五爻，外接应九三爻，以自己之阴柔去文饰阳刚，其阴在内而阳在外，柔中居正，德行具备，虽然居于下位，却大有追随上面的九三爻而升起的志向。

爻辞中道"贲其须，无咎"，意为文饰尊者的胡须。胡须为男人所有，这里代指阳爻，而与六二爻所临近的阳爻是九三爻，爻辞正说明了六二爻以文饰其须的方式，来表达对九三爻的仰慕与追随之心。

六二爻上承九三刚爻，两者相互亲比，又由于六二为柔爻，性质柔顺，因此必须等待九三有所行动才能跟进，所以有"贲其须"之象。

【可断结果】

六二爻在贲卦中至关重要，是大用之爻，但因身为阴爻却居于阳位，那么在追随上爻的过程中，应当时刻警醒自己，不可因一时的得意，而心生骄躁之气，不然必定会背离中正之道，迷失心性而失去其贞。六二爻失了贞静便失去了亨通，有悖贲之本义，届时六二爻会与自己最初的理想背道而驰，难免作出为奸作乱、以下犯上之举，结局必定是身负罪咎。

【自取之道】

古语道："阴随阳而动，文附质而行。"文应当从于质，而不可改变质之根本，所以，六二爻应当与九三爻同心同德，阴阳相辅，追随其后，九三爻有行动，六二爻才可有举措，不可僭越而行，如同这面上的胡须一般，必须依附在面皮上，否则便无立足之地。

【经文+传文】

九三　贲如濡如，永贞吉。

《象》曰："永贞"之"吉"，终莫之陵也。

【译文】

九三　扮靓了，又与人相润泽，长期坚守正固必然吉祥。

《象传》说：永远正直是吉祥的——这样就没人敢来欺凌他。

【爻意分析】

九三爻是贲卦中的阳爻，下爻六二爻与上爻六四爻同为阴爻，九三位于两阴之间备受瞩目，将得到这两爻共同的文饰。文饰到了九三爻这里开始呈现文过饰非的走势。爻辞中写道："贲如濡如，贞吉。"其中"贲如"便是"贲"至此已经过盛之意，"濡如"意为其文饰过于华丽充盈，充盈便会使人有满溢之感。

世间的事物，太过极致便会向着相反的方向发展，文饰之道，在于增加本质的光彩，但若是太过，就会有遮掩本质之嫌，成为本末倒置之举。

所以爻辞最后道"贞吉"，意为文饰应当固守中正，永保其贞。只要不背离中正之道，所言所行就不至于过分，一切便会安稳吉祥。

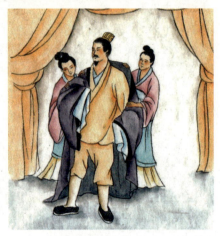

九三爻的处境，犹如一个俊美的男子位于众佳丽之中，赞美之声不绝于耳，阴柔之诱惑使人陶醉。九三爻境遇至此，其自制之难，失节之易，可想而知。九三爻若是心智低靡，甘愿沉浸在这些空洞的溢美之词中，最终定会无力自拔，祸乱言行，因这些甜言美语而遭受屈辱。

【可断结果】

九三爻本是重刚之爻，但是因为处于下卦之末爻，所以外表刚硬，内心柔软，对于六二爻与六四爻言过其实的溢美之词，明拒暗和，面违心从，原则并不坚定。

九三爻的志向不确定，那么言行也就无法揣测，很有可能被两阴爻用文饰得过分的言语左右，忘乎所以，失去心中的贞守，届时为奸作乱，忧患无穷。

文饰无论多么华美，归根结底不过是事物本质之上的装饰之物，若是凌驾于本质之上，就变成了如同空中楼阁的谎言，毫无实际意义。

【自取之道】

在九三爻的处境中，只有以君子之德行自持，心中坚守贞正之操守，以自身的刚正令两爻之柔文依附，才能确保自己的言行不背离正道，一切平安吉祥。

【经文+传文】

六四　贲如皤如，白马翰如，匪寇，婚媾。

《象》曰：“六四”，当位疑也；“匪寇婚媾”，终无尤也。

【译文】

六四　打扮得美素，骑白马奔来，他们不是抢劫的，是求婚的。

《象传》说：六四说的是，君子地位得当，但遇事会起疑心；“匪寇婚媾”——这结果是无害的。

【爻意分析】

六四爻是本卦中的阴爻，居于阴位之上，与初九之阳爻应和贲卦中全仗阴柔来文饰阳刚，六四爻重柔之身，虽然未处于尊位，但是因为其性至柔，擅长文饰一切，且其文饰并不像其他爻一般绚烂华丽，而是自然，真诚，有返璞归真之象，实为贲卦之大用。

【可断结果】

六四阴爻对初九阳爻求之心切，虽然一时因心中犹疑而踟蹰不前，但内心中实在是希望初九爻是友非敌，能亲近而莫远离；事实上，初九爻确实与其志同道合，极为相契，所以六四爻只要固守心中的礼法，与初九真诚相对，便可确保毫无怨尤。

爻辞中道“贲如皤如。白马翰如。匪寇，婚媾”，意为六四爻文饰淡美，洁净素雅，骑乘着毫无杂色与之相衬的白色骏马而来，心怀犹疑地望向前方，其实前方并非匪寇强人，实为可以托付终身的佳偶良伴。

【自取之道】

人性贵在真诚，道义贵在质朴，六四爻居身当位，为全卦之重要之爻。原本心中坦荡，为何在行进的途中忽然踟蹰不前？

爻辞中的“匪寇，婚媾”是说六四爻此行专为婚姻而去，但是因并未与对方有过交往，难以忖度其性情德行，所以在路上心怀惴惴。婚姻乃是天地阴阳之道，相互扶助之情，六四爻应和的是本卦的初九爻，此时两爻情未明，心未定，若再生有疑虑，恐怕会渐行渐远。

六四爻以上爻趋就下爻，其势不可缓慢，心生疑虑的原因是怕自己所托非人，但是初九爻乃是能弃车步行，丢舍奢华的君子，而六四爻乃是天然去雕饰，素雅纯净的佳人，两人志趣相投，秉性相合，六四爻完全不必顾虑重重，只要欣然前往，必定有所收获。

【经文+传文】

六五　贲于丘园；束帛戋戋，吝，终吉。

《象》曰："六五"之"吉"，有喜也。

【译文】

六五　装点山丘田园，礼物却是微薄的丝帛，这样求婚就难了，但终获吉祥。

《象传》说：六五中的"吉"，是指喜事临头。

【爻意分析】

六五爻是本卦的尊位之爻，身为阴爻居于中位，是位阴柔的君主。爻辞中写道："贲于丘园。"丘园为城邑附近的丘陵园圃，古代的贤人大多隐居于此，此处意为六五爻认为上九爻是隐居丘圃的贤人。"束帛戋戋。吝，终吉。"束帛是指五匹一束的绢，戋戋意为很少，这句话的意思是君王六五爻来到初九爻的隐居之地，通过文饰而邀请他出山，为自己效力，但是虽然六五爻贵为君主，随身却只带了很微薄的礼物，微薄到了几乎是吝啬的地步，这是因为六五爻知道初九爻是一位清高质朴的贤人，不会以此为意，初九爻更注重的是与六五爻精神上的契合。

所以此次会面，微薄的礼品丝毫没有影响到两人的关系，君臣之间最终的结果是吉祥的。

六五居于君王的尊贵地位，却只准备了五匹绢帛的薄礼来请隐居于丘园的贤人出山，最后能够吉祥成功，是因为君臣都有质朴之德，精神上相契合。

【可断结果】

六五爻虽然柔顺，心中却有所固守，虽屡弱却有礼有节，虽居于上位却不以屈身俯就贤人为耻，这些品质不但为天下人所信服，更令初九爻崇敬仰慕。

六五爻虽为阴爻，却心境澄明，深谙贲卦之精髓，既注重文饰又主张不可文过饰非，行事做人以质朴勤俭为重，这样的君主不会给自己留下遗憾，而追随这样君主的臣子也不会后悔。

【自取之道】

在贲卦中，文饰是大用，而文饰以柔为贵，六五爻身居中位，以阴柔来文饰至刚，两相得宜。六五爻地位虽然尊贵，但是求贤若渴，低身降位去亲近上九爻，且见面之地并未拘泥于殿堂庙宇而是山间田园，其礼仪不可谓不隆重，其心意不可谓不挚诚，但是所携带的礼物过于微薄，令六五爻自己也觉得吝啬，心中难免忐忑初九爻会误解自己心意不诚。

以世俗的人情来衡量，六五爻这一点的确容易惹人非议，但是所幸初九爻的性情已经返璞归真，不以物质的薄厚来评判善恶，而是以来者的礼仪与德行定夺是非。礼轻并不足以诟病，无德可立才会令人心忧。六五爻此举并未背离贲之大用，所以最终能得吉祥。

【经文+传文】

上九　白贲：无咎。

《象》曰："白贲无咎"，上得志也。

【译文】

上九　朴素的打扮：没有过错。

《象传》说："白贲无咎"，是说君子得志了。

【爻意分析】

上九阳爻是贲卦的终极之爻，无疑会面临所有终爻共同的问题，便是穷极返始，贲卦以文饰为用，到了穷极之时，原本华美富丽，绚烂多彩的文辞已经转变成为无色无形，质朴平实言语。

【可断结果】

贲卦讲述文饰，一直阐述文不可无饰，质与文应当相辅相成，彼此不可或缺，但是上九爻却主张摒弃文饰，以质为重，恐有行与时相违之嫌，原本应当有错咎，但是因其位于终极上位，所以言行都符合贲卦之文与质的规律。

并且，贲卦对于文饰的讲究是十分谨慎小心、张弛有度的，光辉射于外，而贞静存于内。尤其，贲卦之主旨认为，文不可过质，所以到了上九爻这里，饰终而返白，恰恰符合了贲卦之道。上九爻居上能正，乃是贲卦之大成。

上九爻以极高之位，注重德行而不贪恋华丽，崇尚天道自然，本色素净，所以爻辞中道"白贲：无咎"，意为维持质的本原，没有文饰，崇质尚实，没有错咎。

【自取之道】

返璞归真，回复事物的本来面目，是上九爻的志向。文饰再美，色彩再绚丽，最终其所饰的色彩也会消散，难以存留，到底依旧是还我本色。上九爻此时心中的境界已经超越了诸般色相，只留存真元，所以虽然身为一卦之终极爻，气数尽而德行不散，时运穷而志向固守，于事物循环中卓然自立，持以无色之贲，所以毫无错咎。

剥 卦

山地剥
（下坤上艮）

【剥卦导读】

卦象：下坤上艮，为山附地上之象。卦德：下卦为坤为顺，上卦为艮为止。

全卦揭示事物发展过程中阴剥阳的变化规律。

卦辞

【经文+传文】

《剥》　不利有攸往。

《彖》曰：《剥》，剥也。柔变刚也。"不利有攸往"，小人长也。顺而止之，观象也。君子尚消息盈虚，天行也。

《象》曰：山附于地，《剥》。上以厚下安宅。

【译文】

《剥》卦象征剥落：前往不利。

《彖传》说：剥，指衰落。小人改变了君子。"不利有攸往"，这是因为小人猖獗。这时君子要顺服清净，这是君子由观察卦象得到的启示。君子按自然消长盈虚的规律决定行动，这就是天道。

《象传》说：山依附在地上，这就是《剥》卦的象征。王侯取法《剥》卦厚待百姓，使百姓安居乐业。

文饰的华美发展到一定程度也会向反面转化，精美的床足剥落就是其象征。

爻辞

【经文+传文】

初六　剥床以足，蔑；贞凶。

《象》曰："剥床以足"，以灭下也。

【译文】

初六　床腿剥蚀了，床将毁掉，应守正道以防凶险。

《象传》说："剥床以足"，是说根基坏了。

【爻意分析】

初六阴爻是剥卦的初始爻，爻辞中道"剥床以足，蔑"，意为床脚因腐朽而脱落，床将被剥落。初六爻处一卦初始却遇到这样的爻辞，有基层不稳定，潜藏隐患之象，若是不谨慎检查，恐生大祸端。此床乃以比喻国家，初六爻此时处境危机四伏，有宵小之辈正在做祸国殃民之事，此种境况已经威胁到了君王的政权，所以爻辞中警醒道："贞凶。"此时应当固守自省以防不测。

"蔑"有小的意思，此处指小人，意为在国家中有小人暗中生事，且已经造成了一定程度的损害。床全仗床足来支撑稳定，床足有损，床便有倾覆的危厄，床是载人之物，一旦被毁坏，床上的人必定受到伤害。

【可断结果】

初六爻居于一卦之下，如同床之足，是一国之中位于基层的领导者，而初六身为阴爻，自身柔弱，其力难以承载床的厚重，如同才能稍逊的臣子，已经有勉为其难之象，长此以往，难免折足之祸；所以应当固而自守，先坚固自身，增强守备。此时若是因力不从心而生出自弃之念，自失其志，则会呈下山如奔之势，届时不但床倾，足亦断，局面混乱，更加难以控制。

【自取之道】

初六爻应安守贞静之道，贞则能正，静则能安，不可以不当为之事而为之，亦不可以不当动之时而动，床之不安如同国之不稳，人在其中焉能不惊慌失措，所以初六爻此时更应稳定民心，固守中正，居安而不可自安，时刻警醒，切忌轻举妄动，成全了小人之谋求。

【经文+传文】

六二　剥床以辨，蔑；贞凶。

《象》曰："剥床以辨"，未有与也。

【译文】

六二　床身与床足脱落，床板剥蚀了，床将毁掉，应守持正道以防凶险。

《象传》说："剥床以辨"，是说剥蚀到了床身，六二没有相应相助的人（王侯失去了辅助他的人）。

【爻意分析】

六二爻身为阴爻，居于下卦之中位，本来居身得正，其位安稳，不易为剥落所影响，但是此时事态的发展已经到了危及六二爻的界域。爻辞中写道："剥床以辨，蔑，贞凶。"床为托器，此时已经剥落至床头，爻辞中的"辨"指的是膝盖左右高的位置，"剥床以辨"意为大床现在已经剥落到了床身，其足已经蚀坏。此时六二爻与六五爻同为阴爻，无法应

床之足已经毁坏，床身难以安稳。六二爻乃阴柔之身，无可作为，没有刚猛的阳爻保护，于内行事不稳，于外无可协助，眼见小人所施加的侵害愈演愈烈，已经径入其中，此时稍有不慎便会大祸临头。

和互助，所以呈孤掌难鸣之势。

此时事态恶化，床身已经倾斜，六二爻孤立无援，只得仰仗自身的中正，固守持正以防备凶险。

【可断结果】

六二爻此时身处尴尬险地，上下无助，孤身一人，周围幽明难辨若失去中正的方向，无异于自毁堤坝，自撤防线，届时只怕堕入小人之浊流之中难以自拔。

【自取之道】

小人因势利壮大，行事更加肆无忌惮，其行径与意图已经有所暴露，众人离而远之，六二爻更应当稳妥行事，固守中正，静观其变，以自身的贞正躲避难以预知的凶险。

【经文+传文】

六三　剥之：无咎。

《象》曰："剥之无咎"，失上下也。

【译文】

　　六三　床腿和床板都处剥落时，却无咎害。

　　《象传》说："剥之无咎"，是因为敌人失去了上下人的拥戴。

【爻意分析】

六三爻是剥卦中的阴爻，居于阳位，虽然身为阴柔者，但是有阳刚之质。六三爻身居阴位，本应受小人剥之所害，但是因为与上九阳爻相应和，刚柔相济，虽然居位不正，但是能得到朋友的援助，声应气求，同仇敌忾，所以虽然处于剥卦之中，依旧能做到固守君子之道，居于险地而不遭受凶险，处于乱世而心神不被其搅乱，因为人道昌盛，所以天道之剥可避免。

【可断结果】

六三爻虽然心向阳爻，但是与之临近的都是同类，难免有物以类聚之嫌。其毕竟是阴柔之身，与刚猛的阳爻相应和的时候，其力难免孤弱，其心难免志忑。在剥卦中乃是阴剥于阳，是以，上九对于众阴爻有所顾忌，但所幸六三居于阳位，含章可贞，其心中充盈贞正之气，为上九爻所感应，上九爻终与之应和。

爻辞中道："剥之。无咎。"意为虽然受到小人的剥落，但是既无凶险也无错咎。剥卦之中众多少都会受到小人之剥的干扰，但是唯有六三例外，是唯一的幸免者，这是因为剥卦中一阳爻五阴爻，阴气深重，代表小人势利强大，群阴构难，稍不注意便会被小人拉拢，落得个同流合污的下场。而六三身为阴爻却心向阳刚，又与本卦中唯一的阳爻上九亲近，以自身的阳位接应上九爻，所以虽然身在群阴之中却可以自保无舆。

【自取之道】

六三爻固守君子之根本，心中向往光明，鄙弃晦暗，宁可与身边的六二爻六四爻疏远，也要亲近遥远的阳爻上九，愿与君子为伍，不与小人同流合

六三能坚守正道，与君子为伍，所以无咎。

污，虽然身处浊流之中，却能卓然独立，其最后能避免错咎，免遭小人的剥害，皆是因为心志坚决，能固守君子的中正之道。

【经文+传文】

六四　剥床以肤：凶。

《象》曰："剥床以肤"，切近灾也。

【译文】

六四　床面剥蚀：凶险。

《象传》说："剥床以肤"，是说剥蚀到了床面，六四接近凶险（灾祸就要来了）。

【爻意分析】

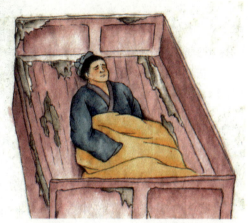

剥床以肤。

六四爻是剥卦中的阴爻，居于阴位，又是上卦之初始，与初二爻同有剥至于床之象。六四爻于剥卦中的位置大抵与床面相同，是与床上人最接近的位置。

爻辞中道"剥床以肤。凶"，意为床之损坏已经贴近人的肌肤，床毁身伤之祸迫在眉睫。此时，六四爻因床随时都会倾覆，所以身心难以安稳。六四爻正当小人之道亨通之际，遭受剥害，处境无可退守，所以有凶无吉。

【可断结果】

剥卦之中，三爻凶，三爻吉，凶爻之中以六四爻最为不利。初六爻之凶险尚在初期，若应对得法，可以将风险降至最低，初二爻之凶险也还有回旋余地，尚可固守以对；而六四爻所受的危害已经切身，最急迫最险峻，此时兵临城下，迫在眉睫，只得顺承六五爻之德行，以期待自上九爻处得到协助，知时而善动，明哲保身，或可趋吉避凶。此种行事之法，智者自明，而愚者蒙昧，六四爻最终受剥害程度之深浅，全凭其是智者还是愚者来决定。

【自取之道】

六四爻与上九相和，与六三相接，与初六呼应，处于众阴环绕之中，居于重阴遮蔽之地，且自己又是阴柔之身，其能力又弱，德行又浅，切近灾祸，如同已经腐朽的木床，若强加负重然难以支撑，便会生出危殆。

六四爻此时只能静待其变，初六的剥足，随后是六二的剥床，直至六四爻的近肤之剥，此时的剥落已经处于最高的位置，之前虽然危险，但毕竟还未贴近皮肉，如今是毫无余地地避无可避的凶险，但是因为事情的发展已经到了极致，转机随时可能来临，此时不可冲动妄为，妄为无疑会加速自己处境的恶化。

【经文+传文】

六五　贯鱼以宫人宠：无不利。

《象》曰："以宫人宠"，终无尤也。

【译文】

六五　象贯串一起的鱼一样的宫女依次得到君王的宠爱，没有不利。

《象传》说："以宫人宠"——这结果是无害的。

贯鱼以宫人宠。

【爻意分析】

六五爻是剥卦的尊位之爻，身在阳位，虽然是阴柔之身，但是所幸其阴依附在阳之上，此种境况与六三爻类似，并非重阴，因其身处于尊位，才能与德行都非其他阴爻所能相比，志向也自迥出伦辈。虽然柔弱却能统领众爻，皆因其有贞固之心。爻辞上道"贯鱼以宫人宠：无不利"，意为，宫女们列队整齐，如鱼贯般进入宫中，并得到君主的宠爱，无任何不利之处。

【可断结果】

鱼与水是相生相护的和谐关系，恰如六五爻与众爻一般。六五爻又与阳爻上九亲和，凡近阳者，其志必不落拓，能知顺治顺止之道理，能有匡正邪祟之功德，所以其基业不倒，君位不危，并且在六五爻的统领下，其后宫的嫔妃也不会做失德之争，所以虽然受宠于君王，也无不利处。

六五爻自身正固，贞静安然，又有强臣上九爻的辅助拥护，刚柔并进，阴阳相成，所以不会受到剥脱之害。

【自取之道】

宫人之得宠其实是隐喻小人得到了宠幸，但是因为六五爻是深孚众望，万民敬仰的明君，小人依旧愿意服从于六五爻的德行之下，六五爻可以率领众阴顺承阳刚，好比带领着作乱的小人改邪归正，并给其以出路，此种做法自然令人欣喜，所以没有过失与错咎。

自古邪祟不胜正义，那些作乱的小人内心其实很明白，若是真的将天下颠覆过来，世上的君子全部消失，取而代之的满眼皆是小人，世道上小人横行，那么离覆灭也就不远了，届时自己也将无立身之地，所以此时顺承明君六五爻，实为其心中所向。

【经文+传文】

上九　硕果不食，君子得舆，小人剥庐。

《象》曰："君子得舆"，民所载也；"小人剥庐"，终不可用也。

【译文】

上九 硕大的果子没被摘食，这意味着君子将得到车马，小人将失去房子。

《象传》说："君子得舆"，是说君子得到了百姓的拥戴；"小人剥庐"，是说小人是不能任用的。

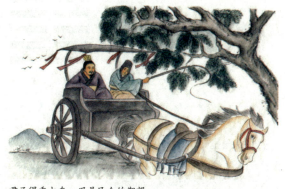

君子得乘大车，乃是民众的期望。

【爻意分析】

上九爻是剥卦的终极之爻，并且是本卦中唯一的阳爻。但凡上爻都处于极位，位处于极，其奉行之道则趋于穷尽，而剥卦之上九爻便是一个极为明显的例子。上九爻以阳之身应对卦中群阴，虽然势单力孤，但是因为其所处的位置十分有利，刚好可以运用自己的极位而衍生变化。

全卦之用到上九爻这里已经截然相反，上九爻大行君子之道，反穷极而变亨通，一阳在上，众阴相继折服，这也是天道使然，阳不可亡，而阴无法长久。

爻辞中道"硕果不食。君子得舆。小人剥庐"，意为，树上硕大的果子，若是落于君子之手，便会为君子带来乘坐大车的荣耀，若是为小人所窃取，那么小人会剥落得百姓民不聊生，流离失所。

【可断结果】

上九爻一阳在上，承担着全卦的生机与希望，其重要可想而知。剥是危害君子，施利于小人之道，君子以厚德载物，是国泰民安的根本，而小人毫无道德礼法，其贪欲毫无止境，若是天下落于小人之手，必会被剥落到极致，届时国家会陷入到极度混乱的状态之中，这对于小人来说同样是灭顶之灾。所以当上九爻开始整肃国家风气之时，这些原本大肆剥落的小人开始惴惴不安，试图依附于上九爻的身边以图自保，剥卦之道有衰落之象，小人之势渐渐低微。上九爻此时乘势而起，一阳统领众阴，辅助君主六五爻，力挽国家之危厄，实为济世之功，当然会如爻辞中所说的一样，安享乘坐大车的殊荣。

【自取之道】

君子得乘大车，乃是民众的期望，小人流离失所，也是民心之所向。小人自知得势只是暂时，并无可以负起重责的德行，且自古邪难胜正，阴不压阳，小人至此已经黔驴技穷，上九爻之阳气，凌驾于众阴之上，阳气渐盛，而阴气渐消，天下百姓个个自危，人人思治。

君子得众望，小人失人心，这个时机正是上九爻主宰剥卦之生杀成败的关键时刻，应当顺应天道，乘势而为，辅助君主力整国风，尽扫之前的阴郁晦暗，使得百姓安居乐业，国家重得昌盛。

复卦

地雷复
（下震上坤）

【复卦导读】

卦象：下震上坤，为雷在地中之象。卦德：下卦为震为动，上卦为坤为顺。
全卦说明事物复兴的规律。

卦辞

【经文+传文】

《复》 亨，出入无疾，朋来无咎，反复其道，七日来复；利有攸往。

《彖》曰：《复》"亨"。刚反，动而以顺行，是以"出入无疾，朋来无咎"。"反复其道，七日来复"，天行也。"利有攸往"，刚长也。《复》，其见天地之心乎。

《象》曰：雷在地中，《复》。先王以至日闭关，商旅不行，后不省方。

【译文】

《复卦》象征阳气回复事物复兴：亨通，出入无病，朋友也都挺好，从路上往来，七天就可一个来回；前往有利。

《彖传》说：《复》卦是亨通的。君子将回归正道，顺应规律办事，所以说"出入无疾，朋来无咎"。万物循环往复，以七为周期单位，这就是天道。"利有攸往"，这是因为君子的刚健在增长。《复》卦大概就体现了这种天地循环的规律吧。

《象传》说：雷在地中，这就是《复》卦的象征。先王取法《复》卦，冬至日时关闭城门，杜绝商旅出行，君主停止视察邦国。

复卦为阳刚渐长之卦，出入皆合时宜而没有病害。朋友也会前来结伴，为生长兴旺之象。

爻辞

初九　不远复：无祗悔，元吉。

《象》曰："不远"之"复"，以修身也。

【译文】

初九　走出不远就返回正道来：没有大悔恨，大吉。

《象传》说：才走不远就回来了——这是为了修身养性（如果人偏离了正道，最可贵的是及时回复）。

【爻意分析】

初九爻是复卦中的初始之爻，身为阳爻，居于阳位，居身得正，阳气刚猛，为复卦之大用爻。初九是全卦唯一的阳爻，全卦之生机皆系于其一身，所以虽然身处于最下之位，但是无疑是复卦之主爻。爻辞中道"不远复，无祗悔，元吉"，指出行并没有多远，便折返而回，这种终止行程的行为，没有什么可令其后悔的，大吉祥。

君子之道在于自省其身，自修其德，并不主张向外谋求帮助，而修身的根本乃是诚心正意，克于己而宽于人，内刚外柔，中正仁和。初九爻并未逞一时的功利之心，有感于自身力量微弱，明白若继续前行，自身恐难保全，于是折返回来修身养德，以待时机，这种抉择是发自于内心的诚挚，乃是有大智慧之人才能做出的，初九爻既是自知的明者，又是能审时度势的智者，假以时日，必成大器。

【可断结果】

初九爻身为阳爻而居于阳位，一阳伊始，志在上升，又肩负全卦的安危，所以欲动而不欲静。想要谋求发展，是理所当然之事，但是初九爻虽然是阳爻，毕竟处于低下之位，阳气并不充盈，其阳刚之力尚在微弱之时，且受上面五个阴爻所压制，十分消极，此时有所举措，必会受到重重阻碍，并且毫无还手之力。

所以若是妄逞物欲之心，迷失中正贞和的本性，导致自身有所损害，那么于全卦之影响是不言而喻的。

人孰无过？过而能改，善莫大焉。初九爻迷途不远即能复归于正道，所以无悔而吉祥。

【自取之道】

初九爻身为初爻，如同莽撞的少年，能够做到在行进的路途中随时反省，清醒理智地调整自己失误的决策，既能克制自己的刚猛，又可驾驭自己的行动，不偏执于事物的表面成败，足见初九爻是至贞至诚的君子。

而此时，初九爻应当安守贞静，以静养动，伏而自修，固养真元，待得时机成熟，阳气激荡之时，乘时而起，以自身纯阳之力排除在上的众阴压制与阻碍，届时阳进而阴退，阳升而阴降，必定事事亨通。

【经文+传文】

六二　休复：吉。

《象》曰："休复"之"吉"，以下仁也。

【译文】

六二　美好的恢复：吉祥。

《象传》说："休复"是吉祥的，是因为君主能谦恭地亲近贤人。

【爻意分析】

六二爻居于内卦之中位，阴爻居于正位，原本是重阴之身，但所幸临近阳爻初九，大有以阴就阳之势。爻辞中写道："休复：吉。""复"有成全初九爻复返之道的意思，凡在复卦中爻辞中带复字之爻，皆与阳爻之意相合不悖，愿促其成事。其成就与才能虽然难比初九，但是因中正仁和，可以吉祥无忧。

六二爻是复卦中的阴爻，柔中居正，与初九阳爻比邻，此爻仁善亲和，大有俯就身居下位的贤士之意。其秉性仁和，中正贞静，在休养之中心中向往光明，有志追随扶助初九，且有去位让贤之意，遵从复之大道，自然吉祥。

【可断结果】

六二爻之静守，是因为知道初九爻处于阳气萌发期间，能量积聚之时，此时适宜休养，若是冲动行事，胡做妄为，必然会招致灾祸。

【自取之道】

六二爻位于初九爻之上，却并不以自己的阴柔困扰初九，也不因其地位低下而疏远之，能克己而复礼，无骄傲安逸之心，无欺凌压抑之势，对待初九爻礼贤下士，谦逊恭谨，实为德行兼备的君子。

【经文+传文】

 六三　频复：厉，无咎。

《象》曰："频复"之"厉"，义"无咎"也。

【译文】

六三　皱着眉头回来：有危险，终获无害。

《象传》说："频复"是危险的，不过按理终获无害。

【爻意分析】

六三爻是复卦中的阴爻，阴行阳位，其位与上六应和，志同道合。爻辞中的"频"一是形容六三爻反复，二也有皱眉之意，指六三爻对自己言行的修正并不情愿。六三爻见初九爻之阳刚微弱，不能胜过阴柔，于是心生疑虑。这也是他反复的原因之一。

爻辞中道："频复：厉，无咎。""厉"是危险之意，意思是六三爻此举十分危险，但是因为每次六三爻都能及时改正，所以没有错责。

【可断结果】

六三爻屡屡犯错，随后很快又意识到自己的行为有偏颇，于是不得已皱着眉头加以修正，错误有时固然难以避免，但是如同六三爻这般，犯了错改正，改完之后很快再犯，循环往复，就是爻辞中所说的"厉"了。此举动摇人心，使六三爻丧失了信誉，而且每一个错误都是一个隐患的源头。六三爻若是继续这样蒙昧不清，混乱不明，那么不只其行动会辍废于中途，还会酿成大的祸端。

【自取之道】

六三爻应当抛开顾忌，与初九爻同心同德，勤勉奋发，合并内外之力，常自省于心，方可顺利前行。单就六三爻履履犯错这一点来说，其处境自然是危险的，但是从六三爻很快又能屡屡改正这一点来说，其亦可以算无错咎。

六三爻身为阴爻，居身不正，所以德行轻薄，心智也低下，屡屡犯错，虽然次次都能改正，但是处于蒙昧的状态，多少会带着些不情愿，因其并不能够清楚地分析出问题真正的原因，所以屡犯履改，劳而无功。

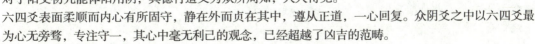

六四 中行独复。

《象》曰："中行独复"，以从道也。

【译文】

六四 持中行正，专心回复。

《象传》说："中行独复"，是为了遵从正道。

【爻意分析】

六四爻是复卦中的阴爻，居于阴位，居身得正，与阳爻初九上下应和，大有阴柔者遵从辅助阳刚者之势。爻辞中写道："中行独复。"中行与中道意思相符，意为从容地行中正之道。六四爻夹身于两个阴爻中间，是为中行，而其与初九爻是正向应和的位置，作为唯一的与初六相应之爻，其情弥专，是为独复。自爻辞上看，六四爻是奉行中正之道的，行为举止毫无偏颇。

【可断结果】

六四爻奉行中正仁和之道，身处众爻之中而能承上启下，对于阳爻初九能体阳用阴，其德行道义为众所周知，人人得见。六四爻表面柔顺而内心有所固守，静在外而贞在其中，遵从正道，一心回复。众阴爻之中以六四爻最为心无旁骛，专注守一，其心中毫无利己的观念，已经超越了凶吉的范畴。

复卦六四爻能帮助初九阳刚，两者都是不随波逐流、有所坚持的君子。

【自取之道】

六四爻独善其身，并无亲近的朋友，是因为其德行迥出伦辈，超然于众人之上。其内心之丰盈充实，而气质言行散发光辉，如同美玉虽然藏于深山，但是难掩其光华一般。其境界已经到了物欲难以引诱，心中再无妄念的程度，这便是爻辞中所说的"独复"。

六五　敦复：无悔。

《象》曰："敦复无悔"，中以自考也。

【译文】

六五　诚恳地返回：无悔。

《象传》说："敦复无悔"，是因为君子能用中道内省。

【爻意分析】

六五爻是复卦中的阴爻，居于上卦的中位，居中得正，内心敦厚。虽然居于尊位，但是却失位于阳爻初九，所以对于初九爻并无应和。

六五爻虽然失位，却毫无狭隘怨愤之心，而是敦厚自省，诚心向善，虽然不占吉祥，但是因其守德以复，并无后悔与错咎。这便是爻辞中的"敦复：无悔"之意。

【可断结果】

六五爻虽然身在尊位，其志向却在于崇尚贤德有才能之人，有仁厚之念，有好生之德，有自知之明，有知人之智。阴无法害其心智，柔不会损其德行，行事有善终之心，在行进的途中，心怀敦厚地返回，六五爻的敦复，并非因为失位于初九之爻，完全是因为自身内心的自悟与自省。其心中正仁厚，志向坚定，虽有功绩却并不要求人赞美，虽然有成就却并不要求声名，就如独自苦修之士，其心无悔，是因为安守心中所奉持的中正之道。

【自取之道】

六五爻以柔居于尊位，虽柔而能得正，能以自身之阴顺从初九之阳。初九爻一阳在始，阳气孱弱，如同开国之初百废待兴，六五爻并未以己之阴去压制初九，而是宽厚仁和静待其成长，毫无争权夺利，嫉妒不平之心，并且信念坚固，并无怨悔，终得天下之赞誉。

敦厚地回来，没有悔恨，说明六五能够以中道反省考察自己，最后敦厚地安固于善道。

做错了事情，而能够诚实地改过自新，这样的人一定能成就自己的事业。比如商朝的太甲。太甲是商朝的第四任君王，在位时，由四朝元老伊尹辅政。在即位的前两年，太甲表现得还不错，可从第三年起就变了。他任意地发号施令，只知享乐，鱼肉百姓，朝政昏乱，还亲自破坏汤制定的法规。伊尹百般规劝，但他都听不进去。最后，伊尹将他送到商汤墓地附近的桐宫居住，让他反省。三年后，太甲反省过来了，伊尹又让他登上了王位。从此，太甲施行仁道，开创了盛世局面。

【经文+传文】

上六　迷复：凶，有灾眚；用行师，终有大败，以其国君凶，至于十年不克征。

《象》曰："迷复"之"凶"，反君道也。

【译文】

上六　迷失回来的路：凶险，有祸；行军打仗，结果大败，连他的国君也有凶险，以至十年不能出兵作战。

《象传》说："迷复"是凶险的，是因为君主违反为君之道。

【爻意分析】

上六爻是复卦中的终极之爻，是阴爻，处于极位之上。事情到了极致的时候，会形势反转，这是事物循环的常理。复卦全卦亨通，待到了上六爻这里，运数气势都已用尽，致使上六爻倒行逆施，与之前五爻作为大相径庭。

上六爻位置与初九阳爻相距甚远，对于阳刚之气的感应十分微弱，蒙昧不清，有迷途失路之象，并且处于落势，上下难以辅助，自身又不顺应天道，致使上下不和睦，内外不协调。

爻辞中道"迷复：凶，有灾眚"，意为上六爻迷失正道，难以寻找回归的路径，会招致灾祸。"用行师。终有大败。以其国君凶"，意为上六爻眼前的情况十分混乱，若是行军作战，必定兵败垂成，若是治理国家必定会霍乱天下，殃及君主。"至于十年不克征"，意为，造成的恶果用十年的时间都难以平复。

【可断结果】

上六爻迷入歧途，难以回复，皆是因为上六与君主初九爻背道而驰，加之自身地位高亢，难以有谦恭自省之心，远离阳爻初九，受众阴围困，心智蒙昧不清，没有迷途知返，改过自新的能力。

上六爻所作所为与复卦的天道人道相违背，失道者失去人心，没有协助者也没有亲近的朋友，最终招致灾祸，危及国君，国力与民众没有休养的机会，所以大伤元气而难以复原。

【自取之道】

上六爻位高数穷，反吉为凶，心中失了贞静，不能谦恭自守，一味地烦躁妄动，轻易地兴兵出师，因躁进而终致迷途难返，所造成的后果可谓极凶，其面临的形势可谓极险，所以身为君子者应当趋避这些灾祸，克己以积聚朋友，时刻警醒自己的言行，有迷途知返的明智。

上六本身高亢而没有谦虚自抑的美德，积恶深厚又有难以开解的屏障，又无改过的勇气，所以最终招致灾祸而得凶。

以"迷复"而用兵出征，终将大败。

无妄卦

天雷无妄
（下震上乾）

【无妄卦导读】

卦象：下震上乾，为雷声动天下之象。卦德：下卦为震为动，上卦为乾为健。

全卦说明做事不可妄为及处无妄之时的原则。

卦辞

【经文+传文】

《无妄》 元亨，利贞，其匪正，有眚；不利有攸往。

《彖》曰：《无妄》，刚自外来而为主于内，动而健，刚中而应。大"亨"以正，天之命也。"其匪正有眚，不利有攸往"，无妄之往何之矣？天命不祐，行矣哉！

《象》曰：天下雷行，物与，《无妄》。先王以茂对时育万物。

【译文】

《无妄卦》象征不妄为：大为亨通，守持正固有利，如果不守正道，就会遭灾；前往不利。

《彖传》说：《无妄》卦的象征是，初九阳爻从外部进来，成为一卦之主，其动势健进，刚健中正，得居下卦之中位的阴爻响应。中正才能亨通，这就是天理。"其匪正有眚，不利有攸往"，这是说君子就算不是妄意前往，又能往哪里去呢？上天不保佑，能往哪里去啊！

《象传》说：天的下面有雷震动，万物生长，这就是《无妄》卦的象征。先王取法《无妄》卦勉力应时，养育万物。

此卦在于说明守正的人才能无妄。不妄为需要自省，也需要好友与其互相警示。

爻辞

【经文+传文】

初九　无妄，往吉。

《象》曰："无妄"之"往"，得志也。

【译文】

初九　不胡来妄为，前往会吉祥。

《象传》说：不妄为而前往——这是说君子得志了。

【爻意分析】

无妄卦初始之爻初九，身为阳爻居于阳位之上，居身得正，内心纯正毫无隐晦之处，且阳气刚猛，意气昂扬，一副积极上进的姿态，是无妄卦之主爻。与初九爻相应和的九四爻也是阳爻，所以初九爻因为有所辅助，更加稳妥。重刚纯阳之爻处于众阴之下，是谦恭谨慎，不安言妄动之象，是以爻辞中道"无妄，往吉"，意为初九爻不妄为，前程必定吉祥。

初九爻之阳刚是本卦的根本，其全阳之身，内中有所积蓄，趁时乘势，身居下位却能保持自身德行与节操之高洁，不为阴霾所阻，不被享乐所迷，没有出于私意而与他人牵系过密的过失，自身恪守中正，心无妄念。

【可断结果】

初九爻顺应天时地利，身端表正，心中的志向坚定，趋善避恶，所以行事无往而不利，只要不失去刚正，凡事不用太过费心便能得偿所愿。

【自取之道】

初九爻处于一之初，纯阳之身谦恭礼让，心中又坚守中正诚挚之道，不敢妄言妄行，所以毫无凶险错咎；并且，初九能克制自身的私欲，诚恳而不伪善，处于一卦之初始，理所当然要向前行进，因为其完全依照天理而行，前路自然通畅无阻，往而有吉。

【经文+传文】

六二　不耕获，不菑畲，则利有攸往。

《象》曰："不耕获"，未富也。

【译文】

六二　不耕种，不在乎收获，不开荒，无意于良田，人心平和如此，外出去做事有利。

《象传》说："不耕获"——这样是换不来富裕的。

【爻意分析】

六二爻是无妄卦中的阴爻，居于下卦之中位，与本卦处于尊位的九五爻相呼应，刚柔相济，内外相合。六二爻以阴顺阳而因此得到了九五爻的信任倚重。

爻辞说明六二爻志向清远，品质高洁，不为利欲所困扰牵绊，安守中正，只为弘扬正道。

爻辞中道："不耕获，不菑畬，则利有攸往。""菑"是耕耘时间很短所以收获不多薄田，而"畬"是指耕耘了多年，收获丰厚的熟田。爻辞中的意思是说，不去耕耘，便不会期待收获，不开垦田地，便不会渴望得到良田，这样心无挂碍，更适合轻身向前。

【可断结果】

六二爻虽为阴爻但是居身于正位，所以德行无亏，毫无贪图妄求之心；又与尊爻九五亲近交好，并能得到九五爻的认可与赞赏，因此更加恪守正道，不仅没有非分之想，而且更加克己自律。

【自取之道】

六二爻是无妄卦中至关重要的一爻，尊爻九五因为自身有无妄之疾，全仗六二爻稳固其根本，为其积蓄气势。九五爻之阳刚须以六二爻之阴柔来成全。爻辞中的务农之论，其实喻为利欲。农之耕耘意在收获，有期望便有利欲之心，但往往利益得到之后便会生出更多的谋求，长此以往，难免成为心中负累。六二爻抛开了得失之心，也便是抛开了功利之念。安顺守正，无妄无贪，才更加利于其向前行进。

【经文+传文】

六三　无妄之灾，或系之牛，行人之得，邑人之灾。

《象》曰："行人"得牛，"邑人灾"也。

【译文】

六三　没有胡来妄为却遭灾了：有人拴牛在外，路人顺手把牛牵走了，这就是邑人的灾祸。

《象传》说：路人顺手牵走了牛——这就是邑人的灾难。

【爻意分析】

六三爻的爻辞中道"无妄之灾，或系之牛，行人之得，邑人之灾"，意为并未妄言妄动便凭空灾祸临身。有村民将牛系于道旁，过路之人看见之后将牛偷走，牛的主人回来见失了牛，怀疑是附近的邻居所偷，这种无端的猜忌，令这位邻人遭受了难以解释的冤枉。

牛明明是过路的行人偷走的，可是偷牛的嫌疑却落到六三身上，这是因为六三平时德行有失，否则不会遭受"无妄之灾"。

【可断结果】

六三爻之灾，源自其居身不正，因自身不正而志气颓丧，德行丢失，因此而对自己的言行难以控制，长此以往，必然令人感觉其行为不端。六三爻将自己置于隐患之中，却对这种危险毫无察觉，不知反省，此为无妄之灾的因，失牛的村民首先怀疑举止毫无德行的六三爻，此为无妄之灾的果。六三爻蒙受委屈却依旧不明就里，还以为天道有所误，其实不必怨天尤人，这一切的结果其实都应归咎于六三爻自己所造就的前因。

【自取之道】

六三爻因贪而失正，为欲而徇私，致使自己的言行为人所诟病。福祸虽然无常，但是其所遭受的无妄之灾并非全然难以避免。世人以言行衡量德性，六三爻要想免除这种被人平白猜忌的结果，就应当追溯源头，常反省自身，修正自己的言行。是君子当防患于未然。只有安守中正之德，贞静之道，身端表正，受人敬仰，才不会随便遭人诬陷。即便是处于瓜田李下，也无人怀疑君子的行为会有偏颇。六三爻的爻辞其实是以平白遭受无妄之灾来解释天道循环之真谛。

【经文+传文】

九四 可贞，无咎。

《象》曰："可贞无咎"，固有之也。

【译文】

九四 固守正道，无害。

《象传》说："可贞无咎"，是因为君子本来就具有美德。

【爻意分析】

九四爻是无妄卦中的阳爻，临近本卦之尊爻九五。伴君如伴虎，是以九四爻的心中常怀不安。君王身侧，乃是非之地，言行稍有差池，便会大祸临头，但所幸九四身为阳刚之爻，谦恭守正，行事光明磊落，志向高洁，固守心中之贞静，恪守无妄之道，为修身正德的君子，所以爻辞中道"可贞，无咎"，意为九四爻心甘情愿地安守其贞，所以毫无过咎。

九四爻身为阳爻，因其性刚猛，行事容易冲动，情动则身动，身动则难保无咎，兼之爻位不正，容易受到外界影响。若是九四爻因一时冲动，而导致轻举妄动，有违于静，失其贞守，那么定会失德丧志，届时便会身负错咎。

【可断结果】

无妄卦主要讲无妄之道。言语不失，则贞固了自己德行的根本，行为无失，则贞固了德行的真义。坚守正道为九四爻之所用，所以九四爻爻位虽然不正，但是终可免忧无咎。

【自取之道】

无妄卦中九四爻与六二爻之用异曲同工，六二在卦之下与初九爻相应和而九四爻与九五爻相应和：九四与六二都以阴而就阳，阴阳相濡，刚柔互济。九四爻顺承天命人道，若能安受贞固，则毫无折损与僭越之危险。

【经文+传文】

九五 无妄之疾，勿药有喜。

《象》曰："无妄"之"药"，不可试也。

【译文】

九五 没有胡来妄为而得的小病，不吃药也能好。

《象传》说：没有妄行的疾病却试图服药——这是不必试的。

【爻意分析】

九五爻是无妄卦中的阳爻，居中得正，作为一卦之尊，无妄而无为，顺应天命，恭顺自然。爻辞中道"无妄之疾。勿药有喜"，意为九五爻并因未妄为而损身，却患上了疾病，此病全为外因所致，所以不必以医药治疗，稍后便会自行痊愈，身上的疾病不药而愈，怎不令人欣喜？

【可断结果】

九五爻身为阳爻而居于尊位，纯阳之身，有同为阳爻的九四爻于身旁辅助，又有六二爻与其相呼应，此时正处于鼎盛时期，正位乘时，却忽遭无妄之疾，乃是水满则溢，月盈则亏之象。爻辞中的疾病，是借以比喻现实中遇到的问题与麻烦，而药就如同借物之利；想借从旁之力妄自解决，最终必然徒劳无功。所以九五爻此时更加不可妄动，当坦然以对，安守中正，只要德正而行端，便会如爻辞中所说的一样，"勿药而喜"，问题自然会迎刃而解。

【自取之道】

有恶感方会引发疾病，无利欲自然难惹错咎。古语道："福祸无门，惟人自召。"所以，九五爻只需遵循纯正贞静，不贪利欲，诚心向善，恶自然会退避，其害自然可以消除，此为无妄之大道。

【经文+传文】

上九　无妄行，有眚，无攸利。

《象》曰："无妄"之"行"，穷之灾也。

【译文】

上九　不要胡来妄为，不然将有灾，无利可得。

《象传》说：妄意前行，就会导致途穷的灾难。

【爻意分析】

本卦之上九爻为阳爻，处于阴位，居位不正，又是无妄卦中的终极之爻，所以事事更需谨慎小心。此时正是无妄卦的穷极反转之时。爻辞中写道："无妄行，有眚，无攸

此爻警示人们知所进退，不要妄作行动。

利。""眚"是灾祸之意，这句话是说，上九爻不可妄动，宜静守，若所有行动必会招致灾祸，对自身毫无益处。

【可断结果】

上九爻辞中出现"有眚"一说，皆因无妄卦中以内心的贞静为大用。上九爻身为阳爻，又是终极之爻，阳气上亢，难以下降，阳爻居阴，居非宜地。与上九爻所对应的六三爻身负无妄之灾，自身尚且麻烦缠身，无力应和上九爻。所以上九爻处在于内无可补给，于外无可增益，阴阳难济的处境之中。

上九爻导致灾祸临头，皆因居身不正。失正便会妄言妄动，而妄动失去心中贞静，便会生眚。无妄之道用起来极为艰难，处本卦尊位之九五爻趁时当位都难免疾病缠，何况时穷数尽的上九爻？

【自取之道】

上九爻在无妄卦中是"随卦"，"随"即是追随之意，所以身处终极之位的上九爻行事毫无目标，盲目随从于他人，妄行妄动。上九爻与初九爻同为阳爻，又都好动而不好静，但是所不同的是，初九爻身为一卦之初始之爻，一阳伊始，积极向上，行而有利；而上九爻乃是终极之爻，道穷而时退，动辄有错咎，毫无利益可言，所以更应当谨言慎行，小心安守无妄之道，避免惹祸上身。

大畜卦

山天大畜
（下乾上艮）

【大畜卦导读】

卦象：下乾上艮，为山包蕴了天之象。卦德：下卦为乾为健，上卦为艮为止。

全卦揭示事物发展必须大畜正气和积极力量的道理。

卦辞

【经文+传文】

《大畜》 利贞，不家食：吉；利涉大川。

《彖》曰：《大畜》，刚健笃实，辉光日新。其德刚上而尚贤，能止健，大正也。"不家食吉"，养贤也；"利涉大川"，应乎天也。

《象》曰：天在山中，《大畜》。君子以多识前贤往行，以畜其德。

【译文】

《畜卦》象征大为积畜：有利于守持正道，不要守食于家（而是外出做事业），吉祥；渡大河有利。

《彖传》说：《大畜》卦的象征是，君子刚健笃实，道德光辉，天天有新气象。他的德行是，刚正居尊而尚贤，能留住刚健的贤人，这就是伟大的正道。"不家食吉"，这是说君主能蓄养贤人；"利涉大川"，这是因为顺应天道。

《象传》说：天在山中，这就是《大畜》卦的象征。君子取法《大畜》卦，多多记取前贤的良言德行，来积累自己的道德。

才德俱佳之君子，不应自食于家，而应出仕食禄，贡献所学，兼善天下。

爻辞

【经文+传文】

初九　有厉，利已。

《象》曰："有厉利已"，不犯灾也。

【译文】

初九　有危险，暂时停止行动有利。

《象传》说："有厉利已"——这样就不会引祸上身了。

【爻意分析】

大畜卦之初九爻，是居于阳位之阳爻，不仅居身得正，而且是纯阳重刚之爻，有奋发而起之象，易躁动而贸然行事；但是，初九爻一阳初始，根基还未稳固，此时并不适宜有太大的举措，若是急功近利，必定招致灾祸。

爻辞中道"有厉，利已"，意为前方有危险，继续行动将惹来祸患，对自己的有利的举措是停止行动。

【可断结果】

初九爻若能及时自省自励，心中坚守贞正，便能避开危厄，成就大畜卦之利。初九爻阳爻初始，所要积蓄的德行、素养、学识很多，静则能蓄养，动则会散失，所以当及时提醒与勉励自己，不可骄躁而动，使自己置身于危厄之中。

【自取之道】

爻辞中的"厉"除了提醒有害之外，亦有奋力而起之意，但初九爻虽为刚爻，却位置低下，应当固守自省，即便有所行动也当及时而返，最忌刚猛躁进。初九爻与本卦的六四阴爻相应和，有被六四之阴柔所阻碍之象。大畜卦之要义在于"蓄"字，积蓄身边的贤人志士，积蓄自身的才能见识。初九爻刚猛好动，躁动冒进会有危厉，所以更应当育养自身的德行与学识，日后必定有所大成。古语道"先育其德，再成其道"，便是此意。

战国时的苏秦，师学鬼谷子。学成之后，他求功心切，开始游说各国，但各国国君却不采纳他的意见。对落魄而归的苏秦，妻子不把他看做丈夫，嫂子不把他看做小叔子，父母也不把他看做儿子。遭受打击的苏秦，开始苦读太公的《阴符》，后来，终于身佩六国相印。苏秦的故事正是初九爻的最好注脚。

【经文+传文】

九二　舆说輹。

《象》曰："舆说輹"，中无尤也。

【译文】

九二　车轴脱了车箱了。

《象传》说："舆说輹"，是说（君子虽然脱离了组织），仍能秉守中道，所以是无害的。

【爻意分析】

九二爻身为阳爻居于阴位，与本卦的身处尊位的六五爻相应和，以九二爻之刚行六五爻之柔，两爻不甚协和，导致九二爻其志难抑，其情易躁，因此爻辞中有"舆说辐。"之说，意为在行进中车辇下面与车辕相连接的木头掉落，致使车辇难以继续前行。

【可断结果】

九二爻行动因"脱辐"而被迫停止，并因此而免于灾害，但若是继续依照九二爻原先的意愿疾驰而行，那么必定驶向危险与灾厄。九二爻位正而时中，厚蓄其德行，安守中正之道，虽然失了代步的车辇，但不会仓皇失措，其行动依旧自若，并不会受困于半途，喻为虽然合作关系断开，无法互利互用，但是也不至于互为危害，甚至可以说此时虽然暂时止步，但是从深远的角度去看，于九二爻之后的行进却是更为有利的。

九二爻性情急躁刚猛，但是毕竟身为阳爻，德行端正，且其身居中正之位，又适逢其时，所以在车辇行驶中能及时自省，虽然其用被毁，但是对于自身却并无大害。其车辇脱辐的结果，是行动的停止，但恰恰因为九二爻在关键时刻的停步不前，事态向更为严重的程度演变的趋势才得到了阻止。

【自取之道】

知其弊害而自止，不强求于进，正是九二爻的明智之处，"舆脱辐"所指的关系的解散，归根结底是因为原先相聚在一起的人彼此的志向不同，意见相悖，难以继续共处，不得不分散离开。九二爻心中诚善，不因追逐物欲而迷失心性，自贞自守毫无所失，所以才不必有危厄之忧虑。

【经文+传文】

九三　良马逐，利艰贞；曰闲舆卫，利有攸往。

《象》曰："利有攸往"，上合志也。

【译文】

九三　驾着良马奔驰，这意味着牢记艰难的事有利；每天练习驾车术和防卫术，这样就能前往有利。

《象传》说："利有攸往"，是因为九三能和上九心志相合。

【爻意分析】

本卦之九三爻身为阳爻居于阳位，居身得正，与六四爻刚柔相济，甚为协和，兼之承接九二爻之积蓄，阳气充盈，又得上下辅助，大有奋而进取之势；且本卦之上九爻与九三同为奋进之爻，所以相互间有角逐之势。

"利艰贞"意为九三爻要想真正做到与上九爻应和共济，志同道合，还要付出艰辛与努力，但是这中间的波折阻碍都是有益而无害的。"日闲舆卫，利有攸往"意为平日里勤于练习趋驾与防卫的技能，是有利于提高自我能力与发展的。

爻辞中道"良马逐"，正是比喻九三爻势头之迅猛境遇之顺和，与上九爻志向相同，如同良马之间有秩序地进行良性竞争，速度虽疾却并无危害，情志虽兴却全无焦躁，皆因九三爻重阳之身德行兼备，其阳刚之中毫无隐晦遮蔽，能健行不息，而上九爻所走的更是显达的畅通大道。

【可断结果】

上九爻与九三爻之间的追逐，并未导致失和。两爻相互追逐，志在拼比能力与德行，德力兼具才能成其大事。有坚贞之守才能有广博之行，心中德行贞固方能身负重任，不至于中途败于失去正道。此为大畜卦之大用所在。预先有防范警醒之心，日后才能避免一朝之患。

【自取之道】

九三爻和尊爻六五与终极之爻上九应和，阳升而阴降，甚为相得。因此九三爻志向顺进而无阻，德显而不孤，所以能趁时乘势，直前不回。

九三应当每天练习车马防卫战斗技能，才能无往而不利。

大畜卦志在蓄育天下苍生万物，而德行操守尤其应当畜育。九三爻之前储蓄得十分丰盈，所以之后收益良多。知道终止行动的人，必定是善于行动之人；能守得住志向的人，必定是心怀高远之人。九三爻上下爻皆是刚爻，志向难以协同，必得行艰贞之道，效良马互逐，进退有度，才能"利有攸往"。

【经文+传文】

六四　童牛之牿：元吉。

《象》曰："六四元吉"，有喜也。

【译文】

六四　小牛角上有横木挡着（伤不到人）：大吉。

《象传》说："六四元吉"，是说将有喜事来临。

【爻意分析】

六四爻是大畜卦中的阴爻，居于阴位，是重柔之爻。"童牛之牿，元吉"意为将还未长角的小牛头部绑上横木，这种防微杜渐的做法，是为了让小牛日后即便长出犄角也无法触顶伤人，这是喜庆吉利的事情。

【可断结果】

本卦的六四爻与九三爻应和。两爻刚柔相济，阴阳互补。六四爻所获得的安稳，都是源自于九三爻艰贞的积蓄。若非九三爻中正自省，那么自九三爻手中便会开始出现隐患，那么六四爻此时所遇到的，就并非可以驯服的小牛，而很可能变成无法控制的莽撞凶猛的野牛了，那时六四爻莫说喜乐，只怕连平安也难以保证。因此，六四爻此时的喜乐，是发自于心，见之于情的。

"牿"不会伤害到小牛，但是可以制约它莽撞的行为。此处的小牛比喻国家里还未成势的小人。六四爻占领先机，提前设定出一些能够辖制这些小人行径的约定或法规，阻其前路，使之无法壮大自己的实力，难以祸乱国家。小人失势，无疑会令贤人志士毫无顾虑地报效国家，国家会因此而更加强盛，而民众则会因此而更加安乐，这就是最大的喜庆之事。

【自取之道】

六四爻此时所见到的小人，羽翼未丰，经验尚微，难以为非作歹。六四爻及早将其制约管理起来，不但为国家解除了隐患，同时也避免了小人日后犯下难以回头的恶行，受到严厉的惩处。

六四爻将原本潜在的敌人驯服，并且驱使其转而为自己所用，既免了鞭策的劳苦，又没有抵碰的危险，还能变害为利，所使用的实在是最高超的阻止方法，乃是大吉之举措。

【经文+传文】

六五　豮豕之牙：吉。

《象》曰："六五"之"吉"，有庆也。

【译文】

六五　阉割过的大猪虽有牙齿（却伤不到人）：吉祥。

《象传》说：六五中的"吉"，是指福庆临头。

【爻意分析】

六五阴爻位于本卦的尊位，与九三阳爻相应和。爻辞中写道："豮豕之牙。吉。""豮豕"是指为了更好地驯养凶猛的野猪，而为野猪去势。去势之后，野猪便失去了原有的野性，更加便于豢养，也更易于增肥了。六五爻是得居中位的阴爻，上接上九爻，下应六四爻，能顺天之时，能因地之利，容易积育成果。蓄之用此时已经有所成就。

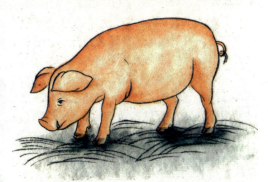

阉割过的公猪，纵使有牙齿也不能伤人，吉祥。

六四爻辖制小牛为自己所用。小牛耕耘负重，但其带来的利益还并未在眼前，而六五爻所豢养的去势之后的野猪，已经随时可以得到回报了。爻辞中的"豕之牙"所指的是野猪之前的能伤害人的利器，去势之后已经形同虚设，不足为患，所以一切吉祥。

【可断结果】

六五爻所处的大蓄卦的尊位，乃是积蓄得最为丰盛充盈的位置。六五爻应天行道，自身中正，抬举贤者，制服小人，乃是一位注重才德的明君。但是毕竟六五爻制止恶人的方法并非防微杜渐，而只是正本清源，虽然同样有效，但是毕竟恶人已经犯下恶行，造下恶果，所以爻辞中只是说"吉"，而并不说"大吉"。

【自取之道】

爻辞中的"豕"喻凶猛暴躁的敌人。六五爻阴爻居于尊位，柔顺得中，擅长以柔和的方式解决问题，并不会与敌人产生正面的冲突，而能找到制服敌方的关键环节，铲除其作恶的根本。不必借刑罚去惩处，其恶行自然而止，如同去势之野猪一般，口中獠牙虽然并未拔除，但是因其刚猛的性情已经消失，所以人们不必再有所顾忌。

六五爻是本卦的君王之爻，所以其言行影响广大，所以能以柔制刚，以阴乘阳，使恶人能俯首听命，贤士能施展才华，是以有吉无凶。

【经文+传文】

上九　何天之衢：亨。

《象》曰："何天之衢"，道大行也。

【译文】

上九　何等四通八达的天上的大道：亨通。

《象传》说："何天之衢"，是说正道大行于天下。

【爻意分析】

上九爻为本卦的终极之爻，是处于极位的阳爻。一阳在上，其素养德行、物质的积累都已达到顶峰。爻辞中的："何天之衢，亨。"意为上九爻身负重任，承担天之正道，积蓄已经十分饱满，又遇大畜卦之极时，此时大川已经跋涉而过，艰难险阻已经没有，兼之上九爻开通贤达之路，行进通畅。"亨"为亨通之意，是说此时国家政通人和，昌盛富强，处太平盛世，万事亨通。

【可断结果】

上九爻因自身德行盛美，而使得天下贤路通畅，此时为大畜卦处于最为鼎盛之时期。之前初九爻之奋起，九二爻之自省，九三爻之良马追逐，九四爻之防微杜渐，九五爻之正本清源，步步积蓄才成就了上九爻如今的"何天之衢"，大道亨通。

上九爻承继之前的积蓄与天道，且能安守自己的德行操守，正是"梅花香自苦寒来"。大畜道之所成，皆因如此。

【自取之道】

大畜卦之上九爻居于极位，却并未像其他卦的终极之爻一样无所作为，走投无路，因为自身德行积蓄得厚重，财物积累得充足，是以其物用之不尽，其德取之不竭，这都是因为上九爻心中安守贞正，不贪图安

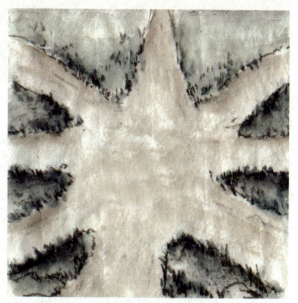

何天之衢。

九三的德智易蓄养成熟，前途通畅而光明。

逸，不为物欲趋使，始终积蓄德行，谨慎操守，不断修正补充自己。山之所以能储蓄珍宝，皆因能有所聚藏，海之所以能包容万流，皆因有容纳之量。不储蓄便难以强大，不积累便无所可用，所以到上九爻这里，正是大畜卦极而大通之时。

颐 卦

山雷颐
（下震上艮）

【颐卦导读】

卦象：下震上艮，为山下响雷之象。卦德：下卦为震为动，上卦为艮为止。

全卦讲述了养育生命的道理，含养生之道。

卦辞

【经文+传文】

《颐》 贞吉。观颐，自求口实。

《彖》曰：《颐》"贞吉"，养正则吉也；"观颐"，观其所养也；"自求口实"，观其自养也。天地养万物，圣人养贤以及万民，《颐》之时大矣哉！

《象》曰：山下有雷，《颐》君子以慎言语，节饮食。

【译文】

《颐卦》象征颐养：谨守贞正可获吉祥。观察天下的颐养之道，就知人应该自己努力用正道求得食物。

《彖传》说：《颐》卦中的"贞吉"，是说君子循着正道养身就会吉祥；"观颐"，是说观察他人的养生法；"自求口实"，是说观察怎样自我养育。天地养育万物，圣人养育贤人和百姓。《颐》卦这种养生的道理真是大啊！

《象传》说：山下有雷，这就是《颐》卦的象征。君子取法《颐》卦，谨慎说话，节制饮食。

《颐》卦蕴含着颐养生命的道理。

爻辞

初九　舍尔灵龟，观我朵颐：凶。

《象》曰："观我朵颐"，亦不足贵也。

【译文】

初九　舍掉灵龟的自养美德，却贪看我吃得鼓起来的腮帮：凶险。

《象传》说："观我朵颐"——这种行为是不值一提的（吃喝之风有害健康）。

【爻意分析】

颐卦之初九爻，虽然一阳居下，但是阳爻得处阳位，居身得正，既有阳刚在外，又质美于内，志在升腾，有奋起之象；但是颐卦接续大畜卦，意为积蓄丰盈之后应当以安养为妥，使得之前的蓄储可以绵延继续。

养生的正道在于不过分贪于口腹之求。

而初九阳爻心怀升腾之志向，喜动而不喜静，其情难自抑，其心有不甘，所以爻辞中写道："舍尔灵龟，观我朵颐：凶。"爻辞中的"灵龟"借指丰美稀罕之物，初九爻见到别人进食而垂涎心生羡慕，却忘记了自己所拥有的美食，这种贪欲乃是凶险的起源。

【可断结果】

见到别人大快朵颐就心生嫉妒，难以自持，初九爻为重阳之身，又是一爻初始，涵养与德行都尚浅薄，且地位卑下，容易为物欲所引诱，宜静不宜动。爻辞中的灵龟其实正是在比喻初九爻，原本自身资优质美，可以像灵龟一样不用饮食便可以长寿。这是极为宝贵的特质，但是初九爻对于自己可以自养的特质却丝毫不看重，反而贪图他人的奉养，羡慕别人食物的丰美，皆因初九爻贪欲太过旺盛，因为一点口舌之欲竟要摒弃颐养之正道。此种做法背离了颐卦之本意，所以招致凶险。

【自取之道】

颐卦之用在于安养之前的积蓄，但是初九爻却摒弃了自己珍贵的特长，一味地羡慕别人所拥有的能力。这样目光短浅，毫不珍惜自己所拥有的东西，使得之前的积蓄毫无意义。初九爻既妄动又自以为是，所以爻辞中有所警醒，意在提点初九爻不可丢弃如此优厚的先天条件，一味地羡慕他人的普通的获得，最终失去了自养之法，背离颐养之道，为自己招来灾祸凶险。

颐卦告诉了人们最正确的养生的道理。养生是要养德性的，也就是说，人要有健康的身体，首先得培养健康的心理，还要有严格的自律精神。生命的健康在很大程度上取决于有健康的生活方式。健康的生活方式中重要的一点就是廉洁制欲。

【经文+传文】

六二　颠颐，拂经，于丘颐，征凶。

《象》曰："六二征凶"，行失类也。

【译文】

六二　既颠倒向下求获颐养，又反常理跑去高丘向尊者乞食，前往就凶险了。

《象传》说：六二说"征凶"，是因为行为失轨。

【爻意分析】

六二爻是本卦中的阴爻，居于阴位，居身得正，原本自养无虞，但是爻辞中却道："颠颐，拂经，于邱颐，征凶。""颠"是颠倒之意，颠颐是说六二爻向居于其下的初一爻求养；"拂经"，意为有违正常之道；而"丘"，意为高丘，指处于高位的上九爻，丘颐指六二爻向上九爻求养。

只知让老百姓供养自己。这样的领导者，可谓"颠颐，拂经"，违背了以上养下的正道，结果只能招致老百姓的反对。

爻辞之意是说六二爻弃自养而求养于阳爻初九，后来又有意随众爻一起求养于卦主上九爻，但是途中会遇到六三爻、六四爻、六五爻众阴爻阻挡。六二爻此举本末倒置，拂逆颐卦之本意，所以其行途多凶险。

【可断结果】

六二爻之养并非寻常之养，乃是拂逆颠倒的养法。其居于地位，是以志向并不远大，六二爻本有可固守之资本，原可独善其身，却行小人之所为，损下面之初九爻而利自己，又欲以自己之阴就身于上九爻之阳。六二爻虽然求养于初九爻，却拂逆了初九的志向，虽然就身于上九爻，却有违上九爻之道义，皆因其言行有违正常道义礼法。

【自取之道】

六二爻在颐卦中的位置相当于重臣士大夫之位，是以平时过于养尊处优，而颐养的正道，并非沉溺于饮食与享乐之中毫无节制，而是修养身心，固守之前的积蓄，所以六二爻应当先修正己之心智，安守中正贞和，明晓颐养之真意，这样才能趋吉避凶，化险为夷。

【经文+传文】

六三　拂颐：贞凶，十年勿用，无攸利。

《象》曰："十年勿用"，道大悖也。

【译文】

六三　违反颐养常道，要坚守贞正以防凶险，十年不能有所行动，无利可得。

《象传》说："十年勿用"，是因为大大违背了颐养之道。

【爻意分析】

六三爻是颐卦之中居于阳位的阴爻，居身不正。爻辞中道"拂颐：贞凶，十年勿用，无攸利"，意思是六三爻拂逆颐养之正道，阴柔而贪求物欲，难以安守贞静，反而妄动妄行，再这样下去，实为凶险之象。这种影响会持续干扰六三爻十年的时间，期间六三爻毫无作为，没有任何利益。

为了获得自己想要的东西，而采用不正当的手段，这是有志之士所不齿的。但现实生活中又有很多这样的卑鄙小人，即使受到灾祸，他们也心甘情愿。

颐养不可只是流于形式，而要切实地付出努力。六三爻不行中道，为了一己的私欲，行事无所顾忌，不择手段地求养于人。这样的做法导致其失去民众的信任与期望，以至于长久无人愿意供养。

【可断结果】

六三爻背离颐卦之要义，狂妄不自省，贪图新路径而逆颐卦之道而行。此为大悖之举，如同自己将原本亨通的道路堵塞，致使自己守株自困，寸步难行。

【自取之道】

六三爻之凶皆在于其背离颐养的正途。虽然六三爻不遗余力地求养，但是做一个正确的决定远比盲目地努力重要。拂逆颐养之道的祸患，致使六三爻十年难以施展自己的能力与抱负，毫无利益收获可言，可谓后果严重。

所以六三爻应当格外留心，言行谨慎，不可背离颐卦之正道，令自己落于得不偿失，自困于途中的凶险境地。

【经文+传文】

六四　颠颐：吉；虎视眈眈，其欲逐逐：无咎。

《象》曰："颠颐"之"吉"，上施光也。

【译文】

六四　颠倒向下寻求颐养，再用以养人，吉祥；像老虎紧盯猎物，对它的猎物紧追不舍：无害。

《象传》说："颠颐"是吉祥的，是因为六四在上而有德之光辉（六四居上而向下问道，以德自养）。

【爻意分析】

六四爻是颐卦中的阴爻，处于阴位，身居得正。"颠颐：吉"意为颠倒了颐养之道却获得吉祥。"虎视眈眈，其欲逐逐：无咎"意为其目光如老虎般专注，并追逐目标锲而不舍，没有错咎。

龟是最擅长于自养的，而虎是最擅长求养于外

有的人善于治世，有的人则善于治人。善于治人的看似没有什么政绩，其实正是因为有这样的人，凡事才能做好。

的。六四爻以重柔之身居于高位，其能力稍逊，难以自养，但是其目光敏锐，有识人之智，发现了德才兼备的初九爻，并虚心求教。六四爻此举并非为了一己私利，单为求养于自身，而是为了向国家举荐贤才，施惠于大众，所以虽然有悖常理，却有吉无凶，有功而无咎。

【可断结果】

六四爻向下求养之势，意义深远。爻辞中之所以以老虎作比，除了形容六四爻如虎般下视初九爻，专注不舍以外，还意在提醒六四爻不可失了朝廷重臣之威严。六四爻之举措本身便是以尊就卑，且自身是阴柔之身，若是恭敬过度，恐难管制阳气刚猛的初九爻，所以谦恭有度，恩威得体，上下秩序井然，方为大用。

【自取之道】

六四爻柔顺中正，但重阴之身难以自养，与本卦之初九阳爻相应和。初九爻阳刚在下，如同地位不高的贤人，而六四爻在尊爻六五身旁，如同位高权重的宠臣，六四爻求养于初九爻意为明白自身才能有限，所以甘于向下求贤，共济其事，因其礼贤下士，谦逊自省，所以毫无错咎。

【经文+传文】

六五　拂经；居贞吉，不可涉大川。

《象》曰："居贞"之"吉"，顺以从上也。

【译文】

六五　违背常理，静居守正可获吉祥，不可渡大河。

《象传》说："居贞"是吉祥的，是因为六五能顺从上九。

【爻意分析】

六五爻是居于颐卦之尊位的阴爻，如同一位阴柔的君主，其才德尚且不足以自养，更别提颐养于天下了，因上有阳气刚猛的贤者上九爻，于是顺从其上，仰仗九爻的供养。六五爻为君主之身，本应济给天下，却反赖他人之养，有悖颐养之道，所以爻辞中道"拂经"，意为说六五爻违于经常之道。

而"居贞吉，不可涉大川"的意思是，六五爻因自身不足，必须安守贞正之道，不可妄动，远涉大川，只有在家中静守，才能获得吉祥，

当自己处于劣势时，为图日后发展，可以暂时依赖他人。这样可以使自己免于灾祸。

【可断结果】

本卦之六三爻之所以陷于凶险，皆因为难以贞守，而六五爻终获吉祥，皆是因为能安于所守。六五爻自身阴柔无势，若是妄自尊大，强力逼近于阳气刚猛的上九爻，会很难控制局面。届时既难以进又无法退，在艰险之中无自保之力，势必酿成重大的祸患。

六五爻既然没有上升超越的才能，就必须有甘于沉潜的德行，所以其志向应当在内而不可在外，不能远行涉险，不能失之据守，应当柔顺谦逊，借自身居位之宜，因势利导，稳定心志，委婉自全，安养贞静，静守以待。

【自取之道】

颐卦之大用爻在于上九阳爻身上，一阳居上，众阴爻皆俯首听命，连本卦的君主六五爻也不例外。六五爻先天不足自身柔弱，只得以顺从的姿态向上九爻求和。六五爻与本卦的六二爻一样在

爻辞中出现了"拂经"，但六五爻之拂经与六二爻之拂经在进退之法、动静之用上却大相径庭。

六二爻是自阻了上升之道，而六五爻则是为了接近阳刚光明的上九爻，以柔顺刚，以阴从阳，内外协和，上下互济，以便更好地贞静自养，中正自守，因此其举措是吉祥的。

六五爻身为尊爻，却并不自傲于其位，虽柔弱却并不荫蔽自固，其求养于上，舍己而从贤，令自己的身心得以颐养，是善于周全的体现；且六五爻在尽己所养之后，并非将自身的责任完全摒弃，而是先养己之后再养天下，借上九爻之阳刚弥补以自身不足，用己之柔正稳固基业，制约上九，此乃明智之君的自养之道。先有安守，继而才能有所作为，先有巩固，才能继续发展，其做法十分吉祥。

【经文+传文】

上九　由颐：厉，吉；利涉大川。

《象》曰："由颐厉吉"，大有庆也。

【译文】

上九　天下君民都赖他颐养：有危险，终获吉祥；渡大河有利。

《象传》说："由颐厉吉"，是说君子大获福庆。

【爻意分析】

上九爻是本卦之大用。这一点与其他的卦有所不同。其他卦每当终极之时，多半已经竭尽所用，数尽时穷，又或是终极反转，鲜有如颐卦之上九爻一般，身负救世济国重责，而大展所用的。颐卦之大道，凡拂逆为凶，顺正为吉，上九爻谨遵颐养之要义，进取有为，是使颐养之道得以变得通畅的至关重要的一爻。

上九爻虽然身担大任，但不可有骄奢之心。竭尽己之所能，周济天下之危困，才能不负君王的信任与百姓的厚望。

【可断结果】

上九爻有颐养天下之功德，虽不在君王之位，却行君王之事，故而难免名不正而言不顺，且随时会有功高盖主之嫌，容易引起猜忌而引发不利于自身的事情。

所以上九爻应当勤于自勉，常怀危厉之念，不可僭越为人臣子之道，逞阳刚之势凌驾于君主六五爻之上。

【自取之道】

上九爻德行充沛，修养高深，以自身阳气滋养众阴，如同一位中正仁和，德才兼备的贤者，以其思想与才能教化苍生。其操守始终如一，其行为毫无二致，外表光明阳刚，内心宽厚贞守。

在颐卦中，能自养者小，能养人者大，自养者为私，养人者为公。上九爻以一己之力泽被苍生，实为功德厚重之大养。

大过卦

泽风大过
（下巽上兑）

【大过卦导读】
卦象：下巽上兑，为大泽淹没树木（巽引申为木）之象。卦德：下卦为巽为入，上卦为兑为悦。全卦阐明了善处大过的原则及拯治大过的方法。

卦辞

【经文+传文】

《大过》 栋桡，利有攸往，亨。

《彖》曰：《大过》，大者过也。"栋桡"，本末弱也。刚过而中，巽而说行，"利有攸往"，乃"亨"。《大过》之时大矣哉！

《象》曰：泽灭木，《大过》。君子以独立不惧，遁世无闷。

【译文】

《大过卦》象征过度、过分：栋梁弯曲，利于前往，亨通。

《彖传》说：大过，是说在刚大者超过了限度。"栋梁弯曲"，是因为其头尾力弱。阳刚过分时以中道来调节，刚盛过头，就要回归中正，谦逊和悦地办事，这样才能前往有利，如意亨通。《大过》卦这种察时观势的道理真是大啊！

《象传》说：泽水淹没木头，这就是《大过》卦的象征。君子取法《大过》卦独立不惧，纵然遁世也不感到苦闷难熬。

爻辞

【经文+传文】

初六 藉用白茅：无咎。

《象》曰：藉用白茅"，柔在下也。

【译文】

初六 用白茅衬垫（祭品），无咎害。

《象传》说："藉用白茅"，是说下级具有柔顺的品质。

【爻意分析】

大过卦中的初六爻是阴爻，阴柔之爻居于卑微之地，才能浅薄，注定不会有大的作为。爻辞中道"藉用白茅，无咎"，意思是说初六爻预先用白茅草制作成垫子，待到祭祀时将此垫放在祭品下面，以显示自己对所祭拜的天地上苍与先祖的虔诚恭敬之心，这样的做法毫无错咎。爻辞中描述的场面，其实暗喻初六爻的处境与态度，初六爻为阴柔之身，地位卑下，势单力薄，无所依仗，所以应当时刻谨慎自省，甘心居于有才能的贤人之下。一爻初始，事关重大，初六爻应当时刻警醒自己，谨慎言行，才可确保自身平安，无所错咎。

用白茅衬垫(祭品)，无咎害。

【可断结果】

初始之爻是一卦的根基，凡事没有善始则难有善终，初六爻身为阴爻，柔弱在下，又处于大过卦之初，心中难免惴惴不安，普通程度的谨慎已经不足以令初六放心。从爻辞上看，初六爻是本着万无一失的心来行事的，在动辄有过的大过卦中，初六爻的这种谨慎，是极为可取的。本卦九四爻的爻辞中写道："栋隆：吉；有它：吝。"初六爻与九四爻相应和，所以初六爻好比九四爻之栋的地基，所以初六爻只有谨言慎行加倍小心，免除一切纰漏，才能使九四爻之栋不至于倾覆。

【自取之道】

初六爻身居于大过卦之初始，行事处世必须谨言慎行，稍有差池便会为后面之爻带来隐患，而初六爻安守大过卦之要义，做事谨慎有加，行"藉用白茅"之举，在打扫得很洁净的祭祀地面上，又铺上洁白的茅草垫子，这样的谨小慎微，谦恭虔诚，自然减少了犯错的可能性，所以毫无错咎。

【经文+传文】

　　九二　枯杨生稊，老夫得其女妻：无不利。

《象》曰："老夫女妻"，过以相与也。

【译文】

　　九二　枯杨树抽嫩芽，老年人娶得年少娇妻：没有不利。

《象传》说："老夫女妻"——说明阳刚过度，但能和阴柔相配。

【爻意分析】

九二爻是大过卦中的阳爻，且居于阴位。爻辞中道"枯杨生稊，老夫得其女妻：无不利"，意为，枯朽的老杨树忽然生出新芽，年老的男人娶年轻的女子为妻，没有不利之处。

老夫少妻难说般配，但爻辞上却道毫无不利之处，皆因九二乃是阳刚过盛之爻，因而爻辞中才有枯阳一说。九二爻是本卦阳爻之始，与九五爻阳爻不相应和，而与初六阴爻亲近，借初六之阴柔弥补自身阳气过盛之弊，两爻阴阳互济，相得益彰，使得九二爻之枯木生出了新芽。

九二爻如年迈的男子因娶得少年妻子重新焕发活力一般，原本不好的局面向着好的方向转变，这自然是大有利处的。

【可断结果】

九二爻与初六爻虽然阴阳相合，但是若按互为配偶来说，实为强和之象，但大过卦中以过为用，所以借此为喻。老夫娶得少妻，如枯木发出新芽，有生机不息，子嗣不绝之意，这便是大过卦之正道，乃是因过而得功，原本为有过之事竟从中得到了益处，乃是所犯的过错最终能归于中正之象。

【自取之道】

九二爻之过在于阳气过于强盛，而初六爻以阴柔之气引其归正，使其最终免于过咎、九二爻能归于中和，纠正之前的错咎，保持晚节，乃是因为自身阳刚中正，德行刚健，又行了权变之道，因时而应变，令初六爻无法有违，相应而和，正因此，九二爻阳气过盛的大过安然过去，所以无不利处。

【经文+传文】

      九三　栋桡：凶。

《象》曰："栋桡"之"凶"，不可以有辅也。

【译文】

九三　栋梁弯曲：有凶险。

《象传》说：栋梁弯曲是凶险的，没有什么办法补救。

【爻意分析】

九三爻身为阳爻而居于阳位，是重刚之身却居身不正，有因刚而有违中和之嫌，行事对人不得转圜，不懂变通，刚愎自用，自恃而行，长此以往无人愿意辅佐支持，其事业发展势必大受影响。爻辞中道"栋桡，凶"，意为支撑房子的栋梁已经弯曲，随时会断裂开来，有房倒屋塌之祸，形势凶险。

【可断结果】

自古成大事者必是中正仁和，刚柔适中之人，九三爻过于强硬，难有辅佐协助，居身不正，孑然无友，阴阳不齐，乃是大过之象。

九二阳爻因与初六阴爻相和而归于中正，九四爻与上六爻相应，只有九三爻因过于强硬，而拒人千里之外，上下不合，内外失助，整栋房子的重量，自己一力承受，落得个栋梁弯曲将要折断的结局。

【自取之道】

九三虽是中爻，却偏刚而失中，孤僻而不和，全然背离了中和之道，因此得不到协助，孤立无援。九三爻之过在于其本身，所以众爻无法给予其辅助，也不应当给予辅助，否则以九三爻之骄横跋扈，自以为是，若是再加上辅助的力量，势必造成更大的损伤。

所以九三爻应当在逆境中自省，曲以求全，幡然悔悟，才可恢复中和；若大过已成，还毫无觉察，不知醒悟，那么栋桡折断，房倒屋塌之凶祸，便避无可避。

【经文+传文】

　　　　九四　栋隆：吉；有它：吝。

《象》曰："栋隆"之"吉"，不桡乎下也。

【译文】

九四　栋梁隆起：吉祥；假如有意外变故，还是有危险。

《象传》说：栋梁隆起是吉祥的，是因为栋梁没有朝下弯曲。

【爻意分析】

九四爻是大过卦中居于阴位的阳爻。爻辞中道"栋隆：吉。有它：吝"，意为房屋的主梁挺直无恙，这很吉祥，但是须得提防出现其他的祸患。大过卦的三个爻辞中都以栋梁作为比喻，但只有九四爻的栋梁是挺直向上，毫无危象的，皆因九四爻以刚居于柔位，下有初六阴爻应和，刚柔共济，基辅有力，所以其栋不但不桡，反而隆起，栋梁之处虽然吉祥，但是其他方面却并非无虞。

九四爻说是栋梁向上隆起，象征着对"栋桡"的纠正，所以吉祥。

九四爻自身是阳爻，身居阴位，本身便已经刚柔协调，并不像九二爻与九三爻一样阳气过于刚猛，所以九四爻再与初六阴爻相应，就偏于阴柔了，这反倒成了九四爻的负累，但是好在虽然其情可吝，却并不会造成什么严重的后果，九四爻只需自身警醒，远离阴爻初六便可平安无事。

【可断结果】

九四爻之吉，在于知错能改，改过便可回复中和，中和便可趋吉避凶。所以古语道"贵人早觉"，意思是贵人都是能早早醒悟修正自己言行的人。在大过卦中，过错在所难免，所不同的在于是有所觉醒及时改正，还是懵懂无知我行我素。福祸虽属天降，但最初实为自招。善于反省纠正自己的人，处事的漏洞与隐患会越来越少，那么自然会吉人天相，事事顺利。

【自取之道】

九四爻不似九二、九三那样一味地充盈自己，好大喜功，完全不顾自己的根基是否稳固强健，结果因自身根基虚弱而难以承受，以至于出现栋桡之危厄，其将大过变为中孚，以自身阳刚济下之阴柔，犹如以自己的财富接济天下之贫困，行君子之治，所以独得隆桡，其济世所施乃是变通之道，顺应天时，且自身安守贞正，勤于自省，不令自己背离中和，所以有吉无凶，即便出现了小吝，也是可以解除的。

【经文+传文】

九五　枯杨生华，老妇得其士夫：无咎无誉。

《象》曰："枯杨生华"，何可久也？"老妇士夫"，亦可丑也。

【译文】

九五　枯杨树开花，老妇人嫁给少夫：无害也无赞誉。

《象传》说："枯杨生华"，这种花怎能开得长久呢？"老妇士夫"，是令人羞愧的事。

【爻意分析】

九五爻身为阳爻而居于阳位，是重阳之身，有阳气过盛之嫌，于是与位于极位的重阴之爻上六相应和，爻辞中道"枯杨生华。老妇得其士夫：无咎无誉"，意思是枯朽的杨树重新绽放花朵，年老的妇人嫁给年轻的男子为妻，此举虽然说不上有错咎，但也不值得称道。

上六爻身处大过卦之终极之位，阴爻居阴位，气数已尽，如同已届垂暮之年的衰老妇人，九五爻因阳气过盛而不得已与之相应和，虽然也可调剂阴阳，但是只能获得暂时的功效。上六爻与初六爻不同，已经呈衰败之象，纵然得了九五爻的阳刚之气，能开出花朵，也只是一时之繁华。此花难以结果，很快便将凋落。

【可断结果】

本卦的九二爻为枯杨生稊，九五爻为枯杨生华，两者虽然都是以年老之身得配年轻之伴，但是结果与意义大不相同：九二阳爻得初六爻之阴接济，生机勃发尚有希望；而九五爻与上九爻乃是不平之合，明知上九所绽放的荣华如镜花水月一般难以长久，为求自补还妄行这种名不正言不顺，招致耻辱之事，实为大过。在周易中，向来以阴顺从阳为吉，阳顺从阴为凶，九五爻颠倒阴阳，逆反人道，之所以能暂免错责，皆因自身趁时得位，一旦失势，此举必定为其招致灾祸。

枯杨树开花，有花无果。

【自取之道】

九五爻本想借助上六爻使自己转危为安，但是上六之"生华"不过是暂时帮扶其将倾之势，治标不治本。杨树已枯，必死无疑，枯树生花，不过是聊尽人事，并无大用。此种情形也暗喻九五爻所做皆是徒劳，表面上的转机，其实如同浮生一梦。九二爻与九五爻之杨树都已经枯朽，是栋桡将陷之势，无论开花还是长叶，都徒劳无功。

【译文】

上六　过河时水没过头顶：有凶险，终究无害。

《象传》说：过河是凶险的（但事已至此），不必多加责备他了。

【爻意分析】

上六爻是大过卦的终极之爻，阴爻居于阴位，自身柔弱无能，且又处于盛极必衰之时，此时大过之用已经竭尽，于是乘物极必反之天道，由极高落至极低，虽在上位反而沉沦于下，所以爻辞中道"过涉灭顶：凶"，意为涉水之时遭遇灭顶之灾，极为凶险。

之所以爻辞中又道"无咎"，是因为上六阴柔之质，有顺从之德，身临渊泽之地，为求自保，只能勉为其难地涉水前行，以至于遭遇"过涉灭顶"之灾。上六爻自身能力低微，却肩负解危救困之重任，但是其才难以济困，虽然奋起而救，终难力挽狂澜，然其志可勉，其情可嘉，所以自身不必承担错责。

【可断结果】

上六爻遭受灭顶之凶祸，皆因其有过，在行进途中，未曾勘察水流的深浅缓急，在还未审时度势，将可能演变的事态、发生的状况预想清楚的情形下，贸然躁动，轻身涉险，以至于过涉灭顶。

【自取之道】

上六爻柔弱无能，却偏偏面临大渊之险境，身负解危之重责，退必招致罪咎，进则自身能力不及。上六爻为免除错咎，奋力向前，此举乃是杀身成仁之作为，所以无论结局如何，上六爻这种明知不可为而为之的勇气，还是应当肯定的。其过皆在于不足，所以无咎。

坎 卦

坎为水
（下坎上坎）

【坎卦导读】

　　卦象：下坎上坎，为两水连至之象。卦德：下卦为坎为险，上卦为坎为险。
全卦讲明了身陷于险，处险、脱险的事理。

卦辞

【经文+传文】

　　《习坎》　有孚维心，亨，行有尚。

　　《彖》曰：习坎，重险也。水流而不盈。行险而不失其信，维心亨，乃以刚中也。"行有尚"，往有功也。天险，不可升也；地险，山川丘陵也。王公设险以守其国。险之时用大矣哉！

　　《象》曰：水洊至，习坎。君子以常德行，习教事。

【译文】

　　《坎卦》象征坎险重重：用诚信维系人心，亨通，努力前行必得成功。

　　《彖传》说：习坎，指双重坑险，水流进坑中都不能满坑。君子遇险却不失诚信，顺利地维系众人的心，这是因为他刚健中正。"行有尚"，这是说前往有收获。天险，是指天高不可攀；地险，是指地面山川丘陵密布。但王公却能设置险障来守卫他的国家。这种"险"能因时而用的道理真是大啊！

　　《象传》说：水不断涌至，两坎相重，这就是《坎》卦的象征，君子取法《坎》卦崇尚德行，熟习政教。

坎卦要说明如何排难脱险。

爻辞

【经文+传文】

　　初六　习坎，入于坎窞：凶。

《象》曰："习坎入坎"，失道"凶"也。

【译文】

　　初六　坑中有坑，进入坑中，掉进深处：凶险。

　　《象传》说："习坎入坎"，是说君子迷失了正道，会有凶险。

【爻意分析】

　　初六爻是坎卦的初始之爻，身为阴爻，虽在阳位，但其位低下，呈下潜之势。爻辞道："习坎，入于坎窞：凶。""习坎"意为两坑重叠，即坑中有坑，"窞"为地穴或指陷阱，"入于坎窞"是说初六爻落入了深深的陷阱之中，难寻出路，形势十分危险。

　　坎卦以危险为其所用，一爻初始便陷入很深的危机之中，是因为初六爻毫无面对危险的经验，难以分辨事情的利害，无法忖度事态的轻重，却狂妄自满，贸然而动，如同行走在还未冻结实的薄冰之上，如此的冒昧莽撞，怎能不使自己落入险地！初六爻居身不正，德行与心智低微，与六四爻同为阴爻，无法应和，与

此爻象是前后是水，重重险阴，重要的是进德修业，做好克服困难的准备。

邻近的九二爻亦不亲近，孤身一人，缺少援助，而自身又没有审时度势的能力，缺少自我判断的明智，所以此次以身犯险，归根结底都是初六爻自身的错咎，无可怨尤。

【可断结果】

　　初六爻正在学习如何辨识应对陷阱与坎坷，却落入陷阱之中，皆因失去了坎之正道，如同学习游泳者溺水，学习骑术者落马，

　　初六爻一阴在下，与其临近的九二身为阳爻，难以协调应和，阳升而阴降，两者渐行渐远，背道而驰。初六爻失去依仗，自身又荒于学习，以至于见到陷阱无法分辨，落入其中无力自拔。其遭遇诚然是意料之外的，但结果却是情理之中的。

【自取之道】

　　有德行之人虽然身处高位，却毫无风险，有素养之人能教化万民，所以无人冒犯。君子之所以行走在危险之中却如履平地，皆因固守坎之正道。勤于学习能令心智澄明，德行兼备自会端表正，见识广博当可明辨是非，这样才能行之有道，处世有度。而初六爻德行未立，学不致用，毫无见识，却一味地虚荣自满，对眼前的危险毫无觉察，妄行妄动，落入陷阱自然在所难免。

【经文+传文】

九二 坎有险，求小得。

《象》曰："求小得"，未出中也。

【译文】

九二 在坑穴中遇有危险，可以先从小处努力，能有所得。

《象传》说："求小得"，是因为君子没有偏离中道。

【爻意分析】

此爻阳刚，象征奋发有为之人在困难之中从小处努力，必有成就。

九二爻为坎卦之阳爻，居于阴位，虽然自身阳刚，但是上下爻皆是阴爻，其阳刚之气为重阴所遮蔽，如同被小人所包围，无法脱离，难以得志，所以爻辞中道"坎有险，求小得"，意为，九二爻亦在陷阱之中遭遇危险，但是已经找到了脱离困境的办法，虽然目前还无法完全脱险，但是也算小有成就。九二爻阳爻处于众阴爻的夹攻之中，虽然阳刚中正，一时却也无法解决眼前的危难。"求小得"，喻为九二爻并不急于求成，而是先求小得，于自保之中逐步找到解决问题的方法。

【可断结果】

九二爻身在中位，又是阳爻，虽然处于险境之中，必不至于遭遇凶祸。但是切不可心生焦躁，不将眼前的小成放在眼里，而心系在大得之上。需知日后的大得乃是靠眼前的小成积累而来的，若是此时因小而不为，势必影响之后的脱困的成就。若是刚愎自用，不去忖度身边的凶险，只求大获，那么必定功败垂成。

【自取之道】

九二爻陷入两阴爻的夹攻之中，为坎卦之险象，虽然所遭遇的危机并非一朝一夕能够化解的，但是因其刚猛中正，在危厄之中自保的能力还是有的。九二爻持守中道，所以不会妄行妄动，使眼前的危机趋于恶化，而会在困境之中找到缓解的办法，因其才能卓越，即便暂时无法脱离困境，其努力也不会白费，能小有所成，为之后的脱困打下基础。君子身临险境应当安之若素，随遇而安，此时不急于超越阻挡，可效流水暗中积蓄，待盈满之际，趁时乘势，脱离困境。

【经文+传文】

六三 来之坎坎，险且枕，入于坎窞，勿用。

《象》曰：来之坎坎"，终无功也。

【译文】

六三 来去都在坎险之中，进退都难，进入坑中，掉进深处，这意味着不可盲目行动。

《象传》说："来之坎坎"——任何行动的结果都是毫无收获。

【爻意分析】

六三爻，是坎卦之阴爻，居于阳位，居身不正，位于坎卦下卦与上卦中间，成夹陷之势，故而其四周都是坑坎，又因其以其阴柔乘凌九二爻之阳刚，有失德行中正，难以施展作为。

爻辞中道"来之坎坎，险且枕，入于坎窞，勿用"，意为六三爻来也会遇到坎，去也会遇到坎，前后皆险，进退维谷，六三爻此时陷落深坑之中，不宜妄动，动而无果反而会陷入更深的危机。

处于重重危险之中，要安心待时。

【可断结果】

六三爻身处多重凶险之境地，却因居于阳位而躁动不安，大有想奋力而起，摆脱困境之象，但其居身不正，阴柔有失中正，而坎卦之大道为失中则败，所以其行动注定徒劳无功。六三爻此时若因贪功贸然而起，必定致使自身陷落更深，处境更危险，此种形势之下，唯贞静自守，行无为之举为宜。

【自取之道】

六三爻身为阴爻，虽然得九二阳爻与九五阳爻的照应，但是只能保得无功无过之境遇，其陷落之坑深险，难以挣脱。坎卦之大用只在于两阳爻之中，六三爻未受坎之所害，已属万幸，且不可以无为之身而强要有所做为，届时陷落之势难止，处境会更加艰险，祸患临身，难辞其咎。

【经文+传文】

六四　樽酒簋贰用缶，纳约自牖：终无咎。

《象》曰："樽酒簋贰"，刚柔际也。

【译文】

六四　一樽酒，两碗饭，用缶装着，从窗口里送进取出，终获无害。

《象传》说："樽酒簋贰"，是说用于刚柔交际的礼品。

【爻意分析】

六四爻阴爻居于阴位，与六三爻境遇相同，也为众坎所围困，但与六三爻不同的是，六四爻居身得正，适宜有所作为。尤其是，六四临近本卦之尊爻九五，大有亲近阳刚君主，仰仗其阳相助自己之意。爻辞中写道："樽酒簋贰，用缶，纳约自牖：终无咎。""樽酒簋贰，用缶"是指六四爻向君主九五爻行燕享之礼，以质朴的瓦器盛放酒水饭食向君王进献。"纳约自牖：终无咎"意为六四爻通过窗户向君王交接，开诚布公，所以无咎。

樽酒簋贰。

六四爻身处困境，所拥有的食物有限，在君王的面前并未缺失应有的礼仪，献奉有度，宠辱不惊，故而毫无错咎。

【可断结果】

六四爻身为君子而临险地，既不失其诚信，又不失其礼仪，以其忠善德行打动君王之心，君臣缔结君子之交。六四爻能于重险之中，得到君王的理解与救助，完全取决于其善于与人沟通。人心之中有明亮通达处，亦有隐晦遮蔽处，六四爻正是自君王心中通达之处入手，晓之以理，动之以情，纳约自牖，为君王所接受。

【自取之道】

六四爻以重阴之身亲近重阳的君王六五爻，礼仪周全，报施有度。其身在危难之中，尽己所能地以粗器盛放简单食物向君王做献，以示自己的臣服与顺从，情谊深厚，因此而得到了君王的信任理解，为君王所庇护。

六四爻志在于脱身陷阱，获得平安，审时度势，不用厚礼却依旧可以增进与君王的感情，足见其临危不乱，随遇而安，实是贤人之德。六四爻近居君侧，实为重臣，君臣之间繁文缛节之礼原本庞杂，但是因为六四爻很好地向君王表达了自己的处境，所以得到了君王的谅解。君臣之间赤诚相待，合作无间，所以六四爻的所作所为，完全没有错咎。

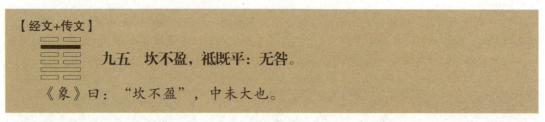

【经文+传文】

九五　坎不盈，祗既平：无咎。

《象》曰："坎不盈"，中未大也。

【译文】

九五　坑里的水还未满溢，只是已经和坑边持平了：无咎害。

《象传》说："坎不盈"，是说中正之道尚未光大。

【爻意分析】

九五爻为坎卦的尊位之爻，位同君主，身为阳爻而居于阳位，居身得正，有安邦济世之才，在坎卦中最得中道。爻辞中道"坎不盈，祗既平：无咎"，意思是坎中之水流动但并不会满溢出来，恰好与坎的边缘持平，比喻九五爻虽然身处于坎中却并不会遭遇危险，因为坎中之险已经消除，所以不会出现灾祸，没有错咎。

【可断结果】

九五爻虽然趁时乘势，但是毕竟受困于众阴之中，身在坎中暂时得平，但是并没有消除下陷的危险。坎卦之大用便在于危险的陷阱，注满水的陷阱最为凶险，因其会随时下陷，但若是九五爻弃其险陷，便会失去坎卦之用，所以九五爻此时只能先稳定局面，不适宜有大的举措，需提防坎坑因形势改变而突然陷落，令事态更加危险。

此爻说明陷入艰险之境的人要持中守正。

【自取之道】

九五爻阳刚中正，德行厚重，其坎不盈，正是因为九五爻并不妄自尊大，坎中之水盈满溢出便是祸乱之象，君王德行兼备，中正仁和，才可以令水不盈满，九五爻虽然还未走出险境，但是可以稳定局面，不使其继续恶化，是乘时得位的贤君。

身为君主却不能救天下脱离险境，九五爻却毫无错咎，是因为其中和得平，正如不会盈满的坎一般，处事是适合与恰当的，虽然目前没有脱险，但是九五爻自身具备化险为夷，反险为安的能力，假以时日，必定能摆脱困境，使天下太平。

【经文+传文】

上六　系用徽纆，置于丛棘，三岁不得：凶。

《象》曰："上六"失道，"凶""三岁"也。

【译文】

上六　被用绳子捆住了，投进监狱，三年不得释放：凶险。

《象传》说：上六说犯人受囚——这是因为他迷失了正道，所以有受囚三年的凶险。

【爻意分析】

上六爻是坎卦中的阴爻，阴柔之身，能力低微，又处于终极的险地，有失德失道之象。爻辞中写道："系用徽纆，寘于丛棘，三岁不得：凶。""系"为拘系，"徽纆"是指捆绑犯人时所使用的绳索，三股绳为"徽"，两股绳为"纆"，爻辞的意思是说，将犯人捆绑着送入监牢，长达三年没有将其释放，凶险。

【可断结果】

上六爻因为身居高位，坎之危险已经过去，但是灾难又接踵而至，坎卦至九五爻时坎已平，到了上六爻时本应脱离险地，但是上六乃是穷极之爻，时运穷尽，天数所至，虽然逃开了陷落之危，却难逃困辱之厄，以至于身陷囹圄，难以自救。

在《周礼·司圜》中有记载，若是犯人三年之后还不得释放，便可以处死。此处的三并不固指通常的三年，而是多年之意，上六爻已经被投入监牢多年，处境十分危险。

这皆因上六爻背离中正之道，以自身的高位，逼迫尊爻九五，因而失阳难济，兼之受困于群阴之中，行动受阻，举步维艰。上六爻位极时穷，因其丢弃德行，违背道义，逞强自大，冒昧行事，未能得坎之用，反受坎之害，实为咎由自取。

【自取之道】

上六爻遭遇危厄，是因为心中贞正失守，致使坎之正道受阻。其行动有悖常理，必然难以成功，所以虽然不入坎之围困，却躲不过被幽囚的厄运，其境遇与陷落的道理相同。自古圣贤之人倡导世人应安守德行，有了德行才能规范自己的言行思想，见利能思其害，善守其身才能趋利避害，若失了德行便失了正道，这样必然招致灾厄。

离 卦

离为火
（下离上离）

【离卦导读】

　　卦象：下离上离，为重火两明之象。卦德：下卦为离为明，上卦为离为明。
　　全卦阐明了人生的辉煌及有所附丽才能发展的道理。

卦辞

【经文+传文】

　　《离》　利贞，亨，畜牝牛，吉。

　　《彖》曰：离，丽也。日月丽乎天，百谷草木丽乎土。重明以丽乎正，乃化成天下；柔丽乎中正，故"亨"，是以"畜牝牛吉"也。

　　《象》曰：明两作，《离》。大人以继明照于四方。

【译文】

　　《离卦》象征附丽：守贞正之道有利，亨通，蓄养母牛可获吉祥。

　　《彖传》说：离，指附丽。日月附丽在天上，百谷草木附丽在地上。君子不息的明察力附丽在正道上，于是促成天下；柔顺附丽在中正上，所以亨通，所以能够"畜牝牛吉"。

　　《象传》说：太阳重复升起，这就是《离》卦的象征。大人取法《离》卦，用不息的明察力洞悉四方。

人如果畜养如牝牛一般的柔顺之德，又依循正道而行，当可得吉。

爻辞

初九 履错然，敬之：无咎。

《象》曰："履错"之"敬"，以辟咎也。

【译文】

初九 步履错乱，但能很快转而恭敬行事：无害。

《象传》说：步履乱却终能保持恭敬——这是为了避免过错。

【爻意分析】

初九爻为离卦的初始之爻，阳爻居于阳位，阳气刚猛，躁然好动，其位在全卦最下，位置相当于人的足部，所以爻辞中以履来做喻。爻辞中道"履错然，敬之：无咎"，意为因为太过急躁地行动，导致脚步有些错乱，但是很快便能自省，恭敬谨慎地行事，所以没有错咎。

【可断结果】

初九爻所依附的主人招致的宾朋众多，难免鱼龙混杂，其中自然不乏贤人志士，但也会有逐利的小人，以初九爻之刚直躁动，最易获罪于小人，所以其恭敬之态，便极为重要，不独能免于得罪小人，且能辟错咎于无形之中。

初九虽因急躁而行为有偏颇，但是以自己态度上的恭敬，显现出了自己的仁和有礼，顺从诚挚，因此可以免于过咎。

初九爻一阳初始，如早晨的太阳，虽然锐意躁动，但也心智澄明，所以能敬人于外，心明于内。其性情高洁，能抵御浊流污染，姿态为主人家所见，当会被以礼相待，初九爻便可处下而不受辱，行孤却不被困了，困与辱既然都能避免了，错咎便不会来临了。

【自取之道】

初九爻是离卦中之中的旅卦，有离乡旅居之象。初九爻远离故土，心生飘泊之愁，又因寄居于他人篱下，难免惶恐。"履错"一词，意思颇多，有在某一场合宾朋众多，互相穿错鞋履之意，亦有初九爻初来乍到，性情急躁，其行动与主人的想法有所悖离之意，或说两者兼而有之。

初九爻身处下位，孤立无援，所幸身为阳爻而居阳位，居身得正，内心尚能安守贞和，虽然性情刚猛，但为人处事却谦逊恭敬。思想与行动上虽有不同，但初九爻与主人可在日后逐渐沟通磨合，达成共识；而宾朋满座足可证明主人家乃是能招贤纳士之人，初九爻意欲有所作为，此中无疑是适宜之地。

所以初九爻虽然行为稍有偏差，但是以自身态度上的恭敬，显现出了自己的仁和有礼，顺从诚挚，所以爻辞中说敬可免咎。

【经文+传文】

 六二 黄离：元吉。

《象》曰："黄离元吉"，得中道也。

【译文】

六二 （见到）附丽着黄金色彩的物品（指富贵之物）：大吉。

《象传》说："黄离元吉"，是因为合乎中道。

黄离。

【爻意分析】

六二爻在离卦之中，身为阴爻且居于阴位，柔顺居正，是离卦中的大有之卦，象征六二爻必定大有收获。爻辞中写道："黄离。元吉。"黄色自古便被誉为吉祥之色，古人以"东南中西北"，"青赤黄白黑"五色对应五方，而黄色处于中位，是最中正无偏的颜色。"黄离"，是形容六二爻在离卦之中如同黄色一般居中得正，德行、时运、位置、天数，事事俱佳，极为完满。所以爻辞中道"元吉"，意为六二爻至善至美，大为吉祥。

【可断结果】

六二爻柔居中位，奉行中庸仁和之道，如同正午的太阳，德行普照四方，其行事柔和贞静，身处文明之极处，却毫无骄躁之气，依旧安守中正大道，毫不偏离。在离卦之中，唯有六二爻能如此尽善尽美，全德全才，所以才能得到元吉。

六二爻阴柔居正，在离卦中是主爻，与处尊位的六五爻相应和。其中正之道亨通，德行昭然天下，乘天时，趁地利，得人和，阴阳相协，上下共济。

【自取之道】

离卦本位高，必得下济方可有功，所以尊爻六五对六二爻有普照之意，而六二爻以阴柔之身乘时得位，柔顺贞静，德行周全，心中能安守中正之道，全无不利之处，可谓上上大吉。

【经文+传文】

 九三 日昃之离，不鼓缶而歌，则大耋之嗟：凶。

《象》曰："日昃之离"，何可久也？

【译文】

九三 （见到）太阳西斜，附着天边的云彩，如果不及时敲起瓦盆纵歌，那么就会因为老朽而叹气：凶险。

《象传》说："日昃之离"——这种状况怎能长久呢？

【爻意分析】

九三爻是离卦中居于阳位的阳爻，但因处于下卦之极，居位不正，有阳气刚猛失中之象。爻辞中写道：“日昃之离，不鼓缶而歌，则大耋之嗟：凶。”在离卦之中同为阳爻的初九如初生之日，而九三爻"日昃"，为偏西向晚之日，如同一位年华老去的垂暮之人，"不鼓缶而歌，则大耋之嗟"。古人以敲击缶作为歌唱的伴奏，九三爻悲观消沉，因为自己的垂暮而忧心忡忡，失去了鼓缶而歌的兴致，反而嗟叹感伤自己已经进入耄耋之年，这种情绪会令人心志沉靡。此种低落的情绪，对九三爻的身体健康与为人处事都有很负面的影响，十分凶险。

九三爻因失中道而失德行，失德行便失了心中的安稳，无法面对生老病死的正常循环，因而发出悲伤的哀叹之声，生而不乐，是不久于世之象，在这种情绪之下，会加速衰老，更加接近死亡。

【可断结果】

九三爻身为刚爻而居于刚位，重刚猛而失中和，日昃而难以致用，故而爻辞中以偏西之日做比喻，有难以持久之象。爻辞警醒世人应珍惜光阴，君子志向贵在早立，能人英豪建功立业，当趁青春年少之时；若是任意蹉跎了光阴，到了迟暮之年再后悔，也只是有心无力，于事无补。

【自取之道】

"鼓缶而歌"与"大耋之嗟"一喜一悲，是两种截然不同的生活态度，花无常开日，人亦不能总停驻在少年之时，夕阳也有无限风光。九三爻只顾悲观哀叹，却忘记了眼前的时光也应当珍重。时不待人，转眼白头，九三爻在伤感过往的时候，将眼前应有的快乐也抛弃了。应当忘记无用的忧伤，尽自己所能而为，淡然处世，不再自困。

【经文+传文】

九四　突如其来如，焚如，死如，弃如。

《象》曰："突如其来如"，无所容也。

【译文】

九四　突然而来，像是火在燃烧，会有生命危险，会被抛弃。

《象传》说："突如其来如"，是说九四无处容身了。

【爻意分析】

九四爻是离卦中的阳爻，却居于阴位，居身不正，重刚失中，且居于处尊位的六五爻之旁，此为多惧之地。九四爻身为阳爻，躁然好动，却因六五爻之阴阻挡而难以伸展，又与其下的九三爻同为阳爻，无法协和互助，所以爻辞中道："突如其来如，焚如，死如，弃如"，意为九四爻阳刚之气过盛，暴躁之气犹如突如其来的火焰般烧起，这种祸患有死弃之象，十分凶险。

【可断结果】

九四爻内外不协，上下无助，阴阳失济，致使其自身悖离中正之道，德行有失，与尊爻六五互相猜忌，无法相容；且六五爻阴柔孱弱，九四爻刚猛躁动，有临近相逼，欲侵其位之象，又与众爻皆不合，毫无辅助，其行为天下难容，人人唾弃。

【自取之道】

天时虽然穷尽，但事之成败尚可通过人为进行掌控，九四爻原本可以自身的阳刚之气，有所作为，以为功用，但因刚气太过，不与阴柔相协，竟至于身上阳刚反功成过，祸害自身，其焚烧之灾，可说是自燃自焚，咎由自取。

君子知重刚难以得其所用，必以阴柔克制，而顺正其道。九四爻不应急功近利，为了虚妄的成就而不择手段，将道义德行皆弃于脑后，这样名不正言不顺，有失民心的成就，即便得到了，也会如昙花般一现而落，而九四爻最终也难以避免为自己的妄行付出惨重的代价。

九四爻失了中正，又悖离了为人臣子之道，以下犯上，致使灾祸突然临头，如引火烧身一般，终遭失德失正所害。

六五　出涕沱若，戚嗟若：吉。

《象》曰："六五"之"吉"，离王公也。

【译文】

　　六五　践大位，为新君，为悼念先君泪水滂沱，哀愁叹息：吉祥。

　　《象传》说：六五说"吉"——这是因为攀附上了王公贵族。

【爻意分析】

　　六五爻处于离卦中的尊位，身为阴爻而居于阳位，如同一位秉性阴柔且居位不正的君主，身为君主却难以发出君主的威严，且之前强臣九四爻仰仗自身阳气旺盛，竟然施行纵火逼宫之举，虽然最终将其乱平定，但是九四爻的叛乱所造成的结果，令六五爻深感忧虑。

爻辞中道"出涕沱若，戚嗟若：吉"，意为落泪如滂沱之雨，面带戚容地发出叹息，这样的忧心忡忡，居安思危，是吉祥的。

【可断结果】

　　六五爻之软弱在之前处置九四爻之叛乱时，就已经显露无疑，九四爻之所以胆大包天行谋逆之举，很大程度上是六五爻纵容漠视其野心所致。

　　从爻辞上也可看出，六五爻对于国家因为奸臣叛乱而导致的不安定与民心恐慌，深感自责，此刻时局尚在动荡，人心躁动不安，六五爻又深知自己的才能低微，只能暂时抛却君主的尊严，将自己竭力放低，行事如履薄冰，以谦和卑微的姿态广聚人才，借贤人志士之手将国家危难扭转，这样才是明智之举。若是一见九四爻叛乱的危机已经平复，就得意忘形沉浸于享乐之中，必招致天下百姓与臣子的反感，失去民心与辅助，那么九四爻逼宫之祸迟早还会重演。

【自取之道】

　　六五爻柔居尊位，既不当位，又未得正，其爻带有危象。其自身乃是阴爻，能力微弱，指挥与控制性均差强人意，需要众爻的辅佐与协同，才可治理天下。

　　六五爻对于自身的处境明显了然于胸，是以露出悲戚的神情，做出嗟叹的样子，意在以自身的惶恐忧愁打动众人，获取更多的援助与谅解，之后，待局势稳固，民心归向自己，再转低为高，化被动为主动，施行自己君主的作为。这样的做法会在最大程度上引起臣民的同情，也可消弱因自身能力微弱而引发的不满，既能自保又可借机充盈自己，是极为明智与吉祥的做法。

【经文+传文】

上九　王用出征，有嘉折首，获匪其丑：无咎。

《象》曰："王用出征"，以正邦也；"获匪其丑"，大有功也。

【译文】

上九　君主任用他出征，建功业，斩获了敌首，捉住了他们许多人：无害。

《象传》说："王用出征"，是为了安定国家；"获匪其丑"，说明获取了大的胜利。

【爻意分析】

上九阳爻位于离卦的终极之位，其阳刚明智达到了顶点，可纠正邪风，监察恶行，征伐不义。爻辞中道"王用出征，有嘉折首，获匪其丑：无咎"，意为上九爻乃众望所归，承君主之命带领兵将出征讨伐。上九爻明察秋毫，心中刚正，在征伐的过程中只会惩戒作恶的首脑，而对于盲目跟随和被迫胁从的民众会宽厚处置，甚至不加以治罪，所以其行为毫无错咎。

【可断结果】

六五爻乃是阴柔软弱的君主，对于国家中发生的叛乱往往束手无策。阳气刚猛的上九爻临危受命，带领王者之师讨伐，此举为的是正国安邦，不会有咎错。

王者之师以仁义中和为根本，一般情形之下会征而不战，只有在迫不得已的时候才会宣战，但也是以惩戒为主旨，上九爻心中安守中正，德行昭然，行止有度，此次出征立下赫赫战功，这样英勇刚正的行为是不会有错咎的。

【自取之道】

上九一阳在上，刚猛威武，有出征之象。但是上九爻毕竟不在君主之位，若想有所作为又不功高盖主，此时平乱乃是最好的时机，待立功之后，接受帝王的分封才能正名顺行。上九爻此次平乱之行大得民心，沿途所从者甚众，其心中已有远离君主自立门户之意，心志高远并非坏事，但上九爻应当谨慎言行，不可过于逞其阳刚之气，需以九四爻引火烧身为前车之鉴，应安守中和仁和之道，不可行悖逆天道之举，否则恐步九四爻之后尘。

下经

"下经"三十四卦的相承之义

"上经"以天地为始,"下经"以男女开篇。有"天""地"然后有万物,有万物然后有男女,有男女然后才能配为夫妻,繁衍而成社会。因此,《周易》下经从象征男女"交感"的《咸》䷞卦开始。➡男女夫妇之道贵以恒,所以接着是象征"恒久"的《恒》䷟卦。➡事物恒久也需要退避,所以接着是象征"退避"的《遁》䷠卦。➡退避则能成长,必将重新振兴壮大,所以接着是象征"大为强盛"的《大壮》䷡卦。➡壮盛则能进取,所以接着是象征"进长"的《晋》䷢卦。➡前进必将有所损害,所以接着是象征"光明殒伤"的《明夷》䷣卦。➡在外遭受损伤必然要返回家中,以求家庭的温暖,所以接着是象征"一家人"的《家人》䷤卦。➡家庭若发生困窘便要产生睽违,所以接着是象征"乖背睽违"的《睽》䷥卦。➡事物相互睽违必然导致蹇难,所以接着是象征"蹇难"的《蹇》䷦卦。➡事物不可能长久蹇难,当有缓解之时,所以接着是象征"舒解"的《解》䷧卦。➡舒解则需减损,所以接着是象征"减损"的《损》䷨卦。➡能够自我减损,施益他人,必然也受人增益,所以接着是象征"增益"的《益》䷩卦。➡增益之时要断然决除小人,所以接着是象征"决断"的《夬》䷪卦。➡决断清除邪恶也要有所欣遇,所以接着是象征"相遇"的《姤》䷫卦。➡众多事物相遇,所以接着是象征"会聚"的《萃》䷬卦。➡事物会聚应当共同上进,所以接着是象征"上升"的《升》䷭卦。➡上升不止就会困惑,所以接着是象征"困穷"的《困》䷮卦。➡困穷于上,必然要思源于下,所以接着是象征"水井"的《井》䷯卦。➡水井历久则将污染,必须变革整治。所以接着是象征"变革"的《革》䷰卦。➡革新以鼎器化生为熟最为显著,所以接着是象征"鼎器"的《鼎》䷱卦。➡掌握鼎器代表着掌握权力,具有威严,所以接着是象征权威"雷动"的《震》䷲卦。➡震动久之则需抑止,所接着是象征"抑止"的《艮》䷳卦。➡抑止已久便将逐渐前进,所以接着是象征"渐进"的《渐》䷴卦。➡事物渐进就要寻找归宿,所以接着是象征"嫁出少女"的《归妹》䷵卦。➡有所依归必然发展丰大,所以接着是象征"丰大"的《丰》䷶卦。➡丰大之极则将外出行旅,所以接着是象征在外"行旅"的《旅》䷷卦。➡行旅必须随遇而安,所以接着是象征"顺从"的《巽》䷸卦。➡平和而顺从,心中必然所遇欣悦,所以接着是象征"欣悦"的《兑》䷹卦。➡相互欣悦然后就能推散而成影响,所以接着是象征"涣散"的《涣》䷺卦。➡事物不能长久无节制地涣发离散,所以接着是象征"节制"的《节》䷻卦。➡仅仅节制是不够的,还必须诚信,所以接着是象征"中心诚信"的《中孚》䷼卦。➡坚守诚信不妨过分果决,所以接着是象征"小有过越"的《小过》䷽卦。➡"小有过越",办事必能成功,所以接着是象征"事已成"的《既济》䷾卦。➡事物的发展是没有穷尽的,成功之后又将走向新的起点,所以接着是象征"事未成"的《未济》䷿卦。《周易》六十四卦终而未终,万物万事无穷。

咸 卦

泽山咸
（下艮上兑）

【咸卦导读】

卦象：艮下兑上，为山上有泽之象。卦德：下卦为艮为止，上卦为兑为悦。

全卦揭示了阴阳交感的普遍规律。

卦辞

【经文+传文】

《咸》 亨，利贞，取女吉。

《彖》曰：咸，感也。柔上而刚下，二气感应以相与，止而说，男下女，是以"亨利贞，取女吉"也。天地感而万物化生，圣人感人心而天下和平。观其所感，而天地万物之情可见矣。

《象》曰：山上有泽，《咸》。君子以虚受人。

【译文】

《咸》卦象征交感：亨通，有利于坚守贞正，娶妻吉祥。

《彖传》说：咸，指感应。阴柔的女在上，阳刚的男在下，阴阳二气交感，男女情投意合，清静和悦。男亲自下到女家迎娶，所以说"亨利贞，取女吉"。天地阴阳二气交感，由此万物化生，圣人感化人心，由此天下和平。观察这些感应的现象，就可以知道天地万物的情状了。

《象传》说：山上有泽，这就是《咸》卦的象征。君子取法《咸》卦虚怀纳人。

咸卦以男女之相感应为喻，论述感应之道。

爻辞

【经文+传文】

初六　咸其拇。

《象》曰："咸其拇"，志在外也。

【译文】

初六　感应在大脚趾上。

《象传》说：感应在脚拇指上，是说初六已经有心在向外追求了。

【爻意分析】

咸卦之中的六爻，均是借人体不同的部位做喻。初六阴爻一卦初始，居位在下，如同人体的足趾部位，对世间事物的感应尚属轻微。爻辞中道"咸其拇"，意为脚的大拇指与其他足趾互触，交相感应。初六爻与本卦之九四爻阴阳相济，互为呼应，恰如爻辞中所说的，因九四爻身居外卦之初始，所以初六爻有向外发展的志向。

感应在脚拇指上，这是男女两相感应的开始。

【可断结果】

初六爻在咸卦最下的位置，故而被比喻为足部的拇指，意为初六爻与九四爻情感初通，尚无很深的交往，但是两爻互相倾慕之情殷殷，互悦之意切切。但是初六爻切不可因情而乱性，逾越礼仪有过分狎昵之举，因初六爻之位置在于足趾部，意为其情感浅显，未到肺腑。初六爻脚趾有感而动，志在远行，所以与九四爻行动上不可有过。

【自取之道】

初六爻拇指属于肢体的末端，其志向在外，此志并非普通的情欲，不可因情阻志，且与九四爻乃是泛泛之交，交浅不可言深。情感是逐步发展的过程，情至何处，动至何处，如太过随心所欲，其行为就变成了唐突孟浪之举，乃是小人所为，初六爻应谨慎提醒自己不可僭越。

初六运用在政治上可以理解为体察民情。

此爻喻示男女之情。在春情萌动之始，相知未深，善恶难以明了，故此时吉凶未卜。此时要出以真诚又要持以谨慎。脚拇指的感应预示着初步的行动，也说明必须有行动，而不能停留在肤浅的表面了解上。

【经文+传文】

六二　咸其腓，凶；居吉。

《象》曰：虽"凶居吉"，顺不害也。

【译文】

六二　感应到了小腿肚，有凶险；安静一下，别躁进，吉祥。

《象传》说：尽管有凶险，但安居守静可获吉祥，说明顺从正道可以免遭祸害。

【爻意分析】

六二爻是咸卦中的阴爻，居于下卦之中，与处本卦尊位的九五阳爻相应和，有柔顺者能安守心中中正，且居中得正之意。爻辞中写道："咸其腓，凶；居吉。"咸卦中的"咸"是感应之意，爻辞之意是说六二爻有感应的地方已经升至小腿，但是这是很危险的，不可再贸然有所举措，应当心中安守贞静，固守中正之道。有所守才能无失，才能避免突如其来的祸患，获得吉祥。

感应在小腿肚上，若是两心相好，最好稍待时日。

【可断结果】

六二爻乃是咸卦之大过卦，其咸的程度尚属低微，还无所作为，所以安守为正道；若妄行妄动，势必将眼前之稳步进展的局面破坏。

六二爻与初六爻相比，其感应的位置已经有所上升，犹如情感互通更增进了一步。但从六二爻爻辞中所说来看，其凶吉尚在两可之间。男女相识，六二爻的感应已经到想要触碰其腿部的程度，此举不合乎礼法，有亵侮之意，近乎淫邪，这便是爻辞中"凶"字的由来。六二爻此时若是警然而醒，安守心中中正，不急于有所举措，守位而止，自然是君子行径，毫无错咎。但若是意乱情迷，行非礼之举，则必定招致祸患，十分凶险。

【自取之道】

六二爻柔居中位，乃是趁时趁势之爻，所以虽然爻辞中有凶，当不至于为其所害，皆因为六二爻阴柔之性可安其心志，居中之位可助其安守正道，因顺而处世，其行为举止必定适宜。即便处于两情相悦之时，六二爻也能以礼自束，虽然行止亲近，也必不会逾越操守。

六二爻之逢凶化吉不为爻辞中"凶"字所害，皆因秉性安顺。顺便能行柔道，柔便利于贞静，贞静必定中正仁和，仁和便会守善，守善便可趋吉避凶。所以说六二爻能保安然，都从一个"顺"字上面得来。

此爻预示着男女之情是提示当事者不要急于求成，如果操之过急，则结果不妙。若能秉持稳重诚敬之意，等待进一步的互相感应，便会得到吉祥。

【经文+传文】

九三 咸其股，执其随，往吝。

《象》曰："咸其股"，亦不处也，志在"随"人，所"执"下也。

【译文】

九三 感应到了大腿，如果他执意盲目随从别人，继续前往则会有令人悔恨之事。

《象传》说："咸其股"，这是说静不下来，无法独处了，志在追随别人——这种志向是浅薄的。

【爻意分析】

九三爻是咸卦中的阳爻，且居于阳位，重刚之身，阳气刚猛，躁然好动，与本卦的阴爻上六相应和，爻辞中道"咸其股，执其随，往吝"，意为九三爻的感应已经到了大腿之上，若是执意追随着自己的欲望行动，妄行妄动，必然灾祸临身。

九三爻因情而动，阳气上升，重刚失和，亲近上六，犹如少年男女情窦初开，爱意萌动，原本无可厚非，但是九三爻其感在腿股，其情由清转浊，开始有非分之想，必须悬崖勒马，不可任由情欲迷失心性，引发意外的咎害。

感应到了大腿上，如果太过急躁就要有咎错了。

【可断结果】

九三爻此时两情相近的程度，较之前两爻更近一步，举止更为亲昵，志意更为接近，同时较之前两爻越礼的危险也有所增加。人之所欲先从心起，而后被肢体的触碰所催发，此时九三爻与上六爻的感应程度已经到了臀股之部，其互相亲近的意愿已经如箭在弦，一触即发。

九三爻本就阳刚躁动，容易意乱情迷，若是看到初六爻与六二爻因有感而动，便难以自持，固执效法，转而行卑下之举，其行为必定导致咎责，不仅会招致灾祸，也枉为阳刚之才。

【自取之道】

九三爻身为阳爻而居于阳位，阳刚中正，毫无隐晦，应当固守心中贞静，约束自己的言行，既有自省之心亦有自督之心，不可受情欲所奴役，也不可盲目效法他人之所为，因躁动而随波逐流。

九三爻身为阳爻又居身得正，是咸卦之大用之爻。九三爻与九五爻在咸卦之中同功异位，但是九三爻多凶，而九五爻多吉，皆在于九三爻有追随效法他人之意，对自身的情欲控制不足，是以九三爻应当固守心中的中正，克制情欲，约束其行为随自己的心志而动，不可追随他人转而变成被动行事，这样才可化险为夷，反凶为吉。

此爻预示了男女之情，是在警示人们感情这种行动要以真心的相互感应为基础，不要像此爻所显示的一样，追求上六只是随从别人而行动，并没有萌发出真情实意，这样上六也不会报以真情，互相敷衍是不会有好的结果的。

【经文+传文】

九四 贞吉，悔亡；憧憧往来，朋从尔思。

《象》曰："贞吉悔亡"，未感害也；"憧憧往来"，未光大也。

【译文】

九四 人道之事是正理，吉祥，悔恨会消失；心神不安地频繁往来，友朋最终会随了你的心思。

《象传》说："贞吉悔亡"，是说九四未曾因"交感"不正而遭害；"憧憧往来"，是说感应之道还未发挥出来。

【爻意分析】

九四爻是咸卦中的阳爻但居于阴位，居身不正，在咸卦以五体所作的比喻中，是心脏的位置。爻辞中道"贞吉，悔亡；憧憧往来，朋从尔思"，意为只要能持守心中的贞静中正，便会获得吉祥，最终也不会后悔自己的决定，朋友间的交往不断，但是都会由九四爻的意愿而决定。九四爻内贞而外悔，其悔必定不会久长，正如男女两情相悦，只要

九四比喻闺中少女，能洁身自爱，行为端正。

能安守心中贞正，便不会引发难以预料的灾祸，即便心有不甘，最终也不会后悔。

古代有很多爱情故事发生在地位并不高的男女身上，特别是有些女子，身份"不正"（她们有些身处青楼），可是也能发生真正的爱情。她们由于对于爱情的坚贞不渝到了"春蚕到死丝方尽，蜡炬成灰泪始干"的程度，无怨无悔，给我们留下了令人感动的千古佳话。

【可断结果】

九四爻身在多惧之地，居于君王九五爻身旁，其所感所动都与九五爻有通，是以更加应当谨慎言行。九四爻与初六爻两情相悦，同心同德，本无所害，但心乃一身之主，九四爻咸卦中的控制力非其他爻所能相比，若是因此而生骄躁之气，抛弃中道，乘刚妄行，凭心中私欲做出见不得光之举，那么原本无咎的男女之情就变成了为人所不齿的私奔，失贞而生悔，既自害又害人，九四爻便难辞其咎了。

【自取之道】

九四爻与初六爻有往来不绝之象，其情感已经到了心脏的位置，象征九四爻发自内心地与初六爻相应和。九四爻身为阳爻但居位不正，本为有悔之象，但其毕竟乃是阳刚之身，所以悔与不悔尚可由其自身控制。人心之中的欲念有自私与无私两种。自私之欲多半会导致言行偏颇，难以控制，甚至抛却德行道义，不择手段，终会招致灾祸；而无私之欲在于让利于人，施益于众，人心所向，当会带来吉祥。在两情相悦之中，九四爻若是心中无私欲，便会发乎情而止乎礼，恪守礼法，周全女之贞洁，这样带着婚配之志的交往，不会生出令人悔恨的意外。

在与朋友的交往中，心中充满私欲，便会缺少诚意，即便是有人回应，则同样也是带着利益之心的，既得不到真正的友谊，聚拢的也不过是寥寥数人。只有心中无私，以德行服众，才是中正之道，不必四处邀揽，自然所从者络绎不绝。

【经文+传文】

九五　咸其脢：无悔。

《象》曰："咸其脢"，志末也。

【译文】

九五　交相感应到了背部，这样不会导致什么悔恨。

《象传》说：交相感应到了背部，是说九五感应迟钝志气小。

【爻意分析】

九五爻是咸卦中处于尊位的阳爻，居于项背的位置，在心脏的背反面。处尊位之爻如同一卦的君主，应当感应天下臣民，但九五爻只与六二爻相应和，眼界不够开阔，志向不够高远。爻辞中道"咸其脢：无悔"，意为九五爻之感应在脊背的位置，与六二爻应和当正，没有什么可后悔的。

此爻还有一象，即感应迟钝之象。因为脊背的位置是人体当中不很敏感的位置。九五阳爻对于六二阴爻的追求反应迟钝，表现淡漠，所以虽然说不上有什么凶险，但是也算不上吉祥，只是无悔而已。

【可断结果】

九五爻居身得正，行事光明磊落，感于心而行于外，诚挚中正。有明辨善恶之智，拨乱反正之能，识而有达之才，故而行事无悔。

九五爻位置在脊背，较之前四爻有所不同，两情相悦的男女已经心意相通，之后却由内至外，由心达至后背，这并非疏远冷淡，而是两情毫无隔阂，更进了一层，没有了情欲之扰，而是期望匹配为终身眷属，心中更加诚挚，也便更加的以礼相待了。九五爻心中与六二爻相感无间，所以毫无悔意。

交相感应到了背部，这样不会导致什么悔恨。

【自取之道】

九五爻处于全卦的君位，又是中正之爻，其位占天时地利之宜。爻辞中的"脢"为脊背，其肉最厚，其骨最重，也是能牵动人体行动止息的枢机之处，这意味着九五爻与六二爻之情谊已经到了极为关键和深厚的程度。两爻亲密无间，相互慰藉，彼此之间毫无猜忌，所以，相比之下，前爻九四是在自身的努力下消亡了悔意，而九五爻则是自始至终心中无悔。

【经文+传文】

上六　咸其辅颊舌。

《象》曰："咸其辅颊舌"，滕口说也。

【译文】

上六　交相感应到了脸颊和口舌上。

《象传》说："咸其辅颊舌"，是说君子说话天花乱坠。

【爻意分析】

上六爻是咸卦中的阴爻，居于全卦的终极之位，其位置相当于人的头脑。爻辞中写道："咸其辅颊舌。"上六爻之感上升到面颊与口舌上，这两个部位在讲话时都是能起到作用的。

如同男女之间两情相悦到了最终挑明之时，要诉诸父母，得到允许之后再借媒人之口说合，最终遵从父母之命媒妁之言，行娶亲合卺的大礼，但是爻辞中却并未有其付诸实际行动的表示，意为上六爻只停留在口头承诺之中，心与身体的情欲都已经失去，只剩下违心的敷衍了。

【可断结果】

上六爻处于咸卦之极，已经难以有所作为。咸卦之所用在于先发自于内心，随后用语言表达出来，最后付诸行动，然而上六爻处于咸卦之终结，其用已经穷尽，身体之间的感应已经没有，只剩下言语间的呼应了。

交相感应到了脸颊和口舌上，说明上六不过是夸夸其谈。

若是上六爻在内无诚挚之心，在外无实际之力，只能逞口舌之强，以言语动人，言而无信，华而不实，最终会导致失去信任，空有感而人无应和，必定会有错咎。

【自取之道】

上六爻居于上位，感应在口舌之间，已经是咸感之穷尽，爻辞中并未评说吉凶，但是其用已经是末之又末，其唇舌互应，与肢体心灵毫无感应，已经失去了咸之根本。

人情相悦，事物之所求，都要依仗语言进行沟通，但是言语之后，行动应紧随其后，若是只有巧舌如簧，能言善辩却全无实际之力，便无异于舍本逐末，有害无益。上六爻明知自己口不对心，还巧言令色，已经背离了咸之大道，虽然爻辞中未说凶吉，但已经可以看出上六爻之所作所为是会远离吉祥的了。

此爻告诉人们对人对事要用真情，正如庄子所言："真者，精诚之至也。不精不诚，不能动人。故强哭者虽悲不哀，强怒者虽严不威，强亲者虽笑不和。真悲无声而哀，真怒未发而威，真亲未笑而和。"

恒 卦

雷风恒
（下巽上震）

卦辞

【经文+传文】

《恒》 亨，无咎，利贞，利有攸往。

《彖》曰：恒，久也。刚上而柔下，雷风相与。巽而动，刚柔皆应，
《恒》。《恒》"亨，无咎，利贞"，久于其道也。天地之道恒久而不已
也。"利有攸往"，终则有始也。日月得天而能久照，四时变化而能久成，
圣人久于其道而天下化成。观其所恒，而天地万物之情可见矣。

《象》曰：雷风，《恒》。君子以立不易方。

【译文】

　　《恒》象征恒久，阴阳和谐：亨通，无害，持贞守正有
利，前往有利。

　　《彖传》说：恒，指长久。阳刚在上阴柔在下；雷风相生。
谦逊行事，阳刚阴柔都相应，这就是《恒》卦的象征。《恒》
卦说："亨，无咎，利贞"这是因为君主长存正道。天地的
道恒行不止。"利有攸往"，这是说事情到头后又是新的开始。
日月顺应天道，便能长久照耀；四季更替有序，便能长久
养物；圣人长存正道，所以促成天下。探察天地万物长久
的道理，这样就可以知道它们的情状了。

　　《象传》说：雷和风，这就是《恒》卦的象征。君子取
法《恒》卦立身正道，绝不改变。

恒为恒常、恒久。《恒》卦由巽、震两卦组
成。从人事上看，巽为长女，居内卦，震为长
男，处外卦。长男为夫而动于外，长女为妇而
顺于内，男主外而女主内，阴阳和谐，男女各
安其分，夫妇之道恒久。

175

爻辞

初六 浚恒：贞凶，无攸利。

《象》曰："浚恒"之"凶"，始求深也。

【译文】

初六 好似挖河，开始就一味求深急切，不是恒久之道，凶险，无利可得。

《象传》说：深求恒久之道是凶险的，是因为开始时就冒险求深。

【爻意分析】

恒卦之初六爻是居于阳位的阴爻，处于一卦初始，虽然是阴柔之身，却有躁动之意。爻辞中道"浚恒，贞凶，无攸利"，意为：固执地一味追求事物的深度，追根究底急切地想找到阳刚的恒久之道，此种行为超越了自身能力范围，这种固执是错误的，除了会带来凶险，毫无利处。

初六爻居身在下，却深究根底，有掘地深入，探寻地穴中所藏之意。居位在下已经是下降之势，再做下潜便会深入地下，难免失去中和正道，有降无升，有入无出，是不利于行动之举，所以贞守在别处多主吉，而在此处却预示凶险。

【可断结果】

初六爻一爻初始便苛求深入，乃是反恒卦之道而行之，不但其目标必定不达，还有沉沦自陷、无力自拔之险。此举有悖中和，与自弃无异。

【自取之道】

初六爻应当处于变中却不求变，顺势而动，不可妄行，世事纷扰而安守心智，稳固增长德行。初六爻之贞恒不当在于最初就索求过甚，当适可而止，不再自困于有害无利的执念之中。

九二 悔亡。

《象》曰："九二悔亡"，能久中也。

【译文】

九二 悔恨消失。

《象传》说："九二悔亡"，是因为君子能长久守中道而不偏。

【爻意分析】

九二爻在恒卦之中，乃是阳爻居于阴位。其居身不正，行必有失，容易作出令自己后悔的事情。但所幸九二爻阳刚不为阴郁所遮蔽，因此能固守中正仁和之道，所以身端表正，言语无差，所以爻辞中写道："悔亡。"悔之消亡，意为九二爻全无后悔之事。

【可断结果】

恒卦之九二爻守中正而无所失，持贞静而不懈怠，故而其用能恒久，且其阳居阴位，刚柔相济，进退有度，动静有方，德行兼备，乃是恒卦之大用之爻，其诉求必定能成，其安守必定能恒久。一切皆宜，无不利处，自然不会生悔。

九二爻之"悔亡"皆因其能固守中正，若是心有所扰，不再持之以恒地行中和之道，必会引发祸患，其悔立生。

【自取之道】

在恒卦里，以中为贵，九二爻阳爻处中位，又与本卦之尊爻六五相应和，自身能得中正，而应和也得中正，静于中而动亦于中，既得地利有得天时，所以九二爻能恒久于中正，其心志德行完全可以令九二爻避免行出令自己后悔之事。

【经文+传文】

九三　不恒其德，或承之羞：贞吝。

《象》曰："不恒其德"，无所容也。

【译文】

九三　不能长久保持德行，有时会蒙受羞辱：要守正以防留下憾事。

《象传》说：不恒久保存德行，就将无处容身。

【爻意分析】

恒卦之九三爻乃是居于阳位的阳爻，与上六阴爻相应和，其行性刚健而善动，无法如九三爻般守中持久。爻辞中道"不恒其德，或承之羞：贞吝"，意为九三爻因其躁动不安而难以保持恒久的德行，并且会因此而招致羞辱。其无法安守贞正的行为，最终会导致自己众叛亲离，无处容身。

九三爻不能恒久保持自己的德行，时或遭人羞辱。

【可断结果】

九三爻为重阳之身，刚猛有失中和，身在恒卦之中，却与众爻不同，背离恒卦之大道，没有持之以恒的德行。其刚猛令其与众爻难合，孤僻无友，高亢无亲，上下失助，阴阳无济，难以有所作为。

【自取之道】

九三爻失去恒心而导致失德悖道，以至于内心失去贞守，不仅行动一无所成，还招致了羞辱，为天下所讥讽笑骂，自身亦有因此而颓废之势。然而九三爻之羞并非在所难免。世间之事尽在人为，若能及时自悔自省，归复于中和正道，坚定恒守之德行，那么九三爻与众难合的局面一定会得到改善。其德不失，其道不悖，才会得到协助与应和，行为也不会偏颇，其羞辱自然也不会降临。

【经文+传文】

九四　田无禽。

《象》曰：久非其位，安得"禽"也。

【译文】

九四　打猎无收获。

《象传》说：长久定位失当，怎么能成事呢？

【爻意分析】

恒卦之九四爻身为阳爻却居于阴位，有行事偏颇之象。爻辞中写道："田无禽。""田"是狩猎之意，"禽"为鸟兽的统称，此句话意为九四爻守候在没有猎物的地方，却毫无觉察，不去反省徒劳无功的原因。

【可断结果】

九四爻的爻辞，讲述的是为夫之道，在古代，丈夫的职责是外出养家，而妻子的职责是料理家居，烹饪食物。九四爻居位不正，难以有所作为，如同在外一无所获的丈夫空手而回，无法为家中的妻子提供烹饪所需的食材，因自己的无为而导致妻子的无为，应当承担全部的错咎。

九四爻身为阳爻，是能够坚定恒久的，而且外出狩猎意欲有所作为，为何却劳而无功？皆因九四爻阳气刚猛，躁动难静，其恒是指恒久地处于运动的状态，难以固守一方，在狩猎场所，漫无目的地游走，无法沉心静气。鸟兽受到惊吓四散而起，消失了踪迹，九四爻自然难有收获。

【自取之道】

九四爻应当克制自身好动的性情。恒守贞定，安静以待，爻辞中"田无禽"的局面便会得到改善，这样才能有所收获。

【经文+传文】

六五　恒其德，贞；妇人吉，夫子凶。

《象》曰："妇人贞"吉，从一而终也；"夫子"制义，从妇凶也。

【译文】

六五　能长存柔顺的德行；对女子来说吉祥，对男子来说则凶险。

《象传》说：妇人守节是吉祥的——这是因为妇人从一而终；男人是能因事制宜的，顺从妇人就会凶险。

【爻意分析】

六五爻是恒卦之尊爻，身为阴爻而居于中位，意为阴柔者奉行中正之道。六五爻与九二阳爻相应和，大有以阴从阳之势。爻辞中道"恒其德，贞；妇人吉，夫子凶"，意思是妇人将守一的德行持之以恒，是非常吉祥的事情，会带来好运，而换做男人如此行事，却截然相反了，会招致祸患凶险。

【可断结果】

六五阴爻身在尊位，阴加于阳，柔行于刚，如一国之君王，一家之执掌，应当刚强决断，开拓进取，但六五爻却以夫从于妇道，阳随阴而动，悖行天道，扰乱名分。悖行为逆，扰乱属昏，昏逆者自然多凶。男子若如同女子一般奉行静守不变，没有原则，那么无异于自毁前程，丧失了存身于世的根本，小隐患不治理便会演变成大祸端，所以此举危如临渊。

【自取之道】

古代女子主内，恒定为贵，无论前途如何都从一而终，是保全贞节，彰显德行之举。女子凡事宜静不宜动，所以恒久地将这种静守无为的德行保持下去，就会没有错咎，得到吉祥；而男人主外，为人处世应有果断的决策之力，若是如同女人一般唯唯诺诺，遇事毫无主张，那么必然为人所轻视取笑，事业也必会受阻，这是非常凶险的事情。

六五爻辞中的"恒其德，贞"乃是对妇人行为的要求。其贞守是妇人的贞守，其吉祥也是妇人的吉祥。此乃妇人之道，与君道大相径庭。

【经文+传文】

上六　振恒：凶。

《象》曰："振恒"在上，大无功也。

【译文】

上六　长久动荡，无恒入之道，凶险。

《象传》说：身居高位者长久折腾，做不出大的成绩来的。

【爻意分析】

上六阴爻是恒卦的终极之爻，行物极必反之循环，有阴柔者难以持之以恒，无法安守中正之象。爻辞中道"振恒：凶"，意为上六爻之恒心有所动摇，难以持久，是凶险的征兆。

【可断结果】

上六爻本应柔顺贞守，却妄行躁动，有违恒之正道，实为自困之举，其行必遭阻滞，其志向必难达成，若一意孤行不知自省，有凶无吉。

【自取之道】

恒至极处必定反常，上六爻阴柔不正难以贞守，但固守不变乃是恒卦之常道，身处极位，本就应当守静不动，上六爻随意振动是极为不宜的举动；且此爻之"振"是快速而无常的动作，完全难以自制，这样的妄动毫无成功的希望，且于自身有害无益。上六爻自身柔弱，只有安守中正之道才可自保，离中道越远便会越危险。

上六爻虽然身为阴柔之爻，但因其位在上，难以抑制自身的振动不安，无法继续持以恒守。其位虽在上，却因数尽道穷而没有作为。其自身阴柔，原本以降为主，却因为身在极位而不甘于下，奋力上升，但归根结底，是志大才疏，劳而无功。

遁 卦

天山遁
（下艮上乾）

【遁卦导读】

卦象：下艮上乾，为天在上，山在下之象。卦德：下卦为艮为止，上卦为乾为健。

全卦阐明了贤人能屈能伸、以退为进的智慧。

卦辞

【经文+传文】

《遁》 亨，小利贞。

《彖》曰：《遁》"亨"，遁而亨也。刚当位而应，与时行也。"小利贞"，浸而长也。《遁》之时义大矣哉！

《象》曰：天下有山，《遁》。君子以远小人，不恶而严。

【译文】

《遁》卦象征退避：亨通，是阴长阳消之时，有小利，但不失正道。

《彖传》说：《遁》卦是亨通的，说明必先退避而后亨通。阳刚者中正地位得当，而能与下位阴柔者相应和，这是因为他识时务。"小利贞"，这是因为阴气浸润，在逐渐生长。《遁》卦这种识时务知适时退避的意义真是重大啊！

《象传》说：天下有山，这就是《遁》卦的象征。君子取法《遁》卦远离小人，虽不显露其憎恶之情，但始终矜严自守。

遁卦二阴自下而上，是阴渐长而阳渐消的时候。阴喻小人，阳喻君子。小人渐盛，正当其用，君子当退而壁避之。这是卦名为遁的依据，

爻辞

【经文+传文】

初六 遁尾：厉；勿用有攸往。

《象》曰："遁尾"之"厉"，不往何灾也？

【译文】

初六　退避时落在后面，危险；不宜前往。

《象传》说：隐遁时落在后面是危险的，不隐遁又会有什么灾祸呢？

【爻意分析】

初六阴爻是遁卦的初始之爻，遁卦之道在于据时而退，初六爻位置低下，犹如事情之尾末，是以爻辞中道"遁尾：厉；勿用有攸往"，意为初六爻在退避的过程中处于最后的位置，因避之不及，致使途中出现变故，情况十分危急，此时应暂停脚步，静观局势变化，不可再继续行动。

初六爻处于低位，才能浅薄，身边毫无辅助，难以凭借一己之力扭转乾坤。此时若继续有所举措，必定会为已经得势的小人所害，所以最适宜的做法便是以守为退，静观其变，随机而行应对之举。

【可断结果】

初六爻身为阴爻且位置低下，柔顺好静，行事迟缓犹疑，缺少预见，难以果断作出抉择。在遁卦中初六爻与阳爻九四相应和，初六爻眼见刚猛的九四爻隐遁，才跟随效仿，但此时退避的最好时机已经过去，局势开始发生变化，初六爻被困于原位，难以继续行动。

【自取之道】

初六爻正在退隐之时，小人之势盛起，进路难行，退路被阻，此时孤掌难鸣，无法有所作为，应固守心中正道，不卑不亢，既与小人和睦相处又要时刻自省不可身染浊流，贞静自保，待小人的防范之心松懈，才能避免受其危害。初六爻居于原地，隐藏自己的才能与志向，避免成为众矢之的，静待局势的转机，这种做法实与成功隐退异曲同工。

【经文+传文】

六二　执之用黄牛之革，莫之胜说。

《象》曰："执用黄牛"，固志也。

【译文】

六二　用黄牛皮绳捆住，谁也脱不掉。

《象传》说："执用黄牛"，是说君子志向坚决。

【爻意分析】

遁卦之六二爻身为阴爻而居于阴位，与处于尊位的九五阳爻相应和。爻辞中道"执之用黄牛之革，莫之胜说"，意为，六二爻如同被坚韧结实的黄牛皮革所捆绑，无法解开。六二爻虽然处于遁卦之中，但因其恭顺地与君主九五爻应和，如同一位忠心不二的臣子，恪守人臣之道，其辅佐九五爻的心意坚决，难以动摇，绝不会做背主遁逃的事情。全卦唯此一爻毫无遁避之意。

爻辞中所说的皮革，并非真的捆绑控制住了六二爻的身体，而是比喻其固守的坚决。

【可断结果】

六二爻之所以与众不同，除了中正柔顺，意诚志坚之外，也因为其正应九五爻阳刚之气，如同一位得到了君主信任的近臣，肩负重任，无以言退，必得沉稳固守，伺机以救天下。

【自取之道】

六二爻身处是非之地，四周皆是奸佞小人，处境艰难，但其志向坚定，独善其身，安守其责，以济世之心固守不退，既是顺应人君之意，也是顺承天道之数，是以既无错咎，也无凶险。

【经文+传文】

九三　系遁，有疾：厉；畜臣妾：吉。

《象》曰："系遁"之"厉"，有疾惫也。"畜臣妾吉"，不可大事也。

【译文】

九三　心怀系恋，未能退避，身患疾病，有危险；蓄养男臣女妾，吉祥。

《象传》说：不隐遁是危险的——君子将病得疲乏。"畜臣妾吉"，这是说这时不宜干大事。

【爻意分析】

爻辞中道"系遁，有疾：厉；畜臣妾：吉"，意为九三爻遁避之念，但因牵挂六二爻，心中犹豫不决，导致自己的遁退之路产生阻滞，此时的九三爻心力交瘁，身染疾患，处境十分危险，同时受自身病情与所处的形势限制，不可有大的作为。

为求自保，九三爻就势而转，开始大肆蓄养仆从与侍妾，晦潜自身的志向与意图，作出安于享乐沉溺于情欲的样子，令得势的小人掉以轻心，借以躲避伤害，终于化险为夷，转凶成吉。

九三阳爻居于阳位，且处于下卦之终，阳气刚猛，遁退之心迫切，但与之正应的上九爻亦为阳爻，无法与之应和。阴阳失济，九三爻转而应和与自己临近的六二爻，但六二爻志在坚守，毫无遁避之意。九三当遁而心有所怀恋而未能遁退，如能用蓄臣妾的办法对待小人，作为补救的手段，可得吉。

【可断结果】

九三势单力孤，身染疾患，又没有别的爻辅佐协和，且受阴爻六二的拖累，纵有八斗之才也只能施展两升之力，无疑是十分危险的。所不同的是其原本想遁隐踪迹，如今变成潜藏志向，两者在实际意义上都是遁退，但后者的意义似乎更为重大，静守并非妥协，乃是等待风云突变之时，趁势而起，有所作为，这是十分吉祥的应对之法。

【自取之道】

九三爻在危急时刻适时调整自身的策略，隐藏锋芒，转而以毫无上进之心的消极姿态示人，迷惑当权小人，令其对自己消除戒备，掉以轻心，最终得以躲过危难。此举无疑是审时度势的明智之举。

【经文+传文】

九四　好遁：君子吉，小人否。

《象》曰："君子好遁，小人否"也。

【译文】

九四　心有牵挂与喜好却毅然退避：君子吉祥，小人办不到。

《象传》说：君子心有牵挂与喜好却，小人办不到。

【爻意分析】

九四爻为遁卦之中居于阴位的阳爻，乃是一位能预见和把握退隐时机的明智君子。九四与本卦的阴爻初六相应和，大有亲近之象。爻辞中道"好遁：君子吉，小人否"，意为心中有所牵挂和喜好，但是依旧无法阻止退隐的步伐，君子能够做到，小人难以完成。

【可断结果】

九四爻身为阳爻而居于阴位，对于隐遁的时机有所预见。当眼看局势到了应当退隐的时候，君子因为安守中正之道，心中对物欲没有执念，所以能在必要时舍弃所拥有的一切，从容地行急流勇退之举。自古贤人隐居山林，便与此同理。而此种情势摆在小人面前，结果却截然相反。小人心中志向不坚，且容易为眼前的荣华富贵、女色情欲所困扰，功成不忍身退，留恋享乐，最终不是随波逐流放弃志向，便是在犹豫中贻误遁退的时机而为自己惹来灾祸。

九四爻虽然对初六爻之阴柔心生眷恋，但是毕竟志向高远心智澄明，不会沉浸在儿女私情中难以自拔，所以情难阻志，其退隐之路能保亨通，但小人容易为情所乱，没有君子那般，抽慧剑以断情丝的决绝，是以其隐退之路受到阻滞。

【自取之道】

九四爻奉行阳刚正道，其志不可灭，其心不可污。此时已经到了退避之路亨通之时，有所退守，来日方能有所作为。切不可效小人行径，对儿女之情缠绵难断，错过时机。顺从心中刚正，适时遁避，方是君子正大之所为。

【经文+传文】

九五　嘉遁：贞吉。

《象》曰："嘉遁贞吉"，以正志也。

【译文】

九五　嘉美而及时的隐遁：坚守贞正获吉祥。

《象传》说："嘉遁贞吉"，是因为君子志向正当。

【爻意分析】

九五爻是阳居中位，与本卦的六二爻两相应和，阴阳互济，且六二爻也是居中之爻，行端表正，所以，不会以自己的阴柔去干扰九五爻的阳刚。爻辞中道"嘉遁，贞吉"，意为九五爻能居安思危，在貌似平静的现状中预想到了潜伏着的危机，九五爻对这种危机考虑得十分透彻，因而作出遁避的选择，这种遁避应当得到赞美，且能得到吉祥。

【可断结果】

九五爻地位尊贵，局势与环境尚属平稳，小人虽然得势，但尚无僭越行径。九五遁避并非懦弱无为，乃是君子不与小人争锋的明智之举，所以能得到"贞吉"之果。

九五爻之嘉遁的确值得称道，其拥君主之尊却能固守贞正，低调处事，不标榜炫耀，在必要时功成身退，安守正道，言行举止皆合于义理。这说明九五不只是审时度势的明君，也是进退有度的智者。

【自取之道】

九五爻之"嘉"在于不为自身私欲而贪恋权位，之"吉"得自于贞守中正，不背离遁卦之正道。其志向高洁，丝毫未被阴气所遮蔽，其心智澄明，在安享中能悟出隐忧。遁卦中以九五爻之遁最为完美，安然从容全身而退，又得明其志。

【经文+传文】

上九　肥遁：无不利。

《象》曰："肥遁无不利"，无所疑也。

【译文】

上九　远走高飞去隐遁：没有不利。

《象传》说："高飞远退无不利"，是因为君子退隐时毫不迟疑。

【爻意分析】

上九爻是遁卦的终极之爻，身为阳爻而居于高位，无所束缚，前行无阻，且其居全卦之上，其积蓄也必充盈，是以爻辞中道"肥遁：无不利"，意为上九爻对于隐遁一事准备充分，毫无置疑，此时隐遁之路亨通，上九爻从容带着自己丰富的积蓄，按着早已制定好的计划退隐，其随身携带的财物完全可以保障其周全生活，所以没有任何不利之处。

【可断结果】

上九爻上无阻挡，下与本卦之正向对应的九三爻同为阳爻，无法应和，无所牵挂，自由随性。其隐遁既没有顾虑，又没有留恋，是遁卦之中遁避之心最为坚定的一爻。上九不但在遁避时不疑惑不自疑，且其身居的位置也十分适宜遁避，前路畅通毫无阻挡，心宽意阔，超然远去。

【自取之道】

隐遁是一种跟随自己心意而做出的决定，与逃亡的不同之处在于，隐遁是主动的行为，而逃亡是被动的行为，所以有时间事先做出必要的准备与安排，包括饮食起居的保障，否则即使退避也会将自己陷入困苦尴尬之境地，其遁隐也必不能长久，其奉行的也并非遁隐的大道。

大壮卦

雷天大壮
（下乾上震）

卦辞

【经文+传文】
《大壮》 利贞。
《彖》曰：大壮，大者壮也。刚以动，故壮。《大壮》"利贞"，大者
正也。正大，而天地之情可见矣。
《象》曰：雷在天上，《大壮》。君子以非礼弗履。

【译文】
《壮卦》象征壮大强盛：坚守贞固有利。
《彖传》说：大壮，指大者强壮。行事刚健，所以
称"壮"。《大壮》中的"利贞"，是指大者正直。正直
壮大，天地万物的情状就可以明白了。
《象传》说：雷在天上轰响，这就是《大壮》卦的象征。
君子取法《大壮》卦，不合礼义的事不做。

在大壮之时，唯有固守正道才能有利。

爻辞

【经文+传文】

初九 壮于趾：征凶，有孚。

《象》曰："壮于趾"，其"孚"穷也。

【译文】

初九 脚趾健壮（比喻有实力）：出征肯定有凶险。

《象传》说："壮于趾"，是说初九，应当以诚信自守。

【爻意分析】

初九爻在大壮卦中为初始之爻，身为阳爻而居于阳位，重刚躁动。爻辞中道"壮于趾：征凶，有孚"，意为初九爻之健壮只在于脚趾之间，却误认为全身都很强壮，且自视过高，认为自己的能力可以行征服之举，无疑会为自身带来凶险。

【可断结果】

初九爻位置低下，爻辞中所说的脚趾健壮，预示着初九爻已经做好了行进的准备，有躁动不安之势。但是初九阳爻在下，虽然具备行进的能力，但如同才能自立的孩童，懵懂莽撞，全无成大事之力，难以担当重任，因此不适宜出行征战，只可静守，若强行妄动，必定会带来凶险。

【自取之道】

初九之遭遇凶险像于其位低下，羽翼未丰，不到有所举动之时，却随意妄为。初九上应九四爻，本身重刚又以刚应刚，毫无阴柔调和，有折断之象，是以不可妄动，需谨慎静守，以养其壮，等待时机。

初九爻虽然阳气旺盛，有进取之心，但其位卑下，其势应潜。应当安守中正之道，才不至于有刚愎自用之错咎。初九爻在大壮卦中极为重要，一爻初始能安保其健壮，则后面的五爻才有强壮的根本，若初爻因为自身过于刚猛而折损，势必连累其他爻之壮，届时初九爻便成了本卦的大过之爻，身负错责，无法开脱。初九爻应当中致平和，按躁动之心，生贞守之志，不可妄进妄行，保己之健，养己之壮。行动的时机还未来临，唯有沉静以待才能趋吉避凶。

【经文+传文】

九二 贞吉。

《象》曰："九二贞吉"，以中也。

【译文】

九二 贞静固守可获吉祥。

《象传》说："九二贞吉"，是因为君子能守中道。

【爻意分析】

九二爻是大壮卦下卦之中爻，身为阳爻而居于阴位。阳爻居于偶位原本为居位不正，但九二爻与本卦阴爻六五爻相应和，阴阳相济，互为辅助，是以能安守中正之道，以静守之姿态养护其壮，是以爻辞中道"贞吉"，意为九二爻之举措，毫无偏差，阴阳平衡，稳定和缓，贞静固守，安享吉祥。

【可断结果】

九二爻乘时得位，与六五爻刚柔相济，内外辅助，使其刚猛以阴柔为用，有以刚健之德行主持内政之象，其秉性自重沉稳，志向鲜明，内心充实无私，行为刚正光明，为人处世不偏不倚，如同四季中的春天般和煦明媚。

九二爻既有所固守又有所作为，居正位，行中道，其德行周全，又有六五爻协助，是以吉祥无凶。

九二守正用柔，因此得吉。

【自取之道】

九二爻之所以得吉，皆因为其居中，如同一位性情急躁但德行昭然的君子，虽然气质刚猛，但是并不会悖离中正之道而有偏颇的言行，做事进退得当，完全没有不得当的地方，是以毫无错咎，大为吉祥。

【经文+传文】

九三 小人用壮，君子用罔：贞厉；羝羊触藩，羸其角。

《象》曰："小人用壮，君子用罔"也。

【译文】

九三 小人滥用强力，君子不会滥用强力：守持正固以防危险；公羊触篱，角卡住了。

《象传》说：九三说："小人滥用强盛，君子虽强不用。"

【爻意分析】

九三爻身为阳爻而居于阳位，重刚之身，躁动而难以自持。爻辞中写道："小人用壮，君子用罔：贞厉；羝羊触藩，羸其角。"公羊用自己的角去顶触篱笆墙，导致其角为篱笆所卡，难以脱身，预示九三爻躁动不安，情绪失控，若不加以节制，便会如同以角顶篱笆的公羊一般，落入进退维谷难以自救的境地。小人若是得势，遇到问题便会施用武力，欺凌镇压，而君子不会有如此的行径。

小人若是得势，遇到问题便会施用武力，欺凌镇压。

【可断结果】

九三爻居于上下卦之中，也夹在两个阳爻之间，重刚难以协调，处境极为艰难，所以更要谨言慎行，才能避免言行有失。九三爻与上六爻相呼应，又与六五爻相辅助，而与自己临近的九二爻和九四爻却难以亲近，呈就近难以和睦，而远方有所守望之势。

九三爻身处的位置为下卦之终，若以其壮为用，肆意乘凌，则必有招致危害的忧虑，且九三处于重刚之地，上下皆刚爻，此为重刚容易招致折损之象；因此遇事不可轻举妄动，设想其后果，思己之退路，善于审时度势，才能避免因壮致祸，且能长保其壮，德行事业都会有所成就。

【自取之道】

九三一爻变数甚多，究竟如何全要看处于此位的是君子还是小人。小人贪近利而无远忧，喜做乘势凌人之举，只知进而不知退，只知放而不知收，势必将自己之壮竭尽。而小人之作为也与此同理，难知反顾，正如爻辞中提到的强健的羚羊，自恃强壮，以为无所不能，毫无畏惧，竟致以其角自抵栅篱，最终落得反受自身强壮所害的结果。

而若是君子处于同样的位置，其结局便迥然不同，君子欲进之时先思其退路，明白运数有盛必定有衰，天道有盈

君子得势也不会妄用强盛，而是依循正道而行。

必定有亏，凡事太过必定反受其害，于是经常自警自省；当此爻时，行事与小人相反，知道自身之壮过甚，到达极处时会转为衰弱，于是顺势而变，以退为进，自身先以贞静自守求中和之功，以不用而行大用，保其壮而成其壮。此举令君子终得壮之大道。

【经文+传文】

九四　贞吉，悔亡；藩决不羸，壮于大舆之輹。

《象》曰："藩决不羸"，尚往也。

【译文】

九四　守持正固，可获吉祥，悔恨消失；好似冲破篱笆也无损坏，比大车的轮輹还要强壮。

九《象传》说："藩决不羸"，是说利于九四向前发展。

【爻意分析】

九四爻身为阳爻却居于阴位，本有居身不正之嫌，但其属外卦之初，大壮卦之壮至此到达顶点，因为本卦之壮是单对阳爻而论，而之后的六五爻与上六爻解释阴爻，无法为壮所用。九四爻之壮胜过之前三爻，有两个阴爻相辅助，又得到了初九爻的应和，刚柔相济，行动毫无阻滞，实为壮卦之大用。

九四爻之壮既有所保又有所用，既有所守又利于行，事事皆宜，贞利吉祥，自然能免于后悔。九四爻得柔以协助其刚，得顺以中和其躁，使其壮得养而不衰，内守德行无亏，犹如骏马奔驰于坦途之上，轻舟行驶于顺水之中。其志向必达，所谋必有所成就。

爻辞中道"贞吉，悔亡；藩决不羸，壮于大舆之輹"，意为九四持守正道，可获吉祥，不会发生令自己后悔之事，公羊冲破了藩篱，并未被其卡住犄角，而大车车厢下面之连接车轴的木头极其结实。公羊破篱，前途无阻，车辇结实，有利行进，爻辞之意是说九四爻之壮利于前行，会有所发展。

【可断结果】

九四爻身为阳爻，谦逊持正，以中和护养其壮。本卦中，九二爻亦因身为阳爻而居于阴位而得到贞吉，但其获得的吉祥只能固守，不可有进，难以有大的作为，而九四爻阳气充沛，其壮强盛。就爻辞中来看，九四爻之势不可阻挡，大壮卦之用皆在此爻一身。

【自取之道】

九四爻居于大壮卦四阳爻之终位，虽然刚猛却能得阴柔相济，是以其道十分亨通。且，以其之壮，阴爻六五爻与上六爻不但不会阻挡其行进之势，反而会被其阳刚强壮所吸引，相随而行，九四爻如同得到良朋益友的陪伴，刚柔辅助，相处融洽，全无不如意与不利之处。

【经文+传文】

六五　丧羊于易：无悔。

《象》曰："丧羊于易"，位不当也。

【译文】

六五　在田地上丢了羊：无悔。

《象传》说："丧羊于易"，这是因为六五地位失当。

【爻意分析】

六五爻位于本卦的尊位，是居于阳位的阴爻，居身不当，因而内心常怀忐忑，所幸位于上卦之中位，有能安守中和之象。爻辞中道"丧羊于易：无悔"，意为在田地边丢失了羊，羊的走失是因为其好斗不驯服，且六五爻放羊之处也属于是非之地，这之后再不会有不好的事情发生了，所以不必自悔。

六五爻本身阴柔缺阳，对外又毫无防范，虽在君主之位，却柔弱无能，不但完全没有作为，朝中的臣子也因此而轻视他，于是骄横不易服从其统领，有悖离之势。六五爻因能力不及，只得任其所为，如同将羊放逐于田野，贪图安逸，疏于管理，任羊走失。

【可断结果】

六五爻以阴爻居阳位，呈以柔覆刚之势。大壮卦以阳为要用，六五爻身处尊位却身为阴爻，有失其用。阳在本卦中被喻为羊，是以爻辞中有丧羊之说。

九三爻与上六爻皆因其羊以角触藩受到阻挡，而无法向前，致使难有作为，而六五爻更为严重，不但停步不前，且丧失其羊。六五爻承接上六爻，上六爻上无遮拦，好比六五爻将自己的羊放牧于空旷而没有围栏的牧场，自然有走失之虞。

之所以爻辞中称"无悔"，是因为六五爻心中很清楚此地不宜牧羊，却毫不以为意，明知容易失去却毫无防范措施，与弃无异，是以心中无悔。

【自取之道】

六五爻拥非阳之身却欲自壮其身，居位不当，德行有失，是以招致失羊之祸，自身虽无悔，但终究难辞其咎。

【经文+传文】

上六　羝羊触藩，不能退，不能遂，无攸利，艰则吉。

《象》曰："不能退，不能遂"，不详也；"艰则吉"，咎不长也。

【译文】

上六　公羊触篱（角卡住了），进退不得，无利可得，历经艰难后可转吉祥。

《象传》说："不能退，不能遂"——这是不祥现象；"艰则吉"——这是说遭受灾殃的时间长不了。

【爻意分析】

上六爻是大壮卦的终极之爻，身为阴爻，处于高位，处境颇为艰难。爻辞中道"羝羊触藩，不能退，不能遂，无攸利。艰则吉"，意思是公羊以角抵触藩篱，结果其角被卡在篱笆上，进退不能，这样的结果毫无利益可言，但是目前处境虽然尴尬，只要经过艰苦与磨练，自然会脱离困境获得吉祥。

【可断结果】

大壮卦至上六爻这里，已经是全卦之终点，有柔爻居于上位，物极必反，反上为初之象。上六爻与九三爻相应和，呈内刚外柔之势。之前六五阴爻丧羊，乃因毫无防范，上六此时因极而转，形同初九爻。其境遇如莽撞公羊前行，藩篱在前，贸然以角触之，却挂角难出，此时，欲进无力，欲罢不能，两相为难，进退维谷。

但上六爻之用在于其艰贞之德行，其行受阻，必受艰辛才能脱困，眼前无利，不以为意，只要能持之以恒，坚守心中中正，假以时日便会等到局面翻转，获得吉祥。

公羊触篱（角卡住了），进退不得，上六唯有明了所面临的壮盛至极的艰辛局面，舍弃刚强运用柔顺才能得吉。

【自取之道】

上六爻在大壮卦之极，前面已无可进之路，下面有阳爻，退路又被阻断，爻辞中显示公羊挂角，前路被阻，但此时壮之根本已经坚固，储蓄已经充盈，无法再增其壮。上六落于进退两难之境地，须待其时运降临。此时上六大壮已成，却还无法安享成果，皆因大壮卦之大用在于艰辛，艰辛为贞正之根本；所以上六爻只要能安守艰贞，以后便会得到吉祥，如一阳在初一般，前途宽阔，大有作为。

晋 卦

火地晋
（下坤上离）

卦辞

【经文+传文】

《晋》　康侯用锡马蕃庶，昼日三接。

《彖》曰：晋，进也。明出地上。顺而丽乎大明，柔进而上行，是以"康侯用锡马蕃庶，昼日三接"也。

《象》曰：明出地上，《晋》。君子以自昭明德。

【译文】

《晋卦》象征上进：康侯蒙受天子赏赐的车马众多，一天里多次受到接见。

《彖传》说：晋，指前进。太阳升出地面。顺从的臣子向上依附明君，以柔顺之道积极进取，功业不断增长，所以"康侯用锡马蕃庶，昼日三接"。

《象传》说：太阳升出地面，这就是《晋》卦的象征。君子取法《晋》卦，自我展现美德。

康侯用锡马蕃庶，昼日三接。

爻辞

【经文+传文】

初六　晋如，摧如：贞吉；罔孚，裕无咎。

《象》曰："晋如摧如"，独行正也；"裕无咎"，未受命也。

【译文】

初六 进取之初有阻碍，持守正道则吉祥；初时不能见信于人，宽以待人则无咎害。

《象传》说："晋如，摧如"，是因为军队能独行正道；"裕无咎"，是因为君子未领受王命。

【爻意分析】

初六爻身为阴爻而居于初始之阳位，居位不当，与阳爻九四相应和，刚柔相济，上下互应，相得益彰，成其功用。爻辞中写道："晋如，摧如，贞吉；罔孚，裕无咎。"初六爻在前进还是后退之间有所犹豫，其心正直，故能吉祥，但是行动并不确定，所以没有得到应有的信任，其行动还要等待时机，但是初六因为能坚守正道，所以无论前行还是后退，都会得到吉祥，没有错咎。

初六爻因与九四爻应和，志在于行，但初六爻地位低下，阴柔顺从，前路有阴爻阻挡，如同被重阴遮蔽，所以有"晋如摧如"之象。初六唯有固守正道，宽裕自处，耐心等待时机到来，才不会招致过错。

【可断结果】

初六爻一爻初始如同无知少年，涉世不深，还没有肩负任何责任与使命，是进是退都可按照自己的想法而决定，虽然行事反反复复，进退犹豫，但是毫无忌讳也不必承担错咎，但毕竟这种不坚定的举措，会令别人对初六信心大减。所幸初六爻贞静柔和，处事中正，在这种缺乏认可的局面之下，沉心静气，等待时机，顺势顺时而行，此种稳妥的做法自然不会带来灾祸。

【自取之道】

初六爻位于晋卦之初，一切尚在初始状态，并未承担官职，身负使命，所以供其思虑前途的时间很充裕，不必在仓促之间就做出选择，所以既不会冒然而进，也不会悻悻而退。初六爻前行之路因阴受阻，于是索性停下脚步，静待时机。与之应和的九四爻身在尊爻六五之侧，如同一位受到君主宠信的重臣，是以初六爻虽然暂时受阻，但是此种境遇绝不会长久，假以时日，必定为君王所知，为君王所用，所以初六爻只要安守心中贞静之道，不行遭人非议之举，静待时机便可。

【经文+传文】

六二 晋如，愁如：贞吉；受兹介福于其王母。

《象》曰："受兹介福"，以中正也。

【译文】

六二 进取途中充满忧虑：守持正固可获吉祥；做事能从王母那里获得大福气。

《象传》说："受兹介福"，是因为君子中正。

【爻意分析】

六二爻居中守正，进而有其道，退而有所守，虽受困于阴，无法腾跃而起，大展宏图，但其自身之力足够继续向前行进。六二因为柔弱阴郁，行进难以亨通，不免曲折踉跄，不时有徘徊于歧路，难以定夺方向之虞，但所幸其居身得正，又与君主六五爻对应，所以终能获得吉祥与很大的福气。

【可断结果】

六二爻身为阴爻而显柔弱，行进前途受到阻挡，自身难以破除，此时应当静待时机，若是自不量力，贸然躁动，势必造成过犹不及之局面，给自身招致无端的祸患。

其中正的德行一旦失去，便会悖离晋之正道，得到福气与吉祥的根本便会失去，届时既无正应又无协助，孤家寡人，势单力薄，难免坠入浊流之中，无力自拔。

六二爻身为阴爻而居于下卦中位，与尊爻六五虽然正向对应，却因同为阴爻而难以应和相济。六二爻自身柔弱，又没有辅助，所以虽得中位，恐怕难以有大的作为。爻辞中道"晋如愁如：贞吉；受兹介福于其王母"，意为，前进虽然令六二爻为难忧虑，但其守正固便可获吉祥，将要从家中祖母那里得到很大的福气。

【自取之道】

六二爻因有中正之德，言行没有偏差，没有急功近利之心，其性亦不易为物欲所迷，虽然既无正应又无辅助，导致向前行进缓慢有阻，心中因停滞不前而生出忧虑，但是依旧可以固守其贞。其德行昭然。

六二爻与尊爻六五虽然难以应和，但是日久天长，六五爻与六二爻毕竟同有守中之德，对六二的贞正柔顺会有所感应，因而给予嘉奖，赐其荣宠利禄。可说六二爻之大福，皆源于自身仁和的德行与能安守中正之道。

【译文】

六三　众人都信服他：悔恨消失。

《象传》说：众人都信服他——这是因为六三志向上进。

【爻意分析】

六三爻身为阴爻而居于阳位，居位不当。又未得中，爻辞中道"众允，悔亡"，意为六三爻因为志向积极而得到众人的一致信任与认同，六三爻借着众人之势上升，没有悔恨的事情。

为六三之德行与志向所感染者甚众，且六三爻与阳爻上九正向应和，阴阳互济，上下辅助，众人帮扶，是以六三爻大有上升之势。

【可断结果】

六三爻阴爻居于阳位，居身不中不正，原本应当有悔，但能与上九阳爻相应和，所以虽为阴爻却志在上升，又兼之与初六爻与六二爻心意相通，得到两爻的认可与协助，如同结交了很多能为其助力的益友，所以虽然阴柔，前进之势不减，奋力上升，意欲有所作为。六三爻志向高远，行动积极，前无阻滞，又得到众人的辅助，其行进之路亨通，没有可令其后悔之事。

【自取之道】

"允"是被众人所认可信服之意。六三爻居于下卦之终极，可说是恭顺至极，且其下两爻皆为阴爻，对六三也有顺承之意。六三志在依附君主六五，所以集合初六与六二一同上行，投奔六五爻，六三因志向清明忠顺而得到追随者的拥戴，而其作出的选择也正确无误，所以不会发生令自己后悔的事情。

【经文+传文】

九四　晋如鼫鼠：贞厉。

《象》曰："鼫鼠贞厉"，位不当也。

【译文】

九四　进取之时，就像身无专技的鼫鼠一样：应守持正固以防危险。

《象传》说："鼫鼠贞厉"，是因为九四地位失当。

【爻意分析】

九四爻身为阳爻而居于阴位，其位不中不正，以阳乘阴，因此心中常怀惴惴，行动举止忐忑不安。爻辞中道"晋如鼫鼠，贞厉"，意为九四爻在上升的时候如鼫鼠一般，畏缩懦弱，占卜中得到的是凶险的征兆。

晋卦以上升为用，而上升代表光明，鼠的生活习性，为昼伏夜出，与晋之大道相悖逆，有违中和。九四爻身为阳爻，本有光明之象，皆因居位不当，反被喻为阴暗中的鼠辈，可见爻所居之位对自身影响之重大。

【可断结果】

鼫鼠本性贪得无厌，畏缩怕人。爻辞中以此鼠做喻，意为形容九四爻乃是一个毫无德行，嫉贤妒能的小人。九四爻胆小怕事，身无所长却居于如此要职，实在是朝廷中的一个极大隐患，只会误国误民，所以九四爻这种居心不良、失德失道的小人即便是想去固守晋之正道，也会遭遇凶险。

【自取之道】

九四爻位于本卦之君王六五身旁，乃是一位近君的重臣，但因其居身不正，德行有失，难守中正之道，贪恋荣华，沉浸于物欲，对下面奋力上升有进取之心的阴爻，心中畏惧忌惮。

鼫鼠，又名五技鼠，会飞但高不过屋脊，会游但不能度过河流，会挖穴但挖不了能掩身之穴，会跑却跑不过人的速度，会爬树但爬不到树顶。九四爻正如鼫鼠一般，无一技之长，却贪恋高位，不肯退而让贤，自身能力不及，在其位难以行其责，眼见下面三爻势在上升，却不但无顺承之德，还行阻塞之事，不知进退，已经失了柔顺中正之道，其志向必定难以达成，是危险之象。

【经文+传文】

六五　悔亡，失得勿恤，往吉，无不利。

《象》曰："失得勿恤"，往有庆也。

【译文】

六五　悔恨消失，不用忧虑得失，前往吉祥，没有不利。

《象传》说：不用忧虑得失——六五大胆前往会有收获。

【爻意分析】

六五身居外卦之正位，与六二爻正应，但两爻同阴，内外共柔，难以应和。自己身为阴爻且居位不正，难免生出忐忑之心，但其实六五虽为阴柔之身，但因居于上卦之中位，如日中天，有阴柔的君主能奉行中正之道之象，所以极为吉祥，之前的顾虑实属多余，所以六五爻只需放心大胆前行便可。

【可断结果】

六五爻是明智的君主，虽然柔弱，但是得到下卦初六、六二、六三这三爻的齐心辅助，可见其德行昭然。本来六五因为失正，会遭遇令其后悔之事，但因为其善用人才，与贤臣同德同志，不再有患得患失之心，不为成败之念所累，果断前行，毫无不利。六五以柔爻居于尊位，其位虽处尊而中，但其资质毕竟柔顺有余而刚强不足。爻辞鼓励六五"往吉，无不利"，《象传》中也指出，不要计较个人得失，说明六五只要大胆前行，必有福庆。六五爻若用此道，必能所往皆吉而无所不利。

【自取之道】

六五爻的行进为心绪所扰，顾虑太多导致其无法勇往直前，长此以往，恐将贻误上升的时机，此时应当抛开得失之念，持守中正之道，继续行进。

六五爻柔行上进，是因为其居中，能固守中和，其得失之心过重，是因为其居身不当，德行有缺，刚强果断不足，柔顺谦和有余，所以原本可以毫无顾忌的前途，六五爻行进得畏首畏尾。当然，真正做到得失不恤也并非易事，首先得去除谋图计较之心，增加自身的德行修养，将成败看淡，即便是遇到挫折也应坦然面对，不可就此萎靡，将自身的心境调理平和，勇往直前，无所畏惧，其上升之路自然亨通，会事事吉祥，没有不利。

六五爻为晋卦的尊爻，如同一国之君主，却因以阴爻之身居于阳位，居身不正。爻辞中道"悔亡，失得勿恤，往吉，无不利"，意为六五爻不必为任何事惴惴不安，令其后悔之事不会发生，患得患失大可不必，只要向前行进，必会得到吉祥，没有丝毫不利之处。

六五爻是明智的君主，虽然柔弱，但是得到了下卦群阴的齐心辅助，可见其德行昭然。

【经文+传文】

上九　晋其角，维用伐邑：厉吉，无咎，贞吝。

《象》曰："维用伐邑"，道未光也。

【译文】

　　上九　进取到了事物顶端，如野兽用它的角进攻，这意味着可以出兵攻邑：起初危险，终获吉祥，无害，坚守贞固以防发生遗憾。

　　《象传》说："维用伐邑"，是说上九进取之道尚未光大。

【爻意分析】

　　上九阳爻居于晋卦之巅峰，有头角峥嵘之象，因其身为阳爻，所以有升腾凌空之志。但晋卦以晋升为用，此时上九爻已经身在至高之位，进无可进，头角虽然生出，锋芒虽已显露，但其气势已经减弱，时数已经过去，若强行有功之事，恐将有悔。

　　爻辞中道"晋其角，维用伐邑：厉吉，无咎，贞吝"，意思是有动物凌空伸出头上的角，此为向外扩展领地之意，可以去征伐城邑，虽然会遇到危险，但是能够逢凶化吉，此行虽然不会带来错咎和灾祸，但是在占卜中得到的预示是带有悔恨的。

上九升进至极，仿佛到达了兽角的尖端。

【可断结果】

　　上九爻之势已经如偏西之日，心志虽然高远，但其气已经渐弱，当提早居高自省，俯视下方，寻找可退之路。居安思危方能临高而不惧。上九爻处于极位，时运已经穷尽，却躁然好动，盲目求进，对己虽然无害，但对百姓有伤，于其德行有损，所以上九爻在行动之后，会心生悔意。

　　晋之要义在于上升，其上升之势是借着光明之力的。上九爻的征伐之举，虽然对自身有利，但是偏离了晋的正道，其举动并不光明，因此难免其咎。

【自取之道】

　　上九爻为晋卦之终，犹如四季中的冬至，一日中的黄昏，气势时运都难与之前的五爻相比。此时应当固守贞静，安养其资本，厚重其德行。行进会带来危险，退守会得到吉祥，上九爻应当奉行天道，不应为了虚妄的功名而行劳民伤财之举，应当做到进退自如，升降有度。刚猛到了极点，不去妄行妄动，而是贞固自守，才是中正仁和之道，似上九爻这样，明知不可进还贸然而进，即便是得到一些功绩，自身又没有妨害，亦终究不是君子所为，会为天下人所责骂。

明夷卦

地火明夷
（下离上坤）

卦辞

【经文+传文】

　　《明夷》　利艰贞。

　　《彖》曰：明入地中，《明夷》。内文明而外柔顺，以蒙大难，文王以之。"利艰贞"，晦其明也，内难而能正其志，箕子以之。

　　《象》曰：明入地中，《明夷》。君子以莅众用晦而明。

【译文】

　　《明夷卦》象征光明殒伤：利于牢记艰难，守贞正固。

　　《彖传》说：太阳落下地面，光明殒伤，这就是《明夷》卦的象征。君子内有文明美德，外有柔顺之象，却蒙受大难，周文王的情况就像这样。"利艰贞"，是说君子隐藏他的光明。君子身陷内难，仍能志向正直，箕子的情况就像这样。

　　《象传》说：太阳落下地面，象征光明受到殒伤，这就是《明夷》卦。君子取法《明夷》卦，治理众人时要深藏智慧而不显而明察在心。

爻辞

【经文+传文】

　　　　　　初九　明夷于飞，垂其翼；君子于行，三日不食；有攸往，主人有言。

　　《象》曰：君子于行"，义"不食"也。

【译文】

　　初九　在光明受到损害之时向外飞，低垂着羽翼；君子前往，几天没饭吃；前往办事，所到之处都受主人责备。

　　《象传》说：君子前往（三天不吃东西）——不吃是为了节操。

【爻意分析】

初九爻是明夷卦中居于阳位的阳爻。"明夷"意为光明受到遮蔽损伤，初九爻一阳初始，有君子之阳刚被周围阴郁所掩盖之象。爻辞中道"明夷于飞，垂其翼；君子之行，三日不食；有攸往，主人有言"，意为，鸟儿在夜色的掩映下低垂着翅膀，不再飞行，君子将要辞别原本的主人远行，其去意坚决，临行之前三日，因为心怀别离的感伤，不进饮食，君子的主人因不明就里，见其反常之举不禁疑惑与责怪。

爻辞中的的明亮遭到遮挡与杀害，所喻的是国家的黑暗与败落。君子明白以一己之力难以拯救国难，打算远离，放弃原有的丰美食禄，只求安然归隐，其临行时的无奈心情，难以言表，前途又难以预料。此行乃是怀惧而行，哪里还有心思吃饭？面对主人的怪罪，君子无法明言，只得默默承受。

【可断结果】

初九爻处于明夷之初，离祸害尚远，短时间之内阴霾对其还造不成危害。但初九乃是明智贤达的君子，对明夷之害有所预见，不等其害加身，提前遁避。初九爻志在脱离幽暗，达于光明，所以能忍人责骂，受困苦饥寒，不止其意志之坚决可见一斑，而且行事也有君子之风。

【自取之道】

明夷卦中的阴霾如同巨大羽翼伸展在天空，光明为其所遮蔽，鸟儿虽然也有羽翼，但是终究无法一直翱翔于天际，总有落下之时，所以其升中有降。初九爻如同这阴郁天空下的小鸟，因其地位卑下，升无可升，飞也难以持久，但其所幸身为阳爻，志在动而非静，是以上升之志不绝。

初九爻之行与止，是投明与同暗的分别，其地位卑下而向往光明，在内安稳而志向高洁，则无论前途有多少险阻艰难都不会令其改变心意。

【经文+传文】

六二　明夷，夷于左股，用拯马壮：吉。

《象》曰："六二"之"吉"，顺以则也。

【译文】

六二　光明不见了，伤了左腿，得到壮马搭救：吉祥。

《象传》说：六二说"吉"——这是因为行事时柔顺而能坚守中天规则。

【爻意分析】

六二爻是居于下卦中位之阴爻，处于阴位，居身得正，是明夷卦中的主爻，有柔顺之德，能安守中正。爻辞中道："明夷，夷于左股，用拯马壮：吉"，意为在阴暗的天色中行走，左腿受伤，所幸前来救援的马十分强壮，这是吉祥的征兆。

六二爻是阴柔守正的君子，低调内敛，但尽管如此，在暗无天日的环境中，也难免为小人的暗箭所伤，其遭遇在所难免，但所幸受的伤害不算严重，尚有补救的方法。六二爻应对迅速，以壮马自救，马乃是聪慧忠诚的动物，意为六二爻得到了好友有力的协助，得以脱离险境，得到吉祥。

【可断结果】

六二爻身受股伤，自身难以行进，此时壮马来救，恰可弥补六二爻之伤；且壮马善于驰骋，六二爻较之前行进得更为迅速便利，因祸得福，自然大为吉祥。

但若是六二对局势不能审视清晰，在受伤之时不及时安排援助，那么其害便会日渐深入，身边的祸患也会越来越重，最终成为难以解救的凶难。

【自取之道】

六二爻身为明夷卦之主，其明因阴受阻，难以施放，如同烛光被阻挡在墙壁之内。六二爻有明在内，无法尽其所用，称为夷伤，有受伤害之象。

六二处于蒙昧不清之世，朝中奸佞小人得势，搅乱朝纲，君主若不明，贤臣难以幸免。于朝廷而言，贤臣对于君王犹如股肱，伤了左股，便意为失去了贤臣志士。六二爻表面上依旧恭敬谦逊，但心中十分澄明，所以当受到小人伤害时，应对得当，自救之时，处置有方，进退有度，所以能将自己身上的危害降至最低。六二爻这种柔顺持中的处事之道，也是其转危为安的关键所在。

【经文+传文】

九三　明夷于南狩，得其大首；不可疾，贞。

《象》曰："南狩"之志，乃大得也。

【译文】

九三　光明殒伤时去南边行猎，君子捕得大元凶祸首；不宜操之过急，还要守持贞正。

《象传》说：君子向南狩猎的目的，是获取大收获。

【爻意分析】

九三爻阳居阳位，居于下卦之终，与上六阴爻两相呼应。上六爻居于明夷卦之最高位，正是本卦中遮蔽光明的昏暗君主，九三爻拥有重阳之身，阳气刚猛，躁然好动，有上升之志，又有凌云之势头，此时趁势乘时，九三之阳气上行，大有将昏君推翻，为天下拨乱反正之象。

爻辞中道："明夷于南狩，得其大首；不可疾，贞。"意为九三爻为形势所迫，在阴暗的情况下向南征战，却意外擒获敌人的首领，但此行需谨慎行事，不可操之过急，应当做好充分与持久的准备。

此时上六爻亲小人而远君子，致使天下是非颠倒，黑白不清。九三爻阳德旺盛，见此情景已经忍无可忍，欲上升驱散阴霾，挺身救世，其情可嘉，其志坚定，但九三上下皆为阴爻，如同身边小人环绕，有行动艰难受阻之象。

九三爻处于晦暗之中，行于险困之境，应审时度势，顺势而进应时而止，进退有度，不疾不徐。守贞正中和之道，行而有守，进而有舍；若在时机尚未成熟之时便贪功冒进，势必功亏一篑，所举动若与其志向背道而驰，结局自然也会适得其反。

【可断结果】

九三爻身处下位，行事不可莽撞。此时君王昏庸，而天下亦因其统治而处于蒙昧不清的状态中，而九三爻志向贞正，以济世救国之心行征伐之举，其德行无失，与正道不悖，只需等待时机，承天道而动，届时一呼百应，人人拥护，必定会获得成功。

【自取之道】

明夷卦中只有初九爻与九三爻两个阳爻，但初九地位低下，难当大任，而九三爻既处于中位，又与六四爻交好，得到了辅助，自身以阳爻之身居于阳位，丝毫不为阴晦遮蔽，且阳气刚猛德行厚重，实为明夷卦大用之爻。九三爻虽无法率领王师，却有聚众于田野的能力，且其南征，象征追逐光明，乃是深晓明夷卦要义之举；但是改天换日终非一日之功，九三爻不可操之过急，只要坚定贞正，惩奸除恶指日可待。

明夷九三如武王伐纣，顺天应人。但即便是以正讨逆也不可操之过急。周代卜辞记录周伐商之前曾先伐蜀，可以看作是"南狩"。

【经文+传文】

六四　入于左腹，获明夷之心，于出门庭。

《象》曰："入于左腹"，获心意也。

【译文】

六四　退处于左方腹地，洞悉了光明殒伤的中心情况，终于毅然跨出门庭向远方走去。

《象传》说："入于左腹"，是为了获知真实的情况。

【爻意分析】

明夷卦中，六四爻身为阴爻而居于阴位，乃是重阴之身，柔顺贞静，大有顺承之德行，

爻辞中道"入于左腹，获明夷之心，于出门庭"，意为进入到心腹要害之地，获知了阴晦的真实情况，并因此做出了离开家门的选择。

六四爻身在阴霾之地，与上六爻亲近，能够明白上六的心意与真实想法，因而清楚自己所侍奉的昏君已经到了蒙昧不开心窍，不知悔改的地步。六四爻柔守贞正，与昏君志不同道不和，在极度失望之下，深恐为昏君的暴政所连累，做出悖离昏君的选择，远走避祸。由六四爻的远离也可看出上六爻已经到了众叛亲离的境地。

六四爻本为上六爻的心腹近臣，在亲近君王之后陡然生出远避之心，其举动并非不忠的小人行径，而是因为终于明白，君非明智之主，朝中多佞臣，只有弃暗投明才是自救的正道。

【可断结果】

六四爻秉性柔顺，喜静不喜动，为安于现状之爻，但其心中持守中正，与上六爻之暴虐昏庸大相径庭，且难以忍受朝中阴暗晦涩之风；但其心毕竟忠顺，所以有流连不去，直言劝谏之忧。六四爻在做出正确抉择之后，应当机立断，远离是非之地，切不可对上六爻心怀期待，保持愚忠，妄想以逆耳之忠言打动昏君。须知昏君之耳，善言难进，若贻误了遁避的良机，劝谏不成，恐反为朝中小人所陷害，为自己招致杀身之祸。

【自取之道】

爻辞中"出于门庭"一说，对于恭敬顺从的六四爻，无疑如同离家叛国，其心中志忐与负疚在

所难免，极易因此而生出退悔之心，但事实上，六四之出走已经避无可避，否则会危及自身的安全。

因此，六四爻应以远离昏昧，亲近光明为重。背离暴虐昏庸的君主，不是忤逆的小人之举，而是明智的君子所为，所以应当机立断，毅然远离，才能为自己争取到光明远大的前程。

六五　箕子之明夷：利贞。

《象》曰："箕子"之"贞"，"明"不可息也。

【译文】

六五　像箕子一样处于光明殒伤之时，守贞则有利。

《象传》说：箕子是正直的，他的光明是不可熄灭的。

【爻意分析】

六五爻身为阴爻，居于上卦之中位，临近昏君上六爻，身在险地，危如临渊。

爻辞中道"箕子之明夷，利贞"，意为六五爻应当如箕子一般隐藏自身的智慧与真实心意，这样才能保证自身的安全。

此爻表现了箕子在国政昏暗之时坚贞守正的风骨。

六五爻在昏君身边，如同陷入隐蔽晦暗之中难以自拔，但其居身得正，又能持守中道，不会受黑暗的浊流所污染，被逼无奈，只得效法当年纣王身边的智者箕子，佯装疯癫掩饰自己真实的志向，既未丢失德行，又在危险之地保全了自己的性命，此举虽然是为情势所迫而做出的，却也是机智之举，是有利于自身的选择。

【可断结果】

六五阴爻身居外卦之中位，与六二阴爻正应却因同为阴爻而不相合，其位端正，但本身不当阴爻居尊位而行柔顺之道，犹如乱世之中昏君身侧的忠臣良将，处境艰难，岌岌可危，因此爻辞中以箕子做喻。

六五爻身处尴尬之境地，上下有失辅助，内外无人见谅，忠君招致自辱，远离义所不容，因临近上六，所以期望自己有感于上六，宁可在江山将倾之际留在君主身边行劝导之责，在明白凭借自身劝醒君主之昏庸，是力不能及之事后，以柔为用，佯装疯癫，安守心中贞正，不避凶险不辞艰苦，持节不二。六五因恪守臣子之道，不离上六，为自保而甘心自辱，至诚至信，自然不会有不利的事情发生。

【自取之道】

六五爻之贞守，缘于内心忠诚，虽临危而不愿改节，其用心之良苦，天地可鉴，如日月之明，所以虽然身处荫蔽之地，却难掩其明，是为贞明。

上六爻一难，危及天下。六五谏言被贬，即便拼却性命也难以挽回昏君的心意。六五既不愿远离遁避又不愿为虎作伥，出于无奈，行此权宜之计，于德行无失，于正道不悖，其行为毫无错咎，所以无不利处。

【经文+传文】

上六　不明，晦，初登于天，后入于地。

《象》曰："初登于天"，照四国也；"后入于地"，失则也。

【译文】

　　上六　天色不明，昏暗一片，（太阳）先是升空，后来落地。

　　《象传》说："初登于天"，是说君子德耀四方；"后入于地"，这是说君子失掉了准则了。

初登于天，后入于地。

【爻意分析】

　　上六爻是明夷卦中的终极之爻，身为阴爻，又处于阴霾之顶点，犹如一位至高无上，却昏庸不明的君主。爻辞中道"不明晦，初登于天，后入于地"，意为上六爻不明而晦，最初升上了天空，但其毫无德行，难以光照天下，最终坠入地下。

　　六五爻辞以箕子为喻，而上六爻则与纣王无别，其位于明夷卦之君主之位，自身的明亮却完全为阴郁所遮盖。上六与本卦九三阳爻相对应，得到九三之阳明的照耀，本有初明之象，但是无奈上六已经位于终极之位，运尽而时退，反射的九三之明亮转眼即灭，变得昏暗不清。上六爻承受祖先基业之初原本想做个明智君主，最终却贪恋享乐，变得愚昧昏庸。其行为自伤其明，是最终导致其从天上落入地下的原因。

【可断结果】

　　上六爻辞中的登天，为登基称帝君临天下之意，入地为亡国失位之意，上六爻身为阴爻，处于极位，不但以阴自伤，且以阴伤人。用自身阴郁遮蔽天下，致使其下的五爻皆受到了伤害。

　　上六昏庸无能，贪恋享乐物欲，宠信满口甜言媚语的小人，残害忠诚的贤臣志士，最终自毁长城，尽失民心，背离中正仁和正道，也失却了为人君主之道，所施行的暴虐之政，最终导致自己遭遇亡国丧身的厄运。

【自取之道】

　　君主身在高位，自当以其德行普照天下，以其仁政滋养万民，但上六爻全无德行，又毫无仁和之心，致使天下处于昏暗之中，亲小人而远君子，致使朝廷之中风气污浊不清，初九忧伤远行，六二无奈自救，九三奋力而起，六四出于门庭，六五晦明守正。上六将臣民的死活置之不顾，一意孤行，全无悔恨自省，处境已经危如临渊却还一无所知，实为晦暗至极的昏君，其最终落至亡国伤身的结果，丝毫不足为奇，乃是自作自受。

家人卦

风火家人
（下离上巽）

【家人卦导读】

　　卦象：下离上巽，为风自火出之象。卦德：下卦为离为明，上卦为巽为人。
全卦讲了治家之道及家与社会风化之关系。

卦辞

【经文+传文】

　　《家人》　利女贞。

　　《彖》曰：《家人》，女正位乎内，男正位乎外，男女正，天地之大义也。家人有严君焉，父母之谓也。父父，子子，兄兄，弟弟，夫夫，妇妇，而家道正。正家而天下定矣。

　　《象》曰：风自火出，《家人》。君子以言有物而行有恒。

【译文】

　　《家人卦》象征一家人：女子守持贞固有利。

　　《彖传》说：《家人》卦的象征是，女子在家居正位守正道，男子在外居正位守正道，男女各守其位，这就是天地阴阳的大义。家中有严明的君长，这就是父和母。如果父有父样，子有子样，兄有兄样，弟有弟样，夫有夫样，妇有妇样，家道就端正了。家道端正了，天下也就定了。

　　《象传》说：风从火中出来，这就是《家人》卦的象征。君子取法《家人》卦言之有物，恒心办事。

古人认为，家内之事中，女子是主要因素，女子能守妇道，守持正固，家庭自然能和乐，万事俱兴。

爻辞

初九　闲有家：悔亡。

《象》曰："闲有家"，志未变也。

【译文】

初九　在家之初即防范邪恶，保有其家：悔恨消失。

《象传》说：在家多加防范——这是说在家人思想尚未产生变化的时候预先防范。

【爻意分析】

家人卦以家人相处及治家之道为要义。初九爻身为阳爻，居于阳位，又处于家人卦最初，象征治家之道伊始。爻辞中写道："闲有家，悔亡。""闲"的意思是防范与阻止。"闲"字外有门而内有木，意为门户严谨，经过了加固与防护，说明主家之人的防范意识很强，事事考虑周全，预先准备，所以没有后悔的事情发生。

家人卦之初象征家庭的根基，阳刚在下，防患未然，意为家庭的根基稳固，治家之初，以先立家规为重。如今初九家中一切井然有序，又善于防闲，外邪难入，安定坚固。初爻虽然难有大作为，但初九爻因能守心中贞正，恒固其志，而成了家人卦的关键一爻，后面几爻的稳定吉祥，与此爻之"闲"大有关联。

【可断结果】

初九爻中坚自守，阳气旺盛，象征着家人卦最初时已经家规森然，家中上下各有所守，安定和睦。初九爻阳刚在内，能恪守贞正，心中澄明。家道贵在善于防范，规矩严明，内不起纷争，外不惹祸患。父母兄弟尊卑有序，各司其职，夫妇间互相敬爱，兄弟间互相恭让，便是家道的中正。

但是，初九爻阳气刚猛，乃是易变易动之爻，虽然目前坚固贞守，但是需提防其志有变，受六二爻与六四爻两阴爻的诱惑，因而情动性迷，导致家中有外力冲击，做出败坏家风之事，令自己悔之不及。

【自取之道】

初九爻有闲有守，能贞能恒，乃是内心刚正的一爻，应当持之以恒，矢志不移，不以物欲自役，不以外情失贞，恪守家人卦之正道，始终如一，不可将严正的家道半途而废，导致阴邪入侵，破坏家庭的根基。初九只要时刻警醒自己，谨防心中妄念，安守家规，便会心中无悔，安守吉祥。

人生的幸福很大程度上在于有一个幸福的家庭，而家庭的幸福肇始于良好的基础。古人讲"齐家治国平天下"，其要点在于要修身、正心、诚意。在一个家庭初建的时候，人们的感情要真诚，心思要纯正，要从自身做起，有爱心，负起责任。这样才能在一开始防止邪恶产生，永远不会发生悔恨。开始的严肃和严格，可以奠定永久的安祥与幸福。

六二　无攸遂，在中馈：贞吉。

《象》曰："六二"之"吉"，顺以巽也。

【译文】

六二　女子不用外出，不自作主张，在家打理家务：守持贞固，吉祥。

《象传》说：六二说"吉"——这是因为君子柔顺谦逊。

【爻意分析】

六二身为阴爻而居阴位，乃是重阴之爻，处于下卦之中，其性阴柔恭顺，居中守正，在家人卦中如同一位尽职尽责，治家有方的主妇。爻辞中道"无攸遂，在中馈：贞吉"，意为六二爻言行谨慎，不随意外出，其心全放在如何主持料理家中饮食起居等事宜上面，在占卜中，六二爻的行为预示吉祥。

六二爻与本卦阳爻九五正相对应，阴阳互济，上下辅助，有男主外女主内，分工有序，各司其职之象。九五爻如同家中的严正的一家之主，六二便是勤于持家的主妇，六二以自身之贞顺应丈夫之正，德行昭然，自然吉祥。

【可断结果】

六二爻处于内卦之中，贞正自守，且能顺应一家之主九五爻，阴柔顺从阳刚，妻子顺从丈夫，家中和睦，为家人卦之大用，自然兴旺吉祥。主妇职责极为琐碎，家中一应用度都由主妇协调管理，若想家中供给适度，支出不虚，主妇就必须事无巨细，亲自操持，善于分配。这样才能上下愉悦，人人饱足。若是安于享乐，将家中事务转委他人，只顾自身舒适，自弃主妇之权，而听任别人浪费，那么其家道必定中落，所以主妇恪尽职守才能使家中安乐和谐。

【自取之道】

六二爻居中守正，正而有应，应而有实，实而得吉。主妇的职责，在于支应家中一切需求，饮食起居，采办祭祀，桩桩件件，费心费力，以自身的才能尽为人妻子之道，且需贞洁无二。这样家中才能安稳平和，丈夫在外为家庭奔波之时才能无后顾之忧。所以，六二爻的吉祥全得利于自身的贞守中正。

九三　家人嗃嗃：悔，厉，吉；妇子嘻嘻：终吝。

《象》曰："家人嗃嗃"，未失也；"妇子嘻嘻"，失家节也。

【译文】

九三　家人因治家严格而嗷嗷叫苦：有悔恨，有危险，终获吉祥；家人嘻哈作乐：(起初亨通)终变艰难。

《象传》说："家人嗃嗃"，是说家人没有过失；"妇子嘻嘻"，这是说家中失去了家规。

【爻意分析】

九三爻身为阳爻而居于阳位，居于下卦之极位，阳气刚猛，身虽得正却并未居中，有身为一家之长，治家过为严格之象。爻辞中道"家人嗃嗃；悔厉，吉；妇子嘻嘻；终吝"，意为九三爻对家人态度严格，经常大声训斥，致使家人整日惴惴不安，暗中发出哀怨之声，这样的苛责会导致家中成员产生逆反情绪，九三爻若不及时调整，是很危险的，会发生令自己后悔的事情，只要掌握好分寸与尺度，还是会得到吉祥的。

九三虽然治家过于严格，但是其原则是可取的。若是家中上下全无规矩，妇人孩子整日嘻嘻哈哈目无尊长，那么这个家就失去了家节，早晚会演变出难以收拾的局面，引起悔恨。

【可断结果】

治家之道如同治国，过为严格与过为宽松都不适宜。家道过于严厉，致使家人整日谨小慎微，情感渐渐疏离，有威严而无亲近，于天伦之乐有损，于夫妻之情有伤。家中失去和乐，怨愤滋生，有骨肉分离的危险，那么此种治家之道是有悖人伦天性的，并不值得推崇。

转回头说，若是治家太过宽松，一任家中上下随心所欲，为所欲为，自然也是极为不适宜的，那样九三爻便有失职无能之过，枉为一家的持掌者。所以合格的家长应当先自修其身，自省己德，掌握治家的尺度，以阳刚谨肃来制定家规，以亲切中和来料理事务，这样才能父慈子孝，夫妻敬爱，家道昌盛。

【自取之道】

九三爻重刚，阳明有过，致使不能以中和治家，然而其态度与宽松放任的治家态度相比，毕竟还是利大于弊的。严酷导致家中失去亲爱和睦，纵容导致家风沦丧，所以九三爻虽然强悍严酷，但毕竟是有所作为的；但必须注意责罚有度，不可损伤骨肉亲情。礼法固然重要，但家人的亲和也不可失，若是将家人行为管理得循规蹈矩，内心却疏远淡漠，岂非得不偿失，难称和睦之家。

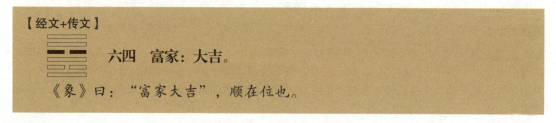

【经文+传文】

六四　富家：大吉。

《象》曰："富家大吉"，顺在位也。

【译文】

九四　能使家里富裕起来，大吉。

《象传》说："富家大吉"，是因为君子能行柔顺之道，又地位得当。

【爻意分析】

六四爻阴居阴位，且居身得正，谦顺恭和，上承九五阳爻，下应初九阳爻，既得辅助又有协同。爻辞中道"富家，大吉"，意为六四爻居位当正，处事得体，能够使家庭富裕，十分吉祥。

【可断结果】

古人认为，在一个家庭中，父亲要在各个方面起到表率和教化作用，母亲则应负责一家日常的饮食供养。勤俭持家，善于打理家务，一个家庭就能够日渐富裕，且六四以阴居柔，得正，家人能够理解她的苦心，从而没有怨恨。

周易之中向来以阳为富庶，阴为贫困，但家人卦之六四爻却一反常规，以重阴为富裕，皆因六四爻身在家人卦之中。此卦以妻子在内持家为重，六二爻与六四爻皆为中正贞守的阴爻，在家人卦中代表贤惠的女子。六二爻能操持家中饮食，而六四爻善于管理财产，家中一切内务都被打理得有条不紊，既有增进又有固守，上下和睦其乐融融，因此能够得到吉祥富裕。

【自取之道】

六四柔顺谦恭，每日勤于治家，贞守中正，不只为家庭储蓄了财富，同时也积累了善德。家中兄弟和睦，夫妻恩爱，老幼有分，这些都是因六四能协调上下之情，合理安排家中事务，令众人各得其便，各安其位，相互协助、理解，因而加深了一家人的情感，使得家庭更加稳固团结。这些都是一个家族壮大的基础，因而爻辞中道六四爻可以富家。

六四爻指出女子的另外一个责任是殷富其家。

【经文+传文】

▤ 九五　王假有家，勿恤，吉。

《象》曰："王假有家"，交相爱也。

【译文】

九五　君王用大道美德感格众人，不用忧虑，吉祥。

《象传》说："王假有家"，是说一家人交相爱睦。

【爻意分析】

九五爻身为阳爻，居于上卦之中，为家人卦的尊爻，如同家中的家长。九五爻刚正中和，宽严并济，治家有方，是最善于治家的人。自古以来，君王欲治国平天下，必自齐家做起。

【可断结果】

九五爻自身安守贞正，行事中和，言行不虚，志向高洁，以自身的美德和模范行为来教化家人，因而家人亲爱而和睦。

九五爻居于尊位，德行出众在内将家中上下治理得相敬相爱、有礼有序，这样的盛德至善，自然会得到吉祥。

【自取之道】

天下由无数家庭所组成，小家安宁，那么天下也就会安宁。人人各归其位，各守其定，家道亨通，国运才能昌明。若是家家户户毫无礼法规矩，人人混乱言行，随心所欲，阴阳不和，重利而轻义，夫违夫纲，妻悖妻道，年老者无人奉养，年幼者无人抚育，便是失了天地间的秩序，那么天下离大乱也不远了。所以九五要将家道发扬至极善。正如《大学》所说："身修而后家齐，家齐而后国治，国治而后天下平。"

【经文+传文】

上九　有孚，威如：终吉。

《象》曰："威如"之"吉"，反身之谓也。

【译文】

上九　有诚信，威严治家，终获吉祥。

《象传》说：办事威严是吉祥的——这是因为君子能反省自己。

【爻意分析】

上九爻位于家人卦的终极。阳爻居于阴位，如同家中有威信的长者，说明上九爻德性厚重，受后辈儿孙的尊重与敬慕。爻辞中道"有孚，威如：终吉"，意为上九爻注重诚信与德行，平时的言谈举止和对晚辈的教导中都充满了威严。这并不是严厉，而是自身行端表正，自我要求很高。这种作法是令众人敬佩服从的原因，所以最终会获得吉祥。

上九爻能正己身，其性情与众人相合，其志向与大道不悖，威而不严，自成其德，守位不偏，光明刚正，温和有容，恩胜于法。上九辈分尊崇，子孙心怀敬畏，以自身的贤德引领全家得到吉祥，这乃是全家之福。

【可断结果】

上九爻居于一家人之上，受到众爻的尊重爱戴。这种威严绝非以强硬的管制得来的，而是因为经常自修其身，以自身作为一家的表率与规则而得的。晚辈信服，因而争相效仿。上九处于本卦之终，意为家人卦之大道已成，家中上下老幼，各司其职，同心协力保持家道丰盈使其不败落。

【自取之道】

上九处于极地，为家人卦之终结，时数已尽，没有可进之路，难有大的作为，于是将自身德行泽被子孙，以己之所成，去育教后人。此举无疑光照门楣。其后世子孙若能解析长者苦心，遵循家训，始终如一，涵濡贤孝之风，必能壮大家族，所以说上九爻实为家人卦大用之爻。

此爻对于家庭的建设有重要的意义。家庭当中肯定有家长，家长要不要有威信？回答是肯定的。现在有一些家庭强调父母和孩子要成为朋友，这是对的，但也不等于父母可以没有威信。父母是孩子的第一任老师，他们的一言一行都对孩子的成长有重大的影响。父母没有威信，孩子就会孺慕之情落空，甚至没有安全感。古代学者颜之推说："父母威严而有慈，则子女畏慎而生孝矣。"（《颜氏家训·教子》）

睽 卦

火泽睽
（下兑上离）

【睽卦导读】

卦象：下兑上离，为泽与火互相分离之象。卦德：下卦为兑为悦，上卦为离为明。
全卦揭示了相互睽背的事物的分合规律。

卦辞

【经文+传文】

《睽》 小事吉。

《彖》曰：《睽》，火动而上，泽动而下；二女同居，其志不同行。说而丽乎明，柔进而上行，得中而应乎刚，是以"小事吉"。天地睽而其事同也，男女睽而其志通也，万物睽而其事类也。睽之时用大矣哉！

《象》曰：上火下泽，《睽》。君子以同而异。

【译文】

《睽》象征睽违背离：小心处事吉祥。

《象传》说：《睽》卦的背离违逆的象征是，火苗朝上，泽流朝下；二女同居，心思不同。和悦地附丽于光明，柔顺地上进，居位中正而得阳刚相应，所以说"小事吉"。天地上下背离但却在同做生成万物之事，男女阴阳有别却能心意相通，万物各异却能道理暗合。《睽》卦这种异同共存道理的作用真是大啊！

《象传》说：上火下泽，这就是《睽》卦的象征。君子取法《睽》卦，掌握同中有异、异中有同的道理。

阴与阳，男与女虽然彼此性质不同，但是却互相感应而心志相通。

兑卦上爻为阴，称为少女；离卦中爻为阴，称为中女，二爻共处睽卦而志在各自成家。

爻辞

【经文+传文】

初九 悔亡；丧马，勿逐，自复；见恶人，无咎。

《象》曰："见恶人"，以辟咎也。

【译文】

初九 没有发生令自己后悔的事情。马匹丢失了就不要追赶，少顷它自己会找回家来；遇到了恶人，以礼相待，自身没有错咎。

《象传》说："见恶人"——这是为了避免矛盾激化的祸害。

【爻意分析】

初九爻身为阳爻居于阳位，阳气刚猛，躁然好动，容易做出令自己后悔的冒失行为。爻辞中道"悔亡；丧马，勿逐，自复；见恶人，无咎"，意思是，初九爻重阳在下，志在上升，其心跃跃欲试，难以按捺，此时能令其生悔的根源便已经出现，所幸初九一爻初始，与人之间的冲突尚浅，造不成大的错咎，所以即便心中有悔，也很快就能消失。初九处于睽卦之初，其睽还不深，其马走失了，若刻意追赶，只会令马越跑越远。初九不失其位，原地等待，走失的马迟早能够走回，因为初九爻阳气刚猛，不染阴郁，刚爻在位，不会有失，即便失去，也能很快再得。

而初九爻遇到自己并不想看见的恶人，也不可刻意回避躲闪，以免激起恶人的愤恨，令其恼羞成怒，对初九生出伤害之心，只要从容应对，以礼待之，令其毫无怨尤，便可保证自身的安全，是无咎之举。

"丧马，勿逐，自复"提示已经失去的东西不要穷追不舍，静心等待，它反而会自己回来。

初九此时势单力薄，与恶人对立，对己不利，但也并非要为了自保去与恶人同流合污，曲意迎合。初九爻应当谦逊平和，以诚示人，以礼待人，以德感人，以理服人，化戾气为祥和，化奸恶为良善，化仇敌为朋友，避免无用的纠缠与矛盾，也避免激化与恶人的关系，此种行为是毫无错咎。

【可断结果】

此处的恶人所指为与初九爻意见不合，举止对立的九四爻。初九地位卑下，却生性好动，而九四与初九因同为阳爻而无法相应，所以初九爻去路被阻了。初九意气风发，积极进取，所以身处逆境而不需忧虑，犹如一个初入社会的少年，阳光开朗，心中满是喜悦而没有怨恨，遇人无论善恶都会以礼相待，自然能够趋吉避凶，逢凶化吉。

【自取之道】

初九一阳在下，与之正应的九四同为阳爻，无法应和，阴阳难济，有失辅助，是潜退之势，应当静守以待，不可有冲动的举措。对待遭遇的小人，不可妄逞阳刚之气，矜持清高，盛气凌人：此举只能与恶人顿成势不两立的局面，令其怨毒之心增长，伺机报复。

【经文+传文】

九二　遇主于巷：无咎。

《象》曰："遇主于巷"，未失道也。

【译文】

　　九二　小巷里撞见主人：无咎害。

　　《象传》说："遇主于巷"，是说没有迷失正道。

【爻意分析】

　　睽卦之九二爻为居于阴位的阳爻，居于中位，象征其能安守中正之道。爻辞中道"遇主于巷，无咎"，意为在巷子里偶遇主人，没有错咎。九二爻与尊爻六五正向应和，如同阳刚的贤臣与阴柔的明君志同道合，但迫于形势，无法登堂入殿觐见君主，只得相见于陋巷之中。但九二爻并未因环境的改变而对六五爻有任何失礼之处，所以其行为毫无错咎。

九二爻之与主人相遇在陋巷，并非寻常偶遇，此主人指的是六五阴爻。九二为居阴的阳爻，而六五在尊位却是居阳位的阴爻，两者都居身不正，刚柔不济，处境不甚安稳。相见在殿宇之外的小巷，可见当时事发突然，情非得已。仓促之中，九二与六五之间君臣之礼难以周全，情感心意无法表达清楚，难免造成彼此的诸多误会与猜忌，所以此次的见面，恐怕难当大用。

【可断结果】

　　六五与九二都是居中之爻，贞正中和之道未失，刚柔得以相应。陋巷原非遇主之地，而九二与六五在此间遇到而没有错咎，乃是因为彼此安守中正，德行无失，虽乘睽之变，却并未悖离正道，所以刚柔可以相互应和，内外能够协助。

【自取之道】

　　九二爻必先守正自身，祛除疑惑。两相去疑，情感才能相通，相通才可顺应，否则九二虽然阳明，但是只明于其表而未明于心，志向虽高却无法与六五爻相合，大事难成。

【经文+传文】

六三　见舆曳，其牛掣，其人天且劓：无初有终。

《象》曰："见舆曳"，位不当也；"无初有终"，遇刚。

【译文】

　　六三　路上见到一辆大车被拖拽难行，牛受牵制也无法前进，车夫是受过刺额和割鼻的刑罚的人：事情开局不妙，但会有好的结果。

　　《象传》说："见舆曳"，是说六三地位失当；"无初有终"，是因为六三遇上了阳刚。

【爻意分析】

　　六三爻乃是居于阳位的阴爻，虽然与上九阳爻正应，但是因为其居身不正，为阴柔者，才能低微却居于要位，行动遭受阻滞，难以与上九应和，且六三身为阴爻，不宜妄动，却因处于刚位强要行动，所以必定遭受艰险。

爻辞中写道："见舆曳，其牛掣，其人天且劓：无初有终。""舆"与"牛"都是前行的辅助工具，六三爻在行动的路上看见有牛艰难地拉着大车行走，牛并不顺从赶车人的驾驭，而车的上的人因为遭受刑罚而没有了鼻子；六三爻在行进的路上最初艰阻重重，但是后来得到了好的结局。

【可断结果】

六三爻初行所见的异状，预示其行动的艰难。六三处于阳位，志在上升，执意上行，欲与上九爻应和，但行进途中遭受九四阳爻阻挡，且自身位于九二阳爻之上，有乘刚之嫌。这些都令上九爻对六三爻心生疑虑，不肯相应，彼此两相牵制却无法相应，呈妨害之势。

此时，六三爻的处境正如爻辞中所比喻的一样，行路艰难，拉车之牛却并不听话使力，致使车子停步不前。这些都说明六三爻毫无仰仗与辅助，途中阻力很多。而车上人乃是一个受过刑法的残疾人，借指六三本身是阴爻，能力薄弱，缺乏扭转艰险局面的能力。这些行程中的阻碍都与六三居位不正有所关联。其自身阴柔，本应静守，却因在阳位而志气高涨，强行躁进，才遭遇这样的艰难。

六三单凭一己之力难以达到目的，原本应当遇到危险且有错咎，但爻辞中却道："无初有终。"在周易中，往往没有善始则难有善终，甚至有了善始都无法保证能得善终，何况如六三这样在行进之初就一片混乱，蒙昧不清。

六三爻之所以能得到好的结果，原因中至关重要的一点是与其正应的是本卦的上九爻。上九爻位于睽卦终结之位，恰应了分久必合之说，逆反分离到了极点，转而变成迎合。上九爻眼见六三爻明知不可为而为之，被其诚挚与坚定所打动，心中疑虑消除，俯身相应，因此而解了六三爻被困之难，六二本身意志坚决，再加上上九爻的的帮助，故得以顺利到达终点。

【自取之道】

六三以阴行阳，以柔领刚，前后失序，上下颠倒，处世不妥招致种种不当，但所幸其未失正道，终于得遇上九，借其阳刚而得免其咎。

【经文+传文】

　　九四　睽孤，遇元夫，交孚，厉，无咎。

《象》曰："交孚无咎"，志行也。

【译文】

九四　在背离、孤独之时与阳刚大丈夫遇合，两人彼此互信：有风险，终获无害。

《象传》说："交孚无咎"，是说君子求志同道合者的愿望是可以实现的了。

【爻意分析】

九四爻阳居阴位，上下皆为阴爻，有被阴郁遮蔽，孤立无援之象。爻辞中道"睽孤，遇元夫，交孚，厉无咎"，意为九四爻原本处于与众人分离，独自一人的境遇，但遇到了一位志同道合的朋友，与其交往虽然会有危险，但是不会有错咎。

【可断结果】

九四爻虽是阳刚之爻，但是身居阴位，而沾染阴郁之气，所以自身桀骜不驯，孤僻无友，上下失援，处于危厉不安之中，容易招致错咎。但九四毕竟是阳刚之爻，其心中贞正的德行未失，所以能即时醒悟。此时应当审时度势，身处逆境更应结交朋友，所以与初九求和，两人心思一致，志趣相投，结伴而行，相互扶助，自然能够躲避灾厄，远离错咎。

【自取之道】

九四与初九都是心中坦荡的君子，志向相同，境遇相仿，心怀诚挚，推心置腹，所以阴阳虽不济，情谊可相通。这样的相交毫无不妥。九四与初九结盟之后，便不再是容易受攻击的孤家寡人，即便遇到危险，也不足为惧，其行因此而通畅，没有错咎。

九四阳爻居于外卦的初始之位，与初九爻正应，但因为同是阳爻而无法应和，因此孤独离开，孑然一身，踽踽而行。但幸好九四与初九各自位于上下卦之初始，境遇相同，同为阳爻，虽不能应和却因都有阳刚的德行和进取之心而得亲近。

 六五 悔亡。厥宗噬肤，往何咎？

《象》曰："厥宗噬肤"，往有庆也。

【译文】

六五 悔恨消失。与它相应的宗亲像咬噬柔嫩皮肤一样和顺应合，哪会有什么祸害呢？

《象传》说：其宗亲如咬噬柔嫩的皮肤一样和顺地应合——前去将得福庆。

【爻意分析】

六五爻是居于阳位的阴爻，居身不当却处于尊位，是阴柔屠弱的君主。爻辞中道"悔亡。厥宗噬肤，往何咎？"意为没有后悔之事，六五爻自身柔弱，但是与九二阳爻正相应和，阴阳互济，大有辅助。六五虽是弱君，但是身边有九二这样的强臣辅佐保护，困扰也就迎刃而解了，没有错咎与灾祸。

"噬肤"比喻柔软易吃，就是容易和合的意思。

【可断结果】

六五爻身为阴爻而得尊位，以柔乘刚，本来应当有悔，但是因为居上卦中位，又得九二爻相应，能协助自身，使自己德行不失，得免错咎。

【自取之道】

可以说六五爻眼前形势已经迫在眉睫，当及时自省其过，借助贤臣辅助，行应变的举措。不顺应而变，即为逆势之举。所耽搁的时间越久，所失就越多，错咎便越大，悔恨便越深，局面会越发难以挽救。所幸六五爻生性柔顺谦恭，有警醒之心，并未贪图安逸，沉浸于享乐之中，令心智迷失，六五对自己所仰仗的九二爻十分信任，视同宗亲，因而得到了九二的倾力相助，得以避开凶险，免于错咎，所以其"噬肤"之行不但没有威胁到六五自身，反倒因九二的阳气刚猛所向披靡，而就有所斩获，值得庆幸的行程。

【经文+传文】

上九　睽孤，见豕负涂，载鬼一车，先张之弧，后说之弧，匪寇，婚媾，往遇雨则吉。
《象》曰："遇雨"之"吉"，群疑亡也。

【译文】

上九　背离孤独之时，看见猪背着污泥在跑，一辆车上载着一堆鬼怪一样奇形怪状的人，他张弓想射，后来放下弓了，原来他们不是抢劫的，是求婚的，前去求婚时遇雨吉祥。

《象传》说：求婚遇雨是吉祥的——这时众人的猜疑都消失了。

先张之弧，后说之弧，匪寇，婚媾。

【爻意分析】

上九爻是睽卦的终极之爻，阳爻居于极位，预示上九阳刚到了极点，暴躁乖张，目空一切，且疑心深重。上九爻与六三爻本为正应，但因上九爻对六三心存疑虑，两爻难以应和，以至于六三爻奋力上行与上九接应。爻辞中道"睽孤，见豕负涂，载鬼一车，先张之弧，后脱之弧，匪寇婚媾，往遇雨则吉"，意思是在孤独偏执的上九爻眼里，迎面而来的六三爻，形容猥琐，如同一头浑身沾满泥浆的猪，赶着载满鬼怪一般奇形怪状的大车前行，上九见后心中惊惧，于是拉弓搭箭准备射向六三，此时上九爻的虚妄疑心已经到了最高点，物极必反，心中忽然由暴躁转为平和，于是定睛再看，才看清楚赶车前来的并非负泥之猪，而车上也没有鬼怪，来人满脸诚挚，不像是匪寇歹人，而是为了婚约而来的六三，上九放下戒备，心中顿感轻松，如同一场积郁已久的雨终于下了，上九与六三尽释嫌隙，阴阳得以互济，得到吉祥。

【可断结果】

上九处于穷极的境遇之中，又是重刚之身，难免思想偏激，暴虐多疑，孑然一身时间长了，难以对人再有信任。但是睽卦之要义在于，分离之中有聚合，违逆之中有顺从，悖离之中有中正，于是上九极中生反，其所有的疑虑担心在见到六三的一刻已全部消除，戒备之心瓦解，成了毫无阴晦的纯阳，最终得到吉祥。

【自取之道】

上九爻处于全卦之终，其用已经到了极点，其"睽"已经深重，所以眼中会见到诸多异象。这都是因为上九居于极位，心中德行并未到达极点，志向又不坚定，整日心怀惴惴，生出恍惚幻象。若是德行厚重的君子，则会见怪不怪，见幻不惑，心志澄明。

好在上九毕竟身为阳爻，身上阳明未失，最终能察觉幻影背后的真相，免于无谓的争斗，与六三两相应和，终于雨下云散，一直遮蔽在上九眼前的迷障终于消失。上九顺时顺势，其"睽"在此因极而合，阴阳共济，不再孤立，自然能得吉祥。

蹇 卦

水山蹇
（下艮上坎）

【蹇卦导读】
卦象：下艮上坎，为水流山上之象。卦德：下卦为艮为止，上卦为坎为险。
全卦揭示处于险阻逆境时既要见险知所止，而又能知进的道理。

卦辞

【经文+传文】
《蹇》　利西南，不利东北；利见大人，贞吉。
《彖》曰：蹇，难也，险在前也。见险而能止，知矣哉。蹇"利西南"，往得中也。"不利东北"，其道穷也。"利见大人"，往有功也。当位"贞吉"，以正邦也。蹇之时，用大矣哉。
《象》曰：山上有水，《蹇》。君子以反身修德。

【译文】
　　《蹇卦》象征行走艰难：往西南去有利，往东北去不利；见大人有利，守持正固吉祥。
　　《彖传》说：《蹇》，指艰难，危险在前，遇见危险就止步，明智啊！《蹇》卦说，"利西南"——往西南去是合乎正道的；"不利东北"——东北是死路一条；"利见大人"，这是说前往有收获。君子地位得当，中正吉祥，足以安邦定国。《蹇》卦这种灵活应对艰险的道理的作用真大啊！
　　《象传》说：山上有水，这就是《蹇》卦的象征。君子取法《蹇》卦反省自我，修养道德。

《蹇卦》象征行走艰难。

此卦喻示处在蹇难之中，利于出现贤能有为的人奋起济难。

爻辞

初六 往蹇，来誉。

《象》曰："往蹇来誉"，宜待也。

【译文】

初六 去时艰难，回时得到荣誉。

《象传》说：如果往前行走，就会很艰难，如果回来就会获得赞誉——这时君子宜等待时机。

【爻意分析】

初六是蹇卦的初始之爻，阴居低位，不宜擅动，动则有险。爻辞中写道："往蹇，来誉。""往"为向上前进，"来"为后退不前，意为前进的途中会遇到险难，若退回来就会得到荣誉。初六爻身为初爻，地位卑微，又是阴柔之身，能力微薄，所以宜静不宜动，宜守不宜进，若贸然躁进，就会使自己更加深入"蹇"中。爻辞中让初六爻静守并非任其久居"蹇"中，而是让其静待时机，顺应天时，再有所举措。

"蹇"是艰难之意。山有山险，水有水险，前后都是险阻，身处逆境之中，便是"蹇卦"之要义。若能识时退处，见险而止，就能获得赞誉。

【可断结果】

周易之中，所有卦都遵循由下而上的原则，而所有的爻都以阳爻升起阴爻下降为顺境，阴爻上升阳爻下降为逆途。蹇卦之初六爻，身为阴爻，柔顺在下，其时数应当上行，但进则为逆途，其艰难可想而知，所以应当顺势应时，弃上行而甘心在下，改进取为固守。这样就会反逆为顺，避开厉害。这是君子自知德行不够原地自守修身养德之举，自然会得到赞誉。

【自取之道】

智者贤人不会妄动妄行，也不会时机未到就躁然而起，当行则行，不当行则止。初六爻此时处境并未到迫在眉睫、危如临渊的地步，若涉险难而求功名，实为不明智之举。应当明察灾祸艰险，行权宜退避之举，顺势而止，力求自保。且初六爻在下，本身便有潜藏之势，作为柔顺者，应当休养生息，以守护心中贞德，一切从长计议，免除无谓的损害。

六二 王臣蹇蹇，匪躬之故。

《象》曰："王臣蹇蹇"，终无尤也。

【译文】

六二 君主的臣子处困境十分艰难，不是他谋于自身所致。

《象传》说：六二说大臣忠心耿耿地奔走于艰难之中——结果终无过错。

【爻意分析】

六二爻是居于阴位的阴爻，居身得正，又与本卦之尊爻九五正向应和，如同一位正直恭顺的臣子，对待君主一片忠心。爻辞中道"王臣蹇蹇，匪躬之故"，意为君王的臣子六二爻处境十分艰难，但是其身处险境并不是为了自身的利益，而是为了解救君主之难，其情可嘉，所以爻辞中没有吉凶之论，因为六二爻之举乃是出于贞正忠诚，无论成败都没有错咎。

君王有难，为人臣子者不得置身事外，悠然自得，亦应当恪尽职守，保护君王周全。六二之志向在于救助君主九五之蹇难，但毕竟与九五相距甚远，一路上险阻重重，难断吉凶。

【可断结果】

六二爻谨守为人臣子之道，安守其职，途中因公遇险，虽然遭受祸难，却能免于其罪，毫无咎责，皆因六二爻在救护君主的过程之中忠心耿耿，节操高洁；而且这些蹇难并非因六二爻而起，所以无论结果怎样，六二都不必承担罪责。

【自取之道】

六二爻抛却个人安危，情愿与君王共处荆棘，将身家性命都置之度外，堪称忠良之臣。本卦其他爻，在遇到危险时都会权衡利益得失，只有六二爻无私无我，赴汤蹈火，济君王九五之蹇难，德行昭然，值得称颂。

【经文+传文】

九三　往蹇，来反。

《象》曰："往蹇来反"，内喜之也。

【译文】

九三　去时艰难，回时返归原所。

《象传》说：去时艰难，回时返归原所——九三心里满意这次出行。

【爻意分析】

九三爻是下卦之终爻，身为阳爻而居于阳位，乃是重刚纯阳，居身得正，与上六爻正向应和，但是上六阴柔无力，又身处终极之位，毫无作为，所以难以对九三爻施以援手，九三爻呈孤立之势。爻辞中道"往蹇，来反"，意为九三在前行途中遇到很多艰难险阻，于是原路退返回来。

九三爻前行途中遇险，审时度势，知难而返，不做毫无意义的冒险。这是君子的明智之举，会得到属下与同伴的认可与赞扬。

【可断结果】

九三爻之"往蹇来反"是以刚就柔。九三爻身为重刚之爻，本来志在上升，却因蹇难在前，生出畏惧之心，原路而返。在内卦之中，六二与初六皆与九三亲近，九三爻亦大有俯就之势，九三爻上行之志因此而削弱了。喜欢安乐，厌恶危险，眷恋亲情，怯惧远行，乃是人之常情，况且九三爻眼见前方艰险重重，危及自身安全，自然会选择退而自守。此举既使九三免于犯险，更能使之与初六和六二亲近，九三爻心中对这个决定是充满喜悦的。

【自取之道】

九三爻在行进的途中，一则受到前方险阻的困扰，二则惦念初六与六二两个阴爻，所以行程之中倍感艰辛，所以转身而返；但是九三爻之返，并非惧怕前途艰难而生出退悔之心，而是在权衡利弊之后，知道此时退为善策。

【经文+传文】

　　六四　往蹇，来连。

《象》曰："往蹇来连"，当位实也。

【译文】

六四　去时艰难，回时又与九三等爻相联合。

《象传》说：往前行走艰难，归来与九三各爻联合，是说君子地位得当，从而具有实力。

【爻意分析】

六四爻身为阴爻而居于阴位，重阴之身，居身得正。六四位于上卦之始，已经有出蹇之势，只是自身是阴爻，与之正应的初六同为阴爻，两爻无法阴阳济和，没有协助。六四自身柔弱又没有阳爻的帮助，前行路上危险众多，以其自身之力，难以排除。爻辞中道"往蹇，来连"，意思是，前面路途面临难以处置的危险，折返回来与下面的九三爻接洽联合。

六四爻因居身得正，处事谨慎得体，在分析到前路之险难以逾越时，转而回头联合强盛的阳爻九三，合并二者之力，共同应付艰险。

【可断结果】

六四爻居于君主九五身侧，所居乃是近险之地，难免心怀惴惴，其拥重阴之身，喜欢亲近阳刚，所以有返身与九三相联合之举。两爻阴阳相协，成既济之势。

【自取之道】

六四爻柔居柔位，原本难当大用，所幸与九三联合，刚柔互助，成全其所用。陷阱就在眼前，六四爻之后更应当谨慎言行，不急于求进，量力而行，因势而动方能趋吉避凶，免于错咎。

【经文+传文】

　　九五　大蹇，朋来。

《象》曰："大蹇朋来"，以中节也。

【译文】

九五　碰上大难，朋友们纷纷来归相助。

《象传》说："大蹇朋来"，是因为君子节操中正。

【爻意分析】

九五爻是本卦的尊爻，如同一国的君主，身为阳爻而居于阳位，居身得正，刚猛中正。爻辞中道"大蹇，朋来"，意为君主九五身处蹇卦的大难之中，十分危险，但因其自身德行昭然，能安守中正，所以必定会有忠心的臣子前来解救其难。

【可断结果】

爻辞中所指的"朋"为与其正向应和的阴爻六二，两爻相辅相成，一如明君，一如贤臣，同心同德，共当国难，九五之难自当化解。

九五刚健中正，身怀济蹇出险的才能，且其他五爻也都来追随协助九五以求一同济蹇出险。

【自取之道】

九五爻中正仁和，安守正道，虽在蹇难之中却未失民心，得居其位，所以能做到一呼百应，有朋来助。此举足可证明九五爻是深孚众望的君主，大难临头依旧保存了天子的威严。且九五自身阳气刚猛，毫无阴郁遮蔽，具备救拔自身出危难的能力，所以虽然陷于危厄之中，还有功绩可以宣扬，有德行普照天下。

上六　往蹇，来硕：吉；利见大人。

《象》曰："往蹇来硕"，志在内也；"利见大人"，以从贵也。

【译文】

上六　去时艰难，回时有大成绩：吉祥；见大人有利。

《象传》说："往蹇来硕"，是因为君子壮志在心；"利见大人"，是因为君子能追随贵人。

【爻意分析】

上六爻居于极位，面临无路可走之险，所以应当及时回头。上六返回之后依附九五爻，如同臣子辅助君王，而九五爻正是上六爻辞中的大人，上六会因追随九五而得到功名利益。

上六返身救主，建立功勋，成就功名，所以十分吉祥。

【可断结果】

上六爻位于蹇卦之极位，继续前行会遇到艰难险阻，退回来收获甚大，十分吉祥。跟从在地位尊贵能力强大的人身边，对自身大有裨益。

【自取之道】

上六行危知止的智慧，乃是建立大功绩的基础，其返身而回，志向由向外而改向内，如同一个身在边疆的臣子，原本并非得到君主宠信的近臣，因天下之乱，返身救主，因而建立功勋，成就功名，所以十分吉祥。

解 卦

雷水解
（下坎上震）

【解卦导读】

　　卦象：下坎上震，为雷霆震动于天，坎水落地为雨之象。卦德：下卦为坎为险，上卦为震为动。全卦说明君子如何舒解险艰及解决小人问题。

卦辞

【经文+传文】

　　《解》　利西南；无所往，其来复吉；有攸往，夙吉。

　　《彖》曰：《解》，险以动，动而免乎险，《解》。《解》"利西南"，往得众也；"其来复吉"，乃得中也；"有攸往夙吉"，往有功也。天地解而雷雨作，雷雨作而百果草木皆甲坼。《解》之时大矣哉！

　　《象》曰：雷雨作，《解》。君子以赦过宥罪。

【译文】

　　《解卦》象征艰难得到缓解：往西南去有利；没有外出无须缓解，从外返回，吉祥；前往时，早上出去吉祥。

　　《象传》说：《解》卦的象征是，君子在危险中行动，通过行动脱险了，所以卦名叫"解"。《解》卦说，"利西南"，是因为前往会得众人帮助；"其来复吉"，是因为君子中正；"有攸往夙吉"，是说前往有收获。天地解冻而雷雨大作，雷雨大作而草木抽芽。《解》卦这种适时解放的道理真是大啊！

　　《象传》说：雷雨大作，这就是《解》卦的象征。君子取法《解》卦，赦免和宽容人们的过失罪恶。

《解》卦象征艰难得到缓解：往西南去有利；从外返回，吉祥；前往时，早上出去吉祥。

爻辞

【经文+传文】

初六 无咎。

《象》曰：刚柔之际，义"无咎"也。

【译文】

初六 （险难初解）无咎害。

《象传》说：刚柔相济之时，该是无害的。

初六爻本会落入灾难之中，身负错咎，但因九二九四的阳明指引，刚柔相济，脱离了凶厄，没有错责。

【爻意分析】

初六爻是阴爻，是解卦的初始之爻，居于阳位，又与九四阳爻正相应和，柔顺谦恭，安于卑下，静守贞和。爻辞中道"无咎"，意为，初六爻与九四阴阳互济，刚柔协和，毫无错咎。

【可断结果】

初六爻自身柔弱，且位置低下。下卦为坎，坎为险难，初六爻身在艰险边缘处，且居于奇位，处境困难，稍有不慎便会陷入艰险之中，难以自拔。所幸其上有九二与九四两个阳爻可以仰仗，初六爻恭顺柔弱，与九二爻相合，又与九四爻相应，因此得到了阳刚的扶助保护，得以远离灾祸，趋吉避凶。

【自取之道】

初六甘居下位，举止无差，言行谨慎，且其以柔居刚位，处于"蹇"难初解之时，能够以自修静养为主，不躁然妄动，滋生是非，又能与阳刚之爻相协，行为得体，处事适宜，自然没有错咎，毫无灾殃。

【经文+传文】

九二 田获三狐，得黄矢：贞吉。

《象》曰：九二"贞吉"，得中道也。

【译文】

九二 猎得几匹狐狸，捡到铜箭头：坚守正固可得吉祥。

《象传》说：九二说，正直是吉祥的——这是因为合乎中道。

【爻意分析】

九二爻身为阳爻而居阴位，处于下卦之中，居身得正。下卦为坎，九二爻正处于坎中，有陷落之象。所幸九二与本卦尊爻六五正向应和，又与九四阳爻交好，与六五阴阳相济，与九四两刚互助，得以脱离坎险，反陷为升。爻辞中道"田获三狐，得黄矢：贞吉"，意为九二爻在打猎中猎获几只狐狸，并且从狐狸的身上的得到了黄色的箭头，这是吉祥的预兆。

【可断结果】

九二爻是中正之才，国家栋梁，又与君王六五亲近，其阳明足以照耀六五。朝廷中有九二之刚猛震慑，小人纷纷忌惮退避。但天下之危难皆由小人而起，身为君子的九二深知此理，所以不容其遁避，势必将小人除之才能安心，于是狩猎射狐，其所射之狐狸所喻指小人。九二爻清君侧，消祸患，功绩卓著，皆因其是持守中道的君子，中能致和，和能生解，能将灾祸迎刃而解。

【自取之道】

阳爻九二守贞自固，处事端正，毫无偏颇，与九四两阳相协，互为辅助，又深受君王六五的倚重。九二爻所处的位置离蹇卦之难相距不远。国家经过大难，正处于休整振兴之际，之前的动乱所遗留下来的祸患很多，此时若不及时清除，随着时间的推移，势必酿成大祸，所以九二爻射狐之举对君王和百姓来说都意义重大。古人以五色代表五方，黄矢之黄是正中之色，矢形中直，比喻九二以刚居柔，刚不凌柔，柔不乘刚，有中正之德。

九二爻内心中正，能持守仁和正道。古代人们崇尚马术骑射，以狩猎作为武艺的展示手段，狐狸生性狡猾，较其他的猎物更难捕获。九二爻连猎三狐，其骑射技艺之高可想而知。且狐狸为坎的比喻，九二爻勇射三狐，有清除坎的隐患之象，其在狐狸身上得到的黄色箭头，类似于噬嗑卦中九四爻之得金矢，都是吉利的预兆。

【经文+传文】

六三　负且乘，致寇至：贞吝。

《象》曰："负且乘"，亦可丑也，自我致戎，又谁咎也？

【译文】

六三　背着东西去坐车，招致强盗来抢：坚贞守正以防事情艰难。

《象传》说：背着东西坐车，这是可笑的，自己招来了寇盗，又能怪谁呢？

【爻意分析】

六三为居于阳位的阴爻，居位不当，有阴柔小人窃居君子之位的嫌疑。爻辞中道"负且乘，致寇至：贞吝"，意思是六三爻身份卑微，原本不应当坐在贵人才能乘坐的车辇中，却因为自身负着重物，不愿耗费力气，而混入车中，以致于招来了匪盗，有所损失，带来悔恨。六三此举令人不齿，其咎自招，无可怨尤。

大难刚解，六三爻这样无德无能的小人却窃居高位，追逐享乐，贪图物欲，毫无正当作为，行径卑下，招引得盗寇之心大起。这样的小人身在要职，势必祸乱朝纲，失去人心，令天下重新陷入混乱。

【可断结果】

六三爻因贞固得吝，皆因其所守的并非正道，乃是物欲之贪。六三爻因身上背负重物，不胜其累，越权乘车，招致祸端与非议。

六三乃是坎上之爻，阴柔失正，以致于行为偏颇，做出负物乘车这样的不伦不类之举。负物是不辞辛苦，乘车是想以逸待劳，两种思想悖逆。六三所负之物是钱财，所以亲身背负，却又不甘心奔波劳累，所以乘车而行，此举难免令强盗心中猜测，追求享乐的六三爻手中的钱财乃是不劳而获的不义之财，进而生出抢夺之心。失正者难守，不义之财难保，六三爻之咎在于其德行浅薄，举止不当，贪利忘义，徇私忘志，因而招致损失与羞辱。

【自取之道】

六三爻之祸在于负物乘车，行为鬼祟。其所负之物的获取方式非贪即盗，否则何至于行迹仓皇至此？象辞中评价六三爻举动的"丑也"，乃是羞耻之意。六三身负不义之财，且已经多到了自己难以负重的地步。六三爻在两个阳爻之间，在下乘凌九二爻，却又向上顺承九四爻，有奸佞小人欺下瞒上之象，但是天道因果，贪婪者将遇到盗匪，有错咎者将招致悔恨，所以六三爻此时已经处境堪虞。

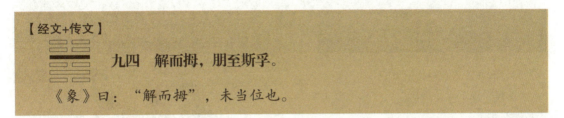

【经文+传文】

九四 解而拇，朋至斯孚。

《象》曰："解而拇"，未当位也。

【译文】

九四 像解开你的脚一样解脱小人的纠缠，真正的朋友会以诚心与你相应。

《象传》说：像解开脚一样解脱小人的纠缠——这说明九四地位尚未妥当。

【爻意分析】

九四爻阳居阴位，居身不正。解卦要义在于解除、解脱，驱逐小人。九四爻身为阳爻，便是解卦中的君子，应当祛除小人，亲近君子，因为小人不离开，君子难招致，君子难与小人共处。爻辞中道"解而拇，朋至斯孚"，意为九四爻脚上的拇指被捆绑在一起，应当解开，先解除捆绑，才能正常地与朋友交往。"解而拇"即斥退小人，解脱与阴柔小人的纠葛，那么君子的朋类将接踵而来，诚心相应以共济天下。

九四爻身在高位，又是阳刚之爻，且近居君王六五之侧，是朝廷的重臣，但是因居于阴位，有失中正，而容易被小人的甜言蜜语所迷惑，所以九四应当行君子之举，远避小人以免身染污浊。

【可断结果】

九四爻位于上卦的初始，虽然居身在外，却是解卦中的大用之爻；但因为其以阳爻之身居阴位，所处的位置不适宜，以阳而行阴，虽然力所能及，但是并不协调，所以当其上升之时，下面有所牵制，所以爻辞中有脚拇指被捆绑一说。

此种束缚所指的是献媚于九四爻的六三爻。六三有失德行，举止不端，顺承九四爻，欲借其阳刚之力向上攀升。九四爻因此难以同与自己正应的初六爻相合。长此以往，其阳明为阴郁所遮蔽，上升之路受到阻滞，且长期与小人为伍，君子不愿来合，对自身有害无益。

【自取之道】

九四爻在君王六五身边，是受君主信任的重臣，其决定往往关系到国家社稷的安危。六三爻以其阴牵制九四之阳，借力上升的野心显露无疑，且其负物乘车招致匪寇的行为，足见其是贪婪利己的小人。

君子不与小人为伍，因德行品质有贵贱之分。九四爻身为解卦之枢纽，心怀凌云之志，怎可因小人的纠缠而毁坏前程！所以九四爻当及时斥退六三，断绝其纠葛。这样疏远了小人，君子会不召而至。祛除暗昧之后，阳明自然强盛。九四因远离小人而得到众多志同道合的君子信任与协助，其德行会得到增长，前行之路必定亨通。

【经文+传文】

六五　君子维有解：吉；有孚于小人。

《象》曰："君子有解"，"小人"退也。

【译文】

六五　君子受绑了，又解开了：吉祥；并使小人也相信只有改恶从善才有前途。

《象传》说：君子解脱了，小人退缩了。

【爻意分析】

六五身为阴爻，居于解卦之尊位，柔顺谦恭，能持守中正之道。爻辞中道"君子维有解：吉；有孚于小人"，意思是君子唯有解脱了束缚，才能远离小人得到吉祥。而以诚信感化小人，才能令其不生事端。

六五爻身为阴爻，与九二阳爻正向应和，但以柔覆刚，其行动难免有所阻滞。六五爻虽有君位却无君威，所以必须借助阳刚臣的力量统治国家，解除危厄。

六五当毫不犹豫的驱除小人，使小人相信，唯有改邪归正才是唯一出路，如此小人也必定诚心接受教化。

【可断结果】

六五爻是阴柔的君主，难免有蒙昧之时，身边往往聚集着善于献媚的小人，如今六五想整治朝纲，清除身边的小人。但因其缺少阳刚之气，没有果断的决策能力，所以转而运用自身的阴柔，以诚信去感化身边的小人。以身作则，言传身教，感化身边的小人，使之弃恶从善，自行退避，此种解法更胜于以强力解除牵制。

此种做法唯有君子才能做到，所以六五爻应当固守心中贞正，修养身心，将朝廷风气整肃得刚正无私，那些小人身在清明之地，卑劣的伎俩自然难以施展，只得自行遁避。

【自取之道】

君子有解，而小人自会退避，因小人依附于君子，君子解脱，小人无计可施，只得退避。六五柔爻居于尊位，必须按着君子的言行自修自律。这样才能得到君子的亲近与护持，其言行也足以令小人羞惭。

六五自身能力薄弱，所以在任用臣子上更加应当贤明，要严惩贪腐，重用贤才。这样才不会受到小人阴邪之侵扰，而君子的才能也会更好地发挥。六五之位会因君子之解脱而更加稳固，天下也会因君子当道而安定。

【经文+传文】

上六　公用射隼于高墉之上，获之：无不利。

《象》曰："公用射隼"，以解悖也。

【译文】

上六　王公在高大的城台上用箭射隼，射中了它：没有不利。

《象传》说：王公在高大的城台上用箭射隼——这是说王公的目的是除去悖逆者。

【爻意分析】

上六爻身为阴爻，处于解卦终极之位，有大成之象，爻辞中道"公用射隼于高墉之上，获之：无不利"，意为，王公站在高大的城台上面，以弓箭去射隼，射中之后将其捕获，这种做法毫无不利之处。

上六位高势盛，在君主六五爻之上，位同公卿。上六位于解卦之终极，其解已经到达顶点，必定要有所作为。爻辞中所说的"隼"喻指小人六三爻，上六此时对于这个贪图物欲，一心要居高位的小人，已经厌恶至极。六三爻之恶难以感化，其贪难以消除。这种人留在朝中只能是祸乱的隐患，所以上六爻当机立断，在六三爻趋利上行，飞到自己面前时，出手将其清除。上六的做法乃是消除小人

王公在高墙上用箭射隼，射中了它：没有不利。

之势，增长君子之势，顺势顺时，所以毫无不利之处。乱臣贼子当道，中正之士自当不惜付出一切代价消灭他们。比如东汉末年，董卓专权，跋扈至极，百姓叫苦不迭，满朝文武大臣敢怒不敢言。司徒王允是个有城府的人，深藏不漏。他表面上曲意应承董卓，其实内心里时时都在思索怎样才能除掉这个奸臣。后来，他利用了董卓好色这一弱点，巧施连环计，弄得董卓和吕布这对父子反目成仇，借吕布之手"射"死了这个"隼"。

【可断结果】

上六居于至高之地，地位仅次于六五。爻辞中的"隼"指的是危害国家的小人。高墉尚且无法防范其害，说明小人善于攀升，且诡计多端，已经来到了君主的身边。上六此时位于解卦之终，大器已成，且位高权重，当有所作为，铲除悖逆，以警示天下。

若此时犹豫不决，错过时机，小人羽翼丰满，振翅高飞，其害不再只是内忧，继而演变成外患，局面将更加难以控制，祸患将愈演愈烈。

【自取之道】

上六虽处极爻，但尚有升腾之志，虽是阴爻，不甚阳明，但处于雨住云收，马上便要天晴日朗之际。隼在墙内之时，其害轻缓，若飞到墙外，便成大难，这之间内外不同，结局大相径庭。

上六趁时乘势，在隼难尚缓之时将其俘获，所立乃是拨乱反正的大功，令天下免成乱世，国家与君王的处境因此转危为安。上六审时度势，不姑息养奸，实为解卦之大用。

损 卦

山泽损
（下兑上艮）

【损卦导读】

卦象：下兑上艮，为山下有湖泽之象。卦德：下卦为兑为悦，上卦为艮为止。
全卦揭示事物有损有益的规律。

卦辞

【经文+传文】

《损》 有孚，元吉，无咎，可贞，利有攸往；曷之用？二簋可用享。

《象》曰：《损》，损下益上。其道上行。损而"有孚，元吉，无咎，可贞，利有攸往；曷之用？二簋可用享"，二簋应有时。损刚益柔有时，损益盈虚，与时偕行。

《象》曰：山下有泽，《损》。君子以惩忿窒欲。

【译文】

《损卦》象征减损：心存诚信，大吉，无害，可以坚守正固，前往有利；减损之道怎样体现？两簋食物就可以用来献祭。

《彖传》说：《损》卦的象征是，减损下面的以增益上面的。这种道理是处于下位者自愿奉献于上位。《损》卦说："有孚，元吉，无咎，可贞，利有攸往；曷之用？二簋可用享。"这是说君子祭祀时只用两簋食物的方法，要因时而用。减损刚强来补充柔弱要因时而用，减损盈满来补充亏空，这些都是与时机相配合而自然进行的。

《象传》说：山下有泽，这就是《损》卦的象征。君子取法《损》卦克制愤怒，节制欲望。

减损虚饰更可以表示出诚敬，只要内心诚敬，那么即使两簋至薄的祭品，也可以用于享祀。

爻辞

初九　巳事遄往，无咎，酌损之。

《象》曰："巳事遄往"，尚合志也。

【译文】

初九　祭祀的事要赶快举行，无害，可以酌情减损自身的用度。

《象传》说："巳事遄往"，这是说君子的意志要和上级合拍。

【爻意分析】

损卦之损为减损自身，是指放弃自己部分利益而使双方获利。初九爻位于损卦之初始，阳爻居于阳位，阳气刚猛，居身得正，与本卦六四爻正向应和，呈上升之志，有自损益上之象。

爻辞道"巳事遄往，无咎，酌损之"，意为祭祀的事情应提前准备，快速前去，没有错咎，祭祀中的物品可以酌情减少些。

【可断结果】

初九爻上升自损以益六四爻，刚柔相济，上下相得。爻辞中的祭祀一说，便是比喻初九自损做献，甘心约束节俭自身的用度而补充六四爻，其情诚挚，毫无错咎。

但是六四爻生性柔顺，能力低微，对初九爻有依赖之心，初九爻不可施给无度，应当视自己的能力，适当济与；否则过犹不及，不但会对自身造成损伤，对六四爻也没有益处。

【自取之道】

初九爻当于适当减损自身之余，增补六四，不可为了取悦六四而毫无节制；否则六四会如同被娇宠无度的孩子一般，悖离中正之道，反而难以与初九志气相合。而初九爻因过分损己而竭尽全力，也并非善用其损。

九二　利贞；征凶；弗损，益之。

《象》曰："九二利贞"，中以为志也。

【译文】

九二　坚守正固有利；出征凶险；不用减损自己就可以施益于上方。

《象传》说："九二利贞"，这是说君子以坚守中道作为自己的心志。

【爻意分析】

九二爻是下卦的中爻，身为阳爻而居于阴位，与尊爻六五正向应和。九二爻自身阴阳平衡，为持守中正的阳刚者；六五爻身为阴爻而居阳位，与九二异曲同工，也有自给自足之象。是以，九二爻不必自损益上。爻辞中写道："利贞；征凶；弗损，益之。"坚守正固有利，出去征战会遇到危险，在征战中不减损自身，就算是有所收益。

【可断结果】

九二出征便是失位，其以柔克刚，失其平衡，不利于贞固，难以得利。九二爻应当以维护刚柔相济、阴阳协和为自身职责，行无为之治。此时九二爻所处已经是最佳的位置与状态，不可轻举妄动。妄动便会导致阳气上亢，违背中道，凶祸自然会降临。

【自取之道】

九二阳居阴位，居身不正，但能持守中和，以其所处位置来看，利贞守，不应贸进。不变才能固其所守，躁动一定会有所失。九二爻若是因征战而损失了自身的刚贞，便是失了德行，无法继续与六五爻应和，所以间接受到影响与损害的是君主六五。九二应以中和为志，自保免于受损，便是益上之举。

九二爻位置低下，处于损刚益柔之时，身居柔位能持守中正，此时宜静守而不宜躁动。但爻辞中有出征一说，九二前行有失中之象，所以十分危险。此时只能力求自保。只有自身无损，才能继续益上，否则难以为之。

六三　三人行则损一人，一人行则得其友。

《象》曰："一人行"，"三"则疑也。

【译文】

六三　三人同行，其中一人会受损；一人独行，就会得到友人。

《象传》说：一人独行能交到朋友，三人同行就产生疑惑。

【爻意分析】

六三爻以柔加刚，有失中之象，与邻居六四爻难以相协互助，反为厉害，如同同行之友各持己见，导致情志不合而分开，所以爻辞中说六三爻的朋友中会有减损。六三虽是阴爻，但是因为居于阳位而导致有前行的愿望，与之应和的是终爻上九。六三爻减损自己之阴去增益上九之阳，得到了上九的信任，顺利与之结为盟友。

六三爻身为阴爻而居于阳位，与上九爻正向应和。爻辞中道"三人行则损一人，一人行则得其友"，意思为若是与众多的朋友一同前行，朋友的数量就会有所减损，而单独行进更利于得到新的朋友。

【可断结果】

六三爻身在下位，是当损之爻，其与上九虽然不能同德相比，但是阴阳协和。两人为友，三人生疑，其疑心乃是因为无法正向应对而生。阴阳相感相求，两两相对，乃是天地间的平衡，不可有偏，偏则难以有所作为。

三人行，必有所失；单人行，其道寡助；两人行，互惠互济。所以行进时人数众多很容易便会出现阴阳失衡的状况，这种众人契合的关系，并不稳固，会多生猜忌，早晚会因为意见相左而分崩离析。

【自取之道】

六三爻正应上九爻，若单独前去，很容易便会得到上九的应和；但是若呼朋唤友，携六四、六五同行上应，上九爻必会心生疑惑，而不愿相合，六三爻此举便是损上而非益上了。六三爻与上九爻阴阳相合，互有裨益，两人同心，适合意气贯通，但若是拉朋结党，众人各持己见，难以统一，六三与上九之间难免受到干扰，无法顺畅地沟通，会生出隔阂，影响两相应和。

【经文+传文】

六四 损其疾，使遄有喜：无咎。

《象》曰："损其疾"，亦可"喜"也。

【译文】

六四 病势得到减损，疾病很快就要痊愈，有喜悦，无害。

《象传》说：病情减缓——这是可喜的事。

【爻意分析】

六四爻身为阴爻而居于阴位，是重柔之身，但居身得正，与初九阳爻正向应和，有助于守其中正。爻辞道"损其疾，使遄有喜：无咎"，意思为，六四爻的病势得到减损，疾病很快就要痊愈，有喜悦而无错咎。

六四爻阴柔有过，阳刚不足，这便是爻辞中所说之疾，所幸其得到正应的初九阳爻救护，与初九阴阳济和，其疾得到损减，将要痊愈，所以可喜。

六四爻之疾病当属无妄之疾，无需用药，没有危险，但是不可拖延，否则其疾难免引发错咎，时间越久，错咎越深。六四深知自身的弊病危害，所以积极应和初九，使得其疾快速痊愈，这是六四爻知错能改，从善如流的明智之举。

【可断结果】

六四爻位于外卦之初，柔居阴位，重阴有失中正。六四之疾缘于六三阴阳不协，刚柔不济，导致六四爻气血两虚，但好在时过境迁，六四爻之阴有所保养，且得初九阳爻自损阳刚给补。六四有阳刚守护，精力渐旺，心情愉悦，疾患有痊愈之象。

六四之疾乃是受到六三连累所致，六四自身并无错咎且六四身处上卦，损卦之要义在于损下以益上，所以六四爻合当受益，局势必然翻转，不必惶恐以药自医。但凡物有所损，必定有利于心，令人心生警醒，不会骄横无度，此乃是损外而益内之象。

此爻告诉人们，只要有改过从善的精神，就可以周行天下。

【自取之道】

六四爻拥阴柔之身，若无阳刚辅正，其行为难免有所偏颇。此为其先天之疾，虽不是六四行事中带来的错咎，但是若是不加理会不及时弥补，恐成大祸患。此疾痊愈与否、痊愈之快慢皆取决于六四爻自身。虽然初九爻不惜自损而一力救助，但若是六四爻不事先认清危害，心中本着持中的态度，先减损自身的阴柔以迎合阳刚，那么初九爻之救助不但不会事倍功半，甚至最终还会枉费心力。

"君子闻过则喜，小人闻过则怒"，六四爻处事谦恭，闻过则改，乃是心中安守贞正的君子，所以其行无咎，其损有喜。六四爻因疾而喜，正合此理。适当有所损失，才能提醒君子不可贪得，不可索求过度，过则失正，失正则招致邪祟。无论情感还是口舌之欲，都是如此，轻则伤身，重则害命，所以六四之勇于自损实为自救。

【经文+传文】

六五　或益之十朋之龟，弗克违：元吉。

《象》曰："六五""元吉"，自上祐也。

【译文】

六五　有人赏他价值十朋的大龟，无法推辞：大吉。

《象传》说：六五说"元吉"，是因为有上天保祐。

【爻意分析】

六五爻身为阴爻，居于尊位，乃是损卦中阴柔的君主，与九二阳爻正向应和，以柔覆刚，以阴济阳，象征柔顺谦恭的君主有自损之德。爻辞中写道："或益之十朋之龟，弗克违：元吉。""朋"为古代钱币的计量单位，十贝为一朋。这句话的意思为，有人赠送给六五爻价值十个朋的龟，且其诚意令人无法拒绝，这件事十分的吉祥。

【可断结果】

六五爻虽然身为君主，但是柔中而不正，才德低微，不得不依靠臣民们的颐养来弥补自身的不足，但六五爻谦逊恭顺，以身作则，为万民表率，以虚亏之身不忘自损施益，足见其对贤者志士的恭敬与重视，因而得到臣民献上的昂贵的龟贝，此乃臣民顺服之象。对于六五爻这样虚弱的君主来说，得到臣民的认可与拥护非常重要，所以爻辞中道"大吉"。

损卦之要义为损下益上。六五爻身在高位，又是一卦的君主，理所当得到很大的增益。爻辞中的龟价值不菲，且龟贝是宝物，并非普通银钱可比。这预示六五爻乃是能礼贤下士，德行昭然的明君，所以臣子们心怀敬仰，不计得失地来增补六五，此种状况乃是国家平稳人、心安定的吉祥之象。

【自取之道】

六五爻身为君主，处在损卦受益之地，阴柔恭顺，善承善受。六五居中守正，又有阳刚庇护增补，受益匪浅。爻辞中的龟宝象征权柄，六五爻虽然身在君位，其才能终究不如阳刚之爻，其天下能长治久安，不但得利于有九二爻正应，还因有强臣上九爻的协助。九二爻以下补上乃是常情，而上九爻对六五的增补则实属不易，更显出了上九的忠诚之心，完全是主动自发的。六五爻与臣子两相契合，相知相得，对国家安宁大有裨益，所以不只吉祥，还是完满的吉祥。

【经文+传文】

上九　弗损，益之：无咎，贞吉；利有攸往，得臣无家。

《象》曰："弗损，益之"，大得志也。

【译文】

上九　不减损他人，反而去增益他人：无害，守持贞固吉祥；前往有利，将得到大家的拥护。

《象传》说："弗损，益之"，是说君子大大得到了施益天下之志了。

【爻意分析】

上九身为阳爻，居于损卦终极之位。全卦损下而益上，上九居于至高之位，本为得大益者，但终极之地穷则生变，于是上九爻之用与众爻相反，行损上补下之举。

爻辞中道"弗损，益之：无咎，贞吉；利有攸往，得臣无家"，意思是上九爻不必减损他人，反而去增益他人，这样没有错咎，其守持正固，可获吉祥，此行有利可往，且使其得到了大家的拥护。

此爻之意可以大禹治水为例，大禹为了治水三过家门而不入，这正是自损到了极点，结果是增益了众人。

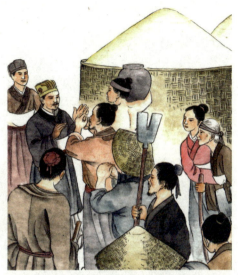
不减损他人，反而增益他人，一定会得到众人的拥戴。

【可断结果】

上九爻原本因处于极位而无可作为，但其对君王六五怀着一片赤诚之心，因而感动了其他的臣子使其追随效仿。其内心贞和，又能持守中正之道，乃是贤德无私的君子，令君主六五大为倚重，所以其凌云之志得以实现，栋梁之才得以施展。天下因上九爻的济助而得到安定，所以一切吉祥。

【自取之道】

上九爻乃是损卦的大用之爻，全卦以损下益上为用，独上九爻损上而补下，故还可免于错咎。因上九爻处在终极之处，穷则生变。且上九爻居于损之临卦，"临"为监督之意，上九爻前行无路，本来毫无作为，但转而就下，一心一意辅佐君主六五，毫无私欲，安守坚贞。

且上九阳气刚猛，充盈饱满，若下爻再自损补给，无疑画蛇添足，反而应当以自身的盈余去救济君王六五，上九爻为国为民舍弃自身利益，德行天下昭然，令百姓信服，得到无数拥戴，对于之后大展宏图极有辅助，所以吉祥无咎。

此爻是损之极。实际上人们都需要家庭的安乐幸福，如果损到像大禹一样三过家门而不入去治水，自损以益天下，那么天下的人们就会得到他的恩惠。

益 卦

风雷益
（下震上巽）

【益卦导读】

　　卦象：下震上巽，为风行迅疾则雷鸣快速之象。卦德：下卦为震为动，上卦为巽为入。
全卦论述了社会生活中损上益下和损己益人的原则。

卦辞

【经文+传文】

　　《益》　利有攸往，利涉大川。
　　《彖》曰：《益》，损上益下，民说无疆。自上下下，其道大光。"利
有攸往"，中正有庆；"利涉大川"，木道乃行。《益》动而巽，日进无
疆。天施地生，其益无方。凡益之道，与时偕行。
　　《象》曰：风雷，《益》。君子以见善则迁，有过则改。

【译文】

　　《益》前往有利，有利于渡大河。
　　《彖传》说：《益》卦的象征是，减损于上以
补充于下，人民受益则欣喜无限。居于上位的人
能自愿处于民众之下，其增益之道就能光大。"利
有攸往"，是因为六二与九五能各得其位，居中得
正，就能赢得福庆；"利涉大川"，是说木舟的作
用得到了发挥。《益》卦增益时上震动，下巽顺，
象征顺理而动，天天向前，没有止境。天布德泽，
地生万物，天地补益万物不分种类。凡是补益的
规则，都要因时而用。
　　《象传》说：风和雷，这就是《益》卦的象征。
君子取法《益》卦，见了善行就学习，有了过失
就改正。

在上位者如能减损自己以增加人民的利益，不贪图享乐，
使人民安居乐业，生活富裕，那么人民必然乐于效忠，国
家也必然因此而稳固。上下团结一心，就有足够力量救险
济难，共图大业，因此说"利涉大川"。

爻辞

【经文+传文】

初九　利用为大作，元吉，无咎。

《象》曰："元吉无咎"，下不厚事也。

【译文】

初九　做大事有利，大吉，没有咎害。

《象传》说："元吉，无咎"，是因为初九本也不能胜任大事。

【爻意分析】

初九爻阳居阳位，重刚之身，处于一卦初始，欲动不欲静，有升腾之志，进取之心，且其阳毫无遮蔽，有敢作敢为之象。爻辞中道"利用为大作，元吉，无咎"，意为初九爻乃是能成就大事之爻，当有大作为，非常吉祥，没有任何错咎与灾祸。

初九爻地位卑微，本不能担当重任，但因与六四爻正向应和所处情形得到了改观。六四爻乃是居于君爻九五身边之爻，是国君宠信的近臣，其本身阴柔无力，得初九爻阳刚之气增益，因而对初九大为信任与看重，初九爻最终有机会施展才能，皆是拜六四爻所赐。

【可断结果】

初九爻所居之位，原是潜龙勿用之位，宜固守而不可攀升，但因与六四相应，六四爻位高而才低，与初九爻情势相反，两爻互济之下竟呈翻转之势。初九爻因受推举反客为主，六四爻因自知力薄甘居其后，初九得了六四的辅助，其凌云之志得以舒展。

【自取之道】

但初九爻毕竟地位卑下，在朝廷中如同边远之地的小臣，担当能决定国家利害的重任，会因此而遭人非议，有功而难显，有过而难掩，所以初九爻更应谨言慎行，做事尽善尽美，心中固守中正，为人谦逊恭让。若因突然青云直上而心生骄躁，妄言妄行，行事不周全，那么不只自身会因错得咎，甚至还会连累举荐自己的六四爻一起遭受指责与咎害。

【经文+传文】

六二　或益之十朋之龟，弗克违；永贞吉；王用享于帝：吉。

《象》曰："或益之"，自外来也。

【译文】

六二　有人赏他价值十朋的大龟，无法辞谢；坚守正固可获吉祥；君主以此宝龟祭祀天帝：吉祥。

《象传》说：有人赐予（价值十朋的大龟），这是从外部不招自来的增益。

【爻意分析】

六二爻身为阴爻而居于阴位，且处于下卦之中，居身当位且能持守中正，且与本卦尊爻九五正相应和。爻辞中道"或益之十朋之龟，弗克违；永贞吉；王用享于帝：吉"，意思为有人赠送给六二爻价值百贝的龟宝，其意诚挚，令人难以拒绝，在问卜中的得到永远长久的贞正之吉；君王用此宝龟向天帝行祭祀之礼，这是吉祥的仪式。

【可断结果】

六二爻柔正恭顺，其位端正，又得到阳刚君主的赏识与恩赐，君主为刚正的明君，臣子为柔中的贤臣，两相契合，阴阳互济，十分安稳和睦。六二爻此时的境遇可说是称心如意的。所以六二爻更要坚守心中贞静，不可躁动不安，生出非分之心。六二爻之吉祥皆出自于恭顺贞守。若非如此，何来十朋之龟的厚赠？

且祭祀大典是君主才能经办的事情，但君王授意六二爻督办，可见对六二爻的信任与爱重。六二爻此时处境占尽地利人和，乃是天降之福，所以不可有所违逆，否则不只会失去眼前的安乐，还会招致灾祸。

六二爻在内卦正位，与君王九五应和，深受君恩，内守中正，自修德行。有人送他大宝龟，他不据为己有，而是将其用之于君王的祭享。

【自取之道】

损卦要义乃是损下而益上，而益卦要义与其正好相反，乃是损上而益下。六二爻辞与损卦之六五爻辞相近，因两爻皆是处于得益之位，稍有不同的是，损卦之六五能够得到圆满的吉祥，而六二爻之吉祥须得靠自身永保贞静固守才能获得。这一区别的存在皆因损卦之六五爻乃是天命所归的君主，其获益理所当然，而六二爻之益乃是靠君主九五爻自损施与得来的，所以六二爻更不可行失德之事，对施益于自己的君主九五应有所报偿，恪尽职守，恭顺依从，忠心不二，固守不变。这样才是遵从天道，才会获得长久的吉祥与平安。

【经文+传文】

 六三　益之用凶事：无咎；有孚中行，告公用圭。

《象》曰："益用凶事"，固有之也。

【译文】

六三　增益很多则施用于救凶平祸的事务，必无咎害：心存诚信，谨慎持中而行，上告公侯要手持玉珪。

《象传》说：受益很多则应施用于救凶平祸之事——本就应该这么做了。

【爻意分析】

上九爻重刚易折，有损伤之象，六三爻重柔失中，与上九之损祸患相对，但此祸并非因六三而起，乃是受上九爻连累所致，所以六三虽然灾祸临身，却可保自身没有错咎。

六三此时当遵循益卦之要义，损上而益下，减损自身以济天下，爻辞中的"告公用圭"正是此意，六三爻以自身之益施诸天下，灾祸也随之而灭，六三爻因此得保平安。

【可断结果】

六三正当灾年来临之时，急速向六四讨要玉圭，前去粮库开仓放粮赈济灾民。此举诚然有损君主的利益，但却是情急之下的权宜之计，毫无私欲；且六三之举正合益卦之损上益下之要义，所以必定会得到君主的认可，不会承担错咎。

【自取之道】

六三身为阴爻而居于阳位，与上九阳爻正向应和。六三身处下卦，处于得益之位，上九爻大有自损阳刚补益六三之象。爻辞中写道："益之用凶事：无咎；有孚中行，告公用圭。""用"为有，"凶事"为灾难，祸端，这句话的意思是，六三爻在获益之时会临逢灾祸，但是其祸并非六三爻之责，所以无需承担错咎，六三爻只要持守中正，诚信处事，便可不失身份地位，不为灾祸所干扰，继续为上司所信任。

六三爻辞中的"圭"，乃是古代王侯的诚信之物，古人以物证其心。六三爻处于下卦，其官职至多是郡县小吏，并非此"圭"的主人，此"圭"乃是其向君主的近臣六四爻申请讨来的。六三爻甚至要动用到六四的"圭"来取信于人，可见其祸非比寻常。

【经文+传文】

六四　中行告公，从，利用为依迁国。

《象》曰："告公从"，以益志也。

【译文】

六四　持中慎行，上告公侯（迁移国都之事），公侯必能同意，依此建议迁移国都是有利的。

《象传》说：六四说，中行劝告国君迁都，国君答应了。——这是说六四有益民的志向。

【爻意分析】

六四阴爻居于阴位，重柔之身处在外卦初始，与初九爻正相应和，居身得正，是本卦君爻九五的亲近之臣。爻辞中道"中行告公，从，利用为依迁国"，意思是六四爻柔顺谦恭，奉行中正之道，向君主进谏良言，得到君主的认同，在有依靠的情况下将会迁走国都。

【可断结果】

六四爻忠义正直，身在自损之地，秉性谦卑和顺，恪尽职守，奉守正道，上能利君，下可益民，上下皆从，无往不利，乃是益卦之要用之爻。

利君益民最大的事情莫过于，将所居不当的国都迁往适宜的地方，六四爻虽然心系家国天下，但是因为不在君位，不可妄为君主之事，所以必须先奏请君主九五同意，得到君主的信任与支持之后，才能有所举措。

六四迁都之举顺应民意，有利国家，且在过程中任用德才兼备的初九爻，借助其阳刚之才治世。六四爻为国为民，舍己无私，正如爻辞中所说一般，是个行中正仁和之道的贤臣。

六四爻遵循益卦卦主旨，以上益下，以己益民，顺承其上九五与上九两个阳爻之志，与其下初九爻正向应和，刚柔互济，减损自身以益初九，克己从众，志在全体得利。

【自取之道】

六四爻以益为志，志在以一己而成全天下，且行事谨慎，守中持正。向君主进言增强君主迁都的决心，将国都搬迁到生态环境更好的地方，是最大的益民之举，对君主的江山稳定也更有裨益，所以说六四爻之举实在是善莫大焉。

【经文+传文】

九五　有孚惠心，勿问，元吉；有孚惠我德。

《象》曰："有孚惠心"，"勿问"之矣。"惠我德"，大得志也。

【译文】

九五　以诚信之心施惠百姓，不必占问，定然大吉；有诚信，百姓就会顺从我的德行。

《象传》说：有真诚的施惠天下之心，不必多问，肯定吉祥；民众会感念我的德行——这是说九五损上益下的心志实现了。

【爻意分析】

九五阳爻是益卦的君爻，处于上卦之中，居中守正，与下卦六二阴爻正向应合，刚柔相济，阴阳相协。九五爻遵循益卦之要义，自损而济下，六二爻顺承其益以为自用。爻辞中道"有孚惠心，勿问，元吉；有孚惠我德"，意思是九五爻有施惠于人之心，毋庸置疑是象征着吉祥的，能得到受惠者真诚的感谢

而九五之孚正是诸爻之利，与其所得到的"元吉"相辅相成。九五爻施惠之意发自于心，乃是仁德之施，天下人得利益，君主增长德行，而事实上君主所得远远超过"十朋之龟"。以此能够看出，九五爻的志向与益卦的要义相同，损卦重在远离祸患，而益卦重在兴盛利益，九五爻之举与臣民互惠互利，全兴之势，可说是益卦中得大用之爻。

与回报，九五爻的志向因此而得到认可与实现。九五爻怀济世之心，百姓感恩戴德，因而诚心拥戴九五。九五虽然施惠于人却得利于己，自损反为受益，正合益卦之用，十分吉祥。

【可断结果】

一国之君惠利天下，乃是百姓之福，这种和睦的君臣关系，理所当然是毫无弊端的，不必说是大为吉祥的。爻辞中两度提到"有孚"，孚为信用、信服之意，可见九五爻志在于此。

【自取之道】

九五爻实施仁政，德行昭然，自损济世，臣子百姓因而受益。九五爻奉行中正之道，行事仁爱，毫无偏失，天下臣民信服，对君王恭顺有加，此乃九五爻因自损而所得到的惠利。

"民心所向，国土无疆。"对君主而言，没有什么事比取信于民更为重要了。有信任才有安定。一国之君以德行感召天下，其基业自然安稳，看重民生，体会百姓疾苦，上下情感相通，国情平定，国力得到休养，此种状态不必问卜，毋庸置疑是最为理想与吉祥的状态。

此爻喻示一切作管理的人都要懂得惠益于人的道理，不要只想着让众多的人来感戴自己，首先要想一想，自己给别人带来了什么利益，而且益卦的九五是自损以益下，这是非常深刻的一个道理。

【经文+传文】

上九　莫益之，或击之，立心勿恒：凶。

《象》曰："莫益之"，偏辞也；"或击之"，自外来也。

【译文】

上九　没人增益于他，有人攻击他，因为他用心不恒：凶险。

《象传》说：没人帮他，人们普遍拒绝对他施以帮助；有人攻击他，这种攻击来自外部。

【爻意分析】

上九阳爻居于益卦终极之位，居身不正，行事难免失中，且身处极地，前无进路，但躁然好动，不甘心无所作为，恐有妄动之嫌。爻辞中道："莫益之，或击之，立心勿恒：凶"，意思是上九爻得不到其他爻的增益，性情暴躁，有攻击他人的可能，且心境浮躁没有持久之心，处境十分凶险。

上九爻受益之极，狂妄自大，贪得无厌，为众人所厌恶，于是再无人愿意增益上九，上九因此暴躁愤懑，对众人生出侵夺抢占之心。

此爻在历史上多有前例，不少君主在即位之初也都曾经信誓旦旦要为国为民，惠泽天下，但是终于用心不恒，很快就损别人来益自己，结果败身亡国。

益卦和损卦的立意是相通互补的。孔子说"益、损者，其王者之事与！或欲以利之，适足以害之；或欲害之，乃反以利之。利在之反，祸福之门户，不可不察也。"

【可断结果】

上九爻阳刚亢盛，毫无益处，难持恒志，难有作为，处于益卦之终极，穷极翻转，将益卦之损上益下的要义，转变为损卦之损下益上，且向下索求无度，完全不顾及下面众爻的承受力。尤其，君王九五爻也在其下，上九不但对一卦之尊毫无恭敬之意，反倒侵袭天子之利，其举动无疑有失臣子之道。

上九爻横征暴敛，所求无度，令众爻难以忍受，终于成为众矢之的，为众爻所攻击。再没有人愿意增益上九，反而因为上九的无理，众爻开始反击抵抗，这种局势对于上九来说十分被动不利，其处境十分凶险。

【自取之道】

贪求过度自然会招致攻击，心中没有中正仁和，自然会临近危险。上九爻本有施惠于人之心，奈何其志向不坚定，心性也不宽厚，且又处于极位，因而穷极生变。其灾祸虽然来自于外，但根源则在于其内心。在益卦之中，居于上位的权贵君王都能体恤百姓困苦，心生悲悯，减赋税免杂役，唯独上九爻倒行逆施，自然为众人所指责。上九因此而失去了应和与辅助，使自己陷入到危险的境地。

夬 卦

泽天夬
（下乾上兑）

【夬卦导读】

卦象：下乾上兑，为水气上天降为雨之象。卦德：下卦为乾为健，上卦为兑为悦。

全卦揭示了要果断地泽润于下，果断地决去小人的道理。

卦辞

【经文+传文】

《夬》 扬于王庭，孚号有厉，告自邑，不利即戎；利有攸往。

《象》曰：夬，决也。刚决柔也，健而说，决而和。"扬于王庭"，柔乘五刚也；"孚号有厉"，其危乃光也；"告自邑不利即戎"，所尚乃穷也；"利有攸往"，刚长乃终也。

《象》曰：泽上于天，《夬》。君子以施禄及下，居德则忌。

【译文】

夬卦象征果决：在王庭上宣布奸人的罪恶，诚恳地号令众人戒备，颁政令于城邑，不利于用武；准备好了前往有利。

《象传》说：夬，指决断。阳刚君子果决绝裁阴柔小人，君子刚健和悦，行事果断，坚定而又温和有度。"扬于王庭"，是说小人凌驾君子；"心怀诚恳地号召众人戒备危险"，是因为只有长存戒备之心方能转危为安；"颁告政令于城邑，不利于武力制裁"，这是说好战是行不通的；"利有攸往"，这是因为阳刚君子势力增长，小人阴柔势力到头了。

《象传》说：泽在天上，这就是《夬》卦的象征。君子取法《夬》卦，把福禄施给百姓，避免以功德自傲。

夬卦一阴爻居于五阳爻之上，象征盘踞在君侧的奸佞。五阳爻蓬勃进长，全卦象征果决除去奸佞之象。

爻辞

初九　壮于前趾，往不胜，为咎。

《象》曰："不胜"而"往"，"咎"也。

【译文】

初九　仗着前脚趾强壮前往，无法取胜，会惹祸。

《象传》说：不能取胜却硬要出征，是有害的。

【爻意分析】

初九爻身为阳爻，居于阳位，重阳之身，且身居下位，急于上升。爻辞中道"壮于前趾，往不胜，为咎"，意思为脚趾虽然健壮，但是前行时并不能够因此而取胜，不能有得却依旧前往，必定会有错咎之事发生。

【可断结果】

初九爻性情暴躁，阳刚过盛，有折损之象，且初爻位低，无用武之地，应当下潜蛰伏，不可贸然向前，向前便难免错咎。

【自取之道】

心有余而力不足是没有自知之明，意志坚决而行动薄弱是缺乏支配自身的能力。初九爻虽然脚趾强健，却因其他条件匮乏，并非全能之才，而导致行则有咎。所以初九爻应当掩藏锋芒，持己所长，安心静守，不轻举妄动，修养身心，不可强行无功有咎之举。

初九爻地位卑微，一爻初始，才能浅薄，且没有相应和辅助的爻，本是潜龙勿用之象，但此爻偏偏躁然好动，因没有阴爻调和，所以行为重阳失中，虽然脚趾粗壮，却也不利于行进。其行动不但不会带来任何收益，反而会招惹凶祸。

九二　惕号，莫夜有戎，勿恤。

《象》曰："有戎勿恤"，得中道也。

【译文】

九二　恐惧地号叫，原来是夜里敌兵来袭，但不用忧虑。

《象传》说："有戎勿恤"，是因为君子能守居中慎行之道。

【爻意分析】

九二爻是身居阴位的阳爻，处于内卦之中，其刚猛有阴柔调和，不至于失中，因此性情沉稳谨慎了很多。爻辞中道"惕号，莫夜有戎，勿恤"，意思是有敌人趁夜来袭，九二爻发出恐惧的呼声，但是不必担心，此爻的被进犯有惊无险，不必担心。

【可断结果】

九二爻身为刚爻，处于阴位，其阳刚有所调和，且居中守正，为人谦恭谨慎，乃是能当重任之才，善于处置、化解突发事件，因其防范之心很重，所以，祸患稍露端倪便会有所察知，因此深夜有敌人来袭时，能率先发出警告，令自己人有所抵御。九二爻对危险察觉得早，占有主动性，有备无患，所以完全可以控制局面，不必有所忧虑。

【自取之道】

深夜进犯的并非强敌，乃是仓皇寻找机会的敌军。九二爻固守有方，抵御有道，不失其位，德行昭然。仁者无敌，德者无害。敌军深夜而来，行事并不光明正大，有蒙昧晦暗之意，邪难胜正，所以九二不必忧虑结局。其所遇实为一场虚惊。

九二爻辞中之"惕"由惊惧而来，其惊惧是因为看到了危险。因前爻初九才能低微，九二爻难免心中惴惴，有重任在肩之感，其焦虑警惕极为敏感，难以自控，所以稍有进犯便会如临大敌。

【经文+传文】

 九三　壮于頄：有凶；君子夬夬独行，遇雨若濡，有愠：无咎。

《象》曰："君子夬夬"，终"无咎"也。

【译文】

九三　面颊强壮（比喻炫耀勇猛）：有凶险；君子果决独行，撞上下雨，淋湿了，心中不快：无害。

《象传》说：君子办事果断（有果决除奸之心）——结果是无害的。

【爻意分析】

九三爻阳居阳位，身在下卦终极，阳气刚猛，性格坚毅，有决断之力。爻辞中道："壮于頄，有凶；君子夬夬独行，遇雨若濡，有愠：无咎"，意为九三爻其壮在面颊上，有阳刚在表面之象，有凶险之事。在历史上也常有这种情况，有的君子疾恶如仇，对奸邪之人深恶痛绝，义形于色，结果过早地刺激了对方的警觉和反抗，招来了杀身之祸。"君子夬夬独行，遇雨若濡，有愠：无咎"是说君子果断地决定独自前行，在途中遇雨，身上都被淋湿了，不由得面带怒气，但是九三爻没有错咎，所以没有灾祸。九三爻与初九爻爻辞中都带有壮字，所不同的是九三爻位置居中，所以壮在面颊，初九

九三爻与上六爻应和，阴阳调济，刚柔协和，能持守中正之道，乃是夬中君子。君子孑然一身，独行不惧，不与小人同流，虽然难与众合，但是终可无咎。

爻位低微，所以其壮在脚趾。

【可断结果】

在行进途中遇雨，既无可遮蔽又难以休息，衣服皆被淋湿，心中懊恼愤怒，乃是人之常情，但九三爻中正仁和，有君子之德，虽然有怒气，但并不怨天尤人，将怒气蔓延到行事为人上面，乃有君子的真性情，所以毫无错咎。

【自取之道】

九三爻"君子夬夬"，宁可独自而行忍受寂寞，也不结交劣友，受其恶行污染，如此洁身自好者，乃是一位有德行的君子，当能受人敬重仰望。

【经文+传文】

九四　臀无肤，其行次且，牵羊悔亡，闻言不信。

《象》曰："其行次且"，位不当也；"闻言不信"，聪不明也。

【译文】

九四　臀无完肤，走路困难，据说牵着羊一样的阳刚尊者，就可以消除悔恨，他听了这话不信。

《象传》说："行动犹豫不决"，是因为君子地位不妥当；"闻言不信"，是说君子的判断力有问题。

【爻意分析】

爻辞中道："臀无肤，其行次且，牵羊悔亡，闻言不信"，意为九四爻臀部受伤未愈，难以坐卧，其行进也因伤而受到耽搁，在路上踯躅迟疑，若能牵着羊行走，心中将毫无悔恨，可惜听见了别人的忠言劝告，却没有听从。

【可断结果】

九四爻身处于夬卦的未济之位，其志向坚决，虽身带伤痛也难抑其行进之心。但前方危机四伏，九四又不听劝告，此行可说是吉凶未卜，福祸相伴，最终结局如何全在九四爻如何应变。若能及时醒悟，行变通之法，尚可趋吉避凶，否则大有错咎。

九四爻居位不当，导致自身行进困难；不明不智，将金玉良言置若罔闻。其行事犹疑不决，虽然性情温和，但是受阴位影响，有失刚健，德行不足，恐怕会招致错咎与祸患。

【自取之道】

九四爻在途中已经生出懊悔之心，却依旧固持己见，拒听忠言，说明其并未醒悟自己行为会招致的祸害，继续下去必会导致其患更加深重，最终受到严重的损伤。

在历史上有很多误国的人，其误国就是因为自己既不明白治国之道，不体察国情，又听不进别人的意见。陈后主就是个例子。

一个人，在立身处世上，特别重要的是自己要明智，所谓"明"，就是明白是非，分辨真伪，所谓"智"，就是择善而从。聪明的人是善于听取不同意见的人——这样才能够做到"兼听则明"。

【经文+传文】

九五　苋陆夬夬，中行：无咎。

《象》曰："中行无咎"，中未光也。

【译文】

九五　要像铲除苋陆草那样果决地清除小人持守正道，无害。

《象传》说："合乎中道而没有咎害"，这是说中道尚未光大。

【爻意分析】

九五爻是本卦的尊爻，身为阳爻而居于中位，是位中正仁和，阳刚无失的君主。在夬卦中，只有上六是阴爻，与众位阳刚君子无论为人还是处事都格格不入，九五爻紧邻上六，大有以君主之尊去处置小人之势。爻辞中写道："苋陆夬夬。中行无咎。""苋陆"是一种多年生草本植物，柔伏地生长在路旁，在此比喻阴柔的上六；九五爻果断地清除了路上的苋陆，持中正而行，没有错咎，说明九五爻想要清除上六这个小人的决心十分坚决。

九五爻德行中正，阳刚有力，近小人上六，果断清除，如农人铲除苋陆般果断，丝毫不为其阴柔所扰，因此毫无错咎。

【可断结果】

九五爻为一卦之君主，阳刚威猛，具有杀伐决断之力。上六阴爻阻其行路，遮其阳明，导致九五中正之德无法光大。九五自知因接近上六而受到阴柔影响，行为举止有所偏颇，且其下的四位阳明君子都与小人上六对立，故而不得不断绝与上六的情谊，于是以"夬夬"之心清除上六。

九五爻此次要彻底灭除小人之道，令小人毫无反手之机，无法卷土重来。这样，夬卦阴柔将会消亡，变成一个纯阳之卦，君子之间会友好互助，同心同德，更有利于行进与发展。

这两个夬表达了九五的决心，说明九五心中十分明白君主的责任和有所舍弃的必要。

九五爻因此而得保中正。一国之君只要中正便无忧患与错咎。

【自取之道】

九五爻此次惩戒上六，乃是众望所归，必须彻底，不能有丝毫的心慈手软，否则便会沦入上六之列，为群臣所不齿，严重的甚至会威胁到自己的皇权。九五爻深知其中的厉害，所以此次下定决心要彻底解决上六。

此爻警戒人们对于邪恶势力要做到除恶务尽，不可半途而废。明朝末年，宦官为害天下，崇祯上台后惩治了魏忠贤等人，但是除恶未尽，留下了很多奸党余孽。后来，这些奸党余孽又残害忠良。历史的教训值得吸取。

【经文+传文】

上六　无号，终有凶。

《象》曰："无号之凶"，终不可长也。

【译文】

上六　不要痛哭，凶险终究是难逃的。

《象传》说：上六哭也没用，必定凶险——上六阴柔小人不可能长久了。

【爻意分析】

上六爻是全卦唯一的阴爻，居于终极之位，其下有五位阳爻，对其行逼迫之势。爻辞中写道："无号，终有凶。"上六居于全卦最高位，却无法对其下五爻发号施令，象征着其面临的局势已经十分不利，最终会有凶险。

上六所居是穷极之地，因其下有五个意在上升的阳爻，此时阳气即将升到极致，而其阴难以抵御如此强大的阳刚之气，必定会随着阳气的升腾而消散。

上六因畏惧和自感危机深重，只得嚎啕大哭，但却无人理会。上六此时对自己的处境和可能的结果，已经心知肚明，知道自己无力做出任何改变，只能静静等待凶险的来临。

上六比喻小人被君子所除已为定局，上六无须哭号，终必得凶。

此爻一般象征着阴柔的小人，呈现了立见消亡之象，如汉代的王莽、董卓，明代的严嵩、刘瑾，清代的和珅都曾经有炙手可热的权势，但终究要灭亡。

【可断结果】

上六爻是全卦的终结，其用与其他五爻截然相反，行到穷极之处反失其位，如同一个毫无才学的小人，靠媚惑君主而当上高官，以其阴柔遮蔽众贤臣的阳明，祸乱朝纲，如今为重臣群起而攻，阳盛阴衰之下，势单力薄，且君主因为不愿与众臣的意愿相背离，对其的恩宠已经收回，且决意惩处他。

上六失了仰仗，进退维谷，身陷险中，无力自救，呼号因毫无意义所以难以开口，凌驾于众阳之上的境况马上就要结束了。

【自取之道】

君子与小人向来难以共处。夬卦众阳爻，早已对上六恃自己是君主近臣而胡乱施令心生怨愤，只是限于时机未到，暂时忍辱低头，如今得到君主九五爻决意铲除上六的授意，自然大为拥护，齐心协力惩办上六。

上六眼见五位阳爻同仇敌忾，大为畏惧，已经不知所措，完全无力还击自保，之前招致的怨恨，如今如大水溃堤一般带来了严重的后果。

此爻告诉人们，阴柔小人和邪恶势力只可能得势于一时，无论他们多么猖狂，最后终将被除去。所以，人们在小人得势时要保持冷静和乐观的态度，并且积极做好除奸的准备。

姤 卦

天风姤
（下巽上乾）

【姤卦导读】

卦象：下巽上乾，为风行天下之象。卦德：下卦为巽为入，上卦为乾为健。
全卦讲人世之间遇合的道理。

卦辞

【经文+传文】

《姤》 女壮，勿用取女。

《彖》曰：《姤》，遇也，柔遇刚也。"勿用取女"，不可与长也。天
地相遇，品物咸章也。刚遇中正，天下大行也。《姤》之时义大矣哉！

《象》曰：天下有风，《姤》。后以施命诰四方。

【译文】

《姤》 女子过于强壮，不宜娶她。

《彖传》说：姤，指际遇、遇合，阴柔遇合了阳刚。"勿
用取女"，这是因为和她相处难以久长。天和地相遇合，
然后万物章显美好；刚健和中正相遇，然后天下大顺。《姤》
卦这种顺时相遇的意义真是重大啊！

《象传》说：天下有风，这就是《姤》卦的象征。君
主取法《姤》卦，把政令布告四方。

女子过分强壮，不宜娶作妻室。

爻辞

【经文+传文】

 初六 系于金柅：贞吉；有攸往，见凶；羸豕孚蹢躅。

《象》曰："系于金柅"，柔道牵也。

【译文】

初六　像系在金属刹车器上一样静处（象征初遇合时），守持贞正可获吉祥，若急于前往，将遇凶险；像系住的瘦弱的母猪一样躁动着，这不行。

《象传》说："系于金柅"，是说阴柔之道总要受到牵制。

"豕"是猪，为躁动的动物。羸弱的初六豕虽然阴柔，但心中常有消刚的企图，所以不可不防。

【爻意分析】

"姤"为不期而遇之意，初六爻是姤卦的初始之爻，也是唯一的阴爻，居于阳位，处于全卦最下之位，有阴柔者躁然好动不安于现状之象。爻辞中道"系于金柅：贞吉；有攸往，见凶；羸豕孚蹢躅"，意为人们像将其系在金属刹车器上一样，令初六守持贞正以获吉祥，初六若是继续前行会遇到凶险，像瘦弱的母猪一样躁动是不行的。

初六爻地位卑微，且身为阴爻，宜静守而不可乱动。爻辞中的将其系于刹车上，便是要上六停止躁动的意思。初六与九四爻正向应和，此行若是前去与九四相聚，其阴柔得到阳刚的牵引，便会趋吉避凶，若是盲目前行，毫无目的，便会遭遇凶险，得不偿失。

【可断结果】

初六身为阴爻在众阳之下，一阴应和五阳，其位置如同树之根系，人之足趾，极为重要。阳宜动而阴宜静，刚宜行而柔宜止，初六一阴初始，所以爻辞中提到将其系在刹车器上，实因知其行进艰难，适合贞守，有停留阻滞之意。初六虽为阴，但是不可小窥其力。此时其尚在微弱之时，其上五爻还可压制，若是任由其如漫无目的猪一般四处搜寻觅食，瘦弱的身躯日渐强壮，届时便难以抑制其上升之势了。所以应当对初六有所牵引控制，不可令其任意而行，失去管理，为之后埋下隐患。

【自取之道】

初六爻当安守心中贞正，压抑躁动之心，修身养性，若任性妄为，一味上升，贪于前行，恐会招惹灾祸，导致众阳爻携手施以制裁，届时不止身受苦楚，还会背负错责与屈辱。这种凶险只能因初六爻的谦恭柔顺，持守中道而消除。其阴柔不再生长强盛，能甘心受到阳刚君子的制约，便不会滋生事端，引发祸患，也就会全吉无凶，免于错咎。此爻告诫人们对于事物要见微知著，防患于未然。对不良的事物，要其羸弱之时加以有效控制，不能等它壮大起来，达到不可收拾的地步。元代胡炳文说："'壮'可畏也，'羸'不可忽也。"（《周易本义通释》）

【经文+传文】

九二　包有鱼：无咎；不利宾。

《象》曰："包有鱼"，义不及"宾"也。

【译文】

九二　厨房里有一条鱼：没有祸害，但不宜用其待客。

《象传》说："包有鱼"——从道义上讲拿鱼待客是不适宜的。

爻辞中道："包有鱼，无咎，不利宾。"意为厨房里有可供烹饪的鱼，虽然没有错咎，但是此鱼不宜用来款待宾朋。

【爻意分析】

九二阳爻居于阴位，持中守正，刚直不阿。九二爻厨中之鱼正是其下的初六爻。九二制约初六并无错咎，但是应当注意分寸尺度，起到控制的作用就可以了，不可行为过激，过于苛责，致使初六生出逆反之心，脱离其控制。而爻辞中的宾，指的是与初六爻正向应和的九四爻。九二制约初六，必先与之亲和，这样势必引起九四爻的反感，所以说不利于宾。

【可断结果】

九二爻居于下卦之中位，以己之刚加初六之柔，大有亲和之意，并非歧视阴柔的初六。初六爻因此心怀感激，行为上反倒能进行自我约束。九二爻礼敬小人，使其自抑，毫无不妥。

九二爻身在中位，行事中正仁和，大得人心，受众爻所拥戴，但并无贪功骄躁之心，居于内卦，安于内政，并未僭越臣子之礼。其与君王九五，因难以相应，如同情志有异的君臣，虽然相遇却无法互助相得。

【自取之道】

九二爻辞中写道："包有鱼。"鱼群居于水中，九二爻得鱼，预示其所从者众，也有将初六爻比喻成鱼之意。九二拥阴在内，众阳在外，所以与阴爻初六呈互抱之势，彼此信任，对初六爻有制约之力，但若是将初六献于众阳爻，对其进行制裁，那么这种平衡与稳定就会被击破，初六爻很有可能会挣脱束缚，铤而走险，所以爻辞中写道："不利宾朋。"

九二爻居内卦中位，深知其中利害，所以自身将初六爻隔离，下卦安稳，上卦才能不受干扰，所以九二之有鱼乃是顺时应位，行为并未违背世间道义，所以毫无错咎。

【经文+传文】

 九三　臀无肤，其行次且：厉，无大咎。

《象》曰："其行次且"，行未牵也。

【译文】

九三　（受刑后）臀无完肤，走路困难：有危险，但终无大害。

《象传》说："其行次且"，是说行动尚未受阴柔的初六牵制。

【爻意分析】

九三爻身为阳爻却并未居中，上下皆阳，虽然与上九爻正应，但是无法与其调和辅助，身在姤卦下卦终极，预示其难以不期而遇到相合之爻。爻辞中道"臀无肤，其行次且：厉，无大咎"，意思为九三爻臀部连皮肤都没有了，这样的伤痛使得九三爻行走缓慢艰难，路途上会遇到危险，但是不会有重大的错咎。

【可断结果】

九三爻重刚失中，虽然行进困难，但是还具备走动的能力，说明身上的伤痛并未完全制约九三爻的行动。在夬卦中的九四爻爻辞中也有"臀无肤"之句，两爻颇为类似，都是因重刚无协而造成的臀伤。但本卦之九三爻比夬卦之九四爻更增添了危厉，所幸九三爻毕竟是阳刚之身，阳明不缺，因而能够察觉到自身所面临的危险，并因此而心生惊惧，由惊惧而心生戒备，由戒备增加了勤奋，所以虽然难以完全免除错咎，但毕竟不会让局势演变得更为恶劣，大错是可以避免的。

【自取之道】

九三爻阳刚气盛，原本适于行进，但是因为迷恋初六爻，而在途中进进退退，导致危险增加。臀部无肤，难以安坐，适于前行上进，但一阴在下，引动九三爻情欲，令其难舍难离，是导致其受到咎责的原因。

但境遇之事，义在人为，尚有回旋余地，九三爻应当持守心中贞正，洁身自好，不与小人为伍，克制自身私欲，不受初六的诱惑，便可不受阴邪所侵。这样即便难以遇到吉祥有益之事，恶劣的坏事也不会涉及，局势虽危厉，但是终亦不会有大害。

九三以刚爻居于阳位，过刚失中，心神不宁，处境如臀部皮肤受伤未愈。

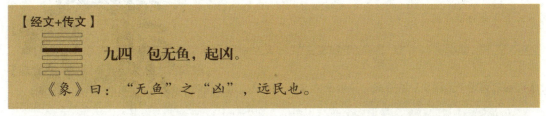

【经文+传文】

九四　包无鱼，起凶。

《象》曰："无鱼"之"凶"，远民也。

【译文】

九四　厨房无鱼，会引起凶险。

《象传》说：九四说，厨房无鱼是凶险的——这是因为君子远离了群众。

【爻意分析】

九四爻位于外卦的初始，阳爻居于阴位，且与本卦唯一的阴爻初六正向应和，但因其居身不正，导致此应和难以成功。爻辞中道"包无鱼，起凶"，意思是，九四的厨房中没有鱼，因为离群无偶，没有援助所以有凶险。

【可断结果】

姤卦五阳在上，一阴在下，上过于强硬阳盛，而下过于单薄无力，唯有九二爻得阴阳相协，所以成了民心所向。九二爻之所以不为阴邪所害，是因为心中中正仁和，德行品质足以劝道安抚患得患失的初六爻，初六却无法撼动其思想，左右其言行。但是九四爻有所不同，居身不当，心

九四爻与初六正应却厨内无鱼，皆因此鱼已经被九二爻收入厨中。九四原本应当得到初六的阴柔作为协调，却无故失去，预示着九四爻自身有所欠缺，失去民心，所从者甚少。这自然不是好的预兆。失民心意味着九四爻失去中正之道，会招致凶险。

中妄念丛生，一旦与初六爻相亲，必定会为初六爻所蛊惑，忘记自己的阳明，陷入困境而难以自拔。届时，九四爻身在上卦，心怀升腾之志，躁然好动，意欲有所作为，但因失去民心，既没有辅助协和之爻，也没有后盾与保障，所以只能孤身应付凶害，其艰辛困苦可想而知。

【自取之道】

九四爻居于外卦的初始，阳气深重，有失中正。九四爻与九二爻都欲以刚乘柔，但不同的是九二得柔，而九四失柔；皆因九二爻与初六临近亲和，在初六虚弱之时能及时伸出援手，得到了初六爻的信赖与感激，而九四爻与初六所距甚远，情感难以疏通，对其诉求无法及时作出回应，导致失去了这个本来正当应和的伴侣。

九四爻应当钳制初六而未能胜任，应当借初六之阴柔调和自己的阳刚也未能如愿，这些是九四爻错咎的根源；但九四爻毕竟身为阳爻，心中澄明，所以只要持守心内中正，不背离姤之大义与要用，便能在最大程度上保全自己，虽然有错，但不至于演变成大祸，尚可补救。

【经文+传文】

九五　以杞包瓜，含章，有陨自天。

《象》曰："九五""含章"，中正也；"有陨自天"，志不舍命也。

【译文】

九五　用杞树枝叶蔽护着树下的甜瓜，内含着文彩，这意味着将有佳遇从天而降。

《象传》说：九五中的"含章"，是说君子内含章美之德；"有陨自天"，是说君子意在不违弃天命。

【爻意分析】

九五爻是本卦的尊爻，身为阳爻而居于中位，在姤卦中乘时趋势，有谦和中正的明君之象。爻辞中道"以杞包瓜，含章，有陨自天"，意思是用杞柳的叶子覆盖着瓜，极为和谐，至善至美，有佳偶从天而降，说明九五爻乃是天命所归的君主，顺承天德，接应乾坤之志。

九五爻有含章之质，深藏不露，能够等待时机，如同能遮蔽包裹瓜的杞树一般，用自己的枝叶完全将初六爻控制在势力范围之内。

九五爻居于全卦的正位，阳气旺盛，虚心下降，有崇尚贤德、谦虚恭谨之象，兼之时运处于姤卦之顶点，是个能聚拢贤臣，安定民心的明君。

【可断结果】

自爻辞上看，九五爻有被阴爻初六驱退的危险。初六一阴在初，众阳爻正向亲近应和，无疑令身为君主的九五爻有失威严与控制力。但是一阴生于初下，其生长强壮乃是难以抑制的趋势。九五大有容忍之德，只要初六爻被制之后能够服从，便可与之和平共存。九五爻承天命而用，是姤卦里十分重要的一爻。

【自取之道】

九五爻与初六爻相距甚远，但与九二爻正应。九二爻因与初六爻相亲近，所以也沾染了阴柔之质，因此九五爻如同与初六爻间接相遇，曲折相应，刚柔得以互济。

九五乃天子之尊。本卦中有五爻皆阳，躁动难安，志气外扬，但越是高扬，越容易下坠，爻辞中的"陨"便是下降的意思,从天上降至地面,预示着天地之间的连接与感应,有上升便有下降。九五爻虽然并非身在极位,但是因为本身是姤卦的大用之爻,所以姤卦在此时的用处已经到达了极致,故而反升为降,原本在天上者如今落于地面。九五爻帝王之尊,顺应天道,德行充沛,以济道天下,泽被苍生为心中志向,所以其下降既是遵从天命,也是听凭己心。

九五爻之降,顺承天德,情志高洁,谦逊仁和,居身得正,时合所宜,是非常美好的事情,于国于民都很吉祥。

【经文+传文】

上九　姤其角:吝,无咎。

《象》曰:"姤其角",上穷"吝"也。

【译文】

上九　碰到兽角上:有危险(但没碰伤),终获无害。

《象传》说:"姤其角",是说君子途穷了。

【爻意分析】

上九爻是姤卦的终极之爻,身为阳爻居于姤卦最高之位,其用已经穷尽,虽然身为阳爻但是无可作为。爻辞中道"姤其角:吝,无咎",意思是上九爻在姤卦中如同头上的犄角,虽然尚有锋芒,但是已经失去了痛痒之感,虽然处境危险,面临麻烦,但是没有错咎。因为上九爻穷极翻转,紧接着,其姤就要成演变成为夬了。

动物的犄角位于头部顶端,正如上九爻现在的境况一样,身为阳爻,与本卦唯一的阴爻之间相距甚远,如同一在天涯,一在海角,相遇的机会十分渺茫。上九爻前行无路,身为阳盛之爻有不可能有下坠之心,而初六爻虽然意在上升,但是无论如何也难以逾越拦阻在路上的四个阳爻,所以上九爻不可能得到初六爻的济助,也不会因为受到阴柔者的侵害而犯下错咎。

【可断结果】

上九爻是全卦的终结,居高而无位,与初六爻互不相协,其姤在角,是完全不可能达成的愿望。可见上九爻所处的位置十分不当,局势十分艰险。在本卦之中,九三之伤在臀,有疼痛之感,可以警醒自身,随时调整言行,但到了上九爻这里,其用在于毫无感知的角上,可见其已经无力应变,对隐患麻木无知。但上九爻阳气刚猛,锋芒难掩,斗志昂扬,大有与人角逐之意,但以上九的境遇,时穷运尽,自身又无仁和之德,未能持守中正,进无可进,难以施展,所以不应再起争斗之心,否则必定会为自身招致危险。

【自取之道】

上九爻阳亢在上,与阴无法相遇,难以济和,阳气虽盛,但气势已经消退,虽然会发生令其后悔之事,但是可以免除大的灾殃。上九爻处于穷极之位,前无进途,后又为九五尊爻所压迫,如同一个空怀志向的垂暮老者,处处受到排挤,毫无能力反击,其下的诸多阳爻因为难以与阴爻相合,个个躁然愤懑,无处发泄之时便会迁怒于老者上九。此时上九应当多加忍耐宽容,不可逞一时的义气,将自己置身于危险之中,辗转受到初六阴爻的连累与侵害。所以应当效法古代的贤人隐士,既然不能有所作为,索性就不再过问世事,不求有功,但求无过而已。

萃 卦

泽地萃
（下坤上兑）

【萃卦导读】

卦象：下坤上兑，为水聚合于地上之象。卦德：下卦为坤为顺，上卦为兑为悦。
全卦揭示了居上位和在下位者如何能相聚相合的道理。

卦辞

【经文+传文】

《萃》 亨，王假有庙；利见大人，亨，利贞；用大牲：吉；利有攸往。

《彖》曰：《萃》，聚也。顺以说，刚中而应，故聚也。"王假有庙"，致孝享也；"利见大人，亨"，聚以正也；"用大牲吉，利有攸往"，顺天命也。观其所聚，而天地万物之情可见矣。

《象》曰：泽上于地，《萃》。君子以除戎器，戒不虞。

【译文】

《萃卦》象征聚集：亨通，君主来到宗庙祭祀；见大人有利，亨通，利于守持正固；用大牲口祭祀：吉祥；利于有所前往。

《彖传》说：萃，指会聚。其性柔顺和悦，在上者刚健中正，而又得众人响应，所以能够会聚众人。"王假有庙"——这是王在表达他的孝顺和祭祀之诚心；"利见大人，亨"，是因为大家以正道相聚；"用大牲吉，利有攸往"，是因为君子能顺应天命。探察天地万物会聚的道理，这样就可以知道它们的情状了。

《象传》说：泽在地上，这就是《萃》卦的象征。君子取法《萃》卦修治兵器，以防不备。

君主怀着诚敬之心来到宗庙祭祀，所以能够感动众人，形成凝聚力。

爻辞

初六　有孚不终，乃乱乃萃；若号，一握为笑；勿恤，往无咎。

《象》曰："乃乱乃萃"，其志乱也。

【译文】

初六　有诚信，但不能贯彻始终，导致了行动混乱、不正当聚合。此时若能向正当者呼号，必能握手言欢，不用忧虑，前往无害。

《象传》说："乃乱乃萃"，是说君子的心志乱了。

【爻意分析】

萃卦的要义是会聚，是讲如何能汇集众人凝聚人心，壮大自身的能力。初六爻为萃卦的初始之爻，身为阴爻，居于阳位，居身不正，处位不当，且一阴在下，受到压制，容易有意乱情迷之举。爻辞中道"有孚不终，乃乱乃萃；若号，一握为笑；勿恤，往无咎"，意思是初六爻虽然有信用，为人诚挚，但是这种品质难以持久，有始无终，因此结交聚拢的朋友鱼龙混杂，局面十分混乱，初六因此而明白了自己不能始终维持诚信的弊端，之后有所改变，与向九四呼号恳求，两者握手言欢，这样的举动没有可担心之处，对于初六的前行更是大有裨益，毫无错咎。

初六爻虽然很有号召力与凝聚力，但是作为召集者，其作出的承诺并不长久，处事做不到公平，因而引起追随者中一部分人的不满与愤恨，兼之初六爻不间断的召集，所聚拢的人越来越多，鱼龙混杂，各怀心事，初六爻的诚信一旦丧失，众人心中便更加没有安全感了，所以有人因此弃之而去。这种混乱的局面警醒了初六爻，于是及时作出了调整，专门致意于阳明刚猛的九四，与其握手言欢，其前途亦是以扭转。

【可断结果】

初六爻辞中的"乃乱"是其心志不坚，神思混乱造成的。这种状态与当初聚集众人时的诚信坚定截然相反。初六爻行事颠倒，反复无常的原因是，初六原本应当与九四阳爻正相应和，借助九四的阳明与刚猛，调和自身的阴蔽与柔弱，但是在与九四爻相应和的途中，受到了六二与六三两个阴爻的阻挡，心中产生了迷惑，大有亲近同类阴爻，远离九四阳爻之意。

初六此举令其追随者大失所望，从而引发了内部的混乱。初六本身是阴爻，才德低微，若是再与同类人相聚，没有德行高远的阳刚君子指点牵引，绝难有所作为，且阴柔者在一起追逐的无非是利益，长此以往，会悖离中正之道，失去贞静仁和，最终难免错咎。

初六如能坚守正道号啕恳求九四相与聚合，九四定会欣然与之相应，二者即可破涕言欢。初六与九四在握手的刹那间破涕为笑，初六前途就也因此而变得无需忧虑了。只要能与九四相聚合，初六必能免除过咎。

【自取之道】

初六作为聚集者，自身的诚信至关重要，聚众以正道，才能前路亨通。所以初六本身阴柔，就更应当远离阴郁小人，接近阳刚的君子，此时，其自身的犹疑已经令团队人心涣散，当务之急是对六二与六三的挽留置之不理，不改初衷地继续前去与九四爻应和。初六若能如此，九四爻定会不计前嫌，与其爻握手言和，初六爻所遭受的混乱也能迎刃而解，一切都恢复如常，不再需要担心于忧虑，从而免除错咎。

　　六二　引吉，无咎，孚乃利用禴。

　　《象》曰："引吉无咎"，中未变也。

【译文】

　　六二　受人招引而相聚可得吉祥，无害，只要有诚信，用禴祭都可有利。

　　《象传》说："引吉无咎"，是因为君子恪守中道的心志不改。

【爻意分析】

　　六二爻身为阴爻而居于内卦中位，与本卦的君主之爻九五正相应和，如同一位阴柔恭顺的臣子被阳刚圣明的君主所指导与牵引，心中得以持守中正，不会偏离正道。且六二与九五正向应和，预示着君臣秉性契合，德行一致。此种亲近并非奸佞之臣靠谄媚得宠。

爻辞中道"六二：引吉，无咎，孚乃利用禴"，意思是六二跟从了别人的引领，此举十分吉祥，毫无错咎，只要心中怀有诚挚的信仰，那么即便祭祀时的祭品与仪式很简单，也能与神明心神相通，所以毫无不利之处。

【可断结果】

　　六二爻身处下卦中位，其上其下皆为阴爻。六二与君主九五应和，却无力牵引串联初六与六三与自己一同归顺君主九五，所以虽然得吉却没有功绩，只能免除错咎而已。

【自取之道】

　　六二爻所处是卦中下位，如同身居僻壤，孤身没有协助，所以必须向上与君爻九五相聚合，才能保证不受咎害。

　　六三　萃如嗟如：无攸利；往无咎，小吝。

　　《象》曰："往无咎"，上巽也。

【译文】

　　六三　相聚无人，只好叹气：事情无利可得；前往无害，但有小遗憾。

　　《象传》说："往无咎"，这是因为君子能谦逊从于阳刚之正。

【爻意分析】

　　六三爻是内卦的终极之爻，身为阴爻，居于阳位，居身不当，在本卦中没有与其正向应和之爻。六三本想上行与上六爻求和，但是上六同样身为阴爻，与六三为敌应，无法与其互相协助聚合，所以六三爻行进之时孑然一身，孤独无依。爻辞中道"萃如嗟如：无攸利；往无咎，小吝"，意思是六三想与上六应和的心愿落空，无奈之下发出感慨的怨叹，这种情形对六三爻毫无利处，所以应当继续前行，六三的行进不会给自己带来灾祸，但是途中会发生令其感到略有悔恨的事情。

六三爻失去正应，孤苦无依，转而投奔自己前面的九四阳爻，此举虽然说不上错咎，但是毕竟不合乎正常的聚合之道。所以六三爻心中难免生出些许的悔恨。

【可断结果】

六三的悔恨是自羞惭而来。六三因没有应和而得不到利益，所以主动向上而求，亲和依附于九四，虽然九四没有拒绝，但是六三爻却为自身因求利而与九四聚合的举动，耿耿于怀，芥蒂此行不正，此合有瑕，所以心中生出悔恨。

但是六三爻也明白，唯有如此，自己的抱负与能力才能得到施展，所以心中的悔恨就变得很轻微了。六三爻与九四爻的聚合虽是强求，但是互相协助，阴阳调济，并未违反萃卦的要义，所以没有错咎。

六三爻继续行进没有错咎，是因为对于相距不远的阳爻九四生出了追随之意。阴柔者亲近居于自己上位的阳刚君子，自然没有错咎。

【自取之道】

六三爻志在相聚，却苦无可聚合的对象，心中无可奈何，不由地发出叹息之声。六三居于下卦终极，有上升之志，难抑追逐阳明之心，于是继续前行，与不远处的九四阳爻相应和。因此举并非依照萃卦之正道相聚，且六三爻因聚合之心甚强，所以在与九四爻相聚之时，极尽所能，一力亲和，所以虽然最终得到了九四爻的回应，但自身难免生出羞惭之心。六三爻上逐九四，不光是为了增益自身，也是为了施展抱负与才能，并且没有悖离萃卦聚合的要义，所以这种行为没有错咎。

 九四　大吉，无咎。

《象》曰："大吉无咎"，位不当也。

【译文】

九四　大吉，无害。

《象传》说："大吉无咎"，是因为君子居位失当。

【爻意分析】

九四爻处于外卦初始，身为阳爻而居于阴位，居位不当，处在尊爻九五之下，是君主的亲近之臣。九四爻与初六爻正向应和，又有位于其下，孤立无应的六三攀附，有大得民心之象。爻辞道"大吉，无咎"，意思是大为吉祥，没有错咎。前面所说的九四爻大吉，指的是其身为阳爻，与君王能聚合相得，亲厚和睦，与下属能互相济会，扶持协助，而无咎指的是

九四爻为安邦定国之才，其威信大过君主，有悖君臣之道，本应受到责罚，但是因其有利国利民的大功绩与大德行，其错咎得以免除，吉祥无忧。

九四爻身为臣子，却成为民心所向，威望大过九五，有功高盖主之嫌。这皆是九四爻居位不当造成的。但是九四爻安守本分，带领两个阴爻归顺君王九五，忠心可嘉，所以能得到全吉无咎的结果。

【可断结果】

九四爻居身不当，难免行事有偏颇之处，身为人臣，却专权越限，夺君王之威仪，尽收天下民心，此举无疑有欺君罔上，乘凌君主之嫌。以九四爻的所作所为，原本难逃错咎与责罚，但是其因终归是阳明的君子，心中没有阴鄙的想法，最终行出了率领众阴爻归顺君主九五之举，还君威于君王，保全了臣子之节，所以得到了吉祥，而其曾经的行为，非大吉而不能免咎。

【自取之道】

九四爻居位不当，本应因有咎而受到责罚，但是所幸能聚合其下两个阴爻率众归顺君主，稳定天下，坚固基业，因此建立了功绩。未居君位而得民心，是因为九四爻对于国家之事鞠躬尽瘁，毫无私欲，所以天下百姓信服。

【经文+传文】

九五　萃有位，无咎，匪孚；元永贞：悔亡。

《象》曰："萃有位"，志未光也。

【译文】

九五　会聚之时得有正位，是无害的，但其尚未获广泛得众人的信任，只要大气地坚持于中正之道，悔恨自会消失。

《象传》说："萃有位"，是说君子的会聚天下的志向尚未光大。

【爻意分析】

九五爻处于萃卦君位，身为阳爻，能居中守正，象征其是阳气刚猛毫无隐蔽的阳明之主。爻辞中道"萃有位，无咎，匪孚；元永贞，悔亡"，意思是九五爻在萃卦之中居于主位，没有错咎与灾祸，但是其为人处事无法令臣子与百姓们信服，九五应大气地坚持中正之道，自能免除悔恨。

【可断结果】

九五爻身为萃卦的君主，当成为大用之爻，做聚拢天下之事，却因为君道失守，君德难以持久，而损害了君威。九五爻身在高位，不至于受到咎害，但若是自恃位高权重而刚愎自用，那么无疑会使其信用受到更大的损伤。

九五德行浅薄，又不能持守贞正，导致有聚而无合，有言而无信。君王的德行是臣民归顺的原因，九五爻若是不警醒自身，自守刚正，修身养性，增长君德，继续我行我素，只知从他人身上查找原因，长此以往，其君位也必定遭到撼动，自身也难以免除错咎，届时即便有悔，也是悔之不及了。

九五阳爻居于阳位，既得一卦之尊位，又居中守正，是没有弊端、德行中正的明君，但这样一位毫无错咎的君主，未失君位却失了为君之道，天下百姓与其身边的臣子对其心有疑猜，无法完全信服。这种局面令九五爻忐忑不安。但要找到真正能解除困境的办法还在于九五爻自身。君主得到民心必是因为能够德昭天下，九五爻应当从自身的修养与处事上查找原因，修持恒久中正的君德，，才能真正的得民心安天下。

【自取之道】

九五爻在萃卦中从者甚少。初六爻与六三爻皆依附于强臣九四爻，而四爻则与其同为阳爻，所以无法亲和，只有六二与九五正应，可以相互调和济会。作为一个君王，九五爻显得势单力薄，毫无威信，这样的局面自然对其皇位有弊无益。所幸这个夺取了九五威信的强臣九四是个忠心不二，中正仁和的臣子，毫无僭越之心，安守为臣之道，九五爻只要对其消除猜忌，九四便会率领初六与六三归顺臣服。所以，强臣的压迫并不足为惧，而九五爻的当务之急，是调整言行的偏颇，增长自身的德行。

君主的德行，当如光芒一般昭然天下，君主的恩惠，当如雨露一般泽被苍生。九五爻身为萃卦的君爻，应以荟萃天下为天命，以取信万众为己任，应行事宽厚仁和，中正无私，将自身的德行发扬光大，才能得到万民的敬仰，吉祥无忧。

【经文+传文】

上六　赍咨涕洟：无咎。

《象》曰："赍咨涕洟"，未安上也。

【译文】

上六　叹气掉泪：无害。

《象传》说："赍咨涕洟，"是因为上六未能安居此穷极的上位。

【爻意分析】

上六阴爻居于萃卦的终极之位，前行无路，又毫无应和，自身阴柔无力，时穷运尽，才能低微，德行浅薄。上六深知自己处境尴尬，所以常怀惴惴之心。爻辞中道"赍咨涕洟，无咎"，意为上六爻为自己畏惧的处境而深感不安，叹息哭泣，不知所措。上六的这种行为与反应，最终令君主消除了对其的戒备，因而使自身免除了错咎与灾殃。

上六居于终极之地，前无可进之路，身边又没有可以与其聚合协助的爻，势单力薄，全无依靠，这种处境自然令上六心忧，但是真正令其惧怕到哭泣落泪的情形是，自己身为阴爻却处于阳刚君主之上，有以阴凌阳之嫌，所处的情势十分的危险。

【可断结果】

上六爻求告无门，恐慌之际，痛哭落泪，但此时的处境，应算作上六的咎由自取。上六眼见萃聚已经到了结束之时，自己却还没有与人聚合，又不愿孑然一身独处高寒之地，所以向君主痛哭着求亲近，最终得到了君主的谅解。君主虽然未与其聚合，但是免除了上六的错咎。

【自取之道】

上六因自己处于穷极之位，难求应和，又处于乘凌君主之位，百口莫辩。上六想着自己孤苦无依，任人欺凌，心中恐惧难言，所以放声哭泣。然而此举恰恰为其解脱了尴尬的处境，君主九五爻见上六因自己居于上位心中不安而悲戚，明白上六并无僭越的野心，于是对其消除戒备。上六因此脱离危困，免除了错咎。

升 卦

地风升
（下巽上坤）

【升卦导读】

卦象：下巽上坤，为地中生木（巽引申为木）之象。卦德：下卦为巽为入，上卦为坤为顺。
全卦揭示了优秀人才升迁的规律。

卦辞

【经文+传文】

《升》 元亨，用见大人，勿恤；南征吉。

《彖》曰：柔以时升，巽而顺，刚中而应，是以大"亨"。"用见大人勿恤"，有庆也；"南征吉"，志行也。

《象》曰：地中生木，升。君子以顺德，积小以高大。

【译文】

《升卦》象征上升：非常亨通、顺利。见大人有利，不用忧虑；南进征战吉祥。

《彖传》说：以柔顺之道与时俱升，谦逊而和顺，刚健中正，而又与上者相应，所以大亨通。"用利见大人勿恤"，是说如此上升将有福庆；"南征吉"，是说上升的心志可以畅行了。

《象传》说：地中生木，这就是《升》卦的象征。君子取法《升》卦顺应道德，积累微小以逐渐成就伟大的事业。

顺势上升之时，应勇敢前进，必能获得成功。

爻辞

【经文+传文】

  初六 允升：大吉。

《象》曰："允升大吉"，上合志也。

【译文】

初六　诚信地得到上升：大为吉祥。

《象传》说："允升大吉"，是因为初六上承二阳的意志能及时上升。

【爻意分析】

升卦的要义是上升，进步，初六爻为升卦的初始之爻，恭顺阴柔，虽然在卦中没有可以应合之爻，但因上承两个阳爻——九二与九三，所以大有升腾之志。升之初爻遵循本卦要义，大为吉祥。爻辞中道："允升，大吉。"意思是初六爻因为与阳爻亲和所以其诚信增加上升，这是十分吉祥的事情。

升之全卦以上升为用。初六阴爻地位低下，向上亲和阳爻九二。九二爻因其阳明刚猛，上升之志更加强烈，且九二身为阳爻而居于阴位，居身不当，此时见初六上行，大有将自己之位相让之势。初六爻若能得九二之位，便是阴居柔位两相适宜了，所以自然是很吉祥的。

【可断结果】

初六爻既有顺从之德，又有升腾之志，处事中正有度，毫不偏激，虽然身在卑位，但是在升卦中是大用之爻。树木的生长过程中，其根是决定其能否生长旺盛的关键。初六爻在升卦中所处的，便是六爻中根基的位置，所以初六的上升，不止受到了九二爻的支持也得到了其他爻的配合与赞许。所以初六虽处低位，但是上升之路毫无阻滞完全亨通，吉祥顺利，是顺势乘时的升迁，其前途不可限量。

【自取之道】

初六爻原本地位卑微，志向无法舒展，随后上行，与九二爻亲和。九二爻慧眼识才，伸出援手。初六通过阳爻的引领，前行之路亨通顺利，得到了晋升的机会。升卦的要义是稳步上升，如同一棵树由幼苗长至参天大树。初六爻位于最低处，犹如树的年幼时期，怀上升之志，如同树木有生长之心，行的是升卦的正道，所以全吉无忧。

【经文+传文】

九二　孚乃利用禴，无咎。

《象》曰："九二"之"孚"，有喜也。

【译文】

九二　心存诚信，用祭品简单的禴祭有利，无害。

《象传》说：九二心怀诚信，是说喜庆必然到来。

【爻意分析】

九二身为阳爻，居于下卦的中位，与本卦的尊爻六五正相应和，互相协助，象征着谦恭柔顺的君主得到了阳刚中正的贤臣辅佐，君臣意气相投，同心同德。爻辞道"孚，乃利用禴，无咎"，意为九二爻是诚挚有信用的君子，祭祀神明时即便供奉的祭品与仪式都从简，也不会有任何的错咎。

【可断结果】

九二爻因诚信而与君王六五相感而应，其"孚"是为求升，以刚侍柔，以阳济阴。其毫无修饰的诚挚是君王最喜爱的为臣之道。

九二爻刚正无缺，持中守正，不搜刮百姓之
财，既无力向君主进献厚礼，在祭祀中也将用度
从简，且并未主动上行，对九五作出谄媚求宠之
举，只是心怀至诚，静候君主的征召，因此受到
了君主的赞赏。

六五宅心仁厚，谦和清明，知道九二爻乃是
爱民忠君的贤臣，所以对九二委以重任，接引其
上升。九二阳刚守正，居中无偏，其升毫无错咎。

九二爻与君王六五应合，得到君王的赏识，成为了君王信
任的臣子，这对于九二爻的上升大有裨益，九二宅心仁
厚，诚挚中正，爱民忠君，对人才能伸指帮扶之手，所以上
得君主的爱重，下得初六的敬仰，这样德行兼备的君子自
然没有错咎。

【自取之道】

升卦的要义是上升，所以卦中的六爻都有升
迁的机会。九二爻阳刚在下，居中守正，以刚助
柔，以阳从阴。自古以来刚强阳明之臣，侍奉阴
柔的君主，在与之相处之事上都会遭遇尴尬，分
寸与态度很难把握得当。过于强硬有逼迫之嫌，
过于顺从又有失职之过。

九二爻心中持守中正，恪守君臣之道，对待君主六五爻诚恳真挚，忠心不二，既没有趾高气
扬，也没有矫情谄媚，其行为不但毫无错咎，而且还会因自身之"孚"得到君主的赞赏，会有升迁
之喜。

【经文+传文】

九三 升虚邑。

《象》曰："升虚邑"，无所疑也。

【译文】

九三 上升顺畅如入无人之邑。

《象传》说：九三说，上升顺畅如入无人之
邑——说明九三果敢而没有疑惑。

【爻意分析】

九三爻处于下卦终极之地，身为阳爻，居于刚
位，居身得当，阳气刚猛，所以大有上升之志，且
与上六爻正向应合，阴阳互济，又处于当升之时，
所以上进心极强，面对前路毫无犹豫。爻辞中道
"升虚邑"，意思是九三爻在前行的途中来到了一座
空虚的城池中，但是心中毫无疑虑，前行之心极为
坚定。

九三爻前行到一座无人的空城之中，象征其升迁之路毫无
阻挡，畅通顺利。这座城池没有镇守之人，九三爻上升
至此，自然便成了这里的管理者。九三爻的上升是得到了
君主五爻认可的，可见，六五对于九三十分信任看重，
九三自身就更加不必有所疑虑了。

【可断结果】

九三爻刚居刚位，其位得正，与上六阴爻正向应和，免去了重刚失中之咎，处当升之时，利
于进取。虽然上升途中吉凶难定，但最终的结果是由九三爻自身决定的。九三德行端正，对国家与
君主的诚挚始终如一，其升势不可挡，如日中天。九三爻既有君主的赏识又能得到上六的援应，且

自身品性坚定，勇于进取，不惧担当，所以其升尽善尽美，毫无祸患。

【自取之道】

九三爻因与上六应合，又为君主所宠信，即将升至上卦，其上升之路一片坦途，毫无阻滞，所以爻辞中说道，九三来到空虚的城池中，既有九三升迁如入无人之境一般顺畅的意思，又有君王因信任九三的才能，欲令其独当一面之意。

九三爻此次升迁被委以重任，负责管理一方城邑，这种殊荣等闲难有人比肩。九三得到君王这样的信任，心中志向更为坚定，毫无疑惑与顾虑，君臣一心，相协相得，自然是十分吉祥有利的事情。

【经文+传文】

六四　王用亨于岐山：吉，无咎。

《象》曰：王用亨于岐山，顺事也。

【译文】

六四　（获释后的）周文王在岐山举行祭祀大礼：吉祥，无害。

《象传》说："王用亨于岐山"，是顺应事物之情势做事。

【爻意分析】

六四阴爻居于外卦初始，身为阴爻而居于阴位，居身得当，且处于君主六五爻身边，是位恭敬柔顺的近臣，对于侍奉君主心甘情愿，毫无不敬之心。爻辞道"王用亨于岐山：吉，无咎"，意思是六四爻随王伴驾前去岐山举行祭祀大典，此行十分吉祥，毫无错咎与不当之处。

【可断结果】

六四阴爻乃是恭敬之臣，柔顺之才，德行中正，既能承上之尊，又能启下之升，不悖其道，不出其位，安守本分，虽阴柔力弱，但是毫无错咎。

但六四爻毕竟身在君王之侧，处临危多惧之地，其言行举动应格外谨慎。六四本身已经是重臣，若再上升，恐有犯君王之威，但处于臣位，又不能毫无作为，所以对于尚有上升余地的贤臣，六四毫无阻挡，多有举荐。其为臣之道甚善，大得君主之心，所以去岐山祭祀神明祖先这样的大事，君主也要他随同，对其的宠信可见一斑。六四行事谦恭，顺势顺时，大为吉祥，没有咎责。

六四爻行事谨小慎微，极为恭顺，处于升卦之中却没有上升之心，乃是因为其位仅在君王六五之下，已经是人臣的极位，若再上升便会僭越君臣之道，会身负乘凌君主的错咎，所以六四爻循规蹈矩，安分守己，毫无继续前行上升之心，对于随同君主祭祀之事尽职尽责，所以全吉无忧。

【自取之道】

六四阴爻近居君侧，处境的确堪虞。幸而六四爻阴居阴位，是谦和恭顺之才，上能顺君之意，下能顺民之升，行事毫无差错，诚挚顺服，令君王极其信任，所以才能身在危惧之地而得吉祥无咎。

六五　贞吉，升阶。

《象》曰："贞吉升阶"，大得志也。

【译文】

六五　柔中守正是吉祥的，必能如登上台阶，步步高升。

《象传》说："贞吉升阶"，是说君子大遂上升的心志了。

【爻意分析】

六五爻是升卦中的君主之爻，身为阴爻，能居中守正，是一位谦和贤明的君王。六五与九二阳爻正向应合，如同得到了阳明臣子的辅助，大得其志。爻辞道"贞吉，升阶"，意思是六五爻柔中守正，其前路是吉祥的，面前的台阶是一条毫无阻滞，通达的上升之路。

六五爻辞中出现升阶，但六五已经是君王之尊，处于天下最高之处，无法继续上升，所以此处的升阶并非指向六五，而是说在六五面前有一条高升之路。

【可断结果】

升卦的要义在于柔升而不可冒进，大用在于将升之道行于天下。此升不止是升迁，德行与心志的提升也在其列。六五爻身为阴柔的君主，持守贞正无私的德行，引领有才能的臣子向上升迁，其国运与国力也能借助臣子的才能有所提升。

作为阴柔孱弱的君王，本身有所欠缺，全仗臣子之力，协助治理天下，所以六五的贞正是其安居尊位至关重要的原因，若是对臣子常怀猜忌之心，互有隔阂，那么君臣之情必不能长久，六五的基业也不会稳固。

【自取之道】

六五爻以阴居阳，未能正固，所幸其谦和仁厚，又有九二爻这样的阳刚臣子正应，所以虽居尊位，可保有吉无忧。六五爻知人善用，求贤若渴，且对待臣子没有猜忌之心，升迁臣子，恰如爻辞中的阶梯一般，随才能晋升，上下有序，进路通达，毫无遮掩。

这样的举措只有贤明睿智的君主才能做出。六五爻深谙为君之道，德行昭然天下，其志大得，天下的贤人志士见君主如此重才，毫无偏见，必定会争相前来为六五效力，所以六五境遇极为吉祥，因守君王之道而获天下之心。

六五爻然身处君主之位，自身柔中持正，但毕竟是阴爻，欠缺刚猛阳明，所以必须仰仗阳刚的臣子辅助，六五爻深谙此理，所以心中任命提拔贤臣之心十分坚定，特意开辟一条亨通无阻的上升之路给身处下位的贤臣九二，九二因而能得以来到君王身边效力。六五的志向因为九二的辅助而得到施展，君臣同心同德，两相适宜，自然是极为吉祥的事情。

【经文+传文】

上六 冥升：利于不息之贞。

《象》曰："冥升"在上，消不富也。

【译文】

上六 夜里登上台阶，利于不停地坚守正固，奋斗不息。

《象传》说：上级夜里登上台阶——这是说要改变不富盛的命运。

【爻意分析】

上六爻是升卦的终极之爻，身为阴爻居于穷极之地，前行无路，难有作为。爻辞中道"冥升：利于不息之贞"，意思为上六爻难以抑制心中的上升之心，虽然前行无路，却还一味前行，这种做法是蒙昧和盲目的，就像夜里登上台阶一样，此时的上六爻应当审时度势，回头向着君王六五行进，其坚定不肯停息的意志是良好的，也是能为其带来利益的，但最重要的是上六应选择正确的方向行进。

上六居于升卦的最终，时穷运尽已成定局，但是上六心有不甘，还想盲目上升，不知停止，如同唯利是图的小人，贪求无度，不知止息，大为不利。

【可断结果】

上六爻辞中的冥升意为，升到顶点，利令智昏，这样的结果不但不再是积蓄盈满之势，反而会将之前所积

上六以阴柔之身上升于穷极之地，不懂得升极必降的道理，是昏昧不明者，所以被称为"冥升"。

累的都消耗殆尽。升之大用在于柔升而非刚进，当从容不迫，顺势而行，不贸然躁动，不勉强上行。这样才能向着光明行进，明盛而不昏昧，尽善尽责，自然会毫无阻挡，没有凶祸与错责。

上六虽然昏昧，但是尚有自省之力，所以不至于刚愎自用，对自身所面临的险峻处境毫无觉察，所以最终虽然冥升，却因贞正自治而毫无错咎。

【自取之道】

上六爻昏冥上升，一味求进而不知停止，心中满是贪念，无法克制物欲的引诱，但因处于升卦之终，物极必反，升转为降。上六躁进前行，以为自己处于不断上升的境况，不知因蒙昧不清，难辨方向，自身已经转为下势，越前行越下降。这番起落消长都在上六爻一念之间。

若上六能贞守中正，则其行进便能顺应天道，刚健不息；若其一味地只追名逐利，贪求上位，盲目上升，那么不但毫无利处，还会招致错咎与灾祸。

升卦六爻均无凶咎悔吝之语，初六"大吉""合志"，九二"无咎""有喜"，九三"无所疑"，六四"吉，无咎"，六五"贞吉""得志"上六虽然"冥升"，但有自我消损的自知之明，由此可见其各爻爻旨与卦旨相符。

困 卦

泽水困
（下坎上兑）

【困卦导读】
　　卦象：下坎上兑，为泽中无水之象。卦德：下卦为坎为险，上卦为兑为悦。
全卦揭示了君子在困境中应从容不迫、晦默守志的道理。

卦辞

【经文+传文】
　　《困》　亨，贞大人吉，无咎；有言不信。
　　《彖》曰：《困》，刚掩也。险以说，困而不失其所，"亨"，其唯君子乎。"贞大人吉"，以刚中也。"有言不信"，尚口乃穷也。
　　《象》曰：泽无水《困》。君子以致命遂志。

【译文】
　　《困卦》象征困穷：努力脱困可获亨通，坚守正道的大人可获吉祥，无祸害；此时说什么话也不会有人信从。
　　《彖传》说：《困》卦的象征是，阳刚被掩盖而难以伸展。遇险却能和悦应对，困顿却能不失其本色，这种亨通，大概只有君子能得到吧。"贞大人吉"，是因为君子刚健中正；"有言不信"，是说信奉空谈是行不通的。
　　《象传》说：泽中无水，这就是《困》卦的象征。君子取法《困》卦，不惜舍命达成理想。

困卦象征穷困，努力拯济必能亨通。只有坚守正道的大人君子可以获得吉祥。

爻辞

【经文+传文】

　　初六　臀困于株木，入于幽谷，三岁不觌。

　　《象》曰："入于幽谷"，幽不明也。

【译文】

初六　臀部被困在树干之上，隐入幽深的山谷，几年不露面。

《象传》说："入于幽谷"，是说君子处境黑暗。

【爻意分析】

初六阴爻在下，身为柔爻而居于刚位，居身不正，且低微低下，才能轻薄，有柔弱者陷入困顿中无力自拔之象。爻辞中道"臀困于株木，入于幽谷，三岁不觌"，意思为初六爻只身来到丛林中，行进中臀部被树枝夹住难以挣脱，身边无人，初六难以自救又无法求助，如同幽闭在深谷之中，三年都处于幽暗不明，蒙昧难清之地。

【可断结果】

初六爻受困在幽谷丛林之中，其臀被树枝夹住难以解脱，那么这树枝不会是普通的灌木纸条，当是带刺的荆棘，这也预示着初六爻所遭受的困顿十分艰险，无法轻易解脱。初六地位卑微，孤身一人被困，视线蒙昧导致其无法做出正确的判断，自身才能无法施展，于是感觉心中毫无指望，情绪低落。

【自取之道】

初六爻阴爻初始，居身不当，又有失中正，如同莽撞少年，行事毛躁，以至于贸然走入幽深的谷中被困，在这样的尴尬窘境之中，柔弱的初六爻感到无计可施。

阴爻本身便宜静不宜动，但初六爻因与九四爻应合之心迫切，所以草率前行，且选择了偏僻的谷中捷径，以至于受困难出。眼前的困顿局面难以突破，初六爻只能忍耐，不可再有鲁莽的举动，以免给自己招致更深重的灾祸，带来更大的伤害。

初六爻在困卦之初就遭遇这样的大难，其中三岁并非单指初六困陷了三年。初六遭遇这样棘手的困顿，处境可说十分凶险。初六无法与相应对的九四爻沟合，而九四爻因为路途遥远，鞭长莫及，此时也救助无力。初六困坐幽谷枯木之中，其前行之路被枯枝所掩盖，脱困之日遥遥无期，此种境遇皆是因为初六爻贪图小利，舍坦荡大路而求幽暗捷径而造成的，初六爻德行低微，唯利是图，结果在蒙昧中逐利益失去理智，导致自困难脱，因小失大，得不偿失。

【经文+传文】

九二　困于酒食，朱绂方来，利用享祀；征凶，无咎。

《象》曰："困于酒食"，中有庆也。

【译文】

九二　为酒食所困，但荣禄正在到来，这对祭祀有利；急于出征有凶险，但终获无害。

《象传》说："困于酒食"，这是说秉守中道就会赢得福庆。

【爻意分析】

九二爻是居于下卦中位的阳爻，居中守正，刚猛阳明，本是利于前行上升之爻，但因为身在困卦之中，所前行阻碍重重，途中多有凶险。爻辞中道"困于酒食，朱绂方来，利用享祀；征凶，无咎"，意思是九二爻因上行之路受阻，志向难以舒展，心中愤懑不平，于是呼朋唤友借酒浇愁，整日沉浸在酒食之中，正感觉无力自拔，恰在此时，君主对九二爻委以重任，有朝廷官员亲送官服与封赏前来，令其上任，九二爻的才能与志向得到认可，此时应当祭祀神明，九二接受封赏之后的行进之路，会遇到危险，但是最终可保无咎。

九二虽然地位低微，但是作为阳爻，居身得正，自身毫无瑕疵，乃是才德兼备的贤臣，且心怀凌云之志，又有安邦定国之才，所以不甘心身在下位，大有上升之意，但其上其下皆为阴爻，九二夹在其中，阳明受阴郁所遮蔽，下有初六牵绊，上有六三阻滞，导致其前行之路不畅，九二因此抑郁难舒，每日沉浸在酒肉享乐里，日复一日，心神也受困其中，所以说九二爻之困的症结在于内心。

【可断结果】

九二爻身在下位，受上下两个阴爻夹持，如同绑缚，怀才不遇，借酒食应酬聊以解忧。九二虽然整日享乐，但从未忘记心中志向，失去中正的持守，虽受困于危厄，但与君王九五同为刚正阳明的君子，志同道合，所以九五必来为九二解困。

九二爻上行无力，其困单凭自身难以化解，但九二无需忧虑，有中德的君子，必定无虞有庆。目前既然上行不可为，便宜安心静守，以待时机，切不可贸然前进，自往君王九五处求救，届时不召而征，失了中正的德行，其错咎便会随之而来。

【自取之道】

九二受困于酒食之中，意志低靡，但毕竟是阳刚君子，且处于中位，与本卦君爻九五应合。九五是阳明的君主，对于九二这个贤德的臣子，自然不会放任其消沉。九二得到君主的封赏与任命，精神振奋，脱离酒食之困，继续前行上升。

九二虽然得到了君主九五的赏识，但是因为君臣同为阳刚之爻而难以亲和，所以一经脱困便志气上扬，为得到君王的宠信而贪功冒进，因此遇到危险，所幸九二自身能持守中和，不会偏离正道，行事泰定安然，所以最终得保无咎。

【经文+传文】

 六三　困于石，据于蒺藜，入于其宫，不见其妻：凶。

《象》曰："据于蒺藜"，乘刚也；"入于其宫，不见其妻"，不祥也。

【译文】

六三　为乱石所困，手按在蒺藜上（受伤），走进自己的屋里，也见不到妻子：有凶险。

《象传》说："据于蒺藜"，是说小人凌驾君子；"入于其宫，不见其妻"——这是不祥的兆头。

【爻意分析】

六三爻处于下卦的终极之位，既没得位，又不居中，身为阴爻却处于刚位，如居危惧之地，其才德单薄却易妄行躁动，且乘凌欺压其下位的九二阳爻，以柔凌刚大为不祥。爻辞中道"困于石，据于蒺藜，入于其宫，不见其妻：凶"，意思是六三爻在行路途中被大石困住，行动艰难，且石头周围长满刺人的荆棘，难以下手清除，回到家中后，又发现妻子失踪，外有艰险阻难，内又失去辅助的亲人，其困可说是内忧外患，极其凶险。

【可断结果】

小人六三爻目光短浅，见利忘义。身为阴爻，本应安分守己，贞静仁和，但是六三却因为身居阳位，生出非分之想，以阴柔之身压制位于其下位的阳刚君子九二爻，阻滞其上行之路，导致其因才能无法施展而心志消沉低迷。九二爻幸得君主九五爻所赏识，解脱了酒食之困，受命前行。

九二之困一解，六三爻之前的恶行便无法再遮掩，即将遭受惩处。六三爻辞中的"疾藜"所指便是受命上任的九二，正如爻辞中所说，六三爻现在狼狈至极，前行被大石绊倒受困，又被石旁的荆棘刺扎，屡受挫折，毫无反手之力，回家之后妻子又不知所终。六三爻心中感到风雨欲来，忐忑不安，惶恐之至，此种境遇实在苦不堪言。且按着事情的演变，此时六三爻已经做什么都于事无补，结局凶多吉少。

【自取之道】

六三爻，前行无路，后退无门，失去仰仗，没有协助，受困于大石与荆棘之中，无法解脱，预示着六三此时已经身陷囹圄，家中无妻，即家已非家，君王厌弃，乃是罪臣之身。之前六三所压制欺凌的阳爻九二如今位高权重，六三爻罪责难逃，如今声名受辱，处境危如临渊，进退维谷，已经身不由己。六三爻处在无解之困境中，无计可施，只有静待凶险的结局降临。

六三爻阴柔小人却依仗自身地位欺压阳明的君子，本应与上六爻应合互助却因为阴爻，互相猜忌转而为敌。如今身遭险困，内外皆无协助救济，大为不祥。

【经文+传文】

九四　来徐徐，困于金车：吝，有终。

《象》曰："来徐徐"，志在下也；虽不当位，有与也。

【译文】

九四　缓缓而来，却为金车所困（比喻受到贵人的为难）：有憾惜，但会有好结果。

《象传》说："来徐徐"，是说君子甘居下位，虽然地位失当，仍能得人帮助。

【爻意分析】

九四爻处于上卦之初始，身为阳爻而居于柔位，居位不当，失中不正，妄行妄言，必有悔恨之事。爻辞中道"来徐徐，困于金车，吝；有终"，意思是九四向上前行，行动缓慢在途中被一辆装饰着金属的车子所阻困，因而出现了令九四爻感觉悔恨的事情，但事情的最终结局是好的。

【可断结果】

九四本想前去与初六应合，但其行程不仅为车中人所阻挡，且自身还受困其中。在困卦中有能力做到阻滞九四的就只有新近得到君王宠信的九二爻了，不过九四与初六之间虽有金车九二阻困，但只要坚持住，自然能渡过这个难关。

九四爻虽为阳爻，志在上升，但居位不中不正，原本应当有错咎，但因其与初六阴爻正相应合，刚猛之阳得到初六阴柔化解调和，如同得到一位柔顺的朋友帮助，九四偏颇的言行得到纠正，因而得以趋吉避凶，免于咎责。

【自取之道】

九四爻行进途中脚步徐徐，说明其本身已经对此次的行程有所疑虑，而遇到九二爻的阻滞不过是推动九四爻做出最后决定的一个因素罢了。但九四毕竟是阳明的刚爻，经过深思熟虑，权衡利弊之后便会做出应时顺势的选择。所以九四的行程虽然不得善始，却可得善终。

【经文+传文】

九五　劓刖，困于赤绂，乃徐有说，利用祭祀。

《象》曰："劓刖"，志未得也；"乃徐有说"，以中直也；"利用祭祀"，受福也。

【译文】

九五　施用削鼻截足之刑治理众人，以致困穷于尊位，但逐渐摆脱了困境。

《象传》说："劓刖"，是说君子尚未得志；"乃徐有说"，是因为君子中正；"利用祭祀"，是说祭祀使人蒙福。

九五爻因为害怕失去皇权而行暴政，但适得其反，如今受困于这象征着权利的印玺之中，对于眼前的境遇已经失去了掌控之力，若再一意孤行便有失位之忧。

【爻意分析】

九五爻是困卦中的君爻，身为刚爻而居中正之位，象征九五爻乃是贤德通达、中正仁和的明君，但九五爻阳居阳位，有重刚之嫌，爻辞中道"劓刖，困于赤绂，乃徐有说，利用祭祀"，意思是九五爻治理天下时施行割鼻砍足的苛刑，此举大失民心，甚至威胁到了九五的皇权，但其最终得到九二的辅佐逐渐摆脱了困境，应该祭祀谢神。

【可断结果】

君王之困便是天下之困，此爻的困顿自然大于其他五爻，但九五虽然受困，毕竟未失刚正，且下有贤德的臣子九二爻正应召赶来，君臣同心同德，协和互助，共济天下，求感于神，自然能使臣民归心，消除隔阂，九五最终也能免于悔恨。

【自取之道】

九五爻身在君王之位，处于困卦之中的解卦之中，"解"是解脱缓和之意，因此预示着咎其所遭受的困顿会得到解脱。九五爻本身中正刚直，阳明毫无遮蔽，因此能很轻易地发现自身的错与困顿的症结所在。小人受困缘于身穷，而君子受困，缘于道穷，九五爻之困顿便是因为重刚失中，偏离了中正之道，因道穷而失却民心。

【经文+传文】

上六　困于葛藟，于臲卼，曰动悔有悔；征吉。

《象》曰："困于葛藟"，未当也；"动悔有悔"，吉行也。

【译文】

上六　为葛藟所困，心神不安，此时若能汲取动辄生悔的教训而有所悔恨，前行必可脱离困境以获吉祥。

《象传》说："困于葛藟"，是因为君子行为不当；"动悔有悔"——这样吉祥就来了。

【爻意分析】

上六阴爻是困卦的终极之爻，处于穷极翻转之时，虽然前行无路，但是有脱离困境步入安泰之境之象。爻辞中道"困于葛藟，于臲卼，曰动悔有悔；征吉。"意思是上六爻受困于葛藤的缠绕之中，处境艰难，局势不稳，此时心中很清晰地感觉到，自己不可轻

上六为葛藟所困，此时若能汲取动辄生悔的教训而有所悔恨，其前行将会是吉祥的。

举妄动，动则有悔，上六因心中生出悔恨而有所顿悟，对自己的言行做了反省与调整，对于其继续的行程十分有利，大为吉祥。

上六爻身处困顿之极，本应遭受最大的艰险，但是因为在行进的途中受到葛藤的缠困，而有所悔悟，明白自己行为有不当之处，因身处是非之中，动荡之地，所以难逃困扰，但上六已经意识到困住自己的葛藤柔软脆弱，脱离其困并非难事，所以当机立断，决定以自身的行动解除困缚。

【可断结果】

上六身为阴爻，才能薄弱，德行低微，且居位不正，行事犹豫不定，没有计划，妄行妄动，自然一动便会有悔。

上六所处的局面一片混乱，全无头绪，对其困顿不知如何开解，仿若被无数葛藤所缠绕，眼前蒙昧，焦躁之下胡乱扯动，导致身上葛藤越缠越紧，越缠越多，深陷困中，无法自拔。上六此时心中惶恐不安，生出悔恨之意。有悔之后，又对自己草率的行动有所醒悟，找到了被困的根源，明白了解脱之法，此时便不可再观望不动或是胡乱挣扎了，应顺时而动，应势而行，果断开解，脱离困境。

【自取之道】

上六爻阴柔力弱，却身在如此高位，不止处身不当，而且居位不稳。上六因知道自己居高危之地，动辄会有错咎，所以惶恐不安，忐忑烦恼，所以有悔，此悔是因悔恨自己因居位不当而有错咎，之后动又有悔，是悔恨自己冒失躁动而导致受困。上六因悔生悟，且处于困卦之终极，困道已变。困穷则通，上六的困势将尽，如葛藤般柔软无力，离脱困不远，所以其征必定吉祥。

井 卦

水风井
（下巽上坎）

【井卦导读】

卦象：下巽上坎，为水在木（巽又引申为木）上之象。卦德：下卦为巽为入，上卦为坎为险。全卦揭示了人要正己修身，养人惠物，持之以恒的道理。

卦辞

【经文+传文】

《井》　改邑不改井，无丧无得；往来井井，汔至，亦未繘井，羸其瓶：凶。

《彖》曰：巽乎水而上水，《井》。井养而不穷也。"改邑不改井"，乃以刚中也；"汔至，亦未繘井"，未有功也；"羸其瓶"，是以凶也。

《象》曰：木上有水，《井》。君子以劳民劝相。

【译文】

《井卦》象征水井，城邑变了而水井不变，这意味着无失无得；来来往往的人从井中汲水，井要干了，也没有重新挖井，汲水时，汲水瓶磕破了：凶险。

《彖传》说：顺着水的特性蓄水井打上水，这就是《井》卦的象征。井水养人，水源不断。"改邑不改井"，是因为君子有刚毅持中的美德；"汔至，亦未繘井"，是说明尚未完成进水养人的功用；"羸其瓶"，是说事情有凶险。

《象传》说：木上有水，这就是《井》卦的象征。君子取法《井》卦，教导百姓劳作互助。

顺着水的特性蓄水井打上水，这就是《井》卦的象征。

爻辞

初六　井泥，不食；旧井无禽。

《象》曰："井泥不食"，下也；"旧井无禽"，时舍也。

【译文】

初六　井积淤泥，无法饮用；破旧的井边没有鸟禽飞来。

《象传》说："井泥不食"，这是说井口太低；"旧井无禽"，这是说那时井就废弃了。

【爻意分析】

初六阴爻是井卦的初始之爻，居于最下之位，地位卑微，有下潜之势。爻辞中道"井泥，不食；旧井无禽"，意思是初六爻在井卦中处于最低之处，如同一眼因为干涸而遭人废弃的井，此时井底只剩下浑浊的泥水，这样的水质无法供人畜饮用，所以人迹罕至，鸟兽无踪。

初六爻是塞满淤泥的污水井，被废弃是因其无法继续向上渗水，其功能丧失，变成了无用之物，君子有道。其井自然充盈，小人失德其井自然壅塞。初六才德微薄，无人赏识亲近，导致孤立无援，其井被淤塞而干涸，处境十分艰困。

【可断结果】

初六爻身在井卦之下，上无可应合援助之爻，呈水泽干涸之象。井水来自地下，水源充足，且初六爻位置低下，较之高处的水井，更容易盈满，所以原本不会出现眼前这种水源枯竭恶劣的境况，但初六身为阴爻，能力微薄，遇事毫无解救之法，兼之没有人辅助，所以当井中产生淤泥之时，没有及时治理清除。爻辞预示着初六爻软弱无能，对于自己身边的隐患既没有防范之心，也没有救治之力，只能眼看着局势日渐恶化，如同井中的淤泥，越积越多，最终堵塞了上水的穴窍，导致井水污浊不堪。这种水无法食用，没有人来汲取，井内的淤泥因得不到搅动便更加沉积，最终导致井水干涸。初六因此成为了一眼被废弃的枯井，犹如一个毫无用处的废材，没人需要，也没人理会，只能孤苦无依，自生自灭。

【自取之道】

一眼养护良好的井，应当有人定时清除井内的淤泥与沉积物，这样才能保证水质的清澈，才会更益于人畜的饮用。在井卦之中，阳刚者清冽，而阴柔者浑浊，初六爻阴在卑位，能力微薄，德行低下，所以更是污浊不堪。

初六如同一个失德失道之人，因遭人厌恶，不得不孑然一身，离群索居，其处境每况愈下，因得不到朋友的指点与提醒，自身的缺陷更加严重，渐渐地已经无法与人正常交往，为世人所摒弃。

所以初六爻若是想改变恶劣的处境，便先要改变自身，时刻以中正仁和的德行自律，能施惠于人，劳心为众，对自身的付出毫无怨悔，长此以往，所从者必众，这样才能得到众人的援助之力，荡尽井中淤泥，将穴窍开通，令自己之井重新充盈，能解自身之忧，又能令众人得益。一举两得，何乐不为？

【经文+传文】

九二　井谷射鲋；瓮敝漏。

《象》曰："井谷射鲋"，无与也。

【译文】

九二　向井底射小鱼（难射中）；水瓮破了，漏水了。

《象传》说："井谷射鲋"——这样是得不到帮助的。

【爻意分析】

九二爻身为阳爻，居于阴位，虽然也处于井卦之低位，但是境况比初六爻好了很多。初六之井为淤泥塞堵，濒于干涸，但九二爻身为阳爻，所以井中尚能有水。爻辞中道"井谷射鲋；瓮敝漏"，意思是九二之井有水有鱼，有人在井边用箭射鱼，当用瓮汲水时，发现储水的瓮有裂缝，正在漏水。

九二爻井内有能游鱼之水，说明其水尚清，且水位不算太低，暂时没有干涸之忧。但井中虽有水，却少取水人，导致井中的小鱼长成了可以用箭射的大鱼。好不容易有人前来取水，所用的器具还是裂漏的，最终导致九二的井水还是未能被汲取出来。

向井底射小鱼，此爻喻示了胸怀大志的人也应该实事求是地争取发展实力。

井卦之要以在于以自己的井水滋养众人，九二身为阳爻，才能卓著，然而井内有水，却无机缘养人济物，十分令人惋惜。

【可断结果】

九二爻处于下卦的中位，阳刚无位，与本卦的君爻九五正应，但是因为与九五同为阳爻，所以难以应合，如同一位才德兼备的君子，因无人赏识，志向难以舒展，才华无法发挥。君子怀才不遇，如同美玉遭隐，宝珠蒙尘，实在令人扼腕叹惜。九二爻因为没有应合援引，所以无法令君王知道自己的才能，虽然身怀安邦之志、定国之才，却只能隐居山野，做个闲散的无用之人。

井中之水如同九二的才华，虽然可以养人济物，但无人汲取也是枉然。

【自取之道】

九二阳刚之才屈居下位，其井中虽然有清水可以养物，但是有人前来以漏瓮提水，井水不能上升反而漏下，说明九二爻毕竟身份卑微，难以得到君主的认可，难以上行又得不到援助，已经失去井卦之道。九二与君爻九五正应，但是却并未得到君主的赏识，说明其才德还有欠缺，并未达到君主心中人才的标准。君主治国需要的是能够接济天下的大才，九二爻应从自身查找原因，增益自身的德行修养，使井中之水更加充盈，只有达到了君主的标准，九二才能得到出头之机。

此爻撰述君子自身虽有阳刚之志，本来可以作出惠人济世的事业，却最终落得"井谷射鲋；瓮敝漏"的结局，其教训是既要从自己身上找原因，也要从客观环境上创造有利于发展的条件。

【经文+传文】

九三　井渫，不食，为我心恻；可用汲，王明，并受其福。

《象》曰："井渫不食"，行"恻"也；求"王明"，"受福"也。

【译文】

九三　井水清洁，却无人饮用，为此人心伤悲；可以汲水，如果是王道圣明，臣民都会受到他的恩泽。

《象传》说："井渫不食"——这是可叹的；祈求君主圣明——这是企盼受福泽。

【爻意分析】

九三爻身为阳爻而居于刚位，居身得正，与本卦之上六阴爻正向应和，阴阳互济，刚柔互助，因而没有重刚失中之嫌。爻辞中道："井渫，不食，为我心测；可用汲，王明，并受其福"，意思是九三井中之水非常洁净，但却没有人饮用，九三心中感情伤怀，很是难过，所以祈求君王圣明至察，能够汲取井水，使天下的百姓能够享用到井水所带来的利益。

九三有济世之才，却未被君王所用，心中自怜自艾，希望君王能体察其苦心，任用其能——这样贤臣得位，君王得助，天下百姓也能因此得到福泽。

井水清洁，却无人饮用，为此人心伤悲。此爻喻示明君贤臣遇合的重要性。

【可断结果】

九三爻此时如同千里之驹未曾遇到慧眼识才的伯乐，心中凄苦自不必说，所以言辞哀切，充满期盼，希望君王能以求贤若渴之心任命自己。其投报之意十分诚挚，追随之心十分迫切。九三与君主相聚不远，所以必定会与君主之感相通，君臣际会不远。届时贤臣才以见用，君主得享其功，明君贤臣治理国家，天下百姓必定会得到恩惠，所以九三爻的前途是十分吉祥的。

【自取之道】

九三之井已经涤尽污秽，荡去尘埃，是难得的清澈洁净之水，不能为人所用实在是暴殄天物。九三爻在井卦中虽然有所应合，但苦于应的是阴柔孱弱的上六，对于自己并无很大的帮助，毫无提携之力，所以没有成功将自己举荐给君主。九三因此心中悱恻伤感，为自身的际遇抱不平。

九三爻虽然与九二爻同为怀才不遇的阳明君子，但是处境大不相同，九二地位低下，距离君主遥远，又无援引，所以才华多半会就此被埋没，没有出头之日；但是九三爻与君王相距不远，且才德高于九二爻，又有朝中大臣的引荐，其势已如锥在囊一般，不会为君王所弃。所以九三来被委以重任只是机缘未到。假以时日，必成大器。

此爻让我们想起了伯乐和千里马的故事，也让我们想起了唐太宗和魏徵的故事。作为现代人，要做成事业，也存在上下级之间的互相赏识、信任与配合的问题。

六四　井甃：无咎。

《象》曰："井甃无咎"，修井也。

【译文】

六四　井砌好了：无有咎害。

《象传》说："井甃无咎"，是说应当及时修井。

【爻意分析】

六四才弱，虽身居正位，但是难当大用，有贞静自守之能却无安邦济世之功，所以其井有瑕疵，需要修理完善，但因六四能持守中和，所以行事不会有偏颇，能遵循井之要义与大道，所以其井虽然有损坏，但是修理之后还可使用，不至于成为废弃之井，所以六四虽然无功但也可保无过，没有错咎。

六四爻处于君主九五身侧，是受到君王宠信的近臣，身为阴爻，居于阴位，居身得当，与本卦的初六爻为正应，但是因为同为阴爻而无法相合。六四自身柔弱，又没有阳刚之爻济合，兼之阴居阴位，有重阴之象，所以宜静守不宜妄动。此爻提醒世人在此时要注重修养自身的品德，提高自身的素质，减少自己言行的过失，改正自己思想的错误，不要急于去施惠于人，养人育人，因为自身存有很多弊端而去养人常常不能带给人以益处，反而会带给人以害处。爻辞中道"井甃，无咎"，意思是六四爻动手修缮水井的墙壁，此举十分恰当，毫无错咎。

宋代程颐说："四、阴柔处正，上承九五之君，能修治则得无咎。居高位而得刚阳中正之君，但能处正承上不废其事，亦可以不负咎也。"

【可断结果】

六四虽然才弱，但毕竟是君王九五的近臣，能得到君主的阳明指引，不会行偏颇之事，谦逊谨慎，见到井壁有损坏，连忙去修理，虽无大才，但是忠心可鉴。君主因此对六四十分满意，所以六四虽然得位而无可应合，只能自守而不能济上，却因能修德补过而免除了错咎。

从爻象来看，情况是不乐观的，虽然六四以柔爻居柔位而得正，但只是可以免咎而已，此时还不能够成就什么事业。

【自取之道】

六四爻自身孱弱，只适合静守而不可躁动，于大功名无望，所以只有安心做好分内之事。六四爻修缮井壁，可以防止井水因为墙壁的坍塌而受到污染，如同先天资质平平，后天经过不断的努力提升自己的德行的之人，虽然没有过人的才华，但是丝毫不会避讳自身的错误，时刻自省，并且能够不断提升自己。这样的人即便是不会立下惊世之功，也不会做出误国误民的大错，兼之有阳刚贤明的君主从旁指点庇护，六四自然不会行差言错，可保吉祥无忧。

【经文+传文】

九五　井洌，寒泉食。

《象》曰："寒泉"之"食"，中正也。

【译文】

九五　井水清澈，深壤冒出的井水为人们所喜欢饮用。

《象传》说："寒泉"是可以饮用的，因为九五有中正之德。

【爻意分析】

九五爻处于井卦的君位，身为阳爻，居中得正，尽善尽美，毫无瑕疵。爻辞中道"井洌，寒泉食"，意思是九五之井水，清洌冰冷，洁净得如同寒冷的泉水一般，可以直接饮用解渴。

水以寒洌甘洁为上，九五之井水能达到这样的程度，说明其德才兼备，完美无缺，阳刚中正，谦逊仁和，是少有的贤明君主。其治国治民所施行的是仁德之政，如同清洌甘甜的泉水，能滋养天下，救济万民，且为臣民拥戴敬仰。

九五功德恩泽天下，大为吉祥毫无可忧虑之处。

在历史上能够治平天下，开创盛世的人就会被称为明君，如尧、舜、禹、汤、文、武、成、康，乃至汉文帝、唐太宗，都是这样的明君。

【可断结果】

九五爻身为阳爻而居于阳位，得位又得中，纯净阳明，未受阴郁遮蔽，所以其井水甘美清洌，不染微尘。九五爻与九三爻在井卦中都代表了清洁的井水，不同的是九五爻辞中提到了可食

九五之井水清洌甘美，可供人饮用解渴，说明君爻九五井德完美，是位贤德之君，能恩及天下，滋养万民，于国于民都是福祉。

唐太宗开创了大唐的贞观之治，正如此爻之象。

而九三爻辞中却说："不食"，说明九三井之大道未成，而九五之道已成。九五爻是一卦之主，君临天下，德行昭然，且中正贤明，谦和通达，其井水之所以寒洌，是因为是流动之水。流水不腐，所以洁净无污。

这也预示着九五爻心性澄明，能秉持中和的德行，不受谄媚之惑，不沉溺于享乐，是勤政爱民，能福泽天下的明君。

【自取之道】

井德贵在于能够恒守不变，九五身在中位，以其德养民，始终如一，虽养万民万物，但德行不会穷尽，虽受天下敬仰，却不会骄横暴躁，如同其井，纯净甜美，取之不竭，盈而不溢，毫无损败，无物能污，深谙井卦之要义，故得成井卦之大道。

【经文+传文】

上六　井收，勿幕，有孚：元吉。

《象》曰："元吉"在上，大成也。

【译文】

上六　从井里汲完了水，不要盖上井口，供人继续饮用，心怀诚信：当得大吉祥。

《象传》说：上级大吉祥——这是说水井养人获得了大成功。

【爻意分析】

上六阴爻处于井卦之终极，有井中之水离井之象，实为井卦大用之爻。爻辞中道"井收，勿幕，有孚：元吉"，意思是上六井中之水已经汲取出来，此时不必将井口封上，因为上六有诚信，所以获得了很大的吉祥。

爻辞中的"收"是指将汲水用的井绳与水桶收起，"幕"是遮蔽掩盖之意。上六爻辞的要义是不可将井水独占，应当使之方便滋养更多的人，这样此井便会得到众多人的爱护与修缮，其中的水才会源源不绝，来汲水的人才能满载而归，长此以往，井水便可免于枯竭，众人也得到了日常的需求。所以井卦至上六这里，其道已经大成，如同一位将自身德行修持得很高的智者，用自己的所学造福天下。

从井里汲完了水，不要盖上井口，供人继续饮用：心怀诚信，当得大吉祥。

【可断结果】

上六爻是井卦之极爻，无可行进，已经处于功成名就，德行圆满之时，充盈到了顶点，所以井中之水将被汲出。上六之井经过长年的积蓄，极为丰盈，此时应当将井中之水用于民，不可怀有私念。若徇私为专有井水而将其掩盖遮挡，不为民众所用，那么之前的德行功绩便会荒废掉，有善始而无善终。

【自取之道】

上六爻是位高权重、功德圆满的圣者贤人，身处井之尽处，此时完满与吉祥就在眼前。井卦之大成皆在上六一身，井水的水位越高，说明上六井德能滋养的民众越多，所创造的利益与价值也越大。

上六之井贞定不移，满盈不竭，完美无瑕，惠人无数。这种无私给予的行为，显示出上六是恒守不变，始终如一，修德施惠于人的君子，其诚信天下皆知，必定会受到天下民众的感念与敬仰，而自己也会因此而得到吉祥。

革 卦

泽火革
（下离上兑）

【革卦导读】

卦象：下离上兑，为水火相克不相得之象。卦德：下卦为离为明，上卦为兑为悦。
全卦揭示顺天应人的变革之道。

卦辞

【经文+传文】

《革》 巳日乃孚：元亨，利贞，悔亡。

《象》曰：《革》，水火相息，二女同居，其志不相得，曰革。"巳日
乃孚"，革而信之。文明以说，大亨以正。革而当，其"悔"乃"亡"。天
地革而四时成，汤武革命，顺乎天而应乎人。《革》之时大矣哉！

《象》曰：泽中有火，《革》。君子以治历明时。

【译文】

《革卦》象征变革,选择最佳时日进行变革：
祭祀之日，改革其丑行恶政，以忠信服事鬼神，
才能取信于民，它具有元始、通达、和谐、贞
正的德行。悔恨消失。

《象传》说：《革》卦的象征是，像水与火
相互冲突；又像二女同居一室，心思常常各异，
这就是《革》卦。"巳日乃孚"，这是说选择好
时机变革将获得天下信从。具有文明美德而又
使天下和悦，正直大顺，变革恰当，所以悔恨
消失。天地变革而四季形成，汤武革命，顺乎
天道又合乎人心。《革》卦这种因时变革的意义
真是大啊！

《象传》说：泽中有火，这就是《革》卦的
象征。君子取法《革》卦修治历法，明确时令。

明君选择好时机变革将获得天下信从。

爻辞

初九　巩用黄牛之革。

《象》曰："巩用黄牛"，不可以有为也。

【译文】

初九　被坚固的黄牛皮革绑缚住了。

《象传》说："巩固黄牛"，是说这时君子不宜行动。

【爻意分析】

革卦的要义是变革更改，初九爻处于革卦初始，虽身为阳爻而居于阳位，但是毕竟地位卑下，才能浅薄，变革之力不足。爻辞中道"巩用黄牛之革"，意思是说初九爻虽然一阳在下，有上升之意，但是因为地处卑位，所以如同被黄牛的皮革所绑缚一般，行动受到制约，所以此时难以有所作为。

初九爻重刚失中，躁然好动，处于革卦之始，本与九四爻正应，却因同为阳爻而无法应合，时运不当，处位不宜，所以如同被结实的牛皮所捆绑，难以挣脱。初九当位失中，难当大任，不为大用，虽得牛皮捆绑巩固，但徒劳无益，革卦要义在于变而非固守，所以初九爻虽身为阳刚，但也是废弃之爻，但其最根本的错咎还在于地位卑下，时运未至。

初九当革之初始，只应以持中驯顺之道巩固自守，不应急于有所作为。

【可断结果】

初九阳爻在下，地位卑微，初爻勿用，难以有所作为，爻辞中的牛皮坚韧有力，初九爻所受的阻滞可想而知。在这样强大的绑缚之下，初九爻虽然有上升之心，却无行进之力，没有援助，无法应变，只能困守原地。

变革虽然是人为地令事物产生变更，但是也要遵循一定的规律与章法，时机尚未成熟，若妄行妄动，必然导致局面发生逆转，届时满盘皆输，所以应时顺势是变革的关键所在。待时机到来再行革故鼎新之举，必定顺畅无阻，事半功倍。

【自取之道】

变革是至关重要的大事，需顺势应时，得位有才。初九爻失位失中，力不胜革，难堪大用，若勉强行事，恐有僭越妄行之嫌。

所以，初九爻应当甘心受皮革之捆绑。不躁动，便能趋吉避凶，能固守，便能归复中正仁和。初九爻应当谨慎言行，约束自敛，巩固提高自身的德行修养，等待适宜变革的时机到来，这样才能没有错咎。

【经文+传文】

六二　巳日乃革之；征吉，无咎。

《象》曰："巳日乃革之"，行有嘉也。

【译文】

六二　选最佳时日可以推行变革；勇于前往、必获吉祥，必无咎害。

《象传》说："巳日乃革之"，这是说这时君子办事有利。

【爻意分析】

六二爻处于革之下卦中位，阴居阴位，与本卦君子九五正向应合，六二爻身居得正，处位得当，虽是阴爻，但有君王的提携与庇护，有施行变革的能力。爻辞中道："己日乃革之；征吉，无咎"，意思是六二爻在特定的祭祀之日施行变革，行动起来而获得吉祥，毫无错咎。六二爻居中守正，柔顺谦和，与君王九五阴阳相济，刚柔互应，是革卦大用之爻，且对九五顺承恭敬，甘心效忠，因而深得君王的信任与爱重。

巳日开始行动，以其诚信获得民众的理解与信任，顺理成章施行变革，并且使这种改变毫无阻滞地为民众所接受，六二此次行动大为吉祥，有嘉美之功，对上能辅助国君，对下能以德行安民济世，既能行大事又能守臣道，毫无错咎，全吉无忧。

【可断结果】

巳日之时乃是施行变革的最佳时机，六二爻有恭顺之德，时运适宜，处位得当，应天而顺势，所以虽然身为阴爻，却可当大用。

【自取之道】

六二爻处变革之时，上应君王九五，承君王之意行使变革，其才能、志向在此次出征时得到了施展，无咎而有嘉庆。九五对六二极为信任，所以将如此重要的征行交由六二完成，但六二爻身为阴柔之爻，行事难免过于谨慎，恐有贻误时机之嫌，届时错过变革之时，会连累之后所要施行的变革，无法达成。所以六二爻应当毫无犹疑，断然奉行君主之意，配合辅助其完成变革，清除朝中的隐患与弊端，不可避讳遁逃，错过大好时机。只要果断前行，必定会全吉无咎。

【经文+传文】

九三　征凶，贞厉；革言三就，有孚。

《象》曰："革言三就"，又何之矣！

【译文】

九三　过急行动有凶险，须守持贞正以防危险；变革的主张要多次研究，广泛听取意见，变革将有曲折，要长久保有诚心。

《象传》说："革言三就"，这是说不走变革之路，又能往哪里去呢？

【爻意分析】

九三爻身为阳爻而居于阳位，得位却不居中，重刚失和，难持中正，有妄行躁动之象。爻辞中道"征凶，贞厉；革言三就，有孚"，意思是九三爻不可冒然行动，否则会遇到凶险，关于施行变革的方法只有经过多次的讨论协商才能最终确定，九三应当持守诚信，不可轻举妄动。

【可断结果】

九三爻本身是阳爻，又居于阳位，因没有阴爻调和，难免有重刚失中之咎，对于变革的行动与言论都会有过于激进之处，很难与别人达成一致，刚愎自用，长此以往，必定为奸佞小人所乘，导致失信于民。这样对于九三爻自身，乃至革之全卦都会产生很大的影响，革卦环环相扣，九三这一环至关重要，九三若是难以固守，便成脱节之势，不只之前所做的一切积累枉费，之后君爻九五之虎变，与上六爻之豹变也难以成行。九三会因此身负错咎，难逃责罚。

九三阳气刚猛，志在上升，所以必定因急于求成，而贪功冒进，失去原本应有的持守与防备，这样无疑将自己陷入危厄之中，对变革之大局毫无利处。九三爻应当谦逊谨慎，不可失去诚信，行事应当善始善终，不可因莽撞之举令事情横生枝节。此时六二爻之变革虽成功，但时局并未稳定，稍有差池，便会前功尽弃，所以九三爻此时应以稳固坚守为主，不可急功近利，为了保持六二之功，必得更加谨慎小心，思虑周全，此时处于全卦关键时期，不容有失。

【自取之道】

九三爻处于六二施行变革之后，此时变革之道初见成效，局面多变，尚不稳定，所以九三虽是阳刚之爻，也应当克制上行之心，弃躁动而改静守。六二爻变革的成效能否维持不失，皆在九三爻能不能稳固持守。九三爻应当舍弃求进之心，审慎退守。六二爻变革之后，民众难免疑虑忐忑，九三当以始终如一的诚信去安抚民众之心，安定大局，需居安思危，谨守中正，不可因疏忽大意而留下隐患，存藏积弊。爻辞中道"革言三就"，意为九三行事不可武断，当广纳众言，博采众议，这样才能使六二之变革平稳顺利地推行。

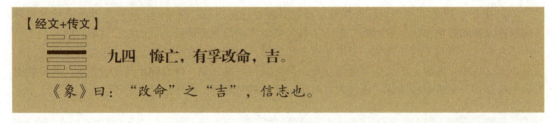

【经文+传文】

【经文+传文】

九四　悔亡，有孚改命，吉。

《象》曰："改命"之"吉"，信志也。

【译文】

九四　悔恨消失，心怀诚信，革除旧命，定会吉祥。

《象传》说：变革政令是吉祥的——要相信九四的变革之志。

【爻意分析】

九四爻为阳刚之爻，居于阴位，居身不正，又不得中。九四爻是上卦的初始爻，此时对于变革来讲，无论时机还是积累都已经很成熟。九四阳明刚健，具备变革之才，且处于君王九五的身边，是身负重任的亲近之臣。爻辞道"悔亡，有孚改命，吉"，意思是九四爻没有做令自己后悔的事情，怀有诚信，革新改除旧制，能得到吉祥。

【可断结果】

九四顺应天道，承接天命，遵循革之要义，恪守革之正道，对于自己将要施行的革新，充满信心，毫不迟疑。在进行大的变革之时，施行者往往会在众人的抵触情绪中生出疑惑焦虑，所以信心是将变革顺利施行下去的关键。九四爻阳刚坚定，内心贞静澄明，变革的志向不为外界纷扰所动，且能把握变革的最佳时机，有革之大才，担革之大用，所以心中无悔，大为吉祥。

【自取之道】

九四爻与本卦的初九爻正应，因与之同为阳爻而不相合，本有重刚之嫌，但因其处于阴位而得以缓解，所以能持中正仁和之德。九四深知革卦之道正大，有革之大才，见旧法于民众有诸多不便，因而不利于国家发展强盛，所以坚定无疑地施行变革，维新改命，去除种种弊政，改善民生。所谓改命，便是以新政替换旧制，不但要针对当时的局势，还须得契合大众的习俗民风。九四爻处于革变之际所履行的举措刚柔并济，分寸适宜，毫无不当之处，所以民众施行起来没有抗拒。九四因思虑周全而使革新顺利进行，大为吉祥。

九四爻志向坚定，对于变革毫无犹豫，上至君王下至黎民都对九四爻深信不疑，九四身居不正又不得中位，本应有悔，但因其能持守贞正诚信，且其施行的变革顺承天意，应合民心，所以其悔消亡。

【经文+传文】

九五　大人虎变，未占有孚。

《象》曰：“大人虎变”，其文炳也。

【译文】

九五　大人像老虎一样勇猛无惧地推行变革，其道如虎纹昭然可见，还没占问前，已令人满怀诚信。

《象传》说：“大人虎变”——大人的美德和这种变革的成绩文彩光耀照人。

【爻意分析】

九五爻是革卦的君主之爻，身为阳刚之爻，居于尊位，有中正之德，是谦和仁厚的贤德明君。爻辞中写道：“大人虎变，未占有孚。”大人指的是君爻九五，全句意思是九五施行变革的举动雷厉风行，如同老虎一样威猛迅速，不必占问便可以得知其变革行动是极有诚信与决心的。用虎来比喻九五，是称赞其政绩如同老虎身上的斑纹一般明显。

革卦九五，是全卦的主位君爻，乘时顺势，居中得正，是大展宏图、贤明通达的阳刚君主，所施行的变革如同虎皮的斑纹，灿烂美丽。但九五之变并非徒有其表，其行动与决心还如猛虎一般迅捷有力，其文能革新，武能耀威，文昌武明，所以能得到臣民的信赖与敬仰。

【可断结果】

九五变革的目的是平治天下，摒除隐患，虽因革新而使政法有变动，但其变能安抚民众，稳定朝纲，功德昭然，大益天下。九五以君主之尊，而能这样费劲心力为国为民，那么不必预测推算，其必定能受天下民众的咏赞，名扬后世。

【自取之道】

安于旧习，不愿改变，乃是人之常情，但阳明的九五发现，国家中各式各样的积弊恶例已经愈演愈烈，若不治理，便会使国家陷入到危险动荡的局面之中，所以果断地施行变革。九五应当注意的是，国家中施行大的变革必须掌握分寸尺度，治理的力度当恰到好处。九五之变革当循序渐进，以和顺人心为重，变革之时不可悖离中和之道，审时度势，清除弊害，之后当尽全力稳定新的政法，这样才能将变革顺利实施。

【经文+传文】

上六 君子豹变，小人革面；征凶，居贞吉。

《象》曰："君子豹变"，其文蔚也；"小人革面"，顺以从君也。

【译文】

上六 君子像豹子一样勇猛灵活地推行变革，小人纷纷改变脸色拥护变革，急进将有凶险，守持正固则可吉祥。

《象传》说："君子豹变"——这种变革的成绩将是极大的；最后小人洗心革面，也会顺从君主的改革的。

【爻意分析】

上六爻是革卦的终极之爻，身为阴爻而居于上位，预示着本卦的变革已成。爻辞中道"君子豹变，小人革面；征凶，居贞吉"，意思是君子施行变革的举措如同豹子般迅捷，小人因此而洗心革面，出征会招致凶险，守持正固则可获吉祥。

【可断结果】

上六居于穷极之地，所处的是革卦终结之时，不得中，且自身是羸弱的阴爻。此时革道已成，大局已定，再行激进之举毫无意义，有害无利。上六当安然固守，顺从君王的旨意，维护君王的政道才能获得吉祥。

【自取之道】

上六处于革卦之收关之时，应当安于贞守，持之以恒，巩固之前变革的成绩，且前行无路，不可躁动冒进，再思更大的变革。所以上六应当顺承天意君心，安守中正，不可妄行妄动，只有心怀诚挚地固守，才会得到吉祥。

上六爻身处上位，阴柔谦逊，如同一位恭顺的臣子，面对君主所推行的变革，虽然身处变革已经完成之时，但对于变革所做的巩固持守，如同豹子身上的斑纹一样规矩漂亮，朝中的小人也因为受到变革新政的感召而幡然悔悟。虽然看起来一派融洽和睦，但是上六不可为这些表面现象所迷惑，因为身边的小人虽然做出了革面之举，但是其内心并未真正摒除旧时的恶习。所以上六应当谨慎处置，不可因贪念新的功绩而冒然出征，届时，不但会因时机不当，准备不充分而遭遇凶险，且之前五爻所积累的变革政绩也会受到影响。

鼎 卦

火风鼎
（下巽上离）

【鼎卦导读】

　　卦象：下巽上离。为木（巽引申为木）上有火之象。卦德：下卦为巽为入，上卦为离为明。全卦揭示了正己、明德、新民的道理和人生使命。

卦辞

【经文+传文】

　　《鼎》　元吉，亨。

　　《彖》曰：《鼎》，象也，以木巽火，亨饪也。圣人亨以享上帝，而大亨以养圣贤。巽而耳目聪明，柔进而上行，得中而应乎刚，是以"元亨"。

　　《象》曰：木上有火，《鼎》。君子以正位凝命。

【译文】

　　《鼎卦》象征制鼎器而明新制：大吉祥而亨通。

　　《彖传》说：《鼎》卦是养人的烹饪器具的形象，架起木头升起火烹饪食物。圣人煮食物祭祀上帝，用最丰盛的食物奉养贤人。君主谦逊而耳聪目明，以性情柔顺的美德前进上升，高居中正而又与阳刚贤者相应合，所以大亨通。

　　《象传》说：木上有火，这就是《鼎》卦的象征。君子取法《鼎》卦端正职位，完成使命。

《鼎卦》的《象传》说："圣人煮食物祭祀上帝，用最丰盛的食物奉养贤人。"《鼎卦》重在养贤。

爻辞

初六　鼎颠趾，利出否；得妾以其子：无咎。

《象》曰："鼎颠趾"，未悖也。"利出否"，以从贵也。

【译文】

初六　鼎足颠倒，对倒空鼎里的废物有利；就像娶妾而生下的儿子，无害。

《象传》说："鼎颠趾"，是说君子行事不悖于常理；"利出否"——这么做是为了能跟从贵人。

爻辞中还以取妾为喻，认为得妾本非君子所为，是不好的。如若娶妾能够产下子嗣，以承君子之宗绪，那么娶妾也是好的，没有咎错了。

【爻意分析】

此为鼎卦的第一卦。鼎器颠倒，鼎足朝上，有利于倾倒出鼎器中的废物，就像是娶了侍妾回家并使侍妾生下贵子延续香火，是没有咎错的。初六爻以阴爻之身居于一卦之首，处位不正，因此有鼎器颠倒翻转之象。但是鼎器颠倒却有利于将其中坏溢之物倾倒而出，因此鼎器虽颠倒，却没有咎错。《象传》也说，鼎器颠倒，鼎足朝上也未必就背离了常理，能够将废物倾倒而出，劝诫初六爻应该顺从尊贵之人，才能够除尘布新。

【可断结果】

初六爻以阴爻之身居于阳位，是居位不正，又在一卦之首，因此有鼎器不稳而翻到之象，但是因为初六爻向上能够与九四阳爻相和，有九二阳爻与之相接，刚柔相济，所以虽处位不正，却能以其阴柔之质顺从阳刚之爻，反常中间亦包含正常，所以没有咎错。

【自取之道】

初六位于一卦之始，象征着在用鼎煮物时，先清洗鼎器，而颠倒鼎器使其足朝上，则更加有利于鼎内废物的排出；娶了妾侍却因此又生了一个儿子能够传宗接代，那娶妾这件事也并非不好的事情。这表明了事物的外在现象虽然有悖常规，然而看待事情却不能只看其不好的一面。有的时候，好的一面也包含在坏的一面之中。君子于卑微之处发起而功业有成，物品虽生于微弱，却能够成为不可或缺的事物，皆为初六之象，看似有错，实为无咎。

九二　鼎有实，我仇有疾，不我能即：吉。

《象》曰："鼎有实"，慎所之也。"我仇有疾"，终无尤也。

【译文】

九二　鼎里装满食物；我的仇人有病，不能接近我：吉祥。

《象传》说：鼎里食物满了——这是说外出要谨慎；我的仇人生病了——结果我无忧于咎害了。

【爻意分析】

此为鼎卦的第二爻。鼎器中装满了物品，我的仇人沾染上了疾病，因此暂时不能接近我，是吉祥之兆。九二爻以其阳刚之质居于下卦中位，阳刚充实，因此有"鼎有实"之象。然而九二与初六相比邻，初六爻对于九二爻来说就像是一个阴柔小人，看着九二鼎器中满载物品而自身腹内空空充满了嫉妒。九二爻能以其刚毅中正而使小人不能有机可乘，所以是吉祥之兆。

【可断结果】

九二爻以阳爻之身居于阴位，居位不正，但是因为能以其阳刚有力之质处在下卦的中位上，并且向上能够与六五阴爻相应和，象征着阳刚者持守中道，并能与阴柔尊者相和，故而预示着吉祥。同时，九二爻为阳爻，又居下卦中位，是鼎器中盛满物品之象。已经将鼎器中盛满了物品，正准备烹饪的时候，最需要注意的就是掌握火候。九二爻的阳刚就像是增火之力，能够持中守正最好，用力过猛或者不足，都会造成不好的后果。只有不偏不倚才能够把一顿饭烹饪好，继而将一件事情做好；行事的时候能够保持中正不偏，为人方能做到不偏不倚，不悖于道。谨言慎行，使阴险小人无机可乘，没有过错可指，那么其怨尤的想法也就消灭了，而九二爻自身也就没有危险了。

《象传》提醒九二爻，虽然"鼎有实"，却要注意谨慎言前行，鼎中既然已经充满了物品，再加东西则会溢出，反倒从吉祥变为有咎了。而初六爻这个阴柔的小人，是不必放在心上的。

【自取之道】

九二爻以刚居中，做到了"鼎有实"，就像一个满腹才华的君子，有刚毅躁动之象，因此《象传》告诫它要谨慎其所行，不能将自己的才华放置在不该放置的地方。前进的方向搞错了，那么满腹的才华也变都会变成无用之才，甚至有可能因为才华而误身。君子在行事之前，应当先审时度势，继而谨慎前行。在处事的过程中，始终不忘中正不偏的态度，才能够没有咎错，获得吉祥。就像九二爻一样，能够上从六五爻之正应，下不暱初六之亲近，刚正自守，故而有吉。

【经文+传文】

　　九三　鼎耳革，其行塞，雉膏不食，方雨，亏悔，终吉。

《象》曰："鼎耳革"，失其义也。

【译文】

九三　鼎耳有所变，它的移动受阻，鼎里精美的野鸡肉还没来得及吃，等到天降阴阳和合之雨，悔憾可清除，终获吉祥。

《象传》说："鼎耳革"，是说君子行事有失道义。

【爻意分析】

此为鼎卦第三爻。九三爻位于下卦之上，在鼎耳的位置，但因其以阳居阳，为重刚之身，有阳刚溢满于鼎耳之处，鼎耳中空处堵塞之象。九三爻本应该上应于上九爻，无奈两爻均为阳爻，重刚不相协，所以前行之路受阻，行路艰难又无援助，行事陷于堵塞之境。鉴于以上两点，鼎中的美味也是没有办法得到的。但是能够降下一场甘霖的话，没有吃到美味的悔恨也会消除，并且最终还能获得吉祥，是因为甘霖能够与九三爻阴阳相合，使悔意尽消。《象传》认为，九三爻的鼎耳之所以会变异，是因为它虽然处位得正，却未能得中，有失中之过。

鼎耳部位发生变异，所以搬动鼎器就变得十分困难而且道路堵塞，精美的雉膏放在面前也难以下咽，不能吃到。等到出现了霖雨出现就能够消除悔恨，最终获得吉祥。

【可断结果】

九三爻以阳爻之身居阳位，虽然处位得正，但当鼎卦之时，阳刚盈满不能以虚居中，故而鼎耳变异受堵，前行有困；同时，九三爻与上九爻同为阳爻不能相应，致使自己不仅前行的道路受阻，而且没有应援，徒有鼎器却阳刚盈满，纵有雉膏美味也不能享受。此时的九三爻亦有阳刚守正之德，可惜不能与六五爻相应，空有一身本领却无人认可，十分苦闷。但是爻辞中还是在劝勉九三爻不用灰心，因为六五君爻以阴居于全卦之主，有虚中柔顺之德。因此，九三爻虽然阳刚太甚，易生行塞、不食之悔，而六五爻却一定会像一场甘霖一般，主动降落在九三爻身边，以其柔和顺美之质来与九三爻的刚亢壮健相合，阴阳交合，刚柔相通，所以九三爻之悔意亦能消除，终得吉祥。

【自取之道】

九三爻以阳刚之身居于巽体之上，刚而能巽，所以有济世之才，需要尊爻的赏识和重用，然而三爻与五爻之间不存在相应相同的关系，其间又有九四阳爻的阻隔，所以无法得到重用。九三爻与九二爻同在下卦，同为阳爻，九二爻能够"鼎有实"而九三爻却"其行塞"，皆是因为九三爻处位不中，失去了虚中纳受之义。古时有"齿亡舌存"这样的成语，用来比喻坚硬的事物不如柔软的事物存在得长久，君子处事亦应当遵从此道，掌握处事时的刚柔之度，内心果敢坚毅，但是行事却谦恭柔顺，能够持守中庸之道，不偏不倚，才能变"塞"为"不塞"，最终获得君王的赏识与重用。

【经文+传文】

九四　鼎折足，覆公𫗰，其形渥：凶。

《象》曰："覆公𫗰"，信如何也。

【译文】

九四　由于不堪重负，鼎足折了，翻倒了公侯的美味，鼎浑身沾湿：凶险。

《象传》说：这人打翻了王公的美食——怎么能信任呢？

【爻意分析】

此为鼎卦的第四爻。鼎器中的食物太满，鼎足因难以承受重负而折断，王公准备的美食全部因此而倾覆，而鼎器的外表沾满了从鼎中流出的稀饭，是凶兆。九四爻居于上体之下，上承于君爻六五，下应于阴爻初六，既要承于上又要施于下，但是其自身以阳爻之身居于阴位，居位失中不正，如此行事有不自量力之象，故爻辞以鼎器折足喻之，谓其必会遭到"覆𫗰"和"形渥"的后果，是凶险之兆。《象传》也责备九四爻行事自不量力，不得信任。

【可断结果】

鼎卦自九二爻开始，到九四这三个阳爻均为实，九四居鼎腹的最上方，是鼎实盈满，已经开始有倾覆之象了，而此时九四爻以阳刚居阴，失中又失正，却既想上承于君，又想施于下。偏偏初六爻的鼎已经"颠趾"了，所以九四爻的鼎折足，也是必然的。九四爻作为当天下之大任的重臣，不能称职和胜任，尸位素餐，《象传》也感慨，这样的臣子是没有信任可言的，最终必会获得灾祸。

鼎器中的食物太满，鼎足因难以承受重负而折断，王公准备的美食全部因此而倾覆，象征九四举措不当，用人失察，辜负了君王的托付，造成损失。

【自取之道】

君子行事切忌自不量力。九四爻重刚之身，居位不正不中，想要做超过自身力所能及的事情，那么一定会遭到灾祸。因此，为人处世一定要懂得量力而行，尤其是身在重要的位置上，万不可因为自己的力小德微，举措不当，而使整个事件都失败，否则很难再被其他人所信任，那么再有其他适合自己的机会，也都会一并错过。

【经文+传文】

 六五　鼎黄耳、金铉：利贞。

《象》曰："鼎黄耳"，中以为实也。

【译文】

六五　鼎配有黄色的鼎耳、铜铉（象征富贵）：利于守持正固。

《象传》说："鼎铜耳"，这是说君子能守中道，从而得阳刚充实之利了。

【爻意分析】

此为鼎卦的第五爻。鼎器的外表是配着黄色的鼎耳和金属制造的钢坚的鼎杠，有利于持守正固。六五爻以阴爻之身居于全卦之尊，以柔顺得中居尊位，下能应九二阳爻，向上接上九阳爻，就像是鼎器上装饰着黄金鼎耳，以及坚实的金属制作的鼎杠，象征了六五爻作为一国之君，能够施行举措，发挥作用以利天下。

爻辞中着重说了鼎耳和鼎杠，是因为鼎耳和鼎杠相互配合，才能够让鼎中的食物可以食用，君王和贤者的关系亦是如此。君王若刚愎自用，不听他人劝解，或者一味地遵从他人想法，于国于民都是相当不利的。《象传》说，鼎器配有金黄色的鼎耳，是说六五爻能够持守中道，行事笃实，因而能够获利。

【可断结果】

六五阴爻向上能够与上九爻相比，向下又有九二爻的相合，说明六五君子作为一国之君，有虚心接受他人帮助之德，能够为百姓谋福利。鼎卦下体为巽，上体为离，六五爻以柔顺之德居一卦尊位，象征着君王能够行柔顺文明之德，使其下臣民巽顺听命，因而有君王养贤、修养生息之意，与鼎器烹饪和养贤的功用如出一辙。六五爻虽然以阴居阳，居位失正，却因其能够持守中正之道，有笃实厚重之德，能以柔顺和美之心包容天下之事。《象传》也点明了六五爻，能够得中而应乎刚，故而有大吉之象。

【自取之道】

鼎卦之中，阳为实，阴为虚，六五阴爻居阳位，是虚中之象。鼎器虚中所以容物，君主虚中方能养万民。自古先王圣君皆为内刚外柔、中虚行实之人，唯有如此，才能够更好地将道德和法度教化于万民，并深得民心。自古以来的盛世皆是如此。能容人方能容天下。

六五爻居中正之位，有文明之德，爻辞中以黄金鼎耳为喻，象征了六五爻文采在外，文明在中之象。君子虚怀若谷，遵守正道，行事谦逊谨慎，才能为人所信任，最终成就事业。

【经文+传文】

上九 鼎玉铉：大吉，无不利。

《象》曰："玉铉"在上，刚柔节也。

【译文】

上九 鼎配有镶玉的铉（象征富贵）：大吉祥，没有不利。

《象传》说：玉铉出现在上九——这说明上九与阴柔相互调节。

【爻意分析】

上九爻以阳刚之质居于一卦之极，以阳爻之身居阴位，如同由美玉装饰的铉。上九爻如美玉一般刚实而又温润的品质能够与六五爻应和，刚柔适宜，动静不过，故而大吉之象，做什么事情都能无往而不利。《象传》说，上九爻像镶玉的鼎铉高举在上，说明上九的阳刚能够被阴柔所调节，刚柔适宜不过，所以大吉大利。

【可断结果】

此为鼎卦的最后一爻。鼎器上配置着镶玉的鼎铉，是大吉之象，没有什么不利的。上九爻在全卦终位，所处本为穷变之地，而当鼎卦之时却不同于常。鼎卦的爻越向上越为吉祥，因为鼎器之用在于食烹，而食物出于鼎才能够使用，所以上九在鼎之上大吉而无不利。

【自取之道】

上九爻以阳爻之身居阴位，能够阴阳调和，刚柔适宜，其文德高居于上，所以虽处于一卦之终，却并非终，当穷变之地，却并非穷。上九爻如美玉一般刚实而温润的品德，能够像天空中的日月一般，万古长存而照明不息。上九爻能刚能柔，故得以辅助天子完成政功，又因其处在功成致用的位置，行事时只需要注意刚柔有度，就能够无往不利。

鼎器在古时亦有祭祀之用，上九爻的鼎耳用尊贵的玉石来装饰，也表明了古人对祭祀的重视。古人常常将君子之德比喻成美玉，温润有泽，缜密细腻，叩之声清远悠长，所以诗经中有"言念君子，温其如玉"的说法。玉的光芒是凛于内的，它着重于泰然自若的神采和豁达的态度，做事不露锋芒亦没有偏颇。要想做到如此，就应该注重修养自己的内在气质与涵养，只有心怀像是空幽的山谷一般，无边无际，亦从不自满，才能汇聚小溪，最终纳百川，容天下。

震卦

震为雷
（下震上震）

【震卦导读】
　　卦象：下震上震，为雷霆震动之象。卦德：下卦为震为动，上卦为震为动。
　　全卦喻示人惶恐惕慎以免祸灾的道理。

卦辞

【经文+传文】

　　《震》　亨，震来虩虩，笑言哑哑；震惊百里，不丧匕鬯。

　　《彖》曰：《震》，"亨，震来虩虩"，恐致福也；"笑言哑哑"，后有则也；"震惊百里"，惊远与迩也。出，可以守宗庙社稷，以为祭主也。

　　《象》曰：洊雷，《震》。君子以恐惧修省。

【译文】

　　《震卦》象征震动、亨通，雷声震动，人们起先惶恐畏惧，后来笑语阵阵；雷声震惊百里，祭师却没有抖落羹匙里的一滴酒。

　　《彖传》说：《震》卦说"亨，震来虩虩"，是说祭师克服惊吓，就能带来福运；"笑言哑哑"，是说惊吓过后，祭祀就恢复秩序了。"震惊百里"，是说远近的人都吓坏了。那种能够做到"不丧匕鬯"的人，出去可以守护宗庙国家，担任祭主。

　　《象传》说：持续地打雷，这就是《震》卦的象征。君子取法《震》卦心怀戒惧，修身自省。

震卦卦辞拟象于雷霆之象，"亨"字点出了震卦的主旨，即事物都可以因震惧而达到亨通。

爻辞

【经文+传文】

　　初九　震来虩虩，后笑言哑哑：吉。

　　《象》曰："震来虩虩"，恐致福也；"笑言哑哑"，"后"有则也。

【译文】

初九　雷声震动，人们起先惶恐畏惧，后来慎行保福笑语阵阵：可获吉祥。

《象传》说："震来虩虩"，是说初九知惧而戒慎，就能带来福运；"笑言哑哑"，是说惊吓过后，行为遵循法则不失常态。

《象传》说，使人心生恐惧的雷声虽然震耳，但是恐惧却是规范人行为最基本的方式，恐惧后而知规矩，再行事时必然获得吉祥。

【爻意分析】

此为震卦第一爻。惊雷骤来，震耳欲聋的雷声使得人们心生恐惧，雷声过后人们又能谈笑宴宴，是吉祥之兆。初九阳爻居于一卦之首，阳刚得正，当震卦之时则为震卦主爻。初九在一卦之初，听闻雷声感到恐惧，继而反省自身，注重修养品德，遇事审慎而为之。

【可断结果】

初九身为阳爻而居阳位，以阳刚之质位于全卦之首，重刚之身得以动而向上，遇到危难之时亦不改其向上之志。令人惊恐的雷声反而能让初九爻心存恐惧，继而修身自省，遇事谨慎小心。待危险真正到来之时，初九爻亦能谈笑自如，祥和而安适地面对恐惧，惧而生慎，慎而自厉，所以因惧而不惧，转危为安。从遇惊雷就惧怕得不得了，达到闻雷声而泰然自若的境界，是需要不断地磨砺，不断地修身自省才能够做到的。圣贤君子，没有不谨言慎行的，所以当震动之时，戒骄戒躁，忌持刚存强，狂风暴雨之后才能享受雨泽和阳光。

【自取之道】

春雷震动，万物生长。对于雷声之惊人，古时候的人们认为其具有赏善罚恶的功能，是上天用来惩罚作恶之人的手段，所以没有作恶，心中无愧之人没有必要害怕雷声。所以雷声阵阵也是在警示着人们不能做佞恶之事，不然一定会遭到惩罚。君子因为惊惧而注重自身品行的修养，韬光养晦，从而做到遇事处变不惊，慎谋能断。最重要的是心不存邪念，俯仰无愧，便能够获得吉祥。君主治国也经常采用震慑的办法，先恐后喜，最终使人心悦诚服。有恩而又不失威信，行义又不违仁道，恩威并施，仁义备至，才是遵循天道，永保社稷之象。

【经文+传文】

 六二　震来，厉，亿丧贝，跻于九陵，勿逐，七日得。

《象》曰："震来厉"，乘刚也。

【译文】

六二　雷声震动，有危险，丢了很多货币，此时登上高陵之上，不用寻找，过七天会失而复得。

《象传》说："震雷打来有危险"，是因为六二乘凌于阳刚之上。

【爻意分析】

此为震卦的第二爻。惊雷骤来，有危险。失掉了大量的货贝钱币，应当攀登到俊高的九陵之上，不用费心去追寻，过来七天一定会失而复得。六二爻虽然以阴居阴，处位中正，却因其以柔乘刚，处境十分不利。六二爻若能秉承其柔中之德，危难之中亦能守中持正，并避于高山之上，不迷恋其所失，那么虽有损失也能失而复得。

【可断结果】

六二阴爻居于下卦中位，居中得正，有安贞顺承之德。在震卦之时，居于初九爻之上的六二爻更能感受到惊雷阵阵所带来的恐惧。惊恐之中，六二爻遗失了大量财物。六二在初九之上，初九的阳刚健硕，如同六二脚下一阵来势凶猛的震动。六二处于如此动荡不堪的位置，怎么能够全身而退？故攀登于九陵之上避难，财物富贵皆弃。但六二爻有中正之德，能以其柔顺之质，化解这一场灾难。

【自取之道】

六二爻乘于初九阳刚之上，容易涉险，其境况如履薄冰，如临深渊。好在六二爻持中守正，拥有柔中之德，遇到危险时亦不急不躁，因为危险和恐惧而行事时格外谨慎。六二爻深知才华富贵乃是身外之物，因此在避难的过程中，丢失了大量的财物也没有留恋。因为六二爻本身美好的德行，只要摆脱了危险，那么从前的功名富贵也都会回来，而残暴可怕的伤害也终将过去。君子面对恐惧时，当有临危不惧的气魄。这并不是因为君子没有恐惧之心，而是因为君子不仅存有恐惧之心，而且能够利用这种心态去历练和磨砺自己，修养自身，行事审慎，故而有从容镇定、无所畏惧的修养。

《象传》认为，六二爻之所以会遭到雷声震动所带来的危险，是因为六二爻以柔凌乘于阳刚的初九爻之上。震卦之时，以柔乘刚，势必有危险，告诫六二爻务必持中守正，才能化险为夷。

【经文+传文】

 六三　震苏苏，震行：无眚。

《象》曰："震苏苏"，位不当也。

【译文】

六三　雷声轻缓，在这样的雷声中行路，不会遭殃。

《象传》说："震苏苏"，是因为君子地位失当。

【爻意分析】

此为震卦的第三爻。震雷骤响，六三内心惶惶不安，由于能够震惧而行，所以前行不会遭遇祸患。六三爻以阴居阳位，有失其正，当震之时，内心惶恐不安；但因其没有乘刚之失，因此只要能够怀畏惧之心，谨言慎行，修身自省，就能够避过灾祸。

【可断结果】

六三爻以阴爻之身居于阳位，又在下卦的最上位，失位不中，还资质柔弱，难成大事。以六三爻之质，平时处事就已经是惶惶不安之态，又忽闻惊雷乍响，虽然雷声是从初九爻处传来的，已经没有那么强烈，但是六三爻气力

《象传》说六三爻之所以在雷动之时表现得惶惶不安，是因为它自身居位不正，所以劝诫六三爻，应当谨慎向前。六三向上，上六爻同为阴爻不能与之相应。六三之上有九四阳爻，虽为阴阳相接，但是却因互失其位而使六三行而不达，守而不止。

微弱，故而精神涣散，不知所措。好在六三爻不若六二爻，乘于初九之上，所以六三爻若能够一改其沮丧之气，因雷震之惧而谨慎小心地前进，那么也是没有过失的。

【自取之道】

六三爻因为处位不正失中，所以雷震之时惶恐不安，但又因其了解震源，没有乘刚之逆，又能因惧慎行，所以没有祸端。对于人而言，有忧惧其实并不可怕，可怕的是面临忧惧之后没有修身自省之行。君子贤人之所以为君子贤人，是因为在面临危惧之后，懂得以此自省，没有危难之时也经常抱持着居安思危的态度。常言道："生于忧患，死于安乐。"常生活在安逸的环境下必然会遭到祸患，而习惯了危险的人，才能面不改色地接受挑战，并在挑战中不断完善自己，并掌握自然的规律。这样的人，怎么可能会有祸患呢？

九四 震，遂泥。

《象》曰："震遂泥"，未光也。

【译文】

九四 雷声震动，慌不择路，掉进泥泞中。

《象传》说："震遂泥"，是说其阳刚之德还没有光大。

【爻意分析】

此为震卦的第四爻。雷声震动之时，九四因为惊慌失措而陷入泥泞之中。九四阳爻居阴位，不但不能持守自己刚正之道，还深陷六二、六三、六五、上六四个阴爻之中，犹如深陷泥中，不可自拔。

【可断结果】

九四爻以阳刚之质，居于阴位之上，又处在众阴爻之间，上下牵连，拖累过重，阳刚之力被削弱，所以无法奋起前行，面临雷震也不能因恐惧而修身自省。震卦之道在九四爻时已经消失殆尽，九四爻处于十分恶劣的环境之中。六三爻与九四爻皆失其正位，但六三爻因其上有九四爻，能承于九四的阳刚之力而慎行修省，故而无咎。然而九四爻向上却无阳刚者可承托，深陷四个阴爻的包围之中，是刚毅之姿陷入坎险之中，境况之危险，使其空有志气，无力施展和光大，是不吉之象。

《象传》认为，九四爻在雷动之时表现的惊慌失措，而导致自身陷入泥泞之中，是因为九四爻以阳居阴，其阳刚之德不能够发扬光大。

【自取之道】

震卦之义在于动，在于因惊惧而修身自省，因恐慌而自我振奋。九四爻因为失位致使阳刚之力被消弱，深陷阴爻之中而惶惶无所作为。喻之以人事，则是人受到打击，又处在困境之中，在雷震之时，更是不能因为惊惧而躬身自省，恐惧得不能继续勇敢前行，亦没有突破艰险的勇气和气力，与震卦的卦义完全相背离。遭到打击并不可怕，可怕的是遭遇打击之后没有重新站起来向前奋进的勇气。所以，君子就算身处困境，遭遇祸患，也不能够为困难所击倒，在危惧之时做到修身自省，哪怕步履维艰，也要勇敢前行，切不可有堕落萎靡之象。

【经文+传文】

六五　震往来，厉，亿无丧有事。

《象》曰："震往来厉"，危行也，其事在中，大"无丧"也。

【译文】

六五　雷声震动，上下往来都有危险，但能知危惧而慎守中道，可以万无一失。

《象传》说："震动之时上下往来均有危险"，是说君子的行动遇上危险了，但因为能守中道，不会有损失。

【爻意分析】

此为震卦的第五爻。雷声震动之时，上下往来不停会有危险。若是能够谨慎地持守中道，那么还能够万无一失，举行祭祀宗庙社稷的权利还没有丢失，可以继续祭祀。六五爻以阴爻之身居阳位，又是居于全卦之尊位，向上遇阴为敌，向下乘刚有失，所以往来皆有危险。但是六五爻居上卦中位，有柔顺持中之德，当震卦之时，能够慎守中道，不会贸然上下往来，因而江山社稷不会就此丢失。

【可断结果】

六五爻以其阴柔之质，居于震卦尊位，上有上六阴爻与之为敌，向下则乘九四之刚，有失其位，处在前有豺狼，后有虎豹之境地。但也正是因为处在往来

《象传》劝谏六五爻，当雷动之时，无论上下都有危险，所以必定要心存危惧之心，谨言慎行持守中道，就可以做到万无一失了。

皆厉的环境中，又在重震之上，使拥有柔中之德的自己无论在什么情境下都能够持守中道，戒慎恐惧，六五爻才得以保证身为一国之君的自己江山社稷仍在掌握之中。六五爻和六二爻分别居于上下卦的中位，都能够根据自己柔中顺美的德行度时量势，但是六二爻居下位，拥有的是财物资产，六五爻则处在尊爻之位，坐拥整个江山社稷。财物资产可以再得，但是江山社稷却无法失而复得，因此六五爻行事时更是要心存戒慎恐惧，才能永保江山。

【自取之道】

六五爻以柔中之美居于君位，是一位品德美好的君王，当震卦变动之时，也能够审时度势，处变不惊。因为六五爻作为一个阴爻乘于九四阳爻之上，所以它便拥有了恐惧戒慎、自我反省之心。这就使君王在面临内忧外患接踵而至的危难之时，也能够因为其持守中正之道，行事谨慎小心而逃脱险境，没有损失。震雷过后，春雨润物，而后阳光普照万物，经历过磨难的人们终于能够绽放出灿烂的笑脸，而国君更是掌握江山，仍是卦辞所说的"不丧匕鬯"的祭祀之主。

【经文+传文】

震，索索，视矍矍；征凶；震不于其躬，于其邻：无咎；婚媾有言。

《象》曰："震索索"，中未得也；虽"凶""无咎"，畏邻戒也。

【译文】

上六 雷声震动，极端恐惧，畏缩难以行走，目光惊恐不安；此时前行必有凶险；雷电没有打中他的身体，打中了他的邻居：无害；此时谋求婚姻会导致议论。

《象传》说："震动之时极其恐惧以致畏缩难行"，这是因为君子未能秉守中道；君子有凶险，后来无害，这是因为畏惧邻居的那种灾祸，从而有了戒备。

《象传》认为上六爻在震雷之时表现出的惶恐，是因为它没能处于适当的位置。而且虽然有凶险却没有咎错，是因为畏惧近邻所受到的震惊而有所戒备。

【爻意分析】

此为震卦的最后一爻。雷声震动之时，上六恐慌至极以至于双脚畏缩难行，双目惶恐四顾。这时贸然前进则必有凶险。在雷震尚未到达自身，才接近于近邻之时就能够预先做好戒备，那么就不至于受到咎害。谋求婚姻之事则有言语之难，会引发语言争端。上六阴爻居于全卦之终，是惊恐至极，无所安适之象。此时前行必遭凶险。

【可断结果】

上六爻以阴爻之身居于震卦之极，以阴柔之质，居位不中，与六三阴爻不应，就像一个阴柔软弱之人遭遇了巨大的雷震一样，所面临的恐慌与惧怕也是相当巨大的这使得上六爻无所安适，故而双目旁顾不安，双脚畏缩难行，以这种状态继续向前行进，一定会遭到凶险。但是雷震声到上六爻的位置已经很小了，气行和功效都已尽，是震之终，而上六爻面临这样的雷震仍然不能抗拒，可见上六爻的居位不中，气力柔弱对它的影响之巨大。然而上六爻虽然过于阴柔脆弱，其过错却不若阳刚之爻来得厉害，因此上六爻处境虽然凶险，却因为居位得正，而没有咎错；又因其有柔顺之质，能够借鉴其临近者的震恐而自慎，因畏而戒，上六爻最终得以不受其咎。

【自取之道】

上六爻以阴居阴，虽然可以不受咎错，但因其处位不中，还是会有所伤害。上六爻在恐惧之极时，又居于高位，不仅本身为人多疑，其下之人也对其多有不满，因此难以与外物相合。因此，不可急于谋求君臣相和夫妻相亲之事，否则会受到责难。人面临恐惧时过于恐慌确实没有什么可取，但是能够在事情没有发生之前就能以之为戒，恐怕是只有圣人才能做到的事情了。君子应该善于因为恐惧而心生修身自省之心，这样危惧也不会到自己的身边来，美好的德行也不会离自己很远。天道无私不偏，君子应当闻则自惊，见则自省，心中惶恐惊惧，重视修身反省。

艮 卦

艮为山
（下艮上艮）

【艮卦导读】

卦象：下艮上艮，为两山重叠之象。卦德：下卦为艮为止，上卦为艮为止。
全卦喻示了"止"义的精髓：抑邪恶、守本分、止于正道。

卦辞

【经文+传文】

《艮》　艮其背，不获其身，行其庭，不见其人：无咎。

《象》曰：艮，止也。时止则止，时行则行，动静不失其时，其道光明。艮其止，止其所也。上下敌应，不相与也。是以"不获其身，行其庭，不见其人，无咎"也。

《象》曰：兼山，《艮》。君子以思不出其位。

【译文】

《艮卦》象征当止则止：止于背后，不让私欲占据身体而妄行，好似在庭院里自如地行走四顾无人一般。必无咎害。

《象传》说：艮，抑止之意。当止则止，当行则行，行止动静都能适时，就会前途光明。艮卦的抑止，是要止于当止之处。卦中各爻都上下同性相敌对而不应合，所以卦辞说："不随身体本能之欲妄行，在庭院中自如地行走，如同没有人一般，没有咎害"啊！

《象传》说：两山重叠，这就是《艮》卦的卦象。君子取法《艮》卦，谋事不超出本分。

《艮卦》象征当止则止，当止则止，因为行事本分，所以进退自如。

爻辞

初六　艮其趾：无咎。利永贞。

《象》曰："艮其趾"，未失正也。

【译文】

初六　抑止在脚趾迈出之前：无害。利于永守正固。

《象传》说："艮其趾"，是说君子没有迷失正道。

【爻意分析】

此为艮卦的第一爻。在向前迈步之前就停住脚趾不动，是没有咎害的，利于长久地持守正固。初六爻以阴居阳位，不利于行，但是当艮卦之时，能够持守不动，像爻辞中说的那样，从脚下开始抑止自己的动作，因而没有咎错。

《象传》说，初六能够在没有开始的时候就制止了自己前进的脚步，是因为它没有违背正道。

【可断结果】

初六以阴爻之身位于一卦之始，本是失位之象，不利于向前行进，又阴居阳位，有阴柔者躁动之象，好在当艮之时，限制了其前进之势。爻辞中说"艮其趾"，意为止于脚趾。脚趾在人体的最下方，是人动之始，初六爻能够在最根本、最基础的地方就制止了接下来的行为，有安贞静定之德。因此，初六爻虽然阴柔在下，却能够持中守正，不生邪佞之望，拥有厚载之德，是没有违背正道的。但是初六爻阴柔无力，可能不能长久坚持守中守正之道，所以爻辞告诫初六爻，一定要贞固到底，不半途而废，才能永远没有灾祸。

【自取之道】

初六爻以阴柔之质居于阳位，象征着阴柔之人有急躁向上之象，但是六四爻亦为阴爻，初六向上没有能够与之相应和之爻，所以未行先止，恰好符合了艮卦在"止其所也"中所述的大义。因此，初六虽居位不正，却能够没有咎害，全因为它停在了它应该停下的位置，没有失去正道。君子处事时当知有所为和有所不为，在适合的时间、适合的地点去做恰如其分的事情，才能不失正道而没有咎错，不会因此留下遗憾。

六二　艮其腓，不拯其随，其心不快。

《象》曰："不拯其随"，未退听也。

【译文】

六二　抑止在小腿迈出之前，没有承上而随行，心里不快。

《象传》说：不再追随他了——这是因为他不能退而听从不同的意见。

【爻意分析】

此为艮卦的第二爻。抑止住小腿的动作，因此不能够上前去上承于它所追随者，心里十分不快乐。六二阴爻居于下卦之中，是居中得正的，有阴柔者持守中正，静止不动之象，因此爻辞中说"艮其腓"，即制止了小腿的运动，也就无法前进了。《象传》说六二爻不能上前去承接它所追随者，是因为它没能退后听从初六的意见，因此心有不悦。

六二爻本应该向上应承尊爻，可是六五为阴爻，重阴不相协，因此六二只能上承于九三之爻，但是又被限制了小腿的动作，当行不行，所以心生不快。六二纠正不了九三的错误主张，因而违心地跟随九三。

【可断结果】

六二爻居于下卦中位，以阴居阴，是阴柔者持守中正之象。可惜的是六二爻虽然居位中正，而且有柔顺之德，向上却没有能与它相应和的阳爻，所以六二爻只能上承于九三阳爻。六二爻顺着九三爻的气力想要向上，然而自己的小腿又被束缚，无法前行，应该向前行进的时候没有行进，反而停了下来，去应承九三爻的愿望不能实现，所以十分不开心。同时，六二爻以阴居阴，阴柔无力，故不能收敛其下居阳位的初六爻之急躁，同时也不能做到"思不出位"，所以心里十分不痛快。

【自取之道】

六二爻虽居中位，但六五也是阴爻，内外皆柔，不能协调。六二爻居中位却没有可用之处，怀安贞之德却不能光大文明，适合出行却停下脚步，喻之为人，则说明君子处世时虽然应该谨慎小心，三思而后行，但是遇到了合适的时机，就应该果断地行动。君子懂得"止"之善和"行"之艰是好事，但是因为过于谨慎和害怕承担后果而失去了这个时机，就会得不偿失，抱憾终身。

【经文+传文】

九三 艮其限，列其夤：厉，熏心。

《象》曰："艮其限"，危"熏心"也。

【译文】

九三 抑止他的腰，致使连续人体上下的部分脊肉裂开：十分危险，像火一样烧灼心。

《象传》说："艮其限"，是说危险使君子焦心。

【爻意分析】

此为艮卦的第三爻。抑止了腰部的运动，以至于脊肉断裂，危险的程度就好像烈火在薰灼他的心一样。九三爻在下卦之上，以阳居阳，处位正而不中，在应该有所行动的时候却不能正确地处理行止关系，造成了脊肉的断裂；面临危险却不知道避开，所以只能坐视危险的到来。《象传》警示九三爻，这样抑止腰部的运动，危险会像烈火一样。

九三行止不合时宜，虽然阳刚得位，却被止腰断脊，其危险可以想见。

【可断结果】

九三爻位于艮卦的上下两卦之中，爻辞将之比喻为一个人的腰部和脊肉，将身体分为上下和左右。九三爻在下卦之终，以阳居阳，纯阳之身而有失中正。上九亦为阳爻，不能与之相协，但是六四阴爻与之相接，所以九三爻有向上进取之用。然而当艮卦之时，行动被禁止，就像腰部运动被禁止，脊肉断裂了一般，会有像烈火熏心那样的危险。

【自取之道】

九三爻过刚不中，刚强好动却不能持守中道，虽然违背了艮卦的卦义，就其本身而言，是适宜前行的。行动被抑制，以至于遭到了止腰断脊熏心一般的危险，说明九三爻是在不合适的情况下被施以"止"的。艮卦的《象传》认为，坚持做一件事和坚持不做一件事，都是"止"，在不同的场合、不同的空间，应该有不同的判断。君子行事不应该以偏概全，要懂得具体问题具体分析，不能将所有的事情一概而论。

【经文+传文】

 六四　艮其身：无咎。

《象》曰："艮其身"，止诸躬也。

【译文】

六四　抑止身体不妄动：无害。

《象传》说："艮其身"，这是说君子安守本分了。

【爻意分析】

此为艮卦的第四爻。抑止住上身没有妄动，因此没有咎害。六四爻位于六五之下的多惧之地，其下又有九三爻躁动不已，所以处境危险。六四爻以阴居阴，有安静柔顺之德，当艮卦之时，能够顺应卦义，安身静心，因而没有咎错。

【可断结果】

六四爻位于外卦之始，和初六爻一样，都是艮体的下爻，但是六四爻以柔居阴位，而且能够得到九三爻的协助，一刚一柔，一升一降，以柔为表，以刚为里，所以居位得正，能够自觉地安守本位，没有纠错和灾祸。六四爻已进入艮卦上体，因而没有九三爻那样将上下体分割开来的危险情况了。

《象传》认为六四爻之所以能够抑止住上身不妄动，是因为六四爻能够自我抑止，安守本分，所以他能够避开危险的境地。身居重臣之位，能够沉静止于其身，安分守己，当行则行，当止则止，是承天子之命对百姓进行教育和感化的，懂得止于至善而不动妄念之心，故而无咎。

【自取之道】

六四爻以阴居阴，居位得正，内心怀有柔顺谦恭之德，当艮卦之时，能够安止于本分。爻辞中的"艮其身"，也有六四爻能够反躬修己之意。六四爻言行举止得当，当言则言，当行则行，当止则止，得诸侯之正位，也能够安分守己，在上不骄，居高不危，满而不溢，遇到问题的时候自己能够很快地解决。君子若处于危险的境地，就应该懂得自我约束，严格地要求自己，谨慎小心，吸取前人的教训，才能够不受到伤害。

【经文+传文】

六五　艮其辅，言有序：悔亡。

《象》曰："艮其辅"，以中正也。

【译文】

六五　抑止他的面颊，说话注意有条不紊，悔恨就可以消失。

《象传》说："艮其辅"，是说君子能保守中正。

【爻意分析】

此为艮卦的第五爻。能够抑止其口而不使其说妄语，在合适的时候说话而且能够说得清晰有条理，悔恨会因此而消亡。六五爻以柔居阳，有失正之象，但因处上卦中位，能够持守中道，而能够避免因失位造成的错误，而不至于有令人悔恨的事情发生。《象传》说六五爻抑止其口而不说妄语，原因正是它处事持中适宜，有柔中之德。

抑制其口，意在不妄说，并不是要永远保持缄默。当说则说，不当说则不说。六五爻就是告诫人在说话之前一定要经过思考。言语不慎可能会酿成灾祸，因此语言和行为一样重要，都应当"止其所当止"。

此爻警示人们要慎于言，防止祸从口出，要知道言多语失。有一个历史故事可以说明这一点。春秋时代，晋平公举行宴会，叹息说："做君主不快乐。"太师师旷听完这话，抱着琴就撞过来。晋平公十分生气，说："太师你撞谁？"师旷说："我在撞胡说八道的小人。"平公说："你撞的是我。"师旷说："您刚才说的不像做君主的人说的话。"这故事说明做君主的说话都要得体，否则会招来侮辱。

【可断结果】

六五爻处在上卦中位，是全卦的尊爻，虽然以其阴柔之质位居阳爻之位，但是以柔履刚，正符合了艮卦的卦义，因此虽因失位而生悔意，但也因为其适时居中而使悔意尽消了。六五爻居于上位，与口的位置相近，因此爻辞中将六五爻喻为口，"艮其辅"则为止于口，但是这里的止于口也并非缄口不言，而是掌握说话的时机和说话的内容，不言则已，言必有序。

【自取之道】

六五爻以柔顺之质居于全卦尊位，持中不偏，因而能止其口，言有序，所以悔意尽无。古时称口两旁的脸颊为"辅"，人类的言食呼吸，都与"辅"有关。"辅"是非常关键的一个器官，口没有"辅"，那么就不能吃饭和说话。喻之以人，人没有他人的辅助，那么他的功行也不能立于世。六五爻的功用如此之大，因此一旦犯错误就会无法弥补。所以君子为人处世，一定要言而有信、言而有序。观察一个人的言语和行为是观察一个人的德行最直观的方式，所以君子言行谨慎，不妄发言，言之有序而合理，说话中肯而条理清晰，而又能怀以诚信。言而后行、行必有信，才能够没有悔恨而成就自己。

【经文+传文】

上九　敦艮：吉。

《象》曰："敦艮"之"吉"，以厚终也。

【译文】

上九　以诚恳厚道的品德抑止亢进的私欲：吉祥。

《象传》说："很诚恳地止而不动"而"获吉祥"，是因为上九能始终保持敦厚。

【爻意分析】

此为艮卦的最后一爻。以笃厚来约束自己止于善，并一直保持到最后，是吉祥之兆。上九爻以阳刚之质居于全卦之极，是抑止到了极点之象，因此虽然上九以阳居阴，但是因为他阳刚敦厚，所以能够敦厚笃实地将"止道"贯彻始终，并且能够抑止邪欲，最后达到至善的境界，所以能够获得吉祥。

《象传》认为，能够以敦厚的品质发扬"止"的道路，全靠了上九阳爻心中醇厚笃实的品质能够保持至终。

【可断结果】

上九爻以阳居阴，本是失位之象，然而当艮卦之时，居于全卦之极的他，本来应该穷极生变，却因其所拥有的阳刚敦厚之力而力挽狂澜。品质敦厚的上九爻不仅能够抑止全卦向不好的方向转化，还能够使其变得更加敦厚笃实。艮卦之中，九三和上九是仅有的两个阳爻，但是两者的吉凶却截然不同。九三爻因为处于一卦之中，在不当止的地方止住了，因此被称危厉；但是上九爻却处在全卦之终的位置，在应该停下的时候及时停下脚步，当止则止，故而被称吉。

【自取之道】

上九爻居于艮卦之极。艮为山，艮卦上下皆山，因此上九在兼山之上，有厚终之象。有道是，"靡不有初，鲜克有终"，万事万物都是开始容易，坚持难。历朝历代莫不是打江山容易，守江山难。所以能够持之以恒地保持着内心的敦厚和笃实，一直到事情的最后，便一定能够获得吉祥。君子行事亦是如此，能够锲而不舍地实行"止道"，即便是处在安乐之中，也能够克制自己，做到止其所当止，才能够获得最后的成功。

渐 卦

风山渐
（下艮上巽）

卦辞

【经文+传文】
　　《渐》　女归：吉，利贞。
　　《彖》曰：渐之进也。"女归吉"也，进得位，往有功也。进以正，可以正邦也。其位，刚得中也，止而巽，动不穷也。
　　《象》曰：山上有木，《渐》。君子以居贤德善俗。

【译文】
　　《渐卦》象征渐进女子出嫁按礼逐步进行，吉祥，利于坚守正道。
　　《彖传》说：渐，指渐进。"女归吉"，是说君子会逐渐获得地位，前往有收获。凭着正道进取，可以安邦定国。这样的君子刚健中正，清净谦逊，行事不会途穷。
　　《象传》说：山上有木，这就是《渐》卦的象征。君子取法《渐》卦积累贤德，端正习俗。

《渐卦》取女子出嫁遵循六礼而获吉祥之象，喻示事物发展的循序渐进之理。

爻辞

【经文+传文】

初六　鸿渐于干；小子厉，有言：无咎。

《象》曰："小子"之"厉"，义"无咎"也。

【译文】

初六　大雁飞进水边；小孩（到水边玩耍）有危险，加以责备，（使他离去）：无害。

《象传》说：小孩近水是危险的，大人责备他——这理所当然是无害的。

《渐卦》爻辞取鸿雁渐飞之象。初六爻渐到水边。《象传》说，初六爻就像是一个涉世未深，什么都不懂的小孩子一样，虽然可能会遭遇各种危险，但是能够循序渐进，一步一步地学习、前进，也就不会有所咎害。

【爻意分析】

此为渐卦的第一爻。鸿雁在迁徙向远方的时候，循序渐进地飞到水边。年幼无知的小子求进则会遭遇凶险，虽然有所抱怨，但是最终没有咎害。初六爻以阴居阳，位于一卦之始，柔弱在下，上面的六四不能与之相应，因此不能够急功近利，求进远行，否则会有危险。

【可断结果】

初六爻以阴居阳，是居位不正，又以柔弱之质位于一卦之首，向上又没有阳爻能够与之相合。所以初六爻若是想向上前进，就应该像鸿雁迁徙一样，不一下子飞出好远，而是有一个逐渐远去的过程，不急不躁。初六爻在一卦之初，地位卑微，体质柔弱无力，向上没有能够帮助、应援它的阳爻，所以并不具备一下子飞很远的潜质。喻之为人事，则是没有社会经验的孩子，若是凭借着"初生牛犊不怕虎"的劲头，做超过自己能力的事情，是非常危险的。所以，不急不躁地向前进才是初六爻应该遵守的卦义，这样才能没有灾殃。

【自取之道】

初六爻处于渐卦之始，又为阴爻，柔弱卑下，所以行事时不会因为过于急躁而有所咎害。以鸿雁为喻，说明君子处世应当如鸿雁一般，厚积薄发，渐进不躁，才能够行事没有咎错，最终达到自己想到达的地方，同时也警示君子，行事之前应该有一个长远的计划，不能够像涉世未深的小孩子一样只看到眼前的利益而不顾及长久。一步一步按计划和步骤行事，最终一定能够获得成功而不会有所遗憾。

【经文+传文】

六二　鸿渐于磐，饮食衎衎：吉。

《象》曰："饮食衎衎"，不素饱也。

【译文】

六二　大雁飞到水边石上，快乐地饮水吃鱼：吉祥。

《象传》说："饮食衎衎"，是说君子不是吃白饭的。

【爻意分析】

此为渐卦的第二爻。鸿雁渐进飞行到磐石上，栖身在安稳之所，能够和悦地享受饮食，是吉祥之兆。六二爻以阴居阴，处在下卦中位，居位中正，因此以鸿雁为喻，形容六二爻的境况是非常安适的；六二爻承于九三阳爻，处上卦中位的九五爻又能与之相应和，因此能够安然自得地享受美食，故而预示着吉祥。

喻之为鸿雁，鸿雁渐行飞落在水岸坚固的磐石之上，向前可到进食之所，向后则得退身之安，故获吉祥。六二爻虽然没有什么非常大的用处，但是它居位中正，内心有诚信之象，是万事之基本。《象传》也说六二爻能够快乐地进食，是因为六二爻没有尸位素餐，而是处在自己应该处的位置上勤勉努力地做着应该做的事。

【可断结果】

六二爻以阴爻居于下卦中位，柔顺居中，居位得正，上有亦能居中得正的九五阳爻与之应和，不但能够保证安全，而且能够持守中正，尽心劳力地为九五阳爻效力，因而得以安心地享受所获赏赐。比之为人生，则饮食和悦，起居欣然，有生可乐、有业可成，是百姓安居乐业的根本。

【自取之道】

六二爻处位中正，如鸿雁栖于水岸坚硬的磐石上，不像初六爻在水岸之上，近水之地可能会受到水的灾害。就像君子常常行走于水边，衣鞋容易受到水的浸湿，常与小人一同行事，那么身心也容易受到小人的影响。但是六二爻能够远离小人，处在安全悠然之地，没有饥渴之忧，没有得失之患，尽心尽力为君王所用，勤勉努力，所以得吉。同时，六二爻处下卦中位，与上卦中位的九五爻相应，符合卦辞"女归吉"之义，以阴辅阳，刚柔相济，感情平稳和悦地向前渐进发展着，符合女子出嫁之礼，故而有吉。

【经文+传文】

九三　鸿渐于陆；夫征不复，妇孕不育：凶；利御寇。

《象》曰："夫征不复"，离群丑也；"妇孕不育"，失其道也；"利用御寇"，顺相保也。

【译文】

九三　大雁飞进陆地；丈夫出征未回，妻子失贞得孕而不能育，凶险；不过却对防御敌人有利。

《象传》说："夫征不复"，是说丈夫离群而去了；"妇孕不育"，是因为迷失正道了；"利用御寇"，是说人们能和顺同心地保卫家园。

【爻意分析】

此为渐卦的第三爻。鸿雁离开水滨逐渐飞向陆地。丈夫出征一去不返，妇女虽然怀孕却不能生育，是凶兆。情形有利于抵御强寇。九三爻以阳居阳，虽然居位得正，但是处位不中，因而有高亢急躁之象，违反了循序渐进的道理，因此会发生凶险之事。

九三爻以阳刚之身居于阳位，又处在下卦"艮"的最上位，有鸿雁飞过山顶之象，虽然不能与六四相应，却能与之相比。两者阴阳投合，九三爻乐不思蜀，所以爻辞中说丈夫出征没有归还。而妇女得孕却不能生育，是因为鸿雁远离了它休养生息的水岸，飞到了陆地上。

但是九三爻刚强有力，若是能够坚守正道，那么在抵御强敌的时候是非常有用的，可以补救自己过于刚强冒进的过失。《象传》说九三爻之所以会有"夫征不复""妇孕不育"之象，是因为其自身刚亢躁进，脱离了群体，违背了正道，所以劝谏九三爻要和顺地与同类生活在一起，用自身之刚强去抵御外侮，才能够脱离凶险之境。

【可断结果】

九三爻纯阳之身，当渐卦之时，势必不能遵守循序渐进之义而做出一些急躁之事。以人事而论，就像是一国之臣，治国不能够以渐安民，而是穷兵黩武，致使民不聊生，一家之母只能够怀孕，却不能将孩子生下好好抚养。这都是违背了"渐"之道，所以有凶。

【自取之道】

既然九三爻刚亢躁进，又没有阴爻能够牵制它的阳刚，为了能够避免灾祸，九三爻必须遵从渐进之道，慎用刚强，自守以正，不为淫邪所诱惑，在外寇入侵的时候利用自己的力量去抵御外敌。这样才能够抵消自己之前因为急躁向前而惹下的灾害。同时，九三爻的爻辞也表明了男女间若是不能够按照婚姻之礼一步一步地结为夫妻，不以正道相合，那么一定会有所咎害。同时也提醒君子，无论是处江湖之远，还是居庙堂之高，都不要盲目地出行行事，做事前一定要有所计划，根据计划行事，克己固内，才能免于凶患。

【经文+传文】

六四　鸿渐于木，或得其桷：无咎。

《象》曰："或得其桷"，顺以巽也。

【译文】

六四　大雁飞到高高的树上，有的停在像平稳舒展的树枝上：没有祸害。

《象传》说："或得其桷"，是说君子能和顺而谦逊啊！

【爻意分析】

此为渐卦的第四爻。六四阴爻处于阴位，居位柔正，上能承九五尊爻之阳刚，虽然处于多惧之地，只要自身能够渐进不燥，仍能安然无忧。《象传》也说，六四爻因为柔顺而又和悦，所以能够寻得安稳的树枝栖息。

【可断结果】

六四爻是阴爻，居阴位，脱离了下卦"艮"，为外卦"巽"之始。由九三之陆地进入到林中树上，已经是很高的位置了，但是因为鸿雁是水鸟，善于游泳的脚趾相连利于在水中前行，却不能握住树枝，所以鸿雁并不适合在山林中生存。现在六四已经进入到了巽体，到了不应该到的地方，所以处境不是很好。而且六四爻又在九三阳爻之上，九三不会甘心地栖居在

鸿雁渐飞落在林中高树之上，或许能够寻到较为平整的树枝上，就能够栖止得较为稳当，因此没有咎害。

六四之下，势必奋力向上，这使六四爻处在一个十分不利的局势中。值得庆幸的是，六四爻因为居位柔正，能够上承九五阳爻之阳刚，以柔承刚，和顺事上，所以能够转危为安，没有咎错。

【自取之道】

六四爻虽然居于九三阳爻之上，又没有与之应和之爻，因此处境不佳，但是因其能够上承九五尊爻，有柔顺谦逊之德，还是能够逆转困境，得以安栖。六四爻能够以阴顺阳，也符合了"女归"之道。柔能御刚，女能正男，六四善于承顺，守安固贞，所以能够化不利为利，安稳没咎错。君子处在不利的环境中时，应该待人谦逊柔顺，安心事上，灵活处事，做好自己最应该做的事情，那么一定能够扭转局势。

【经文+传文】

九五　鸿渐于陵，妇三岁不孕，终莫之胜：吉。

《象》曰："终莫之胜吉"，得所愿也。

【译文】

九五　大雁飞入丘陵（尽管有阻力尚未遂愿）；就像妇女几年不孕，但最终没人能替代她：吉祥。

《象传》说："终莫之胜吉"，是说阴阳相合的心愿实现了。

【爻意分析】

此为渐卦的第五爻。九五以阳爻之身居阳位，位于上卦之中位，是全卦之主，有君临天下之象。九五本应该和六二阴阳相合，但是中间隔着九三和六四二爻，就像是夫妻两人中间隔着万水千山。但那时因为九五与六二都居位得正，乾坤相契，阴阳相合，是谁都不能阻挡的，所以《象传》中也说外物不会阻隔成功，九五爻一定能够实现与六二爻相会的愿望。

鸿雁逐渐飞行到丘陵之中，就像夫君远去不归，致使妻子三年都没有怀孕，但是夫妻一定会再次相见，外物最终是不能够阻隔取胜的，是吉祥之兆。

【可断结果】

九五爻是外卦的中爻，位于全卦的主位，又是阳刚之身，所以有君临天下之象。但是爻辞中喻九五爻为"鸿渐于陵"，说明九五爻远离水边，地位虽然高贵，但是并不利于自身的生存，是将自己置于不利之地，就像是一个刚刚得到王位的君主，还需要继续出征平定天下，所以处境并不十分有利。好在九五以阳居阳，自身就拥有刚毅中正的美德，同时下卦中又有能够与之应和的六二爻，所以九五爻一定能够冲破阻隔，与六二爻相会，从而获得吉祥。

【自取之道】

九五和六二之间虽然有九三和六四二爻阻隔，但是当渐卦之时，强调缓行慢进，因此六二爻不轻易冒进，向上应和九五，九五爻也不贸然向下，去迎接六二，二爻持守中正，一刚一柔相互配合，虽然可能等待的时间很久，但是二者坚定的意志一定会让它们顺利相遇。九五爻能够这样隐忍等待，是符合古时婚嫁之道的。能够遵从婚嫁的礼仪，循序渐进地最终成为夫妻，才是最吉祥的。喻之为人事，则是劝诫世人，当面临危险、停滞的时候，一定要静下心来，深谋远虑一番，对于能够避免的灾难，一定不要迎难而上，积攒力量，等到相应的时机，外界的干扰就算再厉害，也不能够阻滞前进的脚步，最后一定会获得成功。

【经文+传文】

上九　鸿渐于陆，其羽可用为仪：吉。

《象》曰："其羽可用为仪吉"，不可乱也。

【译文】

上九　大雁飞回陆地；它的羽毛可用来进行礼仪活动：吉祥。

《象传》说："其羽可用为仪"——这是说其高洁的志向不能躁乱。

鸿雁又渐渐飞回陆地，期间它的羽毛落在了地上，人们捡起来可以用作礼仪活动，是吉祥之兆。

【爻意分析】

此为渐卦的最后一爻。上九爻以阳刚之质位于全卦之极，物极必反，所以上九爻又返回了适合鸿雁栖息的岸边。因此虽然上九爻以阳居阴，居位不正，却因为回到了适合自己的地方而没有凶兆了。《象传》中说用鸿雁的羽毛进行礼仪活动从而获得吉祥，是因为这是按照一定的规则进行的，没有混乱。鸿雁也是按照自身本应遵循的规律自上而下行动的，行为不乱，所以有吉祥之兆。

【可断结果】

上九爻位于全卦之终，在巽体之上位，处于阳刚之极而开始生变之时，其下九三爻亦是阳爻，上下难以相应，所以上九爻变刚为柔，变上为下，比之为鸿雁，则是飞回适于栖身的水岸。所以上九虽然爻辞与九三相同，但是结果却截然相反。渐卦之"渐"虽然是渐进之意，但是上九爻在全卦之极，穷极生变，所以上九能够由升变降，恰好符合了自身应该遵从的规律，故而没有咎错，反而有吉。爻辞中也以将鸿雁的羽毛用在礼仪活动之中为喻，来说明上九爻的行为、心意都没有混乱，是遵从了自然规律的。

【自取之道】

九五阳爻已经处在高山之巅，在全卦之终的上九爻若再上升不已，就是凶象。因此上九爻穷上反下，渐渐飞行到了水岸之边，反而化凶险为吉祥。上九爻这只渐行的鸿雁，喜欢卑下的位置要多过高崇的位置，偏爱向后退要多于向前进。喻以为人事，说明君子在为人处世之时，应该怀有谦逊之德，在顺利时懂得隐藏自己的风采，明白急流勇退之道，才能不被上位人所忌讳，并保留功绩。君子像鸿雁一般，自上而下，能怀诚敬之德，又有华美之表，文质彬彬，悠然自得。

渐卦以鸿雁飞行为比喻，形象地体现了由初爻到上爻，鸿雁由近到远、由低到高的过程，传达了谨慎渐行能够化害为利的道理。卦中又以"女归"为象，阐述一个事物在发展过程中应该符合循序渐进的原则。就像古时婚嫁之事要在礼节均备后按步骤地实行一样，做任何事都要按照它固有的规律来。

归妹卦

雷泽归妹
（下兑上震）

【归妹卦导读】

卦象：下兑上震，为大泽响雷之象。卦德：下为兑为悦，上卦为震为动。

全卦揭示天地之交，夫妇之道的大义。

卦辞

【经文+传文】

《归妹》 征凶，无攸利。

《彖》曰：《归妹》，天地之大义也。天地不交，而万物不兴。《归妹》，人之终始也。说以动，所归妹也。"征凶"，位不当也；"无攸利"，柔乘刚也。

《象》曰：泽上有雷，《归妹》。君子以永终知敝。

【译文】

《归妹》卦象征嫁出少女：不可急就强求，急就强求则凶险，无利可得。

《彖传》说：《归妹》卦讲少女出嫁，体现的是天地之间的大道理。天地阴阳二气不交接，万物就不能生长。《归妹》卦就是体现人类繁衍的道理的。男女相处和悦，所以婚姻就成了。"征凶"，是因为君子地位失当；"无攸利"，这是因为柔爻凌驾刚爻。

《象传》说：泽上有雷，这就是《归妹》卦的象征。君子取法《归妹》卦，追求婚姻美满，察明婚姻有始无终的流弊。

归妹卦以嫁出少女为一卦之义，说明男婚女嫁是人之大伦，即是人类能够兴盛繁衍的根本因素。

爻辞

 初九　归妹以娣；跛能履；征吉。

《象》曰："归妹以娣"，以恒也。"跛能履吉"，相承也。

【译文】

初九　嫁少女并以少女的妹妹陪嫁；像跛子能够走路；前往吉祥。

《象传》说："归妹以娣"——这是按常规办事。"跛能履吉"，是因为能帮助姐姐侍奉夫君。

【爻意分析】

此为归妹卦的第一爻。初九爻位于全卦之初，上卦中的九四爻不能与之相应，因此初九爻就像随着姐姐一同出嫁的妹妹，地位较低，只能成为侧室。但是好在初九爻以阳居阳，居位得正，能够以自己的阳刚之贤辅助姐姐，特别是在遇到不顺利之事的时候，不但能够继续前行，而且还能够获得吉祥。

【可断结果】

爻辞中以跛脚也能继续向前走路，来说明初九爻虽然处在一卦之初，地位不高，但却能凭借自己的阳刚之质和贤德去辅助夫君和姐姐，好像跛着脚的人没法走路端正，但是却能够通过其他的方法，尽自己的力量，是非常吉祥的。

古代时姐姐出嫁，妹妹陪嫁是一件非常正常，符合常理的事情，就像舜帝取了尧帝的两个女儿——娥皇和女英，两个姐妹一同辅佐舜帝，帮助舜帝成为千古贤君。

【自取之道】

中国古代注重女德，认为女子之德是人道的根本，家道的基础，初九爻以阳爻之身居阳位，不仅居位得正，而且具备了贤惠美好的妇人之德。而且初九爻尚且年少，而且地位较为低下，若是为妻的话，可能还会遭遇凶险，没有作为侧室辅助夫君和姐姐来得吉祥。

 九二　眇能视；利幽人之贞。

《象》曰："利幽人之贞"，未变常也。

【译文】

九二　瞎了一只眼勉强能够看见；此时幽静的人坚守正固将有利。

《象传》说："利幽人之贞"，是因为其没有改变柔和幽静的一贯志向。

【爻意分析】

此为归妹卦的第二爻。一只眼睛虽然看不见了，却更加善于观察了，有利于幽居无争的人持守中正。九二爻的处境就好像是一个人一只眼睛虽然看不见了，但却因此变得善于观察和掌握时机了，因此幽居无争的生活更加适合九二爻。九二爻居于下卦之中，向上有六五爻相应，虽然有阳刚贤德之象，可惜辅助的君爻并非其良配，因此幽静恬淡的九二爻只有守持正固，才能够获得吉祥。《象传》也认为，正是因为九二爻能够持之以恒地持守正固，她才身处困境而能继续行进下去。

【可断结果】

九二爻位于下卦之中，阳刚居中，是女子有贤德之象。九二爻向上应和六五爻，但是六五以阴居阳，居位不正，虚而无实，所以两者虽然内外相应，却刚柔相反，说明六五爻并非九二爻的的良陪。嫁夫不良，九二爻拥有一身的贤惠之德也没处使用，才华被淹没。爻辞中用"眇能视"来比喻九二爻所处的困境。能否在身处困境之时依旧守中持固，拥有贞正之德，才是九二爻能否获得吉祥的关键。面临不明朗的局势和没有能力的丈夫，九二爻仍不见异思迁，尽自己最大的努力去辅助自己的丈夫，不做自己不应该做的，不超过丈夫的地位，纵使有一些小挫折，最终也能够获得成功的。

这里的"眇能视"和上九爻中的"跛能履"其实具有相同的道理，九二爻虽然处境不好，没有嫁给一个有能力的丈夫，却因为自身具有贤惠美好的妇人之德，所以即便有一些困难，但是还是能够通过九二爻持守中道而克服的。

【自取之道】

九二爻以阳刚得中，有贤德，当归妹卦时，应于居位不正的六五爻，就像是刚而贤淑的女子配了一个阴柔无力的丈夫。九二爻在下卦"兑"的中位，有幽人之象。身居幽处者，多以静待时机、自处得宜为吉，因此九二爻虽然有贤德却没有受到六五爻的重视，还是应该不改变自己的意志，坚持正道，就像隐居在外的君子一样，不求闻达于诸侯，不稀罕世间名利，不被外物所拘束，也不被自己的内心所束缚，内心真诚，外表获得，只要静静地守住自己的坚持，那么好的事情不用刻意去求，也自然而然地回来到自己的身边。天地之道、自然之道是永远不会改变的，能够做到像《象传》所说的"未变常也"，明白自然的规律并持守不变，是只有君子才能达到的。九二爻已经拥有了刚毅贤淑的品质，只要坚守正道，持中守正，最终一定能够获得吉祥。

【经文+传文】

 六三　归妹以须，反归，以娣。

《象》曰："归妹以须"，未当也。

【译文】

六三　少女出嫁盼望成为正室，应当反归待时，嫁作侧室。

《象传》说："归妹以须"——这种地位是失当的。

【爻意分析】

此为归妹卦的第三爻。婚嫁之时，位置不当的女子想要以正室的身份嫁过去，最终也只能作为陪嫁者一同嫁过去，成为侧室。六三爻以阴之身爻居于阳位，是居位不正，又处在下卦之极，乘于阳爻之上，所以有向上求进之心，但是向上没有能够与之相应和的阳爻，所以盲目地向上求进则必有咎害。《象传》中说，婚嫁之时，妹妹想要以正室的身份嫁过去，是非常不妥当的。

【可断结果】

六三爻是下卦的主爻，以阴爻之身居于初九、九二两个阳爻之上，是以柔履刚之象。六三爻又以阴居阳，心中容易生出妄念，想要以自己不正之身，去获得正位。就像在婚嫁之时，家中的妹妹想要以姐姐的身份嫁过去作为正室一样，是不可能的。同时，六三爻向上本应该与上六爻相应和，但是六三与上六均为阴爻，不能相协。所以位置不当的妹妹再怎么努力，也都只能成为侧室。

【自取之道】

六三爻以阴居阳，居位不正因此徒生妄念，行为失正；同时六三爻身为下卦"兑"的主爻，耽于喜悦而不知道节制，也是女子失德的表现。六三爻上承九四爻，急切地上升想要和九四爻相应，但是九四爻无意于六三相应，而是乘于六五爻。因此这样一个行为不正、女德缺失的女子，还想要嫁为人嫡，那是不

古时讲究长幼有序，因此在婚嫁之时，姐妹二人一同嫁人，姐姐应该为正室，而妹妹则为侧室，但是心有不甘的妹妹却想不顾传统传礼节，跃居姐之上成为嫡妻。这必然是办不到的，所以妹妹还是只能够作为陪嫁，作为婚姻中的侧室。

可能的。这一爻是在告诫未嫁的女子，应该修养自己的德行，做一个有贤德的女子，才能够嫁给更好的人，以后才能够过上更加幸福的生活。

【经文+传文】

九四　归妹愆期，迟归有时。

《象》曰："愆期"之志，有待而行也。

【译文】

九四　嫁少女延误婚期，迟嫁是想等待更好的夫家。
　　《象传》说：错过嫁期的目的，是等待更好的机会行事啊！

【爻意分析】

此为归妹卦的第四爻。女子出嫁的时候延误了时间。迟迟地没有出嫁是为了等待时机。九四爻以刚居阴，其下没有能够与之相应的爻，说明九四爻虽然有刚而贤德之才，但是在适嫁的年龄却没有遇到合适的配偶，因此只能静待时机。

【可断结果】

九四爻位于上卦之始，是上卦震的主爻，阳刚之

《象传》中说，九四爻超过了嫁人的最佳时机，是因为她想等待更好的时机，更美好完美的婚姻。

质正得其时。九四爻本身又以刚居阳，象征着一个贤德有才华的女子。九四爻在下应该与初九爻相应，可惜初九和九四重刚而不能相协。因此九四爻就成了一个才华横溢、刚而贤德的女子，不愿意

轻易地委身于他人，因此，过了适婚的年龄仍然没有出嫁。九四爻推迟嫁期，是出于自己的意愿，并不是因为自己身上有什么缺点而没有人愿意娶。

【自取之道】

九四爻以阳居柔，当归妹之时向下没有能够与之相应和的爻，因此就像是一个有贤德之才的女子，志向高洁，心有定见，不愿意轻易而随便地就嫁给什么人，因此一直在等待时机。古时孔子周游列国，穷极之时也不愿意随意找一个国家出仕，而是寻找一个良君圣主，将自己的内圣外王的理想实现。有贤德的君子也当如此，即使是隐居深山，过着箪食瓢饮居陋巷的生活，也要择明君而仕。这样，自己的理想才能够实现，而自己的才华也才不致于被用到无用之地。

【经文+传文】

六五　帝乙归妹，其君之袂不如其娣之袂良，月几望：吉。

《象》曰："帝乙归妹"，"不如其娣之袂良"也。其位在中，以贵行也。

【译文】

六五　象征帝乙嫁女儿，作为正夫人的服饰没有陪嫁妹妹的服饰漂亮，其内在的美德如临近阴历十五时的月亮近圆满而不盈，吉祥。

《象传》说：帝乙嫁女儿，作为正夫人的服饰没有陪嫁妹妹的漂亮，但她品行中正，是以尊贵的身份而行朴素之道啊！

【爻意分析】

此为归妹卦的第五爻。帝乙嫁出少女，正室衣服上的服饰，还不如她的陪嫁者身上的服饰美好。月亮接近圆满，是吉祥之兆。帝乙将自己的女儿嫁给比自己地位低下的臣子。帝乙的女儿身为正室，衣服上的衣饰却没有陪嫁的人衣服上的配饰美好。帝乙的女儿品德美好得恰到好处，就像是月亮接近圆满的时候，圆润美满又不会过于充盈，是吉祥的象征。六五爻位于上卦之中，处在全卦的正位，虽然以柔居刚，但是向下能够与九二爻相应和，说明六五爻能够持中守正，而且主动纡尊降贵，因此，他是能得吉。《象传》也说，六五守中持正，身份高贵却能够施行勤俭之道，是非常难能可贵的。

爻辞中说帝乙的女儿作为正室，衣饰反倒没有陪嫁的女子的衣饰华美，是因为六五爻以柔居中，怀有谦虚廉洁的美德，在意德行而不重视服饰，重内在的修养而轻外在的得失。

【可断结果】

六五爻虽以阴居阳，但柔顺居中，向下应和刚而贤德的九二爻，当归妹卦之时，即是帝乙将自己的女儿下嫁给诸侯之象。六五爻下应于九二爻，就像是女子不等待别人提亲，反倒自己主动出嫁，是违反常理的。但是因为六五爻地位尊贵，品德美好，无人敢高攀，所以六五爻只能主动求婚，因此得凶之兆也就变成了吉祥之象。

【自取之道】

六五爻品德廉洁尊贵，而且又谦虚节约，就像是即将满月的月亮，德盛而不盈，地位尊贵却能够谦虚让人，品行美好又不会超出让人觉得烦厌。君子行事也当如六五爻一般，一心只崇尚德行的美好和品德的高尚，不在乎地位的尊贵或者外物的得失，谦谦君子，文质彬彬，月亮一般，温润如玉却又不会因为过于盈满而又走向缺失。这才是吉祥之象。

【经文+传文】

上六　女承筐，无实，士刲羊，无血：无攸利。

《象》曰：上六"无实"，承虚筐也。

【译文】

上六　女子捧着筐子，筐中没有东西，男子杀羊（是空刺），刺不出血：无利可得。

《象传》说：上六说，女子的筐里没东西——她捧的是空筐啊。

【爻意分析】

此为归妹卦的最后一爻。女子手中捧着一个竹筐，竹筐里面没有东西，青年男子用屠刀杀了自己养的羊，但是没有血可以取，夫妇祭祀之礼难以成功，没有什么利益可以获得。上六爻位于归妹卦之终，位穷气尽，向下又不能与六三爻相应和，说明六三爻无论再做什么，也都不可能有什么收获了。

【可断结果】

上六爻以阴居阴，位于全卦之终，所处是穷变的位置，因此有虚空之象。下卦的六三爻亦为阴爻，重阴不能相协，所以爻辞中称"无利"。古代时，承筐和刲羊是夫妻祭祀之事，古代贵族的婚礼有祭献宗庙的习俗。上六爻不能与六三爻相应，说明夫妻祭祀之礼未成，未能成为夫妻，人伦因此而废，后嗣因此而绝，故"无攸利"也。

女子已经过了嫁人的时机，生育的机能也已经消退，此时纵然嫁人得到了配偶，也不能生育孩子了，这就是爻辞中说的筐中无物之象。而对于男子来说，虽然并没有到不能生养的年纪，但是对于男子来说，也是有损失、灾患的。爻辞中以宰杀羊却没有得到血为喻，说明男子也丧失了使血脉延绵不绝的能力。

【自取之道】

上六爻位于归妹卦之终，处穷极之位。所谓物极必反，上六爻也因为居位过高而有无所适从之感。生育后代对于古代人来讲是非常重要的一件事。上六爻因为居位太高，最终错过了嫁人的时机，又错过了生儿育女的时机，因此后来结婚嫁给男子，也没有生育能力。生育后代是人生最重要的事。男婚女嫁，人之大伦。爻辞中说是没有利益，实则是凡事皆不宜行。

丰 卦

雷火丰
（下离上震）

【丰卦导读】

卦象：下离上震，为电闪雷鸣之象。卦德：下卦为离为明，上卦为震为动。

全卦阐释了在丰大之时，唯有执守中道，及早对隐患采取措施才能保持丰大的道理。

卦辞

【经文+传文】

《丰》 亨，王假之，勿忧，宜日中。

《彖》曰：丰，大也。明以动，故丰。"王假之"，尚大也；"勿忧宜日中"，宜照天下也。日中则昃，月盈则食，天地盈虚，与时消息，而况于人乎，况于鬼神乎？

《象》曰：雷电皆至，《丰》。君子以折狱致刑。

【译文】

《丰卦》象征盛大：亨通，君主会达到盛大亨通之境界，不用忧虑，宜保持如日中天之势。

《彖传》说：丰，象征丰大。道德光明，并能施于行动，所以能够盛大。"王假之"，是说君主崇尚丰大；"勿忧宜日中"，是说君主宜以丰盛之德普照天下。太阳升中就西斜，月亮满了就亏缺，天地的盈缺，都是随着时间消长的，何况人呢，何况鬼神呢？

《象传》说：雷电交加，这就是《丰》卦的象征。君子取法《丰》卦审明案件，施用刑罚。

天下只有君王才能至于极丰极盛的境地，所以说"王假之"。

君子效法震电可以威严执法。

爻辞

初九　遇其配主，虽旬无咎，往有尚。

《象》曰："虽旬无咎"，过旬灾也。

【译文】

初九　遇上与自己相匹配的人，尽管两者均为阳刚，但不会招致咎害，前往会得嘉赏。

《象传》说：尽管两者均为阳刚，但不会招致咎害。若是两者不能均衡，就会有灾祸。

【爻意分析】

初九爻以阳居阳，居位得正，故而无咎；但是初九爻向上不能够与九四爻相应和。当丰卦之时，初九和九四之间阳刚相当，有互为明亮、互相光照之象。《象传》也说，能够这样势均力敌的话，是不会有所咎错的。如果一旦打破平衡，急于求进则必然导致灾祸的发生。

初九爻会遇到与之相匹配的人。虽然两者的力量相当，阳德均等，但是也不至于因此而有所灾害，相反向前进还会获得对方的尊重和崇尚。初九与九四势力力敌，所以爻辞说"虽旬无咎"。但是象传又告诫初九爻，势力均等的时候虽然没有咎错，但是一旦有势力不均，那么就会产生互相侵夺的竞争，因此而产生灾祸是毋庸置疑的。

【可断结果】

初九爻以阳居于丰卦之初，向上与九四爻相应，二者皆阳不协。但是因为初九在下体"离"的下方，而九四则在上体"震"的下方，离为明，震为动，动因明而知方向，明因动而显功用，所以，初九与九四虽为阳爻，但却仍然能够彼此追求，相互配合，相得益彰。

【自取之道】

初九以阳刚居阳位得正，当丰卦之时，能够遇到能力与自己相当的人，两人彼此追求、资助，从而完成自己的功用，成就自己的事业，如同在生活中或者事业上遇到了与自己旗鼓相当而又惺惺相惜的对手，两个人在竞争中不断地提高自己，并最终成就自身；然而一旦遇到的是实力不均的对手，那么就会出现相互倾轧的事情，最终平衡被打破，事态也就会向着不好的方向转化，所以人们在做事的时候要把握好一个尺度，能够做到不偏不倚，行中庸之道，那么吉祥的事情一定会降临。

六二　丰其蔀，日中见斗，往得疑疾，有孚发若：吉。

《象》曰："有孚发若"，信以发志也。

【译文】

六二　增大他的草帘，（遮住太阳，屋中一片黑暗，以至明明是）正午，（黑屋中的他却）看见了北斗星，这意味着前往会有被怀疑的隐患，此时应向人表明自己的诚信：吉祥。

《象传》说："有孚发若"，是说君子能老实地表达真诚的愿望。

【爻意分析】

此为丰卦的第二爻。遮蔽之物的增大使阴影越来越大，最终遮住了太阳，以至于正当中午的时候，天空出现了北斗星。此时轻举妄动继续向前，则一定会有被猜忌的隐患。这个时候若是能够表明自身的诚信，就能够获得吉祥。六二爻以阴居阴，当"丰"之时，象征着阴暗越来越大，最终遮住了光明。六二爻以这样的姿态向上去应和六五爻，一定会遭到六五的怀疑。所幸六二爻居中持正，态度谦虚内心诚信，所以能够获得六五的信任，从而获得吉祥。《象传》也劝勉六二爻应当通过自身的诚信，来获得君王的信任，从而完成自己的丰大的志向。

六三阴爻居于阴位，居位得正，而且内心柔顺，有持中守正之德。但是当丰卦之时，阴爻居阴位，乃是纯阴之身，象征着遮蔽光明的阴影，越来越壮大。太阳逐渐被阴影遮蔽，天空因为太阳被遮住而变得阴暗，北斗七星也都出现在天空中。

【可断结果】

六二爻本身应该向上应六五爻，但是六五以阴居阳，是一个昏庸的君主。这个时候，太阳被遮蔽，天下一片黑暗，看不清前路，贸然向上应和六五爻，因为轻举妄动而越过中道，则会被君王猜疑忌恨，因此会遭到凶险。

【自取之道】

六二爻虽然是阴爻，没有自己发散光明的本事，但是因为其居中处正，为人谦虚而且内心怀有诚信，所以只要能够以谦逊有礼的态度和诚挚忠诚的内心去感化和启发六五爻这个昏庸的君主，最终一定能摆脱昏暗，获得吉祥。虽然天空中的太阳已经被阴影遮蔽，但逆境的存在是暂时的，温暖而光明的太阳最终会凭借着自己的日光穿透黑暗，照亮人间大地的每一个角落。君子行于世，能够守持自己内心之德，以诚信、谦虚待人，就算被阴险的小人所挡蔽，其所拥有的光明的美德，最终也会像太阳一样，散发着温暖的光芒，使之获得吉祥。

【经文+传文】

九三　丰其沛，日中见沫，折其右肱：无咎。

《象》曰："丰其沛"，不可大事也；"折其右肱"，终不可用也。

【译文】

九三　增大他的布幔，（遮住太阳，屋中一片黑暗，以至明明是）正午，（黑屋中的他却）看见了星星，会折断了手臂，（但能治愈）：无害。

《象传》说："丰其沛"，是说这时君子不宜办大事；"折其右肱"——结果右肱就不能用了。

【爻意分析】

此为丰卦的第三爻。九三阳爻向上与上六阴爻相应和，但是因为上六爻居于丰卦之极，是遮天蔽日的黑暗之象；九三爻自己又以阳居阳，有阳刚至明之才，所以九三爻不能有所作为，就像右臂已经被折断了一样，谨慎行事，才能够没有咎错。《象传》也劝诫九三爻，不能够与上六共同采取大的行动，就像右臂被折断了一样，其才会是无法施展的。

遮蔽光明的幡幔变得越来越大，太阳已经被完全隐蔽，天空中无名的小星星也都能看得见。折断了右臂，但是不会有所咎害。

【可断结果】

九三以阳爻之身居于下卦之上位，有刚正贤明之才。可惜的是，九三爻与上卦的上六爻相应，上六爻是一卦之极，过中之阴，可谓阴暗至极，其黑暗的程度远远超出六五爻，所以既然九三爻趋向阴暗之地，那么本身的刚明之才也就没有可用之地了，所以爻辞中以"折其右肱"来比喻九三爻的境地，也是告诫九三爻屈己慎守才能够不至于有所咎害。太阳正在进一步被暗影吞噬，这时候连北斗星的辅星都看得到，说明光明已经完全被黑暗所代替，世界处在一片黑暗与混乱之中。这个时候，九三爻作为有贤智之才的有识之士，想要有所作为，可惜小人当道，九三爻若是强硬地向前突进，则会有像失去自己右臂一样严重的损失。

【自取之道】

九三爻虽然刚正有贤才，但是所处非时。九三以阳刚至明之质，处于至阴的境遇，纵使想以一己之力有所改变，也是不可能的。好在九三阳爻居阳位，居位得正，能够以刚正的态度侍奉长上，虽然不能够施展自己的力量去改变这个黑暗的世界，却能保持自己内心之德，低调而谨慎地行事，做到仰不愧于天，俯不怍于人，因而没有咎错。君子居于庙堂之上，正值昏君当政，小人当道之时，纵有一身才华也无处可施，强行求进也只能自毁其身，不如韬光养晦，保全其身，等到世道清明的时候，终有施展才能的舞台。

【经文+传文】

九四　丰其蔀，日中见斗，遇其夷主：吉。

《象》曰："丰其蔀"，位不当也；"日中见斗"，幽不明也；"遇其夷主"，"吉"行也。

【译文】

九四　增大他的草帘，（遮住太阳，屋中一片黑暗，以至明明是）正午，（黑屋中的他却）看见了北斗星，此时遇上与自己德行相匹配的主子：吉祥。

《象传》说："丰其蔀"，是说君子地位失当；"日中见斗"，是说君子处境黑暗；"遇其夷主"——如此相得相合定获吉祥。

【爻意分析】

此为丰卦的第四爻。遮蔽物的阴影仍然很大，遮住了太阳。但是天空中只能看到大一点的北斗星了；能够遇到公平允正，德行与自己相匹配的君主，是吉祥之兆。九四阳爻居阴位，是光明陷入黑暗之象，但是因为九四爻有初九爻与之相应，因此光明的势力更加强大。虽然九四爻处在尊爻旁边的多惧之地，但是因为六五爻有光明之德，再加上九四爻本身具有刚毅向上的品质，所以同样是陷入黑暗之中，九四爻所面对的形势却也开始向好的方向转化，所以称为吉兆。《象传》认为，九四爻困于黑暗之中，是因为以阳居阴，居位不正；正值正午，天空中却能看到北斗星，是因为此时仍然幽暗不见光亮；但是能够遇到品德与自己相平衡的君主，说明九四爻是可以继续向前进的。

遮蔽物的阴影仍然很大，遮住了太阳。九四爻虽然陷入了黑暗的困境，但能够得到与之品德相近的初九阳爻的帮助，最终摆脱险要的境地，获得光明。

【可断结果】

九四爻以阳居阴，居位不正。爻辞上的第一句与六二爻之象相近，均是光明被阴影所掩挡，太阳被黑暗所遮蔽之象。然而九四爻和六二爻能够获得吉祥的原因却不同：六二爻持中守正，虽然处于极阴之地，能够以自身之美德"出淤泥而不染"，所以能够获得吉祥；九四爻之吉，是因为在下有初九爻与之相应，虽然二者同为阳爻，但是二阳相辅相成，携手并肩就能走出黑暗。前方的六五尊爻，虽然体质阴柔，却能以其阴柔显阳刚光明之壮美，所以九四向前去辅助君主成就大事业是没有咎错的，是吉祥之兆。

【自取之道】

阴影正在逐渐地衰退，太阳又重新散发出它温暖而和悦的光芒。虽然只是少许的微光，但是那些不知名的小星星已经看不到了，只剩下北斗星这样的大星星在天空中。天空已经越来越接近明亮了。将之引申到人事上，说明有光明公正的品德的君子，即将走出最黑暗的局面，整个朝廷的形势将向好的方面发展，在其他品行兼备的君子的帮助下，就能够有一番作为。

【经文+传文】

六五　来章，有庆誉：吉。

《象》曰："六五"之"吉"，有庆也。

【译文】

六五　招来天下的俊美之才，必有福庆：吉祥。
《象传》说：六五中的"吉"，是说必有福庆。

【爻意分析】

此为丰卦的第五爻。阴影尽退，光明显现，太阳又重新绽放出光芒，有吉庆和美誉，是吉祥之兆。六五爻为全卦的主爻，以阴爻之身居于丰卦的尊位，柔顺居中，象征着阴柔的尊者有光大光明之德，能够感召天下俊美之才，因此会获得吉庆和美誉，是吉祥的象征。《象传》也说，六五爻居尊位，它的"丰"是能够以己之德，招来群贤，共造天下之丰业，是天下之吉，因此是值得庆贺的吉祥。

来章，有庆誉。

【可断结果】

六五爻以阴居阳，本是失位不正，又在君位，是一位没有能力成就帝王丰大之业的君主，而且其上又有上六爻这个小人的蒙蔽，很容易成为一个昏庸无道之君。好在六五爻有柔顺持中之德，虽然自身柔暗，但是能主动屈己下贤，善于招致和任用光明章美的贤才，招来六二、九三、六四这样有美德的贤士来辅助自己，从而去暗为明，成就丰功伟业。

【自取之道】

六五爻虽然以阴居于全卦尊位，但是柔顺持中，因而具有光明中正之德，愿意屈尊就下，故而有贤才愿意来辅助六五爻，使六五爻这样一个居位不正之爻充满了吉祥之兆。六五爻这种阴柔光大之象，犹如日蚀结束之时，太阳又重新出现在天际，焕发出明亮而耀眼的光辉。天空中的阴影尽退，太阳恢复了它原来的饱满与圆润，重新在天空中散发着热量和光明，世界万物受其光辉，茁壮成长。

这也暗示着身为一国之君，可能没有刚毅的品质和济世的才能，但是能够招揽贤才，并加以善用。

【经文+传文】

上六　丰其屋，蔀其家，窥其户，阒其无人，三岁不觌：凶。

《象》曰："丰其屋"，天际翔也；"窥其户，阒其无人"，自藏也。

【译文】

上六　增大他的屋子，用草帘遮蔽他的家，窥探他的窗户，寂静无人，几年不见他了：凶险。

《象传》说："丰其屋"，是说君子高飞逃逸了；"窥其户，阒其无人"，是说君子自己深藏不露。

【爻意分析】

此为丰卦的最后一爻。扩大房屋，遮蔽了居室，通过门窥视其中，寂静无声无人居住，三年也见不到面，是凶兆。上六爻以阴居阴，虽然居位得正，但因处于全卦之极，极则生变，所以有昏暗不明之象，居于高位却不与人来往，不施德于人，因此有大凶的征兆。《象传》也说，上六爻就像是飞翔在天际，不愿低就与人交往；把自己深深地藏起来，拒人于千里之外。

房屋极为高大，遮蔽得内室暗淡无光，象征地位高亢却昏暗不明，所以隔世而孤立。

【可断结果】

上六爻是丰卦六爻中唯一的凶爻。上六以阴爻之身居阴位，处于一卦之极，是越过了中道而无法保持丰大吉祥之象，故而转吉为凶。上六居于上位，象征着地高权重之人，扩大了他的房屋，遮蔽了其中的居室。这样的人扩大房屋不是为了招贤纳士，而是为了隐蔽深藏，自绝于人。上六爻以其阴暗之质，居于高位，又昏暗不明，不能为人所了解。爻辞中还说，上六爻一直持续这种状态长达三年之久，也不知道改变，那么，一旦生变，上六不知变通，自身又没有化险为夷的才能，定会招致祸端。

【自取之道】

上六爻居处在穷高之处，就像在天际飞翔一样让人看不到，抓不住；就算是在它家门前张望，也不能看到它的身影，足见上六爻隐藏之深。但是上六爻以重阴之身，处在穷极则变的最上位，本就非常危险，上六自己又不愿与人交往，自高自大，又没有相当的才能，遇到危险也就是必然的了。就像是一个人处在最阴暗的时刻，自以为是，高高在上，拒人于千里之外，但是本身又没有济世、济己的才能，所以一定会遇到凶险。一屋也可以喻天下。天下被黑暗所笼罩，贤人能者纷纷隐藏起来，等待新的转机，整个世界就如同正经历着日蚀的"食甚"一样，黑暗混乱，人人自危，也是非常凶险的。

旅 卦

火山旅
（下艮上离）

【旅卦导读】
　　卦象：下艮上离，山中燃火，烧而不止之象。卦德：下卦为艮为止，上卦为离为明。
全卦阐述了人在旅途的道理是柔而能中为好的道理。

卦辞

【经文+传文】
　　《旅》　小亨，旅贞吉。
　　《彖》曰：《旅》"小亨"。柔得中乎外，而顺乎刚，止而丽乎明，是以"小亨，旅贞吉"也。《旅》之时义大矣哉！
　　《象》曰：山上有火，《旅》。君子以明慎用刑而不留狱。

【译文】
　　《旅卦》象征行旅：小获亨通，旅人坚守正道则吉祥。
　　《彖传》说：《旅》，是能小亨通的。谦柔之人居位中正，顺从阳刚君子，安定守正而依附光明，所以说"小获亨通，旅人守持贞正可获吉祥"。《旅》卦这种适时前往的道理真是大啊！
　　《象传》说：山上有火，这就是《旅》卦的象征。君子取法《旅》卦，使用刑罚时明察慎重，办案时不拖延案件。

旅居时的处世之道，贵在用柔不用刚。

爻辞

【经文+传文】
　　初六　旅琐琐，斯其所取灾。
　　《象》曰："旅琐琐"，志穷灾也。

【译文】
　　初六　旅人行为卑贱猥琐，心中多疑，这是他招致灾祸的原因。
　　《象传》说："旅琐琐"，是说其由于意志穷窘而酿祸了。

【爻意分析】

此为旅卦的第一爻。旅行时猥琐卑贱，这是自取灾祸。在旅行之初时举止猥琐卑贱，心中多疑，行事不大方，这就是自己找来灾祸。初六爻以柔居于一卦之始，因此有猥琐卑微之象，虽上有所应，也无能为力，只会自取灾祸。

【可断结果】

初六以阴爻之身处于旅卦之初，以柔居于一卦之始，其地位卑下，因此行动时举止扭捏，拘束不自然，就像是地位卑微，没有见过世面，第一次踏上旅途的人一样，这样的人在旅途中表现出来的行为猥琐、少见多怪，会遭到众人的鄙视，因此也会招来祸患。初六爻以阴居阳，居位不正，因此还未出行，就已经意志非常窘迫，无法自尊持正了。初六爻虽然想向上应和九四阳爻，以柔顺刚。这样的志向很好，可惜九四爻也会非常轻视他。所以，初六爻虽然以柔顺刚，却摆脱不了被阳爻所侮辱的命运。

《象传》说，初六爻以阴处在旅卦之初，自己本身志向穷迫，不能自尊持正，因此在旅行之初才会猥琐卑贱，继而遭遇灾祸。

【自取之道】

初六以阴爻之身居于阳位，本就居位不当，因此，处于一卦之始，初六的意志本就已经十分穷迫了。在不恰当的时间出行，遇到灾祸都是自找。就像一个人即将出行，本来这次旅行就是被动的，自己的意志又十分的不坚定，在错误的时间持以错误的心态，就会发生错误的，令初六爻后悔莫及的事情。所以，初六爻想要在遇到灾害时摆脱灾害，就必须自尊守正，坚定自己的意志。

【经文+传文】

六二　旅即次，怀其资，得童仆：贞。

《象》曰："得童仆贞"，终无尤也。

【译文】

六二　旅人住进旅舍，怀带资财，拥有童仆：守持正固吉祥。

《象传》说：旅客凭正道得到童仆的照顾，这结果是不会有什么过错的。

【爻意分析】

此为旅卦的第二爻。旅途中能够居住在客舍，怀中也藏有一定资财，身边又有小童仆的伺候，持守中正才能够防止危险。六二爻以阴居阴，居位得正，又在下卦之中，因此持守中正，就能够在旅途中顺利前行而不受到危险。

《象传》也说六二爻在旅途中得到了童仆的照料，能够持守中正，不失正道，因此不会受到什么伤害。

【可断结果】

六二阴爻居于阴位，以其柔顺居于下卦之中，是阴柔者居中得正，有持守中正之象、安贞之德和柔静之用。六二爻在下卦中位，有守据或者前行的基础，因此在旅途奔波即劳累时，有临时休息的地方；六二爻有柔顺之质，因此善于接受他人的赠与，所以"怀其资"，是有财物、财产；同时，六二处位居中却行事在外，因此有童仆伺候左右，有供自己差遣的人。六二爻就像是一个准备充分的旅行者，途中有旅店可住，怀中有钱可用，身边有童仆可供差遣，不致于自己受累。这时的六二爻只要能够固守中正，就不会受到灾害。但是六二爻羁旅在外，虽然疲惫之时能够获得暂时的安稳，但是也不足以称作吉祥，一旦六二松懈自己，没有守正中固，那么灾害也就随之而来。可见在外的旅人是多么的艰难和不易！

【自取之道】

六二爻当旅卦之时，能够居位得中，旅途中能够安居于客舍；六二上能承九三爻之阳刚，所以有钱财在胸；六二下乘初六，初六就是六二爻身边的童仆。六二爻为内卦之主，不但自身能够持中守正，而且能够以其德使别人正，因此童仆也受到了六二的影响，守正有操守，不结交坏朋友做坏事，不欺瞒主人。君子为人处世，要先正己德，修己身，然后再以自己美好的的兴趣去潜移默化地改变身边的人。

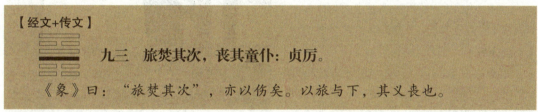

【经文+传文】

九三　旅焚其次，丧其童仆：贞厉。

《象》曰："旅焚其次"，亦以伤矣。以旅与下，其义丧也。

【译文】

九三　旅人住的旅舍失火，火灾中跑了童仆：应守持正固以防危险。

《象传》说："旅焚其次"，是可悲的；旅客和童仆共处，童仆在失火时跑了——跑是理所当然的。

【爻意分析】

此为旅卦的第三爻。旅途中烧毁客舍，丧失童仆，应守持正固以防危险。九三爻刚重焦躁，使暂时安身的客舍被火烧毁；对自己的童仆强硬，而丧失了自己的童仆：一定会有危险。九三爻以阳居阳，本就阳刚躁进，又上临九四阳爻，刚毅过头而失去中正，所以会遭遇祸患。

《象传》说九三爻会在行旅之中遭受伤害，因为过于刚元而导致休息的客舍被烧，而在行旅之中，不能够顾及到随行者的感受，以强硬和粗暴的态度去对待身边的人，童仆离开也是必然的。

【可断结果】

九三爻以阳爻之身居阳位，虽然居位得正，但是上临九四阳爻，使得九三阳爻刚进躁动；同时，九三爻又在下卦的最上，居位不中，所以难以控制自己脾气，六二爻能够用来休息的客舍，会被焦躁的九三爻烧掉；能够好好服侍六二，分担六二旅行之苦的童仆也因为九三急躁的脾气而离开了。六二爻与九三爻的处境如此不同，是因为六二爻秉承了阴柔之正，而九三爻过刚自害，失其守。常言道："天有不测风云。"旅途中的人得失无常，福祸不定，若是九三爻一意孤行，刚愎自用，那么面临伤害也是无可厚非的。

【自取之道】

九三爻虽然因为本身过于刚强而会遭遇危险，但是因为与六二爻相近，也就有了守持中正之心。九三爻若是能够在面对危险和伤害时，不刚愎自用，及时退守，那么也可以返回六二爻所具有的情境，可能就能免除遇到的伤害。君子在外，无论是处于庙堂之高，还是处于江湖之远，都应该谨言慎行，不急躁冒进，也不举足不定。真正的君子应当拥有坚韧的意志和处变不惊的处世态度，不偏不倚，行中庸之道，才能够避免灾祸，平安而顺利地行走于世。

【经文+传文】

九四　旅于处，得其资斧，我心不快。

《象》曰："旅于处"，未得位也。"得其资斧"，心未快也。

【译文】

九四　旅人住进了别的旅舍，寻回了他的钱币，但心里仍有不快。

《象传》说："旅于处"，是说旅客地位失当。旅客的钱财失而复得，但他心里还是不快。

【爻意分析】

此为旅卦的第四爻。旅途中找到暂时休息的地方，得到了资金和斧子，心里不畅快。九四在旅行的途中并没有找到安全舒适的客舍，只有暂时栖居的地方，虽然找回了资财，但是心中仍然十分不快。九四以阳爻之身居于阴位，

《象传》也称，九四爻之所以"旅于处"，是因为没有处在适当的位置，尽管有所收获，心中仍有不快。

居位不正，所以不得安居，只能暂栖；虽然能够寻回资财，但仍然不是很高兴。

【可断结果】

九四爻位于外卦之始，进入到了离卦。离为火，进入到离卦之中，象征着旅人即将开始匆忙赶路，经历居无定所的羁旅生活。九四爻以阳爻之身居于阴位，故有居位不正之象，因而在旅途的过程中会遭遇到不快的事情。孔子认为，九三和九四爻辞中的"次"和"处"虽然都是指居住的地方，但是两者有细微的差别。"次"因为有所凭借，所以能够由近及远，向更远的地方前行；"处"则有暂息不前、停止的意思。但是九四作为一支积极求上的阳爻，不进不退，停止在一个地方，心中一定会有不快。况且，九三和九四同为阳爻，相近而处，已经是重刚失位之象，现在九四又以刚履柔，就是在不应该休息的地方休息，在不应当停留的地方停留了，因此九四心生不快，纵然获利，也有所不甘。

【自取之道】

九四爻行旅在外，得到了资财，能够找到一块暂时休憩的地方，有食物，有住处，有资财，但是羁旅在外的游人，即便在途中有暂住之地，也不能够长久地安居下去，这和家是不同的。中国古人一直很注重家庭观念，有"父母在，不远游"的说法，行走在外，多半不是出自自己的志愿。就算是出行游山玩水的人，被巍峨的高山和奔腾的流水吸引而流连忘返，也只能在那里稍作休息而已。在外行旅的人能够回故乡时都会很开心，客居外地的人都会思念家中的亲人。李白的那句"举头望明月，低头思故乡"说的也正是这种羁旅在外的人，对于故乡无时无刻不有的思念之情。

【经文+传文】

六五　射雉，一矢亡，终以誉命。

《象》曰："终以誉命"，上逮也。

【译文】

六五　（旅人）射野鸡，丢了一只箭，（射艺高超的旅人）终获赞誉和爵命。

《象传》说：终获赞誉和爵命，是追随上面尊者的结果。

【爻意分析】

此为旅卦的第五爻。射猎野鸡，一支箭头亡失，最终还是能得美誉和爵命。旅行在外时，射获了野鸡而有所得，但是却不小心亡失了一支箭。虽然有些损失，因大失小，但是最终还是会获得美好的赞誉和丰厚的爵位。六五以阴居阳，居位不正，有所遗憾；以柔顺居于中道，能以其柔中之德获得吉祥。《象传》也说，六五爻能够最终获得美誉和赏赐，是因为六五能以其阴柔顺承于上位。

射雉，虽然有弓矢的耗费，但损耗不多，终究可以得到好名声，并享受福禄。

【可断结果】

六五爻居于上卦的中位，当离卦之时，不仅拥有柔顺守中之质，而且还能够上承于上九爻之阳刚，虽然以阴居于阳导致失位，故而有所损失，但是能够通过自己本身的柔顺之德，持中守固，以阴承阳，将事物引向吉祥。《象传》中，"柔得中乎外而顺于刚"，说的就是六五爻。一般来说，周易中第五爻的位置均为君爻之位，但是当旅卦之时，六五爻也是离家在外，独自旅行的人，而并非指君主，因此，六五爻能够依顺于上九爻的阳刚，以其阴柔和顺之质，去应和刚毅高亢的上九爻，阴阳相合，刚柔相济。可惜的是，六五本身是阴爻，处阳位，与六二爻相应却不能相协，有重柔而失正之象。在艰辛险恶的旅行中，太过阴柔则没有办法顺利地完成旅途，因此六二必有所失。

【自取之道】

君子羁旅于外，应该拥有文明的美德以及谦恭有礼的态度，与人同游时，若是同行人性格刚硬高亢，就用自身柔顺和美之德去与之调和。在艰辛坎坷的旅途中可能会遭遇损失，但是君子能够拥有谦让柔顺、相助相辅的心，那么虽然有损失，也是因大失小而已，最终会获得他人的称赞和财物。爻辞中以"射雉，一矢亡"作为比喻，形象地比喻在旅行中，较为柔弱的旅行者可能会遇到的情况。柔顺弱小并不算什么，关键是只要位置摆得对，心中拥有德行，那样一切困难都会过去，美好的风景就在前方不远。

【经文+传文】

上九　鸟焚其巢，旅人先笑后号咷；丧牛于易：凶。

《象》曰：以旅在上，其义焚也。"丧牛于易"，终莫之闻也。

【译文】

上九　鸟巢失火（比喻旅中过于张扬忘形而旅舍失火），旅人先因得高位而笑后因遭殃而哭；好像牛在地边走失：有凶险。

《象传》说：旅居在外，却居高自傲，所以他的房子被烧是理所当然的；牛在边地走失这件事，终归是无人过问啊！

【爻意分析】

这是旅卦的最后一爻。就像是高居在树上的鸟巢被焚烧，行旅的人虽然先得到了高位，但紧接着就会为了后面到来的灾祸而哭嚎不已。如同在田边丢失了牛，一定会有凶险。《象传》也说，身为旅行者，却想要居于高位，那就相当于引火自焚；牛在地边走失，终究也无人过问。上九爻羁旅路上所遇到的灾祸将没有人知晓。上

上九爻辞以鸟巢之焚毁为喻，象征旅途之人失去安居之地。

九爻位于全卦之终，同时以阳爻之身居于阴位，在穷极之时还想以阳刚之力向上拼搏，有所作为，是十分危险的。

【可断结果】

上九阳爻处旅卦之终，居于旅途的穷极之地。旅卦的上卦为离，离为火，上九在离上，就好像是树上着火焚烧了鸟巢，以鸟失其居，喻旅人失其安居之所。上九爻在这之前还因为以阳刚高亢之力登上了高处而欣喜不已，却因为遭遇这样的事情而哭号不止。这就是在穷极之时，不知道持中守正，妄图登上高位而遭到的祸患。爻辞中还以丧牛做比，来表明上九的境况就好像在遥远的田边遭遇灾祸的牛一样，因为登得太高，所以没有人发现，也就无法实施救援，是非常危险的。

【自取之道】

上九爻位于一卦之终，又以阳居阴，本就失其位。但是本身又不知道守中持正，想要接着六五爻得到了美誉和爵位的势头，向上更进一步。处在高危之地，上九爻没有以之为惧，而是先欣喜欢悦，所以上九爻受到灾祸也是必然的。君子在旅途时，应当时刻小心谨慎。《大象传》说，在旅行中，做到小心谦逊，就能亨通无阻；能够持守中正，那就是吉祥之兆了。因此君子无论处在旅途的哪个部分，都时刻谨记着守中持正，为人谦逊，行事谨慎。遇见事物和危险应该慎重，不能够激进，遇见了好事也不轻易上前。在旅途中贪图高位，一定会惹来麻烦的。旅卦整卦都讲述了行旅时应该谨记的道理。羁旅在外的生活本就是艰辛而孤独的，而且行旅的路途也是危机四伏的，所以这个时候需要明白，行旅之道应该守正持中，以柔顺处世，才能够避免灾祸，顺利地结束旅途。我们看旅卦中的六爻，只要是柔顺和悦，能够持守中正的爻，都是吉祥之爻；相反，那些阳刚高亢的爻都会面临着危险。这些都告诉行旅在外的人，秉承着不卑不亢的中庸之道，才能够转危为安，获得吉祥。

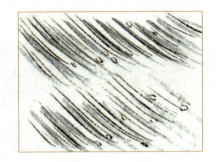

巽 卦

风为巽
（下巽上巽）

卦辞

【经文+传文】

　　《巽》　小亨，利有攸往，利见大人。

　　《彖》曰：重巽以申命。刚巽乎中正而志行，柔皆顺乎刚，是以"小亨，利有攸往，利见大人"。

　　《象》曰：随风，《巽》。君子以申命行事。

【译文】

　　《巽卦》象征谦顺：小事亨通，前往有利，见大人有利。

　　《彖传》说：上下都谦顺宜于君主重申政令。君主刚健，具有谦顺而中正之美德，意志得以推行，阴柔都能顺从于阳刚者，所以说"小亨，利有攸往，利见大人"。

　　《象传》说：风随着风吹，这就是《巽》卦的象征。君子取法《巽》卦，办事时申明政令。

"巽"有谨慎逊顺之意。

爻辞

初六　进退，利武人之贞。

《象》曰："进退"，志疑也；"利武人之贞"，志治也。

【译文】

初六　谦顺过度而犹豫，进退无所适从，勇武之人守持贞正则有利。

《象传》说："进退"——这是说君子心存疑惑；"利武人之贞"，是说勇武君子心志坚定。

进退，利武人之贞。

【爻意分析】

此为巽卦的第一爻。巽是谦卑顺从的意思。进退犹豫，利于勇武的人持守正固。因为过于谦卑顺从，以至于面临进退的抉择时，难以做出决定，十分犹豫。勇武的人应该持守正固，不轻易冒进，但也要使自己的心智也坚韧起来。初六爻在巽卦之始，以柔在居，上临九二阳刚，外应六四阴柔。九二与六四一刚一柔，造成了初六爻谦顺从得过分，以至于不知是进是退。《象传》中说初六爻之所以这样进退犹豫，是因其意志懦弱多疑，勉励他树立坚强的意志。

【可断结果】

初六爻以阴爻之身居于阳位，居位不正。整个卦中，初爻和四爻均为阴爻，两者都临近位置中正的二、五阳爻，所以初六爻的意志会懦弱而多疑。初六爻又上临九二，过于柔顺而趋向阳刚，会因为多疑而互相妨碍；外应于四，却因二者皆柔而无法相应。初六爻想向前不得，想后退亦不可能，因此进退维谷，一筹莫展。因此，勇武之人应该持守中正，同时修养自己的意志，使其更加坚韧。

【自取之道】

初六爻位于全卦之始，身为阴爻而居于阳位，说明初六爻虽为阴爻，但是仍然有向前前进的欲望，就像是一个刚武的勇者，有一番向前奋斗拼搏的精神。但是初六爻的位置使勇武之人有多疑的本性，因此在巽卦之初，初六爻应该以收敛为主，全凭一股勇气向前冲是没有好处的，可能会因此有所咎害。所以勇武之人当坚定自己的意志，贞守中正，以柔顺刚。

九二　巽在床下，用史巫纷若吉，无咎。

《象》曰："纷若"之"吉"，得中也。

【译文】

九二　谦顺地伏于床下，如祝史、巫觋一样谦卑地侍奉于上就能大获吉祥，无咎害。

《象传》说：能够大获吉祥是因为他能秉守中道。

【爻意分析】

此为巽卦的第二卦。顺从地在床下，效仿祝史和巫觋以卑顺恭敬于上，是吉祥而没有咎害的。顺从谦卑地屈居于床下，就是过于谦卑了。如果能够效仿祝史和巫觋，以谦卑之情去侍奉主上，那么就一定能够获得吉祥，也一定没有咎害。九二爻以阳居阴，有卑顺过头之象，应该持守中道，居于下卦之中位就做到居中守正，才能够没有咎害，大获吉祥。

谦顺地伏于床下，如祝史、巫、觋一样殷勤侍奉于上：吉祥，无咎害。

【可断结果】

九二以阳爻之身居阴位，是居位不正。九二爻位于下卦的中位，因此能够持中守正，以刚制柔。阴柔善于迎合阳刚而顺于阳刚。巽在床之下，床下是卑洼之地，说明九二爻卑顺得有些过头，可能会因此而失正。卧榻之侧岂容他人鼾睡？床下有人，床上的人必不能休息得安稳，因此猜疑、不悦之心顿起。但是自己又不能有效地决断，故应学会效仿祝史和巫觋之人。能够卑顺谦恭地侍奉主上是好事，但是过分地效仿祝史和巫觋之人的话，结果就不如最开始的那样可信了。所以床下之地不能居，史巫之人又不能尽从，于是居于阴位的九二爻，进退难以抉择，轻易做出判断，贸然行动，都可能会产生咎祸。

【自取之道】

九二爻虽然以阳居阴，居位不正，但是身处在下卦之中，得中位，行中道，能以其自身的阳刚之德，以正道顺从于上，不过分地卑屈于他人。世事虽然变幻无常，但能够做到行事不偏不倚，态度不卑不亢，内心怀以恭谦礼让顺从之德，行中道而不二，那么又何往而不利呢？

【经文+传文】

九三　频巽：吝。

《象》曰："频巽"之"吝"，志穷也。

【译文】

九三　皱眉不乐地勉强谦顺：必有悔憾。

《象传》说：皱眉不乐是勉强意志表示谦顺——这是说其心志困穷。

【爻意分析】

此为巽卦的第三爻。皱着眉头不情愿地顺从，将会有令人悔恨的事情发生。心里不愿意顺从，却还是皱着眉头，勉强着自己去顺从他人，这样不情愿，可能会发生令自己憾惜懊悔的事情。九三爻以阳居阳，居位得正，本应该有所作为，又为六四阴爻所乘，所以心中郁结难舒，只能忍屈顺从，因此，《象传》也说九三爻的志向穷困不振，导致了其勉强顺从而将有令自己憾惜的事情发生。

皱眉不乐地勉强谦顺，必有悔憾。

【可断结果】

九三爻是阳爻，居于阳位，是居位得正。九三爻本应该向上有一番大作为，但是因为其居于下卦之终，其上的六四阴爻在九三爻的头上凌乘着它，最上爻又为阳爻，不能够跟他相应。无奈之下，九三爻只得忍气吞声，皱着眉头十分不情愿地顺从六四阴爻得想法。九三爻不能以其阳刚之质有所作为，违背了自己的本性和意愿，因此爻辞中说九三爻"吝"，就是预示着可能会发生令人悔恨的事情。

【自取之道】

九三爻虽然刚毅正直，但是因为居位不中正，又到了下卦之极，这时下卦的巽已经结束，上卦的巽要从六四开始，所以为了达到既济的状态，使上下可以连接得上，此时阳刚的九三爻应该主动与阴柔的六四爻相协，以刚顺柔，以顺听为本，才符合当前的局势。都说真正刚强的人是能够把自己变柔顺的人；真正居于上位的人，是能让自己在下位时也没有任何不适的人；宴席丰富的主人也绝对不是吝啬的，有钱的人不会在意施舍。因此九三爻应该放松自己的心态，既然居于六四之下，就做自己力所能及的事情，不刚愎自用，就不会导致令自己遗憾的事情发生。

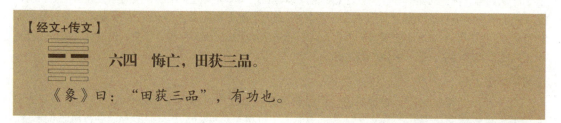

【经文+传文】

六四　悔亡，田获三品。

《象》曰："田获三品"，有功也。

【译文】

六四　悔恨消失，打猎获得多种猎物。

《象传》说："田获三品"，是说君子有收获了。

【爻意分析】

此为巽卦的第四爻。悔恨消除，田猎可以获得多种猎物。令人悔恨的事情都得以消除，打猎时能够打得非常多的猎物。六四爻为外巽之始，和九三爻成既济之势，所以一开始的悔恨会消除。六四爻能以其阴柔之德去顺从九五阳爻的刚毅，那么他的行为一定会有所收获，而且收获会非常丰富。《象传》也表示，六四能够在田猎中获得很多的猎物，是因其侍奉君主而得到了赏赐。

令人悔恨的事情都消除，打猎时能够打得非常多的猎物。

【可断结果】

六四爻在九三阳爻之上，象征着阴柔者凌乘于阳刚者之上，一定会有令人后悔的事情发生。但是因为六四爻以阴居阴，居位得正，又在九五爻之下，有顺应九五尊爻之象，所以能够使悔恨的事情消亡。不仅如此，他可能还会获得"三品"的收获。这里的"三品"指的是田猎时所猎到的猎物种类之多。六四爻若是能将得到的猎物也如数奉献给君王，并以极大的忠诚去侍奉君王，那么必能建功立业，收获到更大的奖赏。

【自取之道】

六四爻虽然乘于阳爻之上，会有所悔恨，但是若是能够顺从君主，以自身之柔美去顺承九五尊爻的阳刚，君臣合力，田猎不为己欲，将物品用于国家的祭祀，君贤臣明，江山社稷即可保全，神人之间也没有矛盾，风调雨顺，国家也可长治久安。六四爻以柔顺刚，向上亲近九五，向下不与九二相违背，因此其行动能使自己得到功勋。

【经文+传文】

　　九五　贞吉，悔亡，无不利，无初有终；先庚三日，后庚三日：吉。

　　《象》曰："九五"之"吉"，位正中也。

【译文】

　　九五　坚守正固吉祥，悔恨消失，没有不利，事情开局不妙，但会有好结果；在象征变更的庚日前三天发布新令，在庚日后三天实行，必获吉祥。

　　《象传》说：九五说，事情吉祥——这是因为君子能守中正。

九五爻没有良好的开端，却有良好的结尾。

【爻意分析】

　　此为巽卦的第五爻。君子只要持守中道，就能够获得吉祥，而且之前的悔恨也都会消失。虽然行事时一开始不是很顺利，但是最终事情都会完成的。在象征着"变更"的庚日的前三天发布新令，并在庚日的后三天实行新令，这样顺从规律是一定能获得吉祥的。九五爻位于全卦正位，是巽卦之尊爻。只要能够守中正固，坚持到底，九五一定能够获得吉祥。《象传》也说，九五的吉祥之象，都是因为他的居位得正，以及他自身愿意持守中道。

【可断结果】

　　九五以阳爻之身居于阳位，居位得正，同时又处在上卦中位，因此有持守中正之德，预示着吉祥，无往不利。但是巽卦是以变阳为阴、以乾变坤为志的，因此阳爻都要谦虚于阴爻，得到阴爻的帮助才能够成就自己的志向。九五阳爻一开始有不够谦逊之象，若一直以此行事，那么一定会发生令人后悔的事情，开始的时候会有所不顺。但是九五爻毕竟是拥有守中之德的，尽管不算完美，但是事情也一定能够完成。

　　九五爻作为一国之君，本应与其相应的九二爻亦为阳刚之身，两者皆阳刚，难以相互协调，只能够改变自身来使两者协调起来。九五爻能够克己来使两者相协，才能君臣和谐，使朝野上下呈现一片和谐之景。

【自取之道】

　　九五爻作为一国之君，想要更布新令的时候，要在"先庚三日"发布，"后庚三日"实行。古代按照十天干的排列顺序，庚在十天干中排位第七，已经过了中间的位置。凡事过中就要发生变化，所以九五行事一开始颇为不顺，到后来能够完成，是因为九五爻慎守中道，行事时能够循序渐进，因而能深入人心，使上下顺从，并获得吉祥。

【经文+传文】

上九　巽在床下，丧其资斧：贞凶。

《象》曰："巽在床下"，上穷也；"丧其资斧"，正乎凶也。

【译文】

上九　（惊恐地）躲伏床下，丢了资财：坚守正固以防凶险。

《象传》说："巽在床下"，是说上级途穷了；"丧其资斧"，是说钱丢了，此时应守持贞正以防凶险。

【爻意分析】

此为巽卦的最后一爻。顺从地屈居在床下，丧失了财产，应守持中正以防凶险。上九爻顺从至极，屈居在床下，又失去了财产，只有守中持固才能够防范凶险的事情发生。上九爻位于巽卦之极，在上卦之穷，过于顺从以至于失去了自己的中道，所以爻辞劝勉上九爻要持守中正，以免遭凶害。《象传》也劝告上九爻不要穷极于顺从，失去了自己的阳刚之正。

巽在床下，丧其资斧，指示卑躬屈节，丧失刚正之德。

【可断结果】

上九爻居于巽卦之极，所谓物极必反，其实不适合再卑顺行事，而是应该努力向上有所作为。但是上九爻没有摆脱谦卑顺从的拘泥，甚至更加谦卑地伏在床下。反其道而行之则会有所灾祸，是凶兆。上九爻因为身为阳爻而居于阴位，所有有些墨守成规，没有气魄去突破旧有的模式，反而一味地顺从。身居上位的反而要屈居于床下的洼地，是十分不符合常理的。上九和九三虽然都处在穷极之地，但是九三爻虽然"穷"，却仍然可以向前继续行进，而上九爻却不可以。上九爻到了一卦的终结，已经没有了向上的余地。

【自取之道】

上九阳爻居阴，受到阴柔的影响，行事过于谨慎顺从，因此失去了自己所具有的大刚之德，会因此受到灾害。如同一个失去了财产的人无以为生。面临这样的情况，上九爻也进退两难，非常矛盾。上九在外卦，而且距离十分偏远，向内应和于九三爻，却因两者皆为阳爻，重刚不协，所以志穷而进退皆不行。所以爻辞及《象传》均劝告上九爻，一定要守持中正，内心怀着诚信之德，才能够避免灾祸的发生。

巽卦主要讲的是顺从的道理，辟如阴阳之理、君臣之道。巽卦告诉我们，柔小谦虚者可以亨通，但又不能无条件、无立场地顺从。内心要持有刚健之德，要能够持正不阿，在适当的时候有所作为，不墨守成规，才是行事时能够获利致亨的关键。

兑 卦

兑为泽
（下兑上兑）

卦辞

【经文+传文】
《兑》 亨，利贞。
《彖》曰：兑，说也。刚中而柔外，说以"利贞"，是以顺乎天而应乎人。说以先民，民忘其劳；说以犯难，民忘其死。说之大，民劝矣哉！
《象》曰：丽泽，《兑》。君子以朋友讲习。

【译文】
《兑卦》象征和悦：亨通，利于守持正固。
《彖传》说：兑，指的是和悦。君子刚健中正于内，柔顺接物于外，把利益百姓、秉守正道当成乐事，所以君子能顺应天道，应合人情。用和悦的政策引导百姓，百姓就会忘掉劳苦；用和悦的政策宣扬赴难，百姓就会舍生忘死。和悦的政策光大了，百姓就都能奋勉不息了。
《象传》说：泽连着泽，互相附丽润泽，就是《兑》卦的象征。君子取法《兑》卦，和朋友们互相讲习切磋。

君子以与人民和悦相处的精神来引导民众前进。

君子效法两泽相附丽，聚集朋友切磋讲习。

爻辞

【经文+传文】

　　初九　和兑：吉。

《象》曰："和兑"之"吉"，行未疑也。

【译文】

初九　和气待人：吉祥。

《象传》说：和悦是吉祥的——这是因为君子行事平和正直，不为人所疑。

【爻意分析】

此为兑卦的第一爻。兑是欣悦的意思。平和欣悦地对待别人，是吉兆。君子为人处世时，对人对事都能够恭谦有礼，心态平和欣悦，是会带来吉祥的。初九爻以阳刚居下，体禀阳刚，温顺有礼，行为端正，不会遭人猜忌，因此《象传》中也说初九爻能够获得吉祥，是因为自身行为端正而不为人所疑。

初九阳爻居于阳位，是居位得正。向上没有阴爻能够与之相应和，因此初九爻能够居于下卦之始，心无旁骛地持守正道。同时，初九爻能够以和悦恭谦的态度待人对事，行为诚信端正，就不会被人所猜忌。

【可断结果】

初九爻阳刚在下，却没有阴爻能够与之应和，为之所用。初九爻没办法，只能够返回自己的位置，通过和悦柔顺的外在，和自己刚毅勇敢的内心相和，所以能够持中守固，行不失中，没有错误。君子处于事，心中怀以诚信，志向坚毅，胸怀远大却不傲慢对人，与人相处平和欣悦。居于下方也不怨天尤人，一定会得到别人的赏识，是非常吉祥的。

【自取之道】

初九以阳居阳位，虽然自身刚毅强壮，在兑卦之时又能做到外在的柔顺和悦，因此内外刚柔交孚，阴阳相合，行为不失中道，没有咎错。初九爻以阳刚居于内卦，六三爻以阴柔之身居于阳位，虽然没有居于正位，但是有意向用自己的阳刚之力与初九爻外在的柔顺互为协助，以柔成刚，初九爻则变为纯阳之体。同时，初九爻虽然临近刚正不阿的九二爻，却不妨碍与六三爻阴阳相济，是因为初九爻内心诚恳，外在的行为为人所信服。初九爻能够和九二爻之间像朋友一般亲密友好、平和喜悦，因此初九爻行事的结果一定是吉祥的。

此爻告诉了我们一个重要的做人的道理，就是要以和悦的态度对待别人。孔子说的"有朋自远方来，不亦乐乎"就是在告诉人们要以一种真诚的喜悦的态度去和别人相处。人都是需要尊重的，你要想受到别人的尊重，首先要尊重别人，你要想让别人对自己有欢迎的态度，自己就要以和悦的态度去欢迎别人。

【经文+传文】

九二 孚兑：吉，悔亡。

《象》曰："孚兑"之"吉"，信志也。

【译文】

九二 诚实欣悦待人：吉祥，悔恨消失。

《象传》说：诚信和悦是吉祥的——这是因为大家信赖他的心志诚信。

【爻意分析】

此为兑卦的第二爻。九二爻以阳居阴，居位不正，因此行事必会有所悔恨，但是因为其处于下体中位，因此能够守持中正。胸中怀着诚信待人、欣悦对人的想法，就会获得吉祥，令人悔恨遗憾的事情也就不会发生了。

诚信欣悦地待人，是吉兆，悔恨消失。君子处世时，能够心怀诚信，与人交往能够欣悦友好，就会获得吉祥，因为失位而带来的悔恨也会跟着消失。

【可断结果】

九二阳爻居于阴位，有失其位，因此，如果有所作为，其结果也一定会有所悔恨。但是，因为九二阳爻位于下卦之中，又当兑卦之时，所以九二阳爻刚中有信，以刚履柔，能够在持守中正的同时，以内心的诚信换得别人的信任。兑卦兑上兑下，四阳两阴。阴在阳中，阳在阴外，刚中有柔，因此心中信实忠恳。九二爻性情流露于外，丝毫不加以掩饰，对待朋友坦诚相见，所以初九爻时，他人是对初九"不疑"，而初九爻时，他人则对九二爻深深地信任着。

【自取之道】

九二爻在内卦之中，原本应该向外应和其志向，但是九五爻亦是重刚之爻，两者不能应和。好在九二爻的上方有六三爻与之相近相亲。九二爻在外能够以诚信欣悦之姿待人，在内又有强韧有力的意志，能屈能伸，所以九二爻如果想要有所行动，也会非常顺利，最后也不会留有遗憾。

【经文+传文】

六三 来兑：凶。

《象》曰："来兑"之"凶"，位不当也。

【译文】

六三 主动曲意逢迎取悦于人当至凶险。

《象传》说：主动逢迎取悦于人是凶险的——这是因为他居地位失当。

【爻意分析】

此为兑卦的第三爻。主动曲意谋求欣悦则会遭遇凶险。在本来应当熟练喜悦的时候反而扩发喜悦，盲目地趋近愉悦的其他人，所谓乐极生悲，可能就会带来凶患。六三爻位于下卦之终，本就是阴爻处阳位，居位不当了，继续谋求欣悦即为凶兆。《象传》也说明了六三爻的凶险，均因其居位不当，谄邪求悦的。

主动曲意逢迎取悦于人当致凶险。

【可断结果】

六三爻以阴爻之身居阳位，居位不正，想要以其阴柔之质有所作为。六三爻向上没有阳爻与之相应，因此只能向下去应和初九、九二爻，来谋求更多的和悦。六三爻已经处在下卦之终，此时应当收敛自己的欣悦之情，但是六三却执意趋近于初九和九二，就像阴柔的小人向阳刚有力者献媚，以求得更多的好处。这样的求悦心切，一定会有灾祸。兑卦中，柔应顺刚而行称为吉。现在六三爻逆其道而返回应和初、二两爻，是背离了本应该进行的道路，因此占之为凶。

【自取之道】

下卦之中，初爻和二爻占之皆为吉，六三爻占凶，是因其所处的位置不当。如果向下移为六二，所居则为内卦的正位，是以阴居阴；如果向前为六四卦，是阴爻平安地从下体进入上体，是符合于既济之行的。可惜现在六三爻是处在这个位置，所以占得凶兆。六三爻要是能够顺应兑卦的规律，志向在于向外行进，那么就可能会避免因为趋近初、二爻，谋求欣悦而带来的凶兆。君子应该顺应自然，行符合自然之道的事，不因贪图过多的喜悦和乐趣而逆反了自然之道。反其道而行之必会有凶险。

【经文+传文】

九四　商兑未宁；介疾有喜。

《象》曰："九四"之"喜"，有庆也。

【译文】

九四　商谈尚未定下来的事，心中很不安宁；要是隔断疾患一样的邪恶之人，则有喜事。

《象传》说：九四中的"喜"，是说福庆临头。

【爻意分析】

此为兑卦的第四爻。与人商议斟酌欣悦之事，来回奔走，反复思量，身心均得不到安宁。九四能够像隔断疾患一样，离开邪恶之人，所以一定也会有喜庆的事情发生的。《象传》说九四的喜兆是有值得庆祝的事情发生。

虽然九四爻和九二爻都是以阳居阴，以刚履柔，但是因为九四位置不当，因此不能向九二阳爻那样，意志坚定地朝着自己的目标行进，只能夹在九五和六三之间难以抉择。为此九四爻情志迷茫，行止迷离，身心疲惫。

【可断结果】

九四爻以阳爻之身居于阴位，是居位不正。向前是九五阳爻，其后又是六三阴爻，处于两者之间，居位不当的九四爻也十分犹豫，对于究竟应该选择刚毅有力的九五尊爻，还是选择阴柔弱小的六三阴爻举棋不定。九四爻这样辗转犹豫之间，内心难以获得安稳。同时，九四爻在九五爻身边，所处乃是多惧之地，因此九四爻必须行事谨慎小心。总之，九四阳爻处境十分无奈而艰辛。

【自取之道】

九四爻虽然以阳居阳，位置不当使得自己处境复杂、内心繁乱，但是因为自己是为阳爻，自有一股刚正之气，所以能够绝疾守正，不被六三爻的柔美所诱惑，最终做出正确的选择，预示着有喜庆的事情会降临。虽然九四爻一开始行事不够果决，辗转犹豫，但是最后九四爻必能够以其刚毅正直的内心去战胜艰难的境况。在面临抉择的时候，人都会有所犹豫。当君子面临选择的时候，就应该做到坚守自己内心的正义，刚正不阿，不受小人的诱惑。就像阳刚终能胜于阴柔，快乐总能代替忧伤。培养自己坚忍不拔的意志，又能够听取他人的意见，性情流露于外，与人交往坦诚诚信，就一定会有喜悦的事情发生。

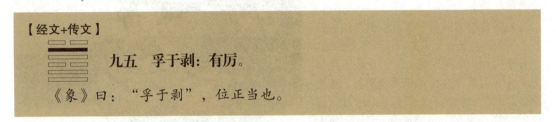

【经文+传文】

九五　孚于剥：有厉。

《象》曰："孚于剥"，位正当也。

【译文】

九五　相信消剥阳气的小人：有危险。

《象传》说：施诚信于消剥阳刚之气的阴柔小人，真可惜了他所处的正当之位啊。

【爻意分析】

此为兑卦的第五爻。施诚信于消剥别人的人，有危险。如果君王信任消剥阳刚的阴柔小人，被其柔顺所诱惑而与之相悦，那么就很危险了。九五阳爻居于阳位，又在上卦的中位，居位中正阳刚，但是九五爻与上六阴爻相临近，易受其引诱而亲信之，因此可能会有危险的事情发生。

此爻提示人们切不要受到小人花言巧语的迷惑，如果信任谄媚的小人，那后果不堪设想。

【可断结果】

九五以阳爻之身居阳位，居位得正，又处在上卦的中位，所以阳刚中正。九五尊虽然受阳刚中正，但是向上却邻着象征小人的上六爻，非常容易受到上六爻的诱惑，并对他施以诚信，结果消剥了本身具有的阳刚之气，因而可能有灾祸发生。君主亲近谄媚的小人，就不愿意相信忠臣忠言逆耳的劝谏，他对臣子的信任也都被上六一点点瓦解了。有这样的君主，国家的命运一定很凶险。

一国之君，本当心存天下，以自身美好的德行去感召天下臣民，通过自身努力去使天下百姓欣悦平安，可是当今的九五尊爻却由于身边有巧言令色的上六爻取悦他，而忘记了身为一国之君应该有的责任。虽然有九四阳爻这位大臣辅佐九五，但是九五爻这种"亲小人，远贤臣"的行为还是会使国家和自身都受到危害。《象传》也因此责怪九五爻，处在如此正当的位置上，却做着亲近小人的事情，枉为万民表率，有失天威。

【自取之道】

九五爻容易受到上六爻的诱惑，使小人之道长，君子之道消，因为信孚、亲近于小人而使道德受损。孔子在论语中说："巧言令色，鲜矣仁。"圣人都要远离这种人，何况是习惯了被人奉承的君主呢？

【经文+传文】

上六　引兑。

《象》曰："上六引兑"，未光也。

【译文】

上六　引诱他人与之相悦：有危险。

《象传》说：上六引诱他人与从相悦——这是因为君子的欣悦之道尚未光大。

【爻意分析】

此为兑卦的最后一爻。牵引着他人欣悦。仅仅是自己一个人高兴已经不能满足，还要牵引别人一同欣悦。上六爻位于兑卦之极，下面是九四和九五两个阳爻，在当兑卦之时，有阴柔小人牵引着阳刚者共享欢乐之象。《象传》以此定论，欣悦之道未能发扬光大。

这一爻的爻辞用"引兑"一语揭穿了上六阿谀逢迎，引人入于凶险之途的险恶用心，反过来也警示那些喜欢听吹嘘拍马之声，沉湎于物质享乐之中的人要明智处世。

欣悦是人之常情，歌声悦耳，美景悦目。但是周易所肯定的欣悦之道，是建立在道德准则之上的，因为不偏离于正德，决绝谄邪才是真正的欣悦之道。

【可断结果】

上六爻以阴爻之身居于阴位，居位得正。但是上六爻位于兑卦的最上方，虽然身居高位，但是却没有能力再进一步有所发展了。上六爻如果有所行动，就一定会被牵制。上六因阴居阴，阴柔之极，在阳刚的九五之上，是以阴乘阳，根本无力掌握刚正的阳爻的动向。因此以其阴柔之美，巧言令色引诱九五尊爻与自己一同享乐，继而剥削九五爻的阳刚之质。但是对于上六爻自身来说，这种行为并未涉及到吉凶的问题。

【自取之道】

兑卦全卦以柔成刚之志，阳爻皆为吉，而阴爻的局势却十分不利。上六爻对于整个卦来说，是已经穷尽其力了，对于欣悦之道来说，却为主爻，在穷极之时牵动着全卦。因此，上六处于兑卦之极，其志向没有达成，但是用处却终止了；更进一步的脚步停下了，心却一直向前。这说明欣悦之道是难以发扬光大的。

涣 卦

风水涣
（下坎上巽）

【涣卦导读】
卦象：下坎上巽。为风行水上，推波助澜，四方流溢之象。卦德：下卦为坎为险，上卦为巽为入。全卦揭示了克服弊端，扭转涣散之势，转危为安的道理。

卦辞

【经文+传文】
《涣》 亨，王假有庙；利涉大川，利贞。

《彖》曰：《涣》"亨"，刚来而不穷，柔得位乎外而上同。"王假有庙"，王乃在中也；"利涉大川"，乘木有功也。

《象》曰：风行水上，《涣》。先王以享于帝，立庙。

【译文】
《涣卦》象征涣散：亨通，君主亲临宗庙祭祀以诚聚民心；渡大河有利，守持正道有利。

《彖传》说：《涣》卦是亨通的，是说阳刚者前来处于阴柔之中而不困穷，阴柔者获正位于外而与上面的阳刚同德。"王假有庙"，是君主中正的表现；"利涉大川"，是说乘木船过河会成功。

《象传》说：风吹在水上，这就是《涣》卦的象征。先王取法《涣》卦祭祀上帝，设立宗庙。

王假有庙。

利涉大川，意谓聚合人力，上下同心协力，可以大有作为，利于涉险济难。

爻辞

初六　用拯马壮：吉。

《象》曰："初六"之"吉"，顺也。

【译文】

初六　涣散时有壮马搭救：吉祥。

《象传》说：初六说，涣散时有壮马搭救是吉祥的——这是因为其能顺承阳刚，马能顺从人意。

【爻意分析】

此为涣卦的第一爻。借助健壮的马来弥补力量的不足，可以获得吉祥。初六爻居于涣卦之初，以其阴柔之质难以济涣向前，但是初六爻能够与九二爻相应和，借助九二这匹阳刚壮马之力，平安渡过洪水而不至于离散，是为吉祥之兆。象传中也说初六之吉，是因为"顺也"，即顺承九二阳爻。

此爻正处于涣之初，也就是涣散刚刚开

遇见危险的时候，能够借助健壮的马匹的力量，合力度过危险，就会获得吉祥。

始之时，如果想要拯救还比较容易入手，但是要注意自己是阴柔之爻，力量不足以拯救涣散，所以此时要得到强有力者来帮助才能获得吉祥。

【可断结果】

初六爻位于下卦之初，处于坎险之下，象征着一场大洪水即将爆发。面临着这场即将到来的洪水，要想避过，并不是不可能的。然而初六爻以阴爻之身居阳位，是居位不正，若是想凭借其自身的阴柔弱质而逃过这场洪水，是很难的。柔顺者如果能够顺承阳刚者，阳刚者必会鼎力相助，协助阴柔者度过险关。因此，初六爻需要上承于九二阳爻，阴阳相济，刚柔相和，才能平安脱险，是为吉祥之象。

【自取之道】

初六爻资质阴柔无力，没有济世的才干，因此是不能够扭转涣散的局势的。但是初六位于涣卦之初，若是能在一开始就及早发觉危机，发现离散的情况时及时辨明，并在刚开始涣散的时候借助刚强之力，努力挽救和补救，便不至于彻底涣散。君子虽然力量小，但是能够未雨绸缪，在危险来临之前就预料到，并顺承阳刚者之力，从处于最低谷的境地顺势居于高明之地，是阴爻本身所有的柔顺之质所决定的。

此爻喻示人们要有自知之明，知道自己力量薄弱时要懂得依顺强大的力量，此时要懂得"顺"，就像《象传》里说的一样："'初六'之'吉'，顺也。"

【经文+传文】

九二　涣奔其机：悔亡。

《象》曰："涣奔其机"，得愿也。

【译文】

九二　涣散之时，奔向几案，要找到一个安身之所：悔恨消失。

《象传》说："涣奔其机"，是说君子阴阳聚合的愿望实现了。

离散之时奔向几案所处的位置，悔恨消亡。

【爻意分析】

在面临涣散之时，及时地找到一个安身立命之法和可供凭依的处所，才能避免危险，而没有悔恨。九二爻处于涣散之时，将初六爻看做可以依凭的几案，阴阳相合，涣散的事物得以相聚，而悔恨则得以消除。

【可断结果】

九二爻以阳爻之身居阴位，是居位不正。九二因其阳刚之质，乐于进取和行动，但九二爻又在下卦的坎险之中，这个时候急于进取，可能会做出令自己后悔的事情。但是九二爻身处下卦中位，阳刚居中是持守中道之象，因此九二阳爻不会轻易冒进，面临涣散之时，也能够得到初六阴爻的帮助，一阳一阴，刚柔相济，可以固其根本，变散为聚。九二爻因为向下聚合了初六爻，因而渡过险关，获得了平安。

【自取之道】

九二本身居于中位，因此具有持守中正的本性，在面临涣散局面之时，也能够守正中固。初六爻在遇到危险时，得到了强大刚正的九二爻的帮助，因而能够获得吉祥，所以九二爻在遭遇险情时，在守持正道的同时也应向下寻求帮助。初六爻因曾得九二爻的帮助，也会给予九二爻有力的辅助。九二与初六阴阳相合，便可以安然渡过险难。

【经文+传文】

六三　涣其躬：无悔。

《象》曰："涣其躬，志在外也。"

【译文】

六三　散其私心，（献身于事业）：无悔。

《象传》说："涣其躬"，是说君子志在向外发展。

【爻意分析】

此为涣卦的第三爻。散去自己的私心，没有悔恨。在面临险难时，能够散其私心去济助涣散的局面，就没有悔恨之象。六三爻身为阴爻而居阳位，向上能够与上九爻应和，同心协力救助涣散之局面，故能摆脱险境。《象传》中也说六三爻"涣其躬"是因为其"志在外"，六三爻的意志是在于向外发展，向上应和阳刚有力的上九爻。

【可断结果】

六三爻以阴柔居阳位，又位于下卦之终，虽然身在坎险却志向在外。六三阴爻本身居位不正，但又想向上有所作为，去应和上九爻。身在坎险的六三爻愿意散其私心，躬亲前往应和上九。能够得到上九爻的帮助，六三爻就没有什么可后悔的了。这里所说的"无悔"和"悔亡"也有所区别。"悔亡"是一开始有悔，后来有所改进而使悔过消除，"无悔"则是指六三爻从始至终都是没有悔意的，说明了六三爻志向、行动的坚决。

六三爻于涣散之时能够忘身以济涣，虽然力量不足，但因其能与上九相应，而消除了悔恨。

【自取之道】

六三阳爻身处下卦之终，因此虽然深陷坎险之中，却有向光明进发的意志和信念。天下涣散之时，六三爻能够摒弃私心，依附于上九阳爻，共同济涣，就不会发生令人懊悔的事情。六三阴爻处阳位，气力阴柔，又处于坎险之上，因此行事应当恭谦有礼，处于乱世亦不强行出头，三思后行，懂得把握时机，对人谦恭逊让，方能自保，没有悔恨的事情发生。

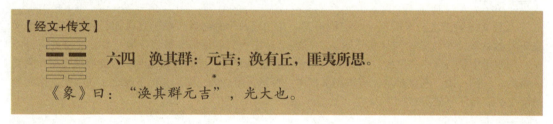

【经文+传文】

六四　涣其群：元吉；涣有丘，匪夷所思。

《象》曰："涣其群元吉"，光大也。

【译文】

六四　涣散朋党，大吉；涣散小群，聚成山丘似的大群，这不是一般人能想到的。

《象传》说："涣其群元吉"，是因为六四品德光明正大。

【爻意分析】

此为涣卦的第四爻。天下人心涣散时，天下人各相朋党，不能够统一在一起，齐心协力。六四爻却可以将一个个小的群落重新聚落起来，就像是一座座小山丘汇聚成一座高大巍峨的峻岭，这不是平常人的思维所能够想得到的。六四爻以阴居阴，居位得正，内心有柔顺美好的品德，因此《象传》中也说六四爻能够"涣其群"，是缘于其内心的光明正大，没有一丝一毫之私。

"涣其群"指六四能够为了国家的大利而解散私党。

【可断结果】

六四爻为阴爻，居阴位，居位得正，有柔顺谦恭之质，上承于象征君主的九五阳爻，下接阳刚进取的九二之才，像一位能够领导群贤的大臣，在九五爻阳刚有力的协助下，带领着众臣齐心协力摆脱险境，因此为大吉之象。

【自取之道】

六四爻上承于九五尊爻，其下却没有能够与之相应和之爻，可以看出六四爻毫无利己之私，是能够散其朋党之象。六四爻以其阴柔之质顺承九五爻之阳刚，以柔近刚，虽然有登高远离之势，但是内心却怀着亲近君王的感情，不专注于私昵之情，就像是忠臣不因为家庭而忘记国家，烈士不因为私情而废弃公正，行为光明正大，能够以其柔顺的美德将一股一股小的势力，汇聚成大力量，君明臣贤，共度难关，创造出一片和谐太平的景象。

"涣有丘，匪夷所思"是指六四能涣散各自割据的小的利益群体，将其重新聚合为如山丘般盛大的国家，其功用业绩不是常人能想象到的。

【经文+传文】

九五　涣汗其大号，涣王居：无咎。

《象》曰："王居无咎"，正位也。

【译文】

九五　像涣散汗水一样发布号令，广散王的积财以聚合人心：无害。

《象传》说："王居无咎"，是因为君主地位得当。

【爻意分析】

此为涣卦的第五爻。发散身上的汗水一般大声疾呼号令天下，疏散王者的居积，没有咎害。王者君临天下，号令天下，四海共闻。乐善好施，广散君王之恩德来聚合天下人心，一定是没有咎害的。九五爻尊居"君位"，阳刚中正，在涣卦之时，能够像发汗一般地发号施令，又能散发积蓄收获民心，因而无过。《象传》也说九五爻之所以能够"王居无咎"，是因为其居于"正位也"，即因为九五爻以阳爻居阳位，得中得正。

【可断结果】

九五爻居于上卦中位，乃以阳刚之质处于王者尊位，有君临天下之象，因而九五阳刚中正，有居中守正之德。九五尊爻的品德能够发散影响到四海之内，当涣散之时，能够像发汗一样地发号施令，号令全国，能够做到言必行，行必果，那么天下人就也都会听从他的号召。如果九五不能够以自身品德去号召百姓，品行不正，志向不高远，好大喜功，认为天下为自己所有，劳民伤财只为满足一

就像从前黄帝率领族人攻打蚩尤，大禹带领百姓整治洪水，虽然都是使为了天下百姓能够安居乐业，但是在行事之前的号召是十分困难的。鉴前路的艰辛和过程的艰险，想要将零散的群众拧成一股强大的力量是十分困难的，而黄帝和大禹正是凭借着他们光明的德行，以及勇敢刚正的意志，得到了天下人的支持。因此，九五爻居于尊位，居位正而尊，若能够安心于王位，尽人事而听天命，那么天下归心，万方来服，必能没有咎害。

己私欲，就是有咎害的了。因此，爻辞告诫九五阳
爻一定要有黄帝和大禹那样的德行和业绩，才能够
带领民众走出困境，摆脱险难。

【自取之道】

九五阳爻居阳位，位于上卦之中，有刚健中正
的品质。九五的尊位能够将自己的美好光明的品德
显现于世人。当人心事物涣散之时，九五爻能够因
为自身所拥有的德行，发散自己的居积收获民心。
九五爻与六四爻阴阳相合，六四爻因为九五爻的提
携而摆脱险难，九五爻则只有在六四爻的辅助下，
才能够济世而无咎。

就像唐朝文学家陆贽所谓，九五发散其居积，是"散
小储而成大储"，其实与六四爻"涣其丘"是一样的
道理。

【经文+传文】

上九　涣其血去，逖出：无咎。

《象》曰："涣其血"，远害也。

【译文】

上九　涣散之极的忧患消失，保持警惕：无害。

《象传》说：涣散之极的忧患消失——这样就远离危害了。

【爻意分析】

此为涣卦的最后一爻。涣散终结之时，忧患已经消息，对有可能再来的灾难保持警惕，即可
没有咎害。上九爻居于涣卦之终，物极必反，这个时候已经不用再担心涣散所带来的灾难了。上九
以阳爻之身居于上卦最上，距离坎险之地已经很远了。上九爻远离了可能会受伤的场所，因此没有
咎害。《象传》也说"远害也"，意为上九远离了灾祸，因而能够不再担心受到伤害。

【可断结果】

上九爻以阳爻之身居于一卦之终、涣散之极，穷则生变，涣散至极则四方聚合，因此上九爻
能够不再因为涣散而受到伤害，感到困扰。上九爻以阳爻之身居阴位，又在巽之终，好像在天空中
畅通无阻的风，远离了坎险的威胁，能够在天空中没有顾虑地飞行。

【自取之道】

上九居于涣卦的顶端，如能巽顺事理，就能使险难远去而不复再来。挣脱出险难而谨慎不再
陷入，可得无咎。

节 卦

水泽节
（下兑上坎）

【 节卦导读 】

卦象：下兑上坎，为泽上有水之象。卦德：下卦为兑为悦，上卦为坎为险。
全卦阐明自然界、社会和人的节制之道，强调"节制贵在于得中"。

卦辞

【 经文+传文 】

《节》　亨；苦节不可，贞。

《象》曰：节"亨"。刚柔分而刚得中。"苦节不可贞"，其道穷也。
说以行险，当位以节，中正以通。天地节而四时成。节以制度，不伤财，不
害民。

《象》曰：泽上有水，《节》。君子以制数度，议德行。

【译文】

节卦象征节制：亨通，可分节制也是不可以的，
应持正适中。

《象传》说：节制可致亨通。阳刚与阴柔均衡相分，
而又刚健中正。过分节制而不能持正适中，君子就将
途穷。君子遇险却能和悦应对，地位得当，奉行节制，
道德中正，所以亨通。天地节制就形成了四季。订立
制度来推行节制，就可以不损民伤财。

《象传》说：泽上有水，这就是《节》卦的象征。
君子取法《节》卦订立制度，议定道德的准则。

节制应当适度，如果节制太过，会使人感到痛苦。

刚柔相分，男女相别，正是节之大者。

爻辞

【经文+传文】

初九　不出户庭，无咎。

《象》曰："不出户庭"，知通塞也。

【译文】

初九　节制自守居家不出户庭：无害。

《象传》说："不出户庭"，是因为君子晓得外出行或不行的道理。

【爻意分析】

此为节卦的第一爻。初九以阳爻之身居阳位，阳刚得正。初九位于节卦之始，向上应和六四爻，却有九二爻阻拦，因此持中自守，不轻举妄动，因此没有咎害。《象传》中也解"不出户庭"为"知通塞也"，说明初九也明白前方通常即行，道路阻塞则止的道理。

不跨出门庭户院，就不会有所危害。在时机不对的时候节制慎守，不跨出户庭，就一定没有咎害。

【可断结果】

初九爻以阳居阳位，居位得正，刚正守直，又因为处在节卦之初而知节制，懂变通。初九居下卦最底部，虽为阳刚之爻，但是气力弱小；虽然想向上与六四阴爻应和，但是中间有九二拦阻。节卦上卦又为坎险，单薄的初九若盲目出行向上，不懂把握时机和变化，就会遭遇凶险。

【自取之道】

初九阳爻居阳位得正，向上与六四阴爻相应和，刚柔相济，阴阳相合，但是六四阴爻居于外卦，阴爻主降，宜退不宜进。况且初九爻就算想要前进，也会有九二爻对其进行阻拦。前路对于知节制，懂通塞的初九来说，是被堵塞住的，因此初九爻受其影响，退守于室内，不出庭户，修身养德，等待时机，符合节卦的规律，所以可以免于咎害。初九爻就好比一年中的冬天，所处本就是藏闭之时，等到春回大地，万物复苏时再出行又怎么会有灾祸呢？

【经文+传文】

九二　不出门庭，凶。

《象》曰："不出门庭凶"，失时极也。

【译文】

九二　（自拘于节制）不出门庭：凶险。

《象传》说："不出门庭凶"，是因为君子大大地错过时机了。

【爻意分析】

此为节卦的第二爻。不跨出门庭，凶兆。九二爻为阳爻，居阴位，为节制所拘束。前方六三、六四皆为阴爻，不足以阻碍九二阳爻向上奋进，但九二却不知变通，固守不出，因而错失良机而遭遇灾凶。《象传》中称九二爻"凶"是因为"不出门庭"而错过了时机。

【可断结果】

九二爻为阳爻，却处于阴位，是居位不当，当节卦之时，就可能造成节制不当的现象。初九爻不宜出门，是因为初九爻本身气力弱小，又有所阻碍，但是发展到九二爻时，虽然失正位，但是九二的阳刚之质已经非常强盛了。九二处在下体中位，是该有所作为的，况且前方只有六三和六四两个阴爻阻挡。可惜九二爻却因为自己是阳爻，向前没有九五尊爻与他相应和，固守其位，不知变通，错过了时机，遭遇了凶险。

因为过于拘谨和节制而足不出户，就会有凶险。

【自取之道】

九二爻位于内卦中位，适于前行。但是，九二爻因为处于阳爻处阴位，居位不正，所以被节制所拘，加之前方九五阳爻刚正有力，不会回应九二爻的相应，虽然前方乃是六三、六四两阴爻，阴柔之力难以抵挡，但是九二仍会生出畏惧之心，欲行又止。常言道："机不可失，失不再来。"机会就在眼前时，就应该奋力掌握住，不能瞻前顾后，左思右想，以至于错过时机，为时已晚。

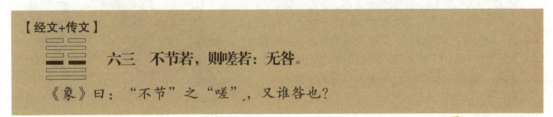

【经文+传文】

六三 不节若，则嗟若：无咎。

《象》曰："不节"之"嗟"，又谁咎也？

【译文】

六三 不守节制，（事情败坏）人将叹息：（但转机将来）无害。

《象传》说：由于不知节制而叹息，然而又有谁能怪他呢？

【爻意分析】

此为节卦的第三爻。六三爻为阴爻，处阳位，不得其正，又身在两个阳爻之上，容易骄奢浪费，不知道节制。但六三爻在下卦的最上，本身柔顺和悦，能够意识到自己的问题，及时醒悟、反省，所以《象传》也感慨：能为自己的不节制而感伤忏悔，谁又能忍心施加咎害呢？

不知节制，因此忧伤叹息，没有咎害。虽然行事骄奢，不知道节制，但是如果能够为此叹息悔过，那么也是没有咎害的。

【可断结果】

六三爻为阴爻，居阳位，失其正位，在节制之时，可能会不知节制，不懂进退。六三爻又在下体的上位，下爻初九、九二两个阳爻，非常容易因为以为自己压制住了两个阳爻，而自大不知节制。正所谓水满则溢，一个人如果太骄傲自满，一定会有所纰漏。于个人而言，不知节制会受到使生活影响；若是国家的巩固之臣不知节制，那就会危害到整个国家社稷。因为不节而生灾祸，是咎由自取。

【自取之道】

六三爻虽然因为其以阴居阳，容易不知节制，而致穷困，但因居于下卦的上位，具有阴柔者独特的柔顺和悦之质，当看到自己所处的困境，以及自己因为不节制而招来的灾祸时，会幡然悔悟，为自己的错误叹息感伤，并努力改正，所以最终会为世人所容，不会遭到咎害。

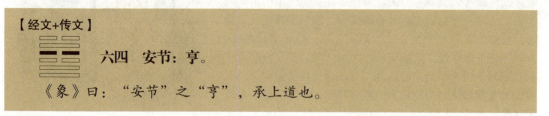

【经文+传文】

六四　安节：亨。

《象》曰："安节"之"亨"，承上道也。

【译文】

六四　安于节制：亨通。

《象传》说：安于节制是亨通的——因为这是遵从上位的刚中之道。

【爻意分析】

此为节卦的第四爻。安于节制之道，亨通。行事处世若能安守节制的大道，那么就可以获得亨通。六四爻为阴爻，居阴位，柔顺得正，又在九五阳爻之下，能够顺承九五尊位，安行节制之道，因而得以获得亨通。《象传》也说，"安节"而亨，是因为六四爻能够守承尊上之道。

"安节"就是安于节制，正是亨通之道。

【可断结果】

六四阴爻居阴位，居位得正，又为外坎之初，如同泽上流淌的水，柔顺而安静。六四爻若是能够以柔顺之质，上承九五爻的刚健中正，自身又能够安于本分，持守节制之道，心无旁骛，便可万事顺通。亨与穷相对。穷，困也，即不通顺。若六四爻不能以其阴柔上承九五之阳刚，行事不知节制，就会因此受阻，因此而穷。为人臣若能安守本分，懂得节制，承君王之德，继而辅佐君王，明君贤臣，那么天下不可能不太平。

唯有心中坦荡，依循节制的中道，当用则用，当省则省，才能达到"安节：亨"的境界。

【自取之道】

六四爻以阴居阴，持中守正，安心与九五爻相应和，以自身之阴柔顺应九五之阳刚，刚柔并济，阴阳相和，故而能亨。六四阴爻能够占得"亨"并非全靠自身之力，还因为居其上位的九五阳爻居中位，刚毅得正，中正而无过。九五与六四相应和，以刚为体，以柔为行，六四的柔美与九五之阳刚交互，而使其行事得"亨"。因此，六四爻若是能上承九五爻的中正德行，自身又能够安于节制，那么就能万事顺通了。

【经文+传文】

九五　甘节：吉，往有尚。

《象》曰："甘节"之"吉"，居位中也。

【译文】

　　九五　甘于节制：吉祥，前往得尊尚。

　　《象传》说：甘于节制是吉祥的——这是秉守中正的表现。

【爻意分析】

　　此为节卦的第五爻。节制能让人感到甘甜醇美，是为吉祥。前行一定会受到尊尚。行事时能够适当的节制，那么结果一定是令人觉得甘甜美好的，是非常吉祥的象征。心中怀着这样恰当的节制，那么继续向前也是能够为人所尊敬，得到赞美的。九五爻处于全卦之尊位，所处是君王之位，又以阳爻之身居阳位，处上卦之中位，阳刚得正。在节卦之中九五爻便有节制之德，能恰如其分地施行节制，使人甘之如饴。《象传》亦云九五爻的"甘节之吉"乃是因为"居位中也"。

　　仔细分析此爻，我们可以发现，节卦极为贵中，九五居至中之位，而能有自节之德，所以称为甘节。这说明九五身为尊贵的君主，而能知道自奉节俭，治理国家，节以制度，不与民争利，不害民，不扰民，自然可以得到人民的拥护。

九五阳爻虽然在下与九二阳爻不能相和，但是有六三、六四两个阴爻在下与之顺承，因此阴阳相合，刚柔相济，以柔顺调节刚强，因此能够平坎险。九五爻在上体中位，当节卦之时，是为节卦的主卦，能够适当的进行节制，言行持守中固，甘美无比，令人心中悦服、胸襟畅然。

【可断结果】

　　九五阳爻居于上卦中位，是全卦之尊，君王之位，居位得正，有居中守正之象。君子行事若能够不偏不倚，拥有中庸之德，如孔子所说"从心所欲不逾矩"，其品行必然能够获得人民的崇敬，成为众人学习的榜样。然而九五阳爻居阳位，重刚之身，行事容易偏颇自大。居于君主之位时，若是心中不能够秉持节制的品德，骄奢淫逸，劳民伤财，就会失去吉祥之象，于自身和江山社稷都有所危害。

【自取之道】

　　九五阳爻因为居于上体中位，有甘节之吉，言正行中，为人处世时能够持守胸中节制之德，像复圣颜渊一般，箪食瓢饮，居于陋巷也不改其乐，纵使外在有更美更好的东西，也不改变自己内心的操守，不形于外物。作为一国之君更应当心有节制，九五爻当节卦之时，因而腹内本就有恰当而符合时宜的节制之德，行事定能恰如其分，前进也能被世人所赞颂。

　　此爻也可以用来养生，养生的关键在于我们自己的节制，而不在于过多地使用补品，人懂得饮食起居有节，就是养生的基础。

【经文+传文】

上六　苦节：贞凶，悔亡。

《象》曰："苦节贞凶"，其道穷也。

【译文】

上六　行事过分节制：利于守持正固以防凶险，（但转机将来），悔恨消失。

《象传》说："苦节贞凶"——这是说君子途穷了。

【爻意分析】

此为节卦的最后一爻。行事不能过分节制，过分节制则会令人苦涩不堪，事情的结果则会趋向凶险。但是若能够守持中固，凶险则是可以防备的，那么因为过于节制而产生的悔恨也会随之消失。上六爻居于节卦之极，因此有节制过分之象。但上六乃是以阴居阴，阴柔得正，因此守正就可防止凶险。象传中说上六

过分节制令人感到苦涩不堪，应该坚守正道以防备凶险，这样会很可以消失。

爻"苦节贞凶"是因为"道穷"，上六在整个节卦的最上，穷极则变，于是九五爻的"甘节"变成了"苦节"。这一切都是因为上六爻的位置而发生的。

【可断结果】

上六爻居于节卦之极，卦位已无，卦用已尽，已经到了变节之时。所谓物极必反，上六爻在节卦之极，行事容易变得过度节制，最后为节制所苦。这种苦节是不符合正道的，所以上六的结局十分凶险。常言道："过犹不及。"不知道节制，或者是节制过头，都是有失中庸之道的表现。君子在做事之前，首先要修养好自己的身心，然后，明白事情发展变化的道理和规律，这样，行事的时候才能够节制有度，不会为节制所苦，结局也必然不会是凶险的。一开始就没有修整好自己的心性，不明白事情的规律，遇见变故的时候也不能掌握节制之度，事情就一定会以凶险的局面告终。

【自取之道】

虽然上六爻位于节卦之极，容易生变，但是上六爻以阴爻之身居阴位，居位得正，因此有知错能改之象。若已经为节制所苦，过分的节制造成了令人苦涩的后果，那么能够固守中正，并一直到事情的最后，凶险的情况就一定会有所好转，即将到来的凶险也能够得以预防。

节卦集中阐释了节制的道理，从初九爻的"不出庭户"，到上六爻的"苦节"，六爻的爻辞说明了节制应当适中和持正的道理。万事万物均有规律，合乎规律的节制，能够使人在行事时达到事半功倍的效果。同时，节卦还体现了古代人在经济上提倡节制，不伤财不害民。苏轼分析此卦时说，君子就是因为节卦中体现的这个道理，才会节于己而爱于人

此爻总结了节制之道在于"持正"和"适中"，无论是治国还是齐家，抑或是修身，首先节制的目的要正确，不能是害人或是整人，而应该是让国家更富强，家庭更幸福，身体更健康。只有能节制的欲望和享乐才会长久。这又涉及到适中的问题，适中就是要合乎"度"，万事都要有个度才能和谐和可持续发展。

中孚卦

风泽中孚
（下兑上巽）

【中孚卦导读】

　　卦象：下兑上巽，为风吹动着泽水之象。卦德：下卦为兑为悦，上卦为巽为入。

　　全卦阐明诚信之道，强调心怀诚信，笃信中道。

卦辞

【经文+传文】

　　《中孚》　豚鱼：吉；利涉大川，利贞。

　　《彖》曰：《中孚》，柔在内而刚得中，说而巽，孚乃化邦也。"豚鱼吉"，信及豚鱼也；"利涉大川"，乘木舟虚也；中孚以"利贞"，乃应乎天也。

　　《象》曰：泽上有风，《中孚》。君子以议狱缓死。

【译文】

　　《中孚卦》象征内心要诚信：诚信到能感动小猪和鱼：肯定吉祥；渡大河有利，有利于守持正固。

　　《彖传》说：《中孚》卦讲的是心中诚信，说的是君子心怀柔顺至诚，刚健中正，和悦谦逊，运用诚信使邦国得到了教化。"豚鱼吉"，是说君子的诚信甚至推及了豚鱼这类的小物；"利涉大川"，是因为有木船渡河将畅行无阻；心诚对秉守正道是有利的，这是合乎天道的啊！

　　《象传》说：泽上有风，这就是《中孚》卦的象征。君子取法《中孚》卦议定案件，宽缓死刑。

利涉大川。

君子以议狱缓死。

爻辞

初九　虞：吉；有它，不燕。

《象》曰："初九虞吉"，志未变也。

【译文】

初九　心中安守诚信：吉祥；别有他求，则心中不安。

《象传》说：初九说，君子心中安定是吉祥的——这是因为君子诚信的心志不改变。

【爻意分析】

此为中孚卦的第一爻。安守不动即为吉祥，另有他事则会不安定。君子心中安定专一，就是吉祥的预兆。如果发生了变故，心中就会变得不安定。初九爻以阳爻之身居阳位，居位得正。处于中孚卦之初，意为安守诚信，就可以获得吉祥。

初九爻之时，心中安定专一，安分守己就是吉祥的预兆。

《象传》也称"虞吉"是因为"志未变"，说明没有欲求的心志不曾改变的话，安守诚信就能够获得吉祥。

【可断结果】

初九爻为阳爻，处于阳位。初九与六四爻相应和，是刚柔相和。这时初九爻若是能谨慎而行，固守中正而不妄动，那么就是非常吉祥的。初九爻与六四爻本为阴阳相应，初九爻有向上与其相和的意愿，但是初九旁边有九二爻，若初九轻易向前，九二爻势必阻拦，这样初九爻也就会不得安宁。君子处于世，若心中不能安定专一，时机不对时轻易向前有所作为，那么一定会有不安定的事情发生。

【自取之道】

初九爻以其阳刚之质居于中孚之始，以阳刚居阳位得正，因此刚正诚信，志向不会轻易改变。若初九爻不安其位，想要向上与六四应和，志向有所改变，那么本来有的吉祥也会随之改变。君子静以修身，俭以养德，心中能够诚信专一，在潜龙勿用之时，修养好自身的道德，保持好目前所拥有的安闲逸豫的心态，守持中正，面临事情时能够三思后行，那么就能获得吉祥和安宁。

九二　鸣鹤在阴，其子和之；我有好爵，吾与尔靡之。

《象》曰："其子和之"，中心愿也。

【译文】

九二　鹤在树荫鸣叫，它的同类来应和；两者诚信相合，就像我有美酒，与你共饮。

《象传》说：白鹤的同类声声应和——这是其心里乐意的啊。

【爻意分析】

此为中孚卦的第二爻。鹤在树荫鸣叫，它的同伴也鸣叫着与它相和。我有醇美的酒酿，希望能与你共饮同乐。君子拥有美好的品德，旁人也一定会与之相和；君子有佳酿，一定会不拘礼节地与同道中人分享。九二阳爻处于阴位，阳刚居中，有诚信笃厚之质，以其内心美好的德行与九五阳爻相应和，君臣相同。九二也凭借其内在的良好德行，得到了初九阳爻的附和。《象传》中也说"其子和之"是"中心愿也"，初九爻愿意和它相和是缘于心中的本真的意愿。

鸣鹤在阴，其子和之。

【可断结果】

九二为阳爻，居于下卦的中位，又处在阴位上，刚直而中正。正当中孚之时，因此九二爻内心有诚信的美德。九二爻因为心怀美德，所以向上能辅佐君主，向下能够让他人也感怀他的美德，与之相应。盛名而有功，就会获得封赏，而有了封赏也不徇私，至诚至公便能不失恩德。君子能以诚信谦恭的态度对事待人，居上位时能以"好爵"联系其下之人的内心，居下位时又能以忠诚之心对待其上之人，才能创造了，君贤臣良，朝野上下一片和谐的景象。若九二爻不能保持其忠诚笃厚之心，品德也不能相互传递，就会有不好的反响。

【自取之道】

九二阳爻居阴位，阴阳相合，以其至美至真的心性去引领和带动他人，就好像鹤鸟鸣叫，其同伴能与它同鸣一样，是天性所致，是心中最本真的愿望，不需要凭借外力和他人的力量。九二爻在下体的中位，是懂进退，知得失的臣子，具有刚柔相济，阴阳相合的坤德，尊荣不忘其忠，崇贵而不过其上的臣子之德。

【经文+传文】

 六三　得敌，或鼓或罢，或泣或歌。

《象》曰："或鼓或罢"，位不当也。

【译文】

六三　用心不诚，而自树敌手，有时击鼓进攻，有时停止攻击，有时畏敌而自生悲泣，有时轻敌而发出欢歌。

《象传》说："或鼓或罢"——这是因为它地位失当。

【爻意分析】

此为中孚卦的第三爻。遇到敌人，或击鼓进攻，或罢兵不战，或惧敌悲泣，或轻敌欢歌。面对来袭的敌人时，心中不安定不诚信，因此时而击鼓进攻，时而退兵不战，时而悲泣时而欢歌。六三以阴爻之身居阳位，是居位不当，阴柔失正，内心失去了诚信，所以事情发生变故时，才不能做到处变不惊。《象传》中也说六三"位不当"，才造成了"或鼓或罢"的情况。

【可断结果】

六三爻是阴爻，居阳位，又在下卦的最上方，居位有失中正，内心诚信之德也有所缺失。同时，六三爻想向上与上九阳爻相应和，但六四与之相邻，六三爻心中无德，不能与之相和，因此六四爻势必会阻挡。而且，六三阴爻没有处在正位，又在九二阳爻之前，九二阳爻难以与之相和，亦会阻碍六三阴爻的前进。这种进退未定的两难境地，就是六三爻以阴爻之身居阳位造成的柔多忧思，因而或歌或泣，忧其柔而不能安，处中而失正的情境。

得敌，或鼓或罢，或泣或歌。

【自取之道】

六三爻与六四爻以阴柔居卦中，构成中虚，是中孚爻成卦的重要因素，但是就六三爻本身来说，因为以阴爻之身处阳位，处位不正，而且与上九爻相和，心系于外物，他是不能守持安定诚实之心性的。处于中孚之中，却无中孚的特点，故而"得敌"。君子处世既已居位不正，就当安分守己，修身养德，遇事方能坦然自安，遇险也便能化险为夷。

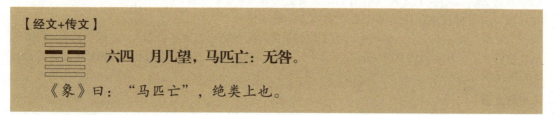

【经文+传文】

六四　月几望，马匹亡：无咎。

《象》曰："马匹亡"，绝类上也。

【译文】

六四　此爻象征其地位甚佳如接近阴历十五时的月亮，但由于心不诚不专而致使马匹丢失（但终能找回）：若能专诚则无害。

《象传》说：马丢了——要断绝分心之处而专心承从于上位。

【爻意分析】

此为中孚卦的第四爻。月亮接近满月但是还没有盈满，欲向前行走却失了马匹，功亏一篑，但是这却是没有咎害的。六四爻身为阴爻处阴位，又处在中孚之时，因此柔顺居正，本应该与初九爻应和，却"马匹失"而以其阴柔之质应和九五爻，阴阳相依相和，因而无咎。《象传》中称赞六四爻以"马匹亡"，来达到"绝类上"，与九五爻相和的效果。

【可断结果】

六四爻为阴爻，居阴位，柔顺得正，向下与初九应和，向上则辅佐处于尊位的九五阳爻。六四爻的位置接近九五之君，就像是即将成为满月的月亮，月望即亏，因此尚未盈满的月亮是最好的，是能够以柔顺之质一心一意地辅佐九五君王的。六四处于中孚之时，诚信而专一地辅佐九五阳爻才能使自己无咎。然而

月几望，马匹亡。

六五爻本应该与初九爻相应，因此，一旦分心去与初九爻相应和，就是心里没有确定的主张，就难以成事。

【自取其道】

六四爻以阴居阴得正，作为尊者九五爻的重臣，以阴柔之姿辅佐九五爻，为吉兆。但是在中孚卦中，秉持着诚信专一的原则，六五爻便不能向下去应和初九爻，否则将有失于君主。同时，六四爻也应当谦逊虚心，懂得满足，不可做僭越的事情，因为一旦盈满，月亮就会向亏损的方向逆转。因此，为人臣谦虚谨慎，同时忠诚专一，才能够平安吉祥。

【经文+传文】

九五　有孚挛如：无咎。

《象》曰："有孚挛如"，位正当也。

【译文】

九五　诚信一以贯之：无祸害。

《象传》说：诚信能够一以贯之——这是因为九五地位得当。

【爻意分析】

此为中孚卦的第五爻。一直保持着诚信之心，是没有害处的。君主以诚信之心系天下，固结天下，才能无所咎害。九五阳爻居阳位，又在上卦中位，刚直守中。当中孚之时，九五尊爻具备诚实守信的美德，是中孚卦中能够持续不断地坚守着诚信之心的一爻。《象传》亦云"有孚挛如"的原因是九五爻居位得当。

九五行事信守中道，六四也是笃信中道之人，二者相辅相成，所以没有过失。

【可断结果】

九五爻以阳刚居阳位，居中得正。九五爻又是君主之爻，当中孚之时，就以其内心诚信的美德，让天下间怀有诚信之德的人都与他的感召相应，都归附于它，都是因为九五爻的位置正当。九五爻处外卦中位，有君王之德，下卦中位是九二阳爻，两爻虽同为阳爻不能相互应和，但是六四爻却一心一意辅佐九五阳爻，阴阳相合，君臣互助。九五爻和九二爻之间有六三、六四两阴爻，以阳系阴，九五以刚毅正直之质处正位，是众阴爻之所望。但以刚带柔，刚毅之君容易被阴柔之质所扰，就像刚正的君主被小人所蒙蔽，会受到欺瞒之害。

【自取之道】

九五尊爻以阳居阳得正，阳爻居君位的国家本繁荣富足，天子若是能怀以诚信之德，成为全国百姓诚信的楷模，那么其贤德也能比得上先王圣君了。因此九五尊爻若想有所作为，就要以刚毅之心正朝纲，慑天下，明辨是非，严明纲纪，就能够免于咎害。九五爻居中正之位，又能施信于天下，大公无私，守信厚德，符合九五君王之道，乃是飞龙在天之象。这时能够得到九二爻和六四爻的帮助，君贤臣良，则国泰民安，天下太平。

【经文+传文】

上九 翰音登于天：贞凶。

《象》曰："翰音登于天"，何可长也？

【译文】

上九 鸡鸣声上达于天（虚有声名）：当守持正固以防凶险。

《象传》说："翰音登于天"——这种虚诚的状况怎能长久呢？

【爻意分析】

此为中孚卦的最后一爻。鸡鸣的声音响彻于天际，持守中固才能避免凶兆。家禽中的鸡，虽然以鸣为贵，但却是地上之物，飞到天上去鸣叫，是反常的事情。只有坚定不移，忠诚坚韧，才能避免灾祸的发生。上九爻为阳爻，处阴位，居位不正，还处在中孚之极，是诚信衰而虚伪起，因此上九飞升，想要鸣而求信，是不能长久的。《象传》亦云其"何可长也"。人无信则为人所耻，无人和之，就像鸡一样，即使飞起来了，也是飞不长久的。

家禽中的鸡，虽然以鸣为贵，但飞上天空，鸣闻九天，是虚妄不实的事情，难以长久。

【可断结果】

上九以阳爻之身处阴位，有失其位，又因其居于中孚之极，物极必反，会反中孚之道而行，就像本应该生活在陆地上的鸡，妄图一飞登天，像九二爻那样，能有"其子"与之相和，可惜失位失中，处在君主九五爻之上，六三阴爻又不愿意和它应和。上九爻就算有所作为，也是华而不实，没法长久的。这时的上九应该秉承着小过卦的基本原则，即不上而下，非要一鸣惊人，一飞登天，就一定会有凶险。

【自取之道】

全卦到了这里，中孚已尽，上九爻处在中孚之极，是信之终，内心没有了诚信，虽然有阳刚之质，也徒有其表，是金玉其外，败絮其中之象。上九居于外卦的上位，位置虽然高却没有任何作用，是十分危险的。这个时候上九爻只有愿意谦卑向下，与六三阴爻相应，同时戒骄戒傲，才有避免凶难的可能。

小过卦

雷山小过
（下艮上震）

【小过卦导读】

卦象：下艮上震，为山上响雷之象。卦德：下卦为艮为止，上卦为震动。
全卦揭示了在小事上稍有过错并不是坏事的道理，强调矫枉可以过正。

卦辞

【经文+传文】

《小过》亨，利贞；可小事，不可大事；飞鸟遗之音，不宜上，宜下：大吉。

《彖》曰：《小过》，小者过而亨也。过以"利贞"，与时行也。柔得中，是以"小事吉"也。刚失位而不中，是以"不可大事"也。有飞鸟之象焉，"飞鸟遗之音，不宜上，宜下，大吉"，上逆而下顺也。

《象》曰：山上有雷，《小过》。君子以行过乎恭，丧过乎哀，用过乎俭。

【译文】

《小过卦》象征小有过度：亨通，有利于守持正固；可做小事，不可做大事；飞鸟欲留声，不宜向上飞太高，宜向下飞低，（谦逊务实）：如此可获大吉祥。

《彖传》说：《小过》卦是说，小有过度，还是能亨通的。小有点过度，对秉守正道是有利的，是说君子能与时俱进。阴柔居于中正，所以说"小事吉"；阳刚地位失当，不守中正，所以说"不可大事"。《小过》卦有飞鸟的形象，"飞鸟遗之音，不宜上，宜下：大吉"，是说君子过于向上发展将受阻，而向下发展则顺利。

《象传》说：山上有雷，这就是《小过》的象征。君子取法《小过》卦，办事时格外恭谦，奔丧时格外哀痛，消费时格外节俭。

处在小过之时，守持正道，运用"矫枉过正"之理，那么在事物稍微越过中道之时，即能返回正道。

爻辞

初六　飞鸟以凶。

《象》曰："飞鸟以凶"，不可如何也？

【译文】

初六　飞鸟飞过：（所过太甚）有凶险。

《象传》说：飞鸟飞过，有凶险——这是其自己做得太过，有什么办法呢？

【爻意分析】

此为小过卦的第一爻。鸟儿飞过，留下哀鸣的声音。这时候鸟儿应该向下休息，却逆势向上飞翔，因此会有凶险。初六爻为阴爻，处于小过卦之始，阴柔而位卑，本应该向下，但却为了迎合九四，而逆势向上。根据《象传》之解，小过卦的要义是"上逆而下顺也"，初六爻不能安居其位，或者顺势向下，而奋力向上与九四爻相应和，就会遇到凶险。《象传》言其"不可如何也"，意思是说他自取其咎，无可奈何。

初六处于小过之时，已偏离正道，又如飞鸟要执意上行，所以得凶。

【可断结果】

初六以阴爻之身居阳位，本就失其正位，应该安分守己地处在自己的位置上。但是初六爻本身又有上升的意向，欲向上迎合九四爻，奈何九四爻也是以阳爻之身处阴位，亦失正位，初六爻趁势向上也得不到照应，中间又有强势有力的九三爻的阻挡，因此，逆势向上必会遭遇凶险。君子处世，如果本身就已经自顾不暇，还不能安居其位，妄图逆势向上，势必遭遇险凶。

【自取之路】

初六阴爻，以阴柔之力违背它本应向下的趋势，不仅如此，还有高升的打算。《象传》曰，不宜上宜下，是为大吉。初六背其道而行，因而有大凶。但是，初六向上逆行又是自身的位置所决定的，因此这种险凶又是无可避免的。因而，君子在面临危险的事态之前，就有所预知，正面危险时也有所畏惧，见机行事，才能够避免面临初六爻那样的凶险。

六二　过其祖，遇其妣；不及其君，遇其臣：无咎。

《象》曰："不及其君"，臣不可过也。

【译文】

六二　超过他的祖父，得遇他的祖母；赶不上他的君主，却遇见了臣子：无咎害。

《象传》说："不及其君"，是说臣子不能僭越君主。

【爻意分析】

此为小过卦第二爻。超过祖父，因而遇到祖母。没有追上君主，却遇见了君主的臣子。这样是没有过错的。古代讲究长幼尊卑之礼，辈分小的不能超过辈分长的，臣也不能超过自己的君主。六二爻为阴爻，居于阴位，是得其正位的，又因其处于下卦的中位，所处是阴之正位，若能够安守其道，拥有美好的内德，则于上能够恭敬君主，于下可以使君臣和谐。《象传》云"'不及其君'，臣不可过也"，亦是说明，为人臣，不可超过尊上。守臣礼而不越其位，才没有咎害。

六二爻的初意是超过他的祖父，才遇到了他的祖母；想要赶超君主，才遇到了君主的臣子。虽然"不及"，但也恰恰是他本来应该固守的中道。

【可断结果】

六二以阴爻之身居阴位，柔顺中正，若向上越过三、四爻，而遇到了五、六爻，即是越过了阳爻，反而遇到了阴爻，就是"不及君"，恰好遇见了君之臣，守中持正，是没有咎害的。六二阴爻居于下卦的中位，向上与六五爻相迎合，六五乃是阴爻，居尊位，是爻辞中的祖妣，两爻同德相应。六二与六五爻的力量、权势都可以相互匹敌，但是两爻的尊卑贵贱却有差异。小过卦主张向下不向上，六二爻如果妄图向上超越六五爻，那么就会有所咎害。

【自取之道】

六二阴爻居下卦中位，得其正位，体现了小过卦"宜小事，不宜大事""不宜上，宜下"的基本原则。六二爻与六五爻中间又有九三和九四两个阳爻，因此以六二爻阴柔之力，虽然志向是向上与六五爻相应和的，但是仍然会向下，不失其位。臣不可超过君主，是由其位置尊卑决定的，因此固守君臣之礼，不超过不僭越，才是没有过失的行为，才能够使自己没有咎害。

【经文+传文】

九三　弗过，防之，从或戕之：凶。

《象》曰："从或戕之"，凶如何也？

【译文】

九三　没犯错时就要进行防范了，纵容他有时会害他，有凶险。

《象传》说：纵容他有时会害了他——这种凶险怎么避免呢？

【爻意分析】

此为小过卦第三爻。没有过错就要防范过错，放纵他就是害了他，是凶兆。九三爻以阳爻阳位，以刚居正，又上接九四阳爻，过于阳刚，因而是小过卦中众阴爻所欲伤害的对象。因此，即便自身没有错误，也应该多加防范，只是因为自身刚正有力就疏于周防，就会受到伤害。《象传》亦曰"凶如何也"，就是告诫九三所面

自恃强盛，疏于戒备，就会受到小人的戕害。

临的凶险非常严峻。

【可断结果】

九三爻为阳爻，居阳位，又在下卦的最上方，有自持其阳刚而贸然行动之象。九三爻本应与上六阴爻相迎合，但是上六乃阴爻，九三爻容易生出逆上之心。但是，小过卦"不宜上，宜下"，这个时候如果九三爻上逆的话，过九四向上均为阴爻，处于阴位的六五爻和六二爻也无法阻挡，九三爻所受到的伤害就更大了，前途必将一片凶险。此外，九三处在下卦的最上，处于由阴向阳转化的位置，因此，以其阳刚居正位的话，就容易自持强盛，为众阴爻所害亦不有所防备，则必遭凶害。

【自取之道】

九三爻身为阳爻而居阳位，因而本身所具有的刚正直率的品德就表现得极为明显。但是，小过卦中，小人当道，凸显自己刚直的品德非常容易因遭到小人的妒忌而陷入危险的境地。九三爻若不想受到伤害，就应该先正己身，不失其正，则不会遭受凶害的困扰。同时，不要因为自身强大，就不去顾及细节，谨小慎微才能使自己处于安全的境地。

【经文+传文】

九四　无咎；弗过遇之；往厉，必戒；勿用永贞。

《象》曰："弗过遇之"，位不当也。"往厉必戒"，终不可长也。

【译文】

九四　没有祸害；不要过分刚强就能得遇阴柔；急于前往有危险，务必有所戒备；不可施展才干，要永远坚持贞正。

《象传》说：不过分刚强就能得遇阴柔——他地位失当。"往厉必戒"——这样危险就不能长久了。

【爻意分析】

此为小过卦的第四爻。没有咎害。不过分刚强就能得遇阴柔，急于向前就会有危害，一定要有所戒备。不可急于施展才华，要永远守持正固。九四阳爻向下能与初六阴爻相互应和，阴阳互补，因而无咎，但因其以阳爻居阴位，居位不当，没有危

急于向前就会有危害，一定要有所戒备。

险的情况并不能长久。《象传》中也说九四爻居位不当，有所动作就会有危险。

【可断结果】

九四爻是阳爻，处阴位，以刚处柔，又与初六爻应和，阴阳相济，刚柔相和，因其不过刚而没有咎害，但也是因为身为阳爻而处在阴位，居位不正，如果想要向前去应和初爻，就会失去自己谨慎守正之道，所以爻辞告诫其向前则会有危害，继续留下来持守中正才能够没有咎错。况且，九四以其刚毅有力之质，已经对阴柔的尊爻造成了一定的威胁，所以一旦轻举妄动而遭到了帝王的猜忌，就一定会有危险。

【自取之道】

九四爻既然位于多惧之地，就不应该有过多的动作，而是应该守中固正，以自己的阳刚之力去辅佐阴柔的六五尊爻，不可有躁进之行。初六爻是一只一心求上的鸟，如果飞到上方，一定会"怂恿"九四爻一同向更高的天空飞去。但是九四爻不能够因为自己的力量要大过君主，就刚愎自用而做超过君主的事情，不然就会化"无咎"为"凶"，得不偿失了。

【经文+传文】

六五　密云不雨，自我西郊；公弋，取彼在穴。

《象》曰："密云不雨"，已上也。

【译文】

六五　浓云不下雨，从我的西郊飘来；公侯射兽，在洞穴中捉到了猎物。

《象传》说："密云不雨"，是说它已经超越阳刚而高居在上了。

【爻意分析】

射取藏在穴中的野兽，表示六五有能力矫正弊端。

此为小过卦的第五爻。天空中浓云密布，但是却不下雨。浓云来自西郊的地方，王公极力地射取隐藏在穴中的野兽。六五爻以阴爻之身居于全卦尊位，向下又没有阳爻相应，就好比天空中乌云密布，但是因为没有阳爻相应而无法下雨。六五与六二同为阴爻，不能相互应和，是为阴阳不和。《象传》中说"'密云不雨'，已上也"，说明六五爻的阴气十分旺盛，已经盘旋在上。

【可断结果】

六五爻以阴柔居阳位，又是处于整个小过卦的尊位，居位不当。虽然处于内卦的中位，能够持守中道，但是因为向下没有阳爻与之相应和，全卦又是阴盛阳衰之势，六五爻以其阴柔之质很难有所作为。虽然天空乌云密布，但是没有阳爻的协助也无法成雨，万物得不到雨水的润泽，就好像为人君者不能以其德行惠及其民。王公射取藏在穴中的野兽，可见六五爻行事风格是攻其不备，出其不意，能够有一定作为。

【自取之道】

六五爻以柔居正位，以阴处高位，然而阴无阳不能下雨，六二爻没有与之相应和的阳爻，是柔之失。但是，爻辞中又说王公可以射取藏在穴中的野兽，说明六五爻虽然没有阳刚之爻的帮助，但是也能有一定的作为。六二爻因为不能与六五爻相呼应，所以将六二爻作为猎物，还是有所收获。这说明，六五爻居尊位，虽然不能福泽天下，但也极尽其职，守正持中，谦恭卑柔，也能够矫正其下的臣子，有一定的作为。这就是《象传》所说的"可小事，不可大事"的意思。

此爻对于人们的警示是，不是所有的时候都适合大有作为，人们一定要根据时事的变化和客观条件的情况来决定进退和屈伸，人们有时候无法施展抱负来做伟大的事业，但是可以用伟大的理想、爱心和责任心来做力所能及的小事。

【经文+传文】

上六　弗遇，过之，飞鸟离之：凶，是谓灾眚。

《象》曰："弗遇过之"，已亢也。

【译文】

上六　不能遇合阳刚却超越阳刚太甚，好似飞鸟遭到射杀，有凶险，这就是灾祸。

《象传》说：不能遇阳刚，反而超越阳刚——这说明上六已居元极之地。

【爻意分析】

此为小过卦的最后一爻。没有相遇，反而超过了。飞翔的鸟儿遭遇祸难，是凶兆。这就叫做灾难。上六爻是阴爻，居阴位，又在上卦的最上，可谓处阴之极，就像是鸟儿飞向天空，如果飞得太快，就容易难以控制，最后招引到灾祸。《象传》也说"已亢也"，即说明上六已经到了一个没法再向上的地方了。

弗遇，过之，飞鸟离之：凶，是谓灾眚。

分析此爻可以看出，事物的发展如果过于亢极，那么就会走向反面，就离灾害不远了。

【可断结果】

上六爻本是阴爻，居阴位，已是处小过卦之极，又因重柔而失位，不能恪守小过卦的原则，本应与九三爻相互应和，但却一心求上，不愿意与九三相应，因此"弗遇过之"，同时又超过了君主之位的六五爻。身为阴爻而高居在上，又不能向下与阳爻相和，造成阴阳失和，有失中正，让上六爻像鸟儿一般，高飞云霄，不知道停下，一定会遭遇灾祸。上六爻就像是在朝为官的臣子，位高却不知道退让，不懂得明哲保身的道理，最终招来了祸患。

【自取之道】

上六爻因以其阴柔之质居于上卦之极，本就气数将尽，没有什么作为，却又高居于六五爻的上方，在下又没有阳爻愿意与之相应和，自身也不懂得谦恭卑柔的道理，不能顺应小过卦"不宜上，宜下"的原则，因此遭遇了大凶。只有持守中道，安居在自己的位置上，修养自身德行，功成名就时也懂退让，知礼节，才能免于罹难，保全其身。

此爻告诉人们，要善于处理好日常生活的小事，凡事都要适可而止，而且要根据时间和地点的不同，对各种具体问题作具体的分析，审时度势，才能逢凶化吉。

既济卦

水火既济
（下离上坎）

【既济卦导读】

卦象：下离上坎，为水在火上之象。卦德：下卦为离为明，上卦为坎为险。

全卦揭示了万物终而未终，万事了而未了的规律，警示人们慎终如始。

卦辞

【经文＋传文】

《**既济**》 亨小，利贞；初吉，终乱。

《彖》曰：既济"亨"，小者亨也。"利贞"，刚柔正而位当也。"初吉"，柔得中也。"终"止则"乱"，其道穷也。

《象》曰：水在火上，《既济》。君子以思患而豫防之。

【译文】

《既济卦》象征事已成：连柔小者也都得能到亨通，守持贞正有利，否则起初吉祥，终成祸乱。

《彖传》说：事已成，亨通，此时柔小者都可亨通。秉守正道是有利的，因为阳刚和阴柔都地位得当。"初吉"，是因为柔顺者居中得位；柔顺者居中得位，事之最终将有危乱，是因为事成之道将近困穷了。

《象传》说：水在火上，这就是《既济》卦的象征。君子取法《既济》卦，忧虑祸患并预防它。

事情已成，连柔小者都能获得亨通。

"初吉终乱"告诫人们要居安思危，慎终如始。

爻辞

【经文+传文】

初九　曳其轮，濡其尾：无咎。

《象》曰："曳其轮"，义"无咎"也。

【译文】

初九　拉动车轮（过河），（河水）沾湿了车尾：无害。

《象传》说：拉动车轮过河——按理这是无害的。

【爻意分析】

此为既济卦的第一阳爻。拉动车子的轮子过河，而打湿了车子的尾部，是没有害处的。不急于求成，拽车轮使其缓行，因此而沾湿了车尾部也不是坏事。初九爻为阳爻，处于"既济"卦之始，轮子在车子的下部，也喻其为一卦之始。初九作为阳爻，与位于阴位的六四相互应和，然而作为既济卦的初始之爻，不能过于激进，应以稳定为主，因此，拽住车尾使其不猛行，方可没有

不急于求成，拽车轮使其缓行，因此而沾湿了车尾部也不是坏事。

咎害。《象传》亦云"义无咎也"，说明初九行为谨慎守成，就不会有所危害。

【可断结果】

既济卦的初九爻，以阳刚之质居于阳位，与上面的六四阴爻相应，一刚一柔，相互牵引。初九在下，地势低而近于水，有渡水之意。此时拽住车的轮子，让车可以缓慢前行，这样以初九为底，谦谨稳重，能够守持住已经获得的成果，所以这个时候即便沾湿了一点点的尾部也是没有关系的。正如君子行于世，纵有满腹才华和一腔报国之心，也当谦逊谨慎地前行。如果执意求进，就可能会陷入淤泥，到时就不仅仅是"濡其尾"这么简单了，最初的成就也可能会守持不住，得不偿失。

【自取之道】

《来氏易注》曰："刚得其正，不轻于动，故有'曳轮''濡尾'之象。以此守成，'无咎'之道。"刚正雄壮的初九爻处在正位上，又有六四阴爻与之遥相呼应，是非常完美的。但是正是因为十分完美，所以才更应该小心谨慎地行事。用阳刚守持已经取得的成就，不妄动，才能避免事端再生。

【经文+传文】

六二　妇丧其茀，勿逐，七日得。

《象》曰："七日得"，以中道也。

【译文】

六二　妇女丢了首饰，不必寻找，七天内会失而复得。

《象传》说："七日得"，是因为君子能守中道。

如丧其茀，勿逐，七日得。

【爻意分析】

此为既济卦的第二阴爻。妇人丢掉了她的遮挡体貌的饰物，不需要去寻找，七天之后会失而复得，意为纵使事物有失，也不要轻举妄动，以守成固正为重。六二爻为阴爻，处于下体的中位，阴爻居阴位，又与上面的九五阳爻阴阳相应，有后妃命妇的尊贵，象征着阴柔的六二既能够持守中正，又能与象征阳刚的君主相处融洽，所以就算丢失了也能够再次得到。《象传》中解为"以中道也"，也说明了六二能够持守中正之道，不偏不倚，因此失去的东西终能复得。

【可断结果】

既济卦的六二爻，以阴柔之美居于中位，与处君主之位的九五阳爻相呼应，刚柔并济，以其文明的中正之德，配合九五阳刚的中正之君，相处融洽，能使天下太平。这时候，丢了能够遮蔽体貌的饰物，也不用着急去寻找。中道不失，那么天下间的诚信就都在，七日之后，配饰也一定会不找自来。君子有高尚的美德和情操，就去辅助君主。为人处世当变不惊，冷静稳重，守持住心中的正道，那么丢掉的东西也会自己回来的。然而，九五阳爻处于尊位，已经形成"既济"的状态，初九阳爻又"曳其轮"，九五爻可能不会进一步有所作为，那么对于在下的贤才六二，就会有所影响，使六二"丧其茀"，造成止步不前的结果。

【自取之道】

《周易学说》中引刘沅语："六二柔中得位，上应九五中正之主，光明中正，不以去茀为嫌，静以俟之。此柔中之最美者。"六二在中位，又因身为阴爻而居阴位而为正位，所以天下中道不失。中道是不偏不倚的，没有得失的，事物有所得失，一定是因为没有固守中道。而六二爻行中道，天下人皆信服他的才德，所以君子以中道行事，才能够没有偏失。纵使有失，只需要安安静静地等待，捡到的人也一定会主动地归还他的。

【经文+传文】

 　　　九三　高宗伐鬼方，三年克之；小人勿用。

《象》曰："三年克之"，惫也。

【译文】

九三　殷高宗讨伐鬼方，几年后打败了它；不要任用小人。

《象传》说：几年后才打败了敌人，真是太疲惫了。

【爻意分析】

此为既济卦的第三爻。殷高宗伐蛮夷鬼方族，历经数年才攻克之。不可以任用焦躁激进的小人。安稳繁荣的太平之世来之不易，不可再贪功逞欲，不然开始的"小吉"必会导致"终乱"。九三爻为阳爻，以阳刚之质居离卦的上位，是光明磊落之象，又以阳居阳位，因而秉性刚烈，又易有躁进之象。九三阳爻与上六阴爻相应，上六爻可能就是乱邦小人，九三应该慎重小心，不受上六的影响，重刚失中，贪功忘民。《象传》曰："'三年克之'，惫也。"以九三刚毅之姿，尚且数年方可克敌，国民皆疲惫，那就更不可亲近冒失激进的小人了。

【可断结果】

九三爻身为阳爻而居阳位，以高宗伐鬼方作比，是要说明九三是以积极有为，在大体局势稳定的情况下，解决局部地区的不稳定，排出余患的。至此，中兴之业已经成就，而远征也取得了胜利，但是毕竟远伐鬼方，也需数年才能克之，耗费精力之多，持续时间之长，以九三这样的刚中之极，也无法承受之而不至疲惫。因此，这个时候，九三若受了上六爻的影响，听信了激进小人之言，继续穷兵黩武，劳民伤财，则一定会以混乱收场，那么盛名也会有所损失。

高宗伐鬼方，三年克之。

【自取之道】

九三以刚居刚，是刚之极致，因而虽有威武之质，却没有圣贤的君主所拥有的救民之心，所以一旦受到急躁激进的小人上六的怂恿，一定会残民肆欲。疲惫的国民得不到休息，那么"既济"就难保了。所以说，要亲君子，远小人。若是能够做到行事谨慎，用人明察，不轻信他言，既济之后仍居安思危，预防着灾患，同时不任用小人，就能够保其济，不至于终乱。

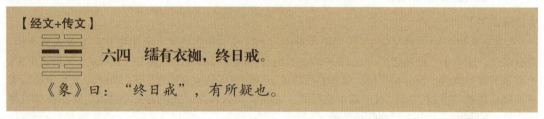

【经文+传文】

六四　繻有衣袽，终日戒。

《象》曰："终日戒"，有所疑也。

【译文】

六四　华美的衣服将变成破敝的衣服，要整天警惕。

《象传》说："终日戒"——这是因为有所疑惧啊！

【爻意分析】

此为既济卦的第四爻。六四爻以阴居阴位，本是正位，向下呼应初六，向上则辅佐九五，本是吉祥之象，但是六四爻已经进入到了坎险之中，既济已经达到了，就会向反方向转化。《象传》曰："'终日戒'，有所疑也。""戒"表明应该时刻保持有所怀疑，有所警惕的防范于未然的心理。

【可断结果】

六四阴爻居阴位，居正位，作为尊者九五

华美的衣服将变成破敝的衣服，整天都要警惕着以防受冻。想要办事成功，应该怀以敬畏之心；就算获得成功了，也不能够忘记没有成功时的困境。

的重臣，能与九五阳爻阴阳互补。但是六四已经处在坎险之中，太平盛世的状态即将向混乱的方向转化，而且六四伴在君王身边，是处多惧之地，因此更要谨言慎行。六二爻时已经"丧其茀"，九三爻时也疲态尽显，处于此时，柔顺的六四爻就像一个面临变化却无能为力的臣子，只能终日惴惴不安，戒备灾祸，如《诗经》所说的一样"不敢暴虎，不敢凭河，战战兢兢，如临深渊，如履薄冰"。君子处于安定的社会里，也要防微杜渐，居安思危，一旦松懈，既济的成果就难保了。

【自取之道】

六四爻阴柔，居于上卦之始，预示着既济之道将要有所变化。就像是船上经常需要准备衣物，对可能会出现的破洞进行救补，六四爻在尊者九五爻身边，就要具有忧患意识，在安稳之时亦能防范于未然，才能保住既济的成果而不至于终乱。

【经文+传文】

九五　东邻杀牛，不如西邻之禴祭，实受其福。

《象》曰："东邻杀牛"，不如西邻之时也。"实受其福"，吉大来也。

【译文】

九五　东邻杀牛厚祭，不如西邻微薄的禴祭能确实地得到神的赐福。

《象传》说：东邻杀牛厚祭，不如西邻微薄的禴祭来得时机适当。"实受其福"——这是说吉庆将大大地到来了。

【爻意分析】

此为既济卦的第五爻。东边的邻国杀牛祭祀，不如西边的邻国进行微薄的禴祭更能得到神灵的福泽。九五爻是阳爻，居阳位，又处于既济卦的尊位，阳刚中正，有君临天下之象。其前后均为阴柔之爻，是阳刚之爻陷于阴坎之中，应以左右为戒，不因志成物丰而骄奢浪费。《象传》亦云："'东邻杀牛'，不如西邻之时也。'实受其福'，吉大来也。"能够奉天之道，祭祀得时，并能修德敬慎，就能够得到神灵更多的赐予，从而避免灾祸的危害。

之所以能够享受到神灵更多的福泽，不在于祭祀的物品有多么的丰盛，而在于祭祀是否心怀诚敬，符合时宜。

【可断结果】

九五爻以阳爻之身居于全卦尊位，又处于上卦的中位，是刚正有力的君主持守中正之道，是吉祥之兆。然而，九五处于太平盛世，容易养成骄奢淫逸的习惯，因此爻辞以东、西邻的祭祀之象给予劝勉，喻其奉行勤俭之道才能够保既济而不至于终乱。九五以阳居阳，是刚之极也，没有再进取的余地了。常言盛极必衰，太平之世也开始走下坡路了。这时，身为一国之君，不能认为当既济之时，就可永享太平之盛。如果不能心怀诚信敬畏，浪费奢靡，那么就算祭祀神明时祭以更加丰盛的祭品，也是享受不到福泽的。

【自取之道】

九五阳刚居尊位，下与六二相应，六二爻以其柔美中正的光明之德，劝诫九五爻应该敬畏谨慎，心怀道德，不因功成物丰，就浪费奢靡。九三爻时已经显现出国民之疲，就更应该克勤克俭，保养生息了。同时，还要懂得掌握时机，禴祭是祭祀地祇和水神，求其保佑风调雨顺，因此，在夏天时进行禴祭，才是符合时宜的。这样才能得到神灵赐予的福泽，吉祥才能源源不断地来临。既济虽然是功成之时，九五爻在这个时候也不可以放松心智，君主当时时刻刻修养德行，行为恭敬，心有诚信，在恰当的时候祭祀，才能保济不乱，享受福泽。

【经文+传文】

上六 濡其首：厉。

《象》曰："濡其首"，何可久也？

【译文】

上六 小狐狸过河沾湿了头部：危险。

《象传》说："濡其首"，这种状况怎能长久呢？

【爻意分析】

此为既济卦的最后一爻。小狐狸过河时沾湿了头部，有危险。此爻位于既济之极，本就十分危险，而上六又为阴爻，以阴柔之力居坎险之上，就会有过河沾湿头部之象，应该引以为戒，不然会有危险。《象传》也说"何可久也"，意即事成之后若是行事不谨慎，不能够长久守成，最后只会既济到了最终，也转化为未济。

小狐狸过河沾湿了头部，危厉可想而知。

【可断结果】

上六爻以阴爻之身居于既济之终，又在上卦的坎险之上，意味着太平盛世即将结束，混乱的局面将会再一次到来。因为享受既济之成，而不知节制，最终乐极生悲，就是渡河时不考虑前方的情况而最终沾湿了头部，陷入非常危险的境地。所谓盛极必衰，物极必反，上六以其阴柔之力难以扭转由盛向衰转化的形势，与之相应的九三爻也因贪功逞欲而疲态尽显，最终使既济卦由"初吉"变为"终乱"，皆是既济之时行事不谨慎，不懂得居安思危导致的。

常言道，"人无远虑，必有近忧"，就是这个道理。

【自取之道】

上六虽然以其阴柔之力难以扭转济极终乱的局面，但是爻辞曰"厉"，而非"凶"，即劝诫人知道有危险就应当及时改正，那样既济之势也许还能够保住。君子处世，有时候瞻前顾后未必不是好事，在稳定平安时就常常考虑一下未来可能会发生的忧患，防微杜渐，才能不让危险的事情发生。不管在什么情况下都顺应自然之力，修养好自身之德，就无论什么危险都能安然度过了。欧阳修曾说："人情处危则虑深，居安则意殆，而患常生于忽忽也。是以君子'既济'，则思患而豫防之也。"君子在既济之时也能居安思危，就可长久守成。这也是对全卦精髓的概括。

未济卦

火水未济
（下坎上离）

【未济卦导读】

　　卦象：下坎上离，为火在水上之象。卦德：下卦为坎为险，上卦为离为明。

　　全卦揭示"物不可穷"的真理，旧过程终结了，新过程即将开始。

卦辞

【经文+传文】

　　《未济》 亨；小狐汔济，濡其尾：无攸利。

　　《象》曰：《未济》"亨"，柔得中也。"小狐汔济"，未出中也；"濡其尾，无攸利"，不续终也。虽不当位，刚柔应也。

　　《象》曰：火在水上，《未济》。君子以慎辨物居方。

【译文】

　　《未济卦》象征事未成之时：努力可致亨通；（如果不慎）就像小狐几乎渡水成功时，沾湿了尾巴：无利可得。

　　《象传》说：《未济》卦是亨通的，因为臣子中正。"小狐汔济"，是说臣子办事不是出于中道的；"濡其尾，无攸利"，是说臣子办事不能善终。虽然臣子地位失当，君臣之间却还能互相响应。

　　《象传》说：火在水上，这就是《未济》卦的象征。君子取法《未济》卦，谨慎地辨别事物，摆正事物的位置。

爻辞

【经文+传文】

　　初六　濡其尾：吝。

　　《象》曰："濡其尾"，亦不知极也。

【译文】

　　初六　小狐沾湿了尾巴：必有遗憾。

　　《象传》说：渡水沾湿了尾巴——这是因为不懂审慎前进的准则。

【爻意分析】

此乃未济卦第一阴爻,狐狸不会游泳,却想过河,水虽然不深,但是仍然沾湿了尾巴。初六为阴爻,却居于阳位,刚柔不当位,有急于与九四爻遥相呼应之意。未济乃未完成,以初六为始,初六还在卦之初便处坎险之始,明知有险仍然急于向前。爻辞中说"吝",《象传》中解为"不知极",乃不知方法,不懂规则,因此以初六的阴弱之力,不厚积薄发却想有所动作,只会徒留遗憾。

"未济"卦的初六爻,为阴爻,居阳位,以柔在下,是已陷于水中之象。小狐狸渡水却不知渡水方法,因而困于水,沾湿尾巴而未能成功。结果为"吝",吝,恨惜也。行为不当,所以有所损失。

【可断结果】

见闻不广,学识不足,处于天下无道,礼乐废弛之世中,却妄图以阴柔之力有一番作为,必会遭到麻烦,又只顾眼前的利害得失,而忽略背后的问题,也会如同只谨慎望着前方渡水的狐狸一般,最后沾湿尾巴,留有遗憾。

【自取之道】

魏玄学家王弼注此爻曰"处《未济》之初,最居险下,不可以济者,而欲之其应,进则溺身。"若以本身微薄之力,想要有所作为,而且急于求成,则不会成功。狐狸本为足智多谋之物,然而只看表面,不重内在,纵有聪明智慧,办事也是徒劳。万事讲求方法与规则,宇宙万物皆有"道",因此只有掌握了事物的规律,使它们各得其所,才能有所成就而不留遗憾。

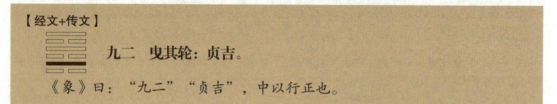

【经文+传文】

九二　曳其轮:贞吉。

《象》曰:"九二""贞吉",中以行正也。

【译文】

九二 (事未成之时)拖曳住车轮不使急行:守持贞正可获吉祥。

《象传》说:九二说秉守正道是吉祥的——这是说君子守中,行事正直。

【爻意分析】

此爻为未济卦的第二爻。车子在过河时,拉住车子的轮子,让他缓慢而稳定地前行,吉祥。意为在情势险要且不明朗的情况下,应当守中固正,行事持中而没有偏颇。九二爻为阳爻,却居阴位,处于下卦中的中位,与上卦中的六五阴爻相应和。阳能包阴持柔,因此九二爻为辅政之爻。《象传》曰其虽处坎险之中,但行事端正不偏,就可获得吉祥。

如在河中前行的大车,要拉住车的轮子,控制前行的力度,谨慎而守正,才能安稳渡河。

【可断结果】

未济卦的九二爻，以阳爻之身居阴位，以刚正之姿身处坎险之中，虽与六五爻应和，但也要审时度势，不轻易前行。君子处世，如同面临一条迅猛奔驰、波涛汹涌的长河一般，若不度量形势，以勇夫之力强行渡河，那么一定会被河水冲走，事情也会以失败告终。九二阳爻象征着刚毅的臣子，若能持守中道，又有阴柔的尊者信任，即使处劣势，也定会水到渠成，获得成功。

【自取之道】

《周易折中》中引潘梦旂释道："九二刚中，力足以济者也；然身在坎中，为可以大用，故曳其车轮，不敢轻进，待时而动，乃为吉也。不量时度力，而勇于赴难，适以败事矣。"九二阳爻处于下卦中位，虽然刚毅雄正，却处处在困难未竟之时，因此行事不可冒失。所以，遇事应当谨细审慎，讲求三思而后行、量时度势，能够守持正固，就会获得吉祥。

【经文+传文】

六三　未济，征凶；利涉大川。

《象》曰："来济征凶"，位不当也。

【译文】

六三　渡水失败，争于前进则凶险；渡大河有利。

《象传》说："未济，征凶"——这是因为君子地位失当。

【爻意分析】

此爻是未济卦的第三爻。没有渡过河，急于求成必会有凶险，利于涉越大江河流以摆脱凶险，意为凶难之时，切忌焦躁冒进，可以寻求帮助，与人同舟共济，共渡难关。六三爻为阴爻，居阳位，又处在下坎的最上，以阴柔之力身居险位，固不可躁进，因此，"征"必有"凶"。《象传》亦曰，事情未成，冒进必有风险，皆因位置不当。但，因为六三下为九二爻，九二刚正有力，能与六三扶持共进，若六三不能自己前进，则可与九二携手，渡过难关。

君子处于乱世之中，若才能有限，又处在不正之位，自保尚且不足，就不要涉险求进，不然只会危害自己。王弼在此处注曰："以阴之质，失位居险，不能自济者也。以不正之身，力不能自济，而求进焉，丧其身也。故曰'征凶'也。"

【可断结果】

六三爻已经居处不当，阴阳相悖了，身处险境，就不应当再激进求取了，然而六三爻又处于下体的上方，亦有脱离险难的意思，因此只要倚重刚毅气壮的九二爻，就可能涉越大川河流。《王注》有曰："二能拯难，而已比之，弃己委二，载二而行，溺可得乎？何忧未济？"此爻意在告诫势单力薄之人，遇事不可急于求成。适当的情况下，可以向有力的人求助，以柔乘刚，就可以涉越江河，摆脱险难。

【自取之道】

未济卦的六三爻，以阴爻之身居阳位，以其阴柔之质处于坎险之上，气弱力小，尚不能自济却妄图上进，因此爻辞诫其"征凶"，又以"利涉大川"在后，给予正面的勉励。六三爻虽然阴弱，但其下的九二爻却刚劲有力，有承险之力，因此，六三若想渡过难关，可以选择与九二爻同舟共济。

【经文+传文】

九四　贞吉，悔亡；震用伐鬼方，三年有赏于大国。

《象》曰："贞吉悔亡"，志行也。

【译文】

九四　守持贞正可获吉祥，悔恨消失；以雷霆之势讨伐鬼方，三年后得以被封赏为大国诸侯。

《象传》说："贞吉悔亡"，是说君子心志实现了。

【爻意分析】

此爻为未济卦的第四阳爻。守持中正，就能获得吉祥，消除悔恨。以雷霆之势讨伐鬼方，经过三年才因奋战而被封赏为大国诸侯。身居错位，做事则更应该持守中正之道，这样因居错位而产生的悔意才能消除，同时也能够获得奖赏，是为吉兆。九四爻是阳爻，处于上卦之始，有自济之力，虽然身为阳爻而居于阴位，阴阳倒置，失正而产生悔意，但是因为九四爻已经走出坎险，混乱的局面即将结束。《象传》亦言："贞吉，悔亡。"因此，九四爻最终可经过自身努力，使志向达成，进而使悔恨消除。

九四爻以雷霆之势去讨伐鬼方。

【可断结果】

九四爻以雷霆之势去讨伐鬼方，经过长期的征战和努力，冒着生命的危险才获

九四经过三年才因奋战而被封赏为大国诸侯。

得了胜利，受到了封于大国的奖赏，说明九四必须以自己阳刚之力，勉力持久，最终才能成事。君子最初失其正，但因自身刚强之质和不懈的努力，虽行艰道阻，最终也能守得云开，达成自己的志向。未济卦的九四爻，以阳爻居于阴位，阴阳之位有所偏失，容易产生悔恨之情，但若能将求济的志向践行起来，守持正中，努力向正的方向趋近，则可获得吉祥，而悔恨也就能够消亡。

【自取之道】

未济卦一进入上体部分，就出现了可济的迹象。九四爻出坎险，说明动荡不安的局势即将过去，希望的曙光已经就在前方了，九四虽然在阴阳之位上有偏失，但是若能持守中正之道，以自身刚毅之姿辅助君王，将兴邦建业当作自己的志向，坚持不懈地争取求济的道路，最终必能获得成功。

【经文+传文】

六五　贞吉，无悔；君子之光有孚：吉。

《象》曰："君子之光"，其辉吉也。

【译文】

六五　守持贞正可获吉祥，没有悔恨；君子的光荣是做人有诚信：吉祥。

《象传》说：君子的光荣是做人有信用——这种诚信的光荣是吉祥的。

【爻意分析】

此爻为未济卦的第五爻。能够守正持固，即可获得吉祥，因而没有悔恨。君子的光辉是内心怀有诚信，若能如此，那么一定能够获得吉祥。君子心怀诚信，行事坦荡，守正持固，一定会有所收获和回报。六五爻是未济卦中的阴爻，居于未济卦中的尊位，然而其以阴爻之身居于阳位，又

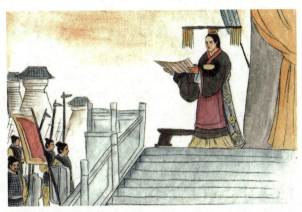

六五君主能够守正持固，因而没有悔恨。

处君主之位，居位不正，阴阳相悖，本应有悔恨之意，但是因为居在中位，又与下体中的九二爻相互应和，因此若是能为文明之主，以诚信待九四爻这样的刚毅之臣，又能得到九二爻的辅助，那么即便处在未济的情境，也能够破除污浊，重建秩序。《象传》亦云，君子拥有的品德和谦逊，就像是日光一般，照耀万物，体现出吉祥。

【可断结果】

六五爻处于全卦的正位，以阴爻之身居阳位，亦是居位不正的。六五以阴柔之身处在至尊的位置上，其实是不称其位的，但是六五拥有文明之德，自身十分谦卑，而待人又非常恭敬有礼，心怀诚信，因此可以获得九四爻的相助，也能与九二爻遥相呼应，共度难关，是为吉兆。圣明的君主处于乱世之中，虽然没有强魄的体力和过人的智慧，但如果能够持守中正，诚信待人，必会有重臣相助。君臣携手共克难关，必能创造出一片光明盛世。

但是因为六五爻以阴爻之身处于阳位，震慑力相对较弱，所以他需要以自身的德行去获得臣子的辅助。如果不能守持正固，以诚待人，虚心求教，用自己光明的品行去感化臣子，使其辅助自己，仅凭自己之力是没有办法获得成功的，也就只能得到"未济"的结果了。

【自取其道】

六五爻是未济卦中最好的一爻，吉祥无比，以"吉"开始，以"吉"结尾。《本义》有云："以六居五，亦非正也；然文明之主，居中应刚，虚心以求下之助，故得'贞'而'吉'且'无悔'。又，有光辉之盛，信实而不伪，吉而又吉也。"处于尊位的六五爻虽然柔弱，但是因为相近的重臣和与之相呼应的九二爻均为阳刚的臣子，所以持正便能获得吉祥，且没有悔恨。要是能有君子之德、光辉之盛，那么他的德行一定会如同阳光一般滋润万物，就像春天的温暖和秋月的明亮般，世人同享，万物同瞻，开创出一片光明繁盛、礼乐有序的盛世之境。

【经文+传文】

上九　有孚于饮酒：无咎；濡其首，有孚，失是。

《象》曰："饮酒濡首"，亦不知节也。

【译文】

上九　怀着诚信之心饮酒：无灾害；饮酒得意忘形，浇湿了脑袋，纵然为人诚信，也有失正道。

《象传》说：饮酒时浇湿了脑袋——这人也太不知节制了。

【爻意分析】

上九爻是未济卦的最后一爻。在饮酒之事上有诚信，是不会有灾害的，若是在喝酒时连头都浇湿了，那么纵然是为人诚信，也是不对的。上九为阳爻，处于阴位，是重要的转折。六五爻中"有孚"则"吉"，而爻辞则告诫上九爻，"有孚"亦应有度，若超出额度，无限制、无条件地给予信任，那么"濡其首"那样的灾难就又会重现。《象传》曰"不知节也"，是为不知节制。

怀着诚信之心饮酒，无灾害。

【可断结果】

未济卦的上九爻，以刚在上，是为刚之极。然而，以阳刚之质居阴柔之位，纵是处于未济之极，也不能得济，因此上九爻应该安命自乐，保持自身的美好的品德，做符合正道的事情，那样就不会有不好的事情发生。然而，因为六五爻以君子的光明品行，获得了臣子的辅佐，而开创出了一片安定繁荣、天下太平的盛世，上九爻能够信任他人，安闲饮酒庆贺盛世，也没有坏处。但是，一旦安逸过度，轻信他人，就会像准备过河的小狐狸一样，最后因为水深沾湿了头部而遭到祸害。常言道，物极必反，过犹不及，君子就算处于盛世之中，也应当居安思危，常常自警，不过分信赖他人。就像饮酒一样，偶尔酌酒是一种闲情逸致，而耽于酒宴之欢，就是没有节制，最终只会有失正道。信任他人也是一样的道理，放纵无度，荒废自己本应该做的事情，就会有"濡其首"的危险，这都是过分委信于他人导致正道缺失而遭致的灾难。

【自取其道】

上九爻有阳刚之质，却已经居于未济之极，再无可作为，因此只能沉湎醉梦。然而，万事应有节，过分地贪图享乐只会使灾难重新出现。此时虽然一片太平盛世，未济也开始向既济转化，但是若是因为处于这样的事情形中就贪图安逸，荒废其政，那就会有重返未济的危险。就像老子所说的一样，"祸兮福之所倚，福兮祸之所伏"，事物是不会终止的，都是遵循着一个规则循环往复地发展的。这就是我们常说的物极必反。"未济"可以通过努力转化为"既济"，但是"既济"也可以因为耽于享乐，不忧其事而转化为未济。此爻亦告诫众人，人在行事时，应该尽人力而顺天意，因此无节制地沉湎于荒淫只会遭来灾祸。

上九告诫世人，饮酒应有度，耽于饮酒之乐以至于连头都沾湿，那是有失行的。

系辞传

◎系辞上传◎

【原文】

天尊地卑，乾坤定矣；卑高以陈，贵贱位矣；动静有常，刚柔断矣；方以类聚，物以群分，吉凶生矣；在天成象，在地成形，变化见矣。是故刚柔相摩，八卦相荡，鼓之以雷霆，润之以风雨，日月运行，一寒一暑。乾道成男，坤道成女；乾知大始，坤作成物；乾以易知，坤以简能。易则易知，简则易从；易知则有亲，易从则有功；有亲则可久，有功则可大。可久则贤人之德，可大则贤人之业。易简而天下之理得矣；天下之理得，而成位乎其中矣。

天尊地卑，乾坤定矣；动静有常，刚柔断矣；方以类聚，物以群分。

【译文】

天在上为尊地在下而卑，乾尊坤卑的性质也就定了；尊卑已经排好，贵贱的位置也就定了；动静自有规律，刚柔的分别也就形成了；事物按照种类群体或合或分，吉凶也就产生了；在天上的形成日月星辰等天象，在地下的形成草木山川等形体，变化也就显现了。所以刚柔相互摩擦，八卦相互激荡，雷霆震动天地，风雨滋润万物，日月穿梭运行，寒暑交替循环。乾道构成男性，坤道构成女性；乾的功能是创始万物，坤的作为是成就万物；乾以平易的方式发挥功能，坤以简约的方式产生作用。平易的容易认识，简约的容易遵从；容易认识，所以有人亲近，容易遵从，所以有所成功；有人亲近就可以长久，有所成功就可以壮大。可以长久，是说贤人的品德，可以壮大，是说贤人的事业。掌握了平易简约的道理，就是掌握了天下的道理；掌握了天下的道理，人在其中的地位也就确立了。

【原文】

圣人设卦观象，系辞焉而明吉凶。刚柔相推而生变化。是故吉凶者，失得之象也；悔吝者，忧虞之象也；变化者，进退之象也；刚柔者，昼夜之象也。六爻之动，三极之道也。是故君子所居而安者，《易》之象也；所乐而玩者，爻之辞也。是故君子居则观其象而玩其辞，动则观其变而玩其占，是以"自天祐之，吉，无不利"。

【译文】

圣人创立八卦和六十四卦，观察卦象爻象，并配上相应的文辞以说明吉凶。刚柔相互推动就产生了变化。所以，所谓吉凶，是

圣人设卦观象，系辞焉而明吉凶。

得失的象征；所谓悔吝，是忧虑的象征；所谓变化，是进退的象征，所谓刚柔，是昼夜的象征。六爻的变化，体现的是天地人三极变化的道理。所以，君子闲居时所安于的，是《周易》的卦象爻象；高兴时所玩味的，是卦辞爻辞。所以，君子闲居时就观察玩味象辞，行动时就观察它的变化并玩味占法，这样就能"自天祐之，吉，无不利"。

象者，言乎象者也。

【原文】

象者，言乎象者也。爻者，言乎变者也。吉凶者，言乎其得失也。悔吝者，言乎其小疵也。无咎者，善补过者也。是故列贵贱者存乎位，齐小大者存乎卦，辩吉凶者存乎辞，忧悔吝者存乎介，震无咎者存乎悔。是故卦有小大，辞有险易。辞也者，各指其所之。

【译文】

卦辞，是说明卦象的；爻辞，是说明爻变的；吉凶，是说明得失的；悔吝，是说人有小瑕疵；无咎，是说人善于补救过失。所以，排列贵贱是根据爻位排的，排列大小是根据卦是阳卦还是阴卦排的（阳卦表示大，阴卦表示小)，辨别吉凶是根据卦辞爻辞辨的；知道忧虑悔吝的事情，在于注重细节；善于从无咎的事情中自警，在于及时悔悟。所以说，卦有大小的分别，辞有凶险平安的差异。辞，都指示着人们趋吉避凶的方向。

【原文】

《易》与天地准，故能弥纶天地之道。仰以观于天文，俯以察于地理，是故知幽明之故；原始反终，故知死生之说；精气为物，游魂为变，是故知鬼神之情状；与天地相似，故不违；知周乎万物而道济天下，故不过；旁行而不流，乐天知命，故不忧；安土敦乎仁，故能爱。范围天地之化而不过，曲成万物而不遗，通乎昼夜之道而知，故神无方而易无体。

【译文】

《周易》和天地等同，所以能够囊括天地间的一切道理。圣人抬头观察天文，低头察探地理，所以晓得事物隐藏和出现的原因；考察事物的原始，推求事物的结局，所以知道万物生死有常的道理；精气凝聚变成神灵，游魂离身变成鬼魂，所以据此知道鬼神的情况；德行和天地相合，所以不违背天地大道；遍知万物的道理，道德足以匡济天下，所以没有过失；行为端正而不放纵，乐天知命，所以没有忧愁；安于环境而积蓄仁德，所以能够爱人。《周易》囊括了天地之间的一切变化而又不过度，成全万物而无一遗漏，洞悉阴阳变化之道而充满智慧，所以说大道没有一定的形状，《周易》之道也没有一定的形式。

《易》与天地准，故能弥纶天地之道。

【原文】

一阴一阳之谓道，继之者善也，成之者性也。仁者见之谓之仁，知者见之谓之知，百姓日用而不知，故君子之道鲜矣。显诸仁，藏诸用，鼓万物而不与圣人同忧，盛德大业至矣哉！富有之谓大业，日新之谓盛德。生生之谓易，成象之谓乾，效法之谓坤，极数知来之谓占，通变之谓事，阴阳不测之谓神。

圣人抬头观天文，低头察地理，所以晓得事物隐藏和出现的原因。

【译文】

一阴一阳的对立转化就叫道，继承道的是美德，成就道的是本性。仁者看见这种包含了仁德的道，就叫它"仁"，智者看见这种蕴含了智慧的道，就叫它"智"，百姓天天在运用这种道却不知道，所以为君子所认识的全面的道就少了。道通过仁德显现，在对万物的作用中隐藏，鼓动万物却不像圣人一样忧愁，它的宏德大业真是到了极致啊！使万物富裕就叫"大业"，使世界日新就叫"盛德"。生生不息叫做"易"，形成天象叫做"乾"，呈现地法叫做"坤"，推究卦爻的数理以预测未来叫做"占"，洞悉变化以采取行动叫做"事"，阴阳两极变化莫测叫做"神"。

广大配天地，变通配四时。

【原文】

夫《易》广矣大矣，以言乎远则不御，以言乎迩则静而正，以言乎天地之间则备矣。夫乾，其静也专，其动也直，是以大生焉。夫坤，其静也翕，其动也辟，是以广生焉。广大配天地，变通配四时，阴阳之义配日月，易简之善配至德。

【译文】

《周易》之道可说是非常广大的了，用它论断远的事物，就通畅无阻，用它论断近的事物，就精审正确，用它论断天地之间的万物，也能无所不包。乾，静止时就专一不变，运转时就刚直不阿，所以形成了"大"；坤，静止时就收敛闭合，运转时就张开显露，所以形成了"广"。广大和天地相配，变通和四季相配，阴阳的特点和日月相配，平易简约的道德和至高的道德相配。

【原文】

子曰："《易》其至矣乎！夫《易》，圣人所以崇德而广业也。知崇礼卑，崇效天，卑法地。天地设位，而《易》行乎其中矣。成性存存，道义之门。"

【译文】

孔子说："《周易》真是达到了极致啊！《周易》，是圣人用以推崇道德和光大事业的。圣人智慧崇高，礼仪谦卑，崇高效法天，谦卑效法地。天地确立了高下尊卑的位置，《周易》之道也就在其中运行了。它成就万物的本性，保存万物的生存，是通往大道的内涵的大门。"

【原文】

圣人有以见天下之赜，而拟诸其形容，象其物宜，是故谓之象；圣人有以见天下之动，而观其会通，以行其典礼，系辞焉以断其吉凶，是故谓之爻。言天下之至赜而不可恶也，言天下之至动而不可乱也，拟之而后言，议之而后动，拟议以成其变化。

"鸣鹤在阴，其子和之。我有好爵，吾与尔靡之。"子曰："君子居其室，出其言善，则千里之外应之，况其迩者乎？居其室，出其言不善，则千里之外违之，况其迩者乎？言出乎身，加乎民；行发乎迩，见乎远。言行，君子之枢机。枢机之发，荣辱之主也。言行，君子之所以动天地也，可不慎乎！"

子曰：君子居其室，出其言善，则千里之外应之，况其迩者乎？

"同人先号咷而后笑。"子曰："君子之道，或出或处，或默或语。二人同心，其利断金；同心之言，其臭如兰。"

【译文】

圣人看见天下事物的繁杂，而用卦爻模拟它们的形态，象征它们的特性，所以叫做"象"；圣人看见天下事物的变化，而观察它们融会贯通的过程，以推行典章礼制，为卦爻配上文辞，以判断人事的吉凶，所以叫做"爻"。圣人谈论天下最繁杂的事物而不可心烦，谈论天下最多变的现象而不可搅混，用卦爻模拟它们后才来谈论，讨论它们后才去行动，通过模拟讨论来确定他们的变化。

"鸣鹤在阴，其子和之。我有好爵，吾与尔靡之。"这是什么意思呢？孔子说："君子住在家里，讲出的话如果是善的，那么远在千里的人都来响应他，何况近在身边的人呢？住在家里，讲出的话如果是不善的，那么远在千里的人都来反对他，何况近在身边的人呢？话从他那里发出，影响到百姓；行为在近处做出，波及出现在远处。言行，是君子的枢机，枢机的发动，是荣辱的主宰。言行，是君子用来影响天地的，能不谨慎么！"

二人同心，其利断金。

"同人先号咷而后笑。"这是什么意思呢？孔子说："君子的处世之道，是有时出仕，有时退处，有时沉默，有时开口。两人同心，就会锋利似刀能切断金属；同心同德的言论，气味就像兰花的幽香。

【原文】

"初六：藉用白茅，无咎。"子曰："苟错诸地而可矣，藉之用茅，何咎之有？慎之至也。夫茅之为物薄，而用可重也。慎斯术也以往，其无所失矣。"

"劳谦，君子有终，吉。"子曰："劳而不伐，有功而不德，厚之至也。语以其功下人者也。德言盛，礼言恭。谦也者，致恭以存其位者也。"

古人祭祀时在祭器下铺垫上清洁的白茅草，以示祭祀的郑重慎重。

"亢龙有悔。"子曰："贵而无位，高而无民，贤人在下位而无辅，是以动而有悔也。"

"不出户庭，无咎。"子曰："乱之所生也，则言语以为阶。君不密则失臣，臣不密则失身，几事不密则害成。是以君子慎密而不出也。"

子曰："作《易》者，其知盗乎？《易》曰：'负且乘，致寇至。'负也者，小人之事也；乘也者，君子之器也。小人而乘君子之器，盗思夺之矣。上慢下暴，盗思伐之矣。慢藏诲盗，冶容诲淫。《易》曰：'负且乘，致寇至。'盗之招也。"

劳谦。

【译文】

"初六：藉用白茅，无咎。"这是什么意思呢？孔子说："祭品如果直接放在地上，也是可以的，那么用干净的白茅垫着，有什么害处呢？这是极其慎重的表现。白茅作为物质是微不足道的，作用却可以很重大。按照这种谨慎的原则办事，就可以没有过失了。"

"劳谦，君子有终，吉。"这是什么意思呢？孔子说："有苦劳而不以此自夸，有功德而不以此自居，真是厚道极了，说的是虽然有功德却能甘居人下的人。德行讲究盛大，礼仪讲究恭敬。谦卑，说的是通过向人表达他的恭敬，来保存他的地位。

"亢龙有悔。"这是什么意思呢？孔子说："尊贵却没有君德，居高却脱离群众，因贤人屈居下位而丧失辅助，所以君主一妄动就有悔恨。"

君不密则失臣，臣不密则失身，几事不密则害成。是以君子慎密而不出也。

"不出户庭，无咎。"这是什么意思呢？孔子说："灾乱的发生，往往是由说话引起的。君主说话不谨慎就会失掉臣子，臣子说话不谨慎就会丢掉性命，政事不谨慎就会酿成灾害，所以君子小心谨慎而不乱说话。"

孔子说："创作《周易》的人，大概了解盗贼吧？《周易》说：'负且乘，致寇至。'背东西，是小人的事；坐的车，是君子的交通工具。作为小人却乘坐君子的交通工具，盗贼就会想来抢他了。上面的人疏懒，下面的人横暴，盗贼就会想来攻打他了。疏懒地藏财会招来盗贼，妖艳地打扮会诱来淫贼。《周易》说：'负且乘，致寇至。'盗贼就是这样招来的。"

身作为小人却乘坐君子的交通工具，盗贼就会想来抢他了。

【原文】

大衍之数五十，其用四十有九。分而为二以象两，挂一以象三，揲之以四以象四时，归奇于扐以象闰。五岁再闰，故再扐而后挂。

天一，地二；天三，地四；天五，地六；天七，地八；天九，地十。天数五，地数五。五位相得而各有合，天数二十有五，地数三十，凡天地之数五十有五，此所以成变化而行鬼神也。《乾》之策二百一十有六，《坤》之策百四十有四，凡三百六十，当期之日。二篇之策万有一千五百二十，当万物之数也。是故四营而成《易》，十有八变而成卦。八卦而小成，引而伸之，触类而长之，天下之能事毕矣。显道神德行，是故可与酬酢，可与祐神矣。

【译文】

　　算卦用的蓍草数是五十五枚，只用其中的四十九枚。把四十九枚随意分成上下两堆，象征天和地；从上堆随意抽出一枚，（竖挂在上下两堆中间，上下两堆和所挂蓍草这三部分，就分别）象征天地人三才；把上堆按每四枚一组分组，象征四季，接着把余下的竖搁在所挂蓍草的左边，象征闰月。阴历五年中有两次闰月，所以再把下堆按每四枚一组分组，把余下的竖搁在所挂蓍草的右边。

古人以蓍草来占卜。

　　一、三、五、七、九是天数，二、四、六、八、十是地数，天数五个，地数五个。五天数和五地数分别相加，各有其和数，天数加得二十五，地数加得三十，天数地数总计是五十五。这就是确定各爻变化和感通鬼神的根据。占成《乾》卦所用的蓍草数是二百一十六枚，占成《坤》卦所用的蓍草数是一百四十四枚，总计三百六十枚，相当于一年的天数。占成《周易》上下经六十四卦所用的蓍草数，总计是一万一千五百二十枚，相当于万物的数目。所以，只用分二、挂一、揲四、归奇这四种步骤，就成就了《周易》,这四种步骤重复十八次，就得出了六十四卦中的一卦。八经卦只是小范围的象征，引申成六十四卦，触类旁通，扩大象征，天下所能取象的事物就都尽在其中了。《周易》能彰显道、神、德行，所以可以用它应对人事，辅助神灵。

【原文】

　　子曰："知变化之道者，其知神之所为乎。"《易》有圣人之道四焉，以言者尚其辞；以动者尚其变；以制器者尚其象；以卜筮者尚其占。"是以君子将有为也，将有行也，问焉而以言。其受命也如响，无有远近幽深，遂知来物。非天下之至精，其孰能与于此？参伍以变，错综其数。通其变，遂成天下之文；极其数，遂定天下之象。非天下之至变，其孰能与于此？《易》无思也，无为也，寂然不动，感而遂通天下之故。非天下之至神，其孰能与于此。夫《易》，圣人之所以极深而研几也。唯深也，故能通天下之志；唯几也，故能成天下之务；唯神也，故不疾而速，不行而至。子曰"《易》有圣人之道四焉"者，此之谓也。

君子将要有所作为，有所行动时，就向《周易》进行占问并以它为根据说话。

【译文】

　　孔子说："晓得变化的道的人，大概是晓得神灵的所为的吧。《周易》有圣人的四种道，用它来指导言论的崇尚它的卦爻辞，用它来指导行动的崇尚它的变化规律，用它来制作器物的崇尚它的卦象，用它来占问的崇尚它的占法。"所以，君子将要有所作为，有所行动时，就向它进行占问并以它为根据说话。它接收人的请

是故阖户谓之坤，辟户谓之乾，一阖一辟谓之变，往来不穷谓之通。

求就像回响一样，不论远的、近的、晦暗的、深奥的，都能预知未来的事。不是天下最精妙的东西，谁能达到这种境界呢。它的卦变和爻数错综复杂。探究弄懂它的卦变和爻数，就能判定天地万物的象理。不是天下最灵活的东西，谁能达到这种境界呢。《周易》本身无所谓思虑和作为，寂静不动，但一旦通过占问使它发生感应，它就能精通天下的事。不是天下最神妙的东西，谁能达到这种境界呢？《周易》，是圣人用来探究深奥而精微的事理的。因为探究深奥的事理，所以能通晓天下人的心志；因为探究精微的事理，所以能

见乃谓之象，形乃谓之器，制而用之谓之法，利用出入，民咸用之谓之神。

成就天下的事务；因为神妙，所以没有急走却能速度很快，没有行走却能到达目的地。孔子说"《易》有圣人之道四焉"，说的就是这个。

【原文】

子曰："夫《易》何为者也？夫《易》开物成务，冒天下之道，如斯而已者也。"是故圣人以通天下之志，以定天下之业，以断天下之疑。是故蓍之德圆而神，卦之德方以知，六爻之义易以贡。圣人以此洗心，退藏于密，吉凶与民同患。神以知来，知以藏往，其孰能与于此哉！古之聪明睿知神武而不杀者夫！是以明于天之道，而察于民之故，是兴神物以前民用，圣人以此斋戒，以神明其德夫。是故阖户谓之坤，辟户谓之乾，一阖一辟谓之变，往来不穷谓之通，见乃谓之象，形乃谓之器，制而用之谓之法，利用出入，民咸用之谓之神。

【译文】

孔子说："《周易》是做什么的呢？《周易》就是用来揭示事物的奥秘，成就事务，囊括天下的道理的，如此而已。"所以圣人用它来通晓天下人的心志，确立天下的事业，解决天下的疑难问题。所以蓍占的特点是圆满而神妙，卦的特点是方正而智慧，六爻的特点是变动而灵巧。圣人用它启迪心神，占问结束把结果藏在密处，（作为来日的借鉴，）吉凶都和百姓一起承担。它神妙无比能预知未来，智慧无比能包藏往事，谁能达到这种境界啊！只有古代聪明睿智、神勇英武而又不滥杀无辜的圣人吧！所以，圣人明察天道，体察百姓的事情，创立用蓍草占问的方法，来作为百姓行事的先导。圣人用它表达虔敬警惕，以彰显它的特点。所以闭合门户叫做"坤"，打开门户叫做"乾"，一开一合就叫"变"，往来不绝叫做"通"，显现的叫做"象"，成形的叫做"器"，制作器物并使用叫做"法"，根据"法"来办事，百姓都应用这个"法"就叫做"神"。

【原文】

是故《易》有太极，是生两仪，两仪生四象，四象生八卦，八卦定吉凶，吉凶生大业。是故法象莫大乎天地，变通莫大乎四时，县象著明莫大乎日月，崇高莫大乎富贵，备物致用，立功成器，以为天下利，莫大乎圣人。探赜索隐，钩深致远，以定天下之吉凶，成天下之亹亹者，莫大乎蓍龟。是故天生神物，圣人则之；天地变化，圣人效之；天垂象，见吉凶，圣人象之；河出图，洛出书，圣人则之。《易》有四象，所以示也；系辞焉，所以告也；定之以吉凶，所以断也。

探赜索隐，钩深致远，以定天下之吉凶，成天下之亹亹者，莫大乎蓍龟。

【译文】

所以《周易》有太极，太极生两仪，两仪生四象，四象生八卦，通过八卦可以判定吉凶。趋吉避凶可以产生大事业。所以，能够效法的对象没有比天地更大的；灵活变通没有比四季更显著的；高悬的各种物体的光明没有比日月更亮的；地位崇高没有比富贵更甚的，预备物质供人使用，付出劳动制成器具，以利于天下的人，没有比圣人更伟大的；探求繁杂隐晦、深奥久远的事理，来判定天下的吉凶，并且成就天下的勤勉的事业的东西，没有比著龟更有用的。所以，上天生出著龟这样的神物，圣人就取法它创立筮法；天地万物变化无穷，圣人就取法它形成卦变；上天显现

圣人有以见天下之赜，而拟诸其形容，象其物宜，是故谓之象。

种种天象，显明吉凶，圣人就用卦象象征它；黄河出现龙图，洛水出现龟书，圣人就取法它创造了八卦和《九畴》。《周易》有四象，是用来显示事物变化的；配上爻辞，是用来告诉人们卦爻的含义的；在爻辞中指明吉凶，是用来裁断人们的行动去向的。

【原文】

《易》曰："自天祐之，吉，无不利。"子曰："祐者，助也。天之所助者，顺也；人之所助者，信也。履信思乎顺，又以尚贤也，是以'自天祐之，吉，无不利'也。"

子曰："书不尽言，言不尽意。"然则圣人之意，其不可见乎？子曰："圣人立象以尽意，设卦以尽情伪，系辞焉以尽其言。变而通之以尽利，鼓之舞之以尽神。"乾坤，其《易》之缊邪？乾坤成列，而《易》立乎其中矣。乾坤毁，则无以见《易》；《易》不可见，则乾坤或几乎息矣。是故形而上者谓之道，形而下者谓之器。化而裁之谓之变，推而行之谓之通，举而错之天下之民谓之事业。是故夫象，圣人有以见天下之赜，而拟诸其形容，象其物宜，是故谓之象。圣人有以见天下之动，而观其会通，以行其典礼，系辞焉以断其吉凶，是故谓之爻。极天下之赜者存乎卦，鼓天下之动者存乎辞，化而裁之存乎变，推而行之存乎通，神而明之存乎其人，默而成之，不言而信，存乎德行。

【译文】

《周易》说："自天祐之，吉，无不利。"这是什么意思呢？孔子说："祐，是指帮助。上天所帮助的，是顺应天道的人；人所帮助的，是谨守信道的人。谨守信道，谋求顺应天道，又能重视贤人，所以'自天祐之，吉，无不利'。"

孔子说："文字不能完全表达人的言语，言语不能完全表达人的意思。"那么圣人的意思，就不可认识了么？孔子说："圣人创立象系来完全表达他的意思，设立卦系来完全揭示真假，为卦爻配上文辞以完全表达他的言语，变融卦爻以完全施利于天下，摆弄著草以完全发挥它的神妙的作用。"乾卦和坤卦，是把握《周易》的门径所在吧？乾卦和坤卦的位置一经确立，《周易》的道理也就确立其中了。假如没有乾卦和坤卦，也就无从得见《周易》的道理；《周易》的道理无从得见，乾卦和坤卦也就近似于名存实亡了。所以形而上的东西叫做"道"，形而下的东西叫做"器"，改制道器叫做"变"，推行道器叫做"通"，把道器应用在天下百姓身上叫做"事业"。所以，所谓"象"，是因为圣人看见天下事物的繁杂，而用卦爻模拟它们的形态，象征它们的特性。正因为此，我们才称之为"象"。圣人看见天下事物的变化，而观察它们融会贯通的过程，以推行典章礼制，为卦爻配上文辞，以判断人事的吉凶。正因为此，我们才之为"爻"。探究天下事物的繁杂，根据的是卦；鼓动天下事物的变化，根据的是辞；改制道器，根据的是"变"；推行道器，根据的是"通"；彰显道器，根据的是人；静默不动却能成就事业，一言不发却能取信于民，根据的是德行。

◎系辞下传◎

【原文】

八卦成列，象在其中矣；因而重之，爻在其中矣；刚柔相推，变在其中焉；系辞焉而命之，动在其中矣。吉凶悔吝者，生乎动者也；刚柔者，立本者也；变通者，趣时者也；吉凶者，贞胜者也。天地之道，贞观者也；日月之道，贞明者也；天下之动，贞夫一者也。夫乾确然，示人易矣；夫坤隤然，示人简矣。爻也者，效此者也；象也者，像此者也。爻象动乎内，吉凶见乎外，功业见乎变，圣人之情见乎辞。天地之大德曰生，圣人之大宝曰位。何以守位？曰仁，何以聚人？曰财。理财正辞，禁民为非曰义。

【译文】

八卦确立了位置，卦象就包含在其中了；八卦叠变为六十四卦，爻和爻辞就包含在其中了；刚柔互相推演，变化就包含在其中了；为卦爻配上文辞示人，人的以此作为指导的行动就包含在其中了。所谓吉凶悔吝，是从人的行动中产生的；刚柔，是确立卦爻性质的根本；变通，是指导人趋时而动；吉凶，是说明秉持正道就会得胜的。天地的道，是以正道示人的；日月的道，是以正道发光的；天下万物的变化，都是遵循着同一种正道的。乾道刚健，示人平易；坤道柔顺，示人简约。所谓爻，就是效法这种平易简约的乾坤之道的；所谓象，就是象征这种刚健柔顺的乾坤之道的。爻和象在卦内变化，吉和凶在卦外显现，功业在变化中成就，圣人的情思在卦爻辞中显现。天地的大德是化生万物，圣人的宝物是权位功业。凭什么守住权位？凭仁德。凭什么招揽众人？凭钱财。管好钱财，端正法令，禁止百姓胡作非为就是义。

【原文】

古者包牺氏之王天下也，仰则观象于天，俯则观法于地，观鸟兽之文与地之宜，近取诸身，远取诸物，于是始作八卦，以通神明之德，以类万物之情，作结绳而为网罟，以佃以渔，盖取诸《离》。包牺氏没，神农氏作，斫木为耜，揉木为耒，耒耨之利，以教天下，盖取诸《益》；日中为市，致天下之民，聚天下之货，交易而退，各得其所，盖取诸《噬嗑》。神农氏没，黄帝、尧、舜氏作，通其变，使民不倦，神而化之，使民宜之。《易》，穷则变，变则通，通则久，是以"自天祐之，吉，无不利"。黄帝、尧、舜垂衣裳而天下治，盖取诸《乾》《坤》；刳木为舟，剡木为楫，舟楫之利，以济不通，致远以利天下，盖取诸《涣》；服牛乘马，引重致远，以利天下，盖取诸《随》；重门击柝，以待暴客，盖取诸《豫》；断木为杵，掘地为臼，杵臼之利，万民以济，盖取诸《小过》；弦木为弧，剡木为矢，弧矢之利，以威天下，盖取诸《睽》。上古穴居而野处，后世圣人易之以宫室，上栋下宇，以待风雨，盖取诸《大壮》；古之葬者，厚衣之以薪，葬之中野，不封不树，丧期无数。后世圣人易之以棺椁，盖取诸《大过》；上古结绳而治，后世圣人易之以书契，百官以治，万民以察，盖取诸《夬》。

【译文】

上古伏羲氏统治天下，抬头观察天象，低头察探地形，观察鸟兽身上的纹理和地上的植物，在近，就取法自身，在远，就取法万物，在这基础上开始创制八卦，用来通达神明的德性，分别万物的情状，编结绳子织成罗网，用来渔猎，这大概是取法了《离》卦吧。伏羲氏死后，神农氏继起，砍削木头造耜，弄弯木头制耒，将耒耜的便利，教给百姓，大概是取法了《益》卦吧；正午时设立集市，招揽天下的人们，聚拢天下的货物，互相交易后散去，使各人得到他们所需要的，大概是取法了《噬嗑》卦吧。神农氏死后，黄帝、尧、舜继起，变通前人的创制，使百姓使用起来不疲倦，进行神妙的改造，使百姓方便使用。《周易》的道理，是不通时就变，变就通，通就能长久，所以"自天祐之，吉，无不利"。黄帝、尧、舜分出尊卑等级，从而促使天下大治，大概是取法了《乾》

卦和《坤》卦吧。掏空木头作船，削尖木头作楫，凭着船楫的便利，渡过河水，到达远处，从而使天下人得利，大概是取法了《涣》卦吧；驾着牛马，载重物走远路，使天下人得利，大概是取法了《随》卦吧；增设城门，巡夜打更，来防备盗贼，大概是取法了《豫》卦吧；砍断木头制杵，掏挖洞穴作臼，天下人从杵臼的便利中得利，大概是取法了《小过》卦吧；给木头装弦作弓，削尖木头作箭，用弓箭的便利威慑天下，大概是取法了《睽》卦吧。上古的人们住在洞穴和野地，后世的

结绳以网，用来捕鱼，大概是取法了《离》卦吧。

圣人改住房屋，上有栋梁，下有墙壁，用来抵御风雨，大概是取法了《大壮》卦吧；古时埋葬死人，用草柴厚厚包着，葬在野外，不立坟也不种树，服丧没有定期，后世的圣人改用棺和椁，大概是取法了《大过》卦吧；上古的人们结绳治事，后世的圣人用文字代替它，从此百官都能用文字治理政事，百姓都能凭文字明察事理了，大概是取法了《夬》卦吧。

【原文】

是故《易》者，象也，象也者，像也。彖者，材也，爻也者，效天下之动者也。是故吉凶生而悔吝著也。

【译文】

所以《周易》的根本，就是象，所谓象，就是象征。所谓彖，就是裁断，所谓爻，就是仿效天下万物的变化。所以，吉凶就由此产生，悔吝就由此显明出来了。

【原文】

阳卦多阴，阴卦多阳，其故何也？阳卦奇，阴卦耦。其德行何也？阳一君而二民，君子之道也；阴二君而一民，小人之道也。

【译文】

阳卦多阴爻，阴卦多阳爻，这是什么原因呢？是因为阳卦中阳爻的枚数，总是奇数，阴卦中阳爻的枚数，总是偶数。阳卦和阴卦代表的德性是什么呢？阳卦代表一个君主和两个庶民（形容一个君主统治天下），是君子的道；阴卦代表两个君主和一个庶民（形容天下大乱，诸侯各自称王），是小人的道。

【原文】

《易》曰："憧憧往来，朋从尔思。"子曰："天下何思何虑？天下同归而殊涂，一致而百虑。天下何思何虑？日往则月来，月往则日来，日月相推而明生焉；寒往则暑来，暑往则寒来，寒暑相推而岁成焉。往者屈也，来者信也，屈信相感而利生焉。尺蠖之屈，以求信也；龙蛇之蛰，以存身也。精义入神，以致用也；利用安身，以崇德也。过此以往，未之或知也。穷神知化，德之盛也。"

《易》曰："困于石，据于蒺藜，入于其宫，不见其妻：凶。"子曰："非所困而困焉，名必辱。非所据而据焉，身必危。既辱且危，死期将

寒往则暑来，暑往则寒来，寒暑相推而岁成焉。

至，妻其可得见耶！"

【译文】

《周易》说："憧憧往来，朋从尔思。"这是什么意思呢？孔子说："天下人何必劳思费神呢？天下人走的是不同的道路，到达的却是同一个地方；思虑虽有种种，目标却是一致的。天下人何必劳思费神呢？太阳落了月亮上来，月亮落了太阳上来，太阳月亮相互交替就产生光明；寒冷去了，暑热到来，暑热去了，寒冷到来，寒冷暑热相互循环就形成一年四季。过去的是退屈，到来的是伸展，退屈伸展相互呼应就带来利益。尺蠖退屈身子，为的是伸展身子；龙蛇蛰伏隐藏，为的是保存生命。精通义理达到神妙的地步，为的是能够应用；利用所学来安身立命，为的是提升道德。超过以上这些的，就不知道是什么了。穷究事物的神妙，晓知事物的变化，这是伟大的德行。"

《周易》说："困于石，据于蒺藜，入于其宫，不见其妻：凶。"这是什么意思呢？孔子说："不是处于应该受困的地方却受了困，名节必定受辱；不是面对着应该仰赖的人却去仰赖，生命必定危险。受了侮辱，又遇危险，死期将到，哪里还能见得到妻子呢！"

【原文】

《易》曰："公用射隼于高墉之上，获之，无不利。"子曰："隼者，禽也。弓矢者，器也。射之者，人也。君子藏器于身，待时而动，何不利之有？动而不括，是以出而有获，语成器而动者也。

子曰："小人不耻不仁，不畏不义，不见利不劝，不威不惩。小惩而大诫，此小人之福也。《易》曰：'屦校灭趾，无咎。'此之谓也。"

"善不积不足以成名，恶不积不足以灭身。小人以小善为无益而弗为也，以小恶为无伤而弗去也，故恶积而不可掩，罪大而不可解。《易》曰：'何校灭耳，凶。'"

子曰："危者，安其位者也；亡者，保其存者也；乱者，有其治者也。是故君子安而不忘危，存而不忘亡，治而不忘乱，是以身安而国家可保也。《易》曰：'其亡其亡，系于苞桑。'"

【译文】

《周易》说："公用射隼于高墉之上，获之，无不利。"这是什么意思呢？孔子说："隼，是飞禽；弓矢，是工具；射隼的，是人。君子怀藏工具，等待时机出动，哪里会有什么不利呢？出动而没有阻碍，所以出动就会有收获，这是说先要具备工具再去采取行动。"

孔子说："小人不对自己的不仁感到羞耻，不对自己的不义感到害怕，看不到好处就不会努力，所以不对小人进行刑罚，就收不到刑罚的作用。受到小的刑罚，得到大的警戒，是小人的福气。《周易》说'屦校灭趾，无咎'，说的就是这个道理。

"善行不积累，就成就不了美名，恶行不积累，就不会自取灭亡。小人认为做小的善事没有好处就不去做，认为做小的恶事不会受损就不去克服，所以恶行越积越多难以掩盖，罪行越积越大难得以赦免。最后就会像《周易》上所说的一样"何校灭耳，凶"。

孔子说："危险，是由于安于他的地位忘记了忧患；灭亡，是由于保持他的现状忘记了危机；变乱，是由于享受他的太平忘记了警惕。所以，君子安逸时不忘危险，活命时不忘灭亡，太平时不忘变乱，正是因此，生命才得以平安，国家才可以长存，就像《周易》上所说的一样："其亡其亡！系于苞桑。"

【原文】

子曰："德薄而位尊，知小而谋大，力少而任重，鲜不及矣。《易》曰：'鼎折足，覆公餗，其形渥：凶。'言不胜其任也。"

子曰："知几，其神乎！君子上交不谄，下交不渎，其知几乎？几者，动之微，吉凶之先见者也。君子见几而作，不俟终日。《易》曰：'介于石，不终日，贞吉。'介如石焉，宁用终日，断可识矣。君子知微知彰，知柔知刚，万夫之望。"

子曰："颜氏之子，其殆庶几乎？有不善未尝不知，知之未尝复行也。《易》曰：'不远复，无祗悔，元吉。'"

天地絪缊，万物化醇；男女构精，万物化生。《易》曰：'三人行则损一人，一人行则得其友。'言致一也。

子曰："君子安其身而后动，易其心而后语，定其交而后求。君子修此三者，故全也。危以动，则民不与也；惧以语，则民不应也；无交而求，则民不与也。莫之与，则伤之者至矣，《易》曰：'莫益之，或击之，立心勿恒，凶。'"

【译文】

孔子说："道德浅薄却身居高位，智慧贫乏却图谋大事，能力不足却担当重任，这种人是少有不遭殃的。《周易》说'鼎折足，覆公餗，其形渥：凶'，说的就是人没有能力担当他的重任的情况。"

孔子说："君子能够洞察细微，真是神奇啊！君子和上级交往却不谄媚，和下级交往却不轻慢，他是洞察了细微的征兆吧？所谓几，就是变化时的细微之处，是吉凶的预兆。君子一见预兆就行动，不会长久等待。《周易》说：'介于石，不终日，贞吉'

乾坤，其《易》之门也。

看似坚如石头，然而哪里需要一整天，才能断然看出变化来？君子既知道微细的状况，又知道显著的状况，既知道柔顺的道理，又知道刚健的道理，是万人仰望的人物。"

孔子说："颜家的儿子颜回，他的修养大概接近完美了吧？犯了过失没有不知道的，一旦知道就永远不会再犯，就像《周易》上所说的一样：'不远复，无祗悔，元吉。'"

天地阴阳交融，万物均匀化育；雌雄精气交合，万物化育生长。《周易》说的"三人行则损一人，一人行则得其友"，就是合作的道理。

孔子说："君子安定身子后再行动，平静心气后再说话，确定交情后再求助。君子能修持这三点，所以安全无害。身处险境偏采取行动，人们不会帮助他；心怀恐惧偏发号施令，人们不会响应他；没有交情偏求人帮助，人们不会帮助他。大家都不帮助他，那么伤害他的人就要到来了，就像《周易》上所说的：'莫益之，或击之，立心勿恒，凶。'"

【原文】

子曰："乾坤，其《易》之门耶？"乾，阳物也；坤，阴物也。阴阳合德，而刚柔有体。以体天地之撰，以通神明之德。其称名也，杂而不越。于稽其类，其衰世之意邪？夫《易》彰往而察来，而微显阐幽，开而当名辨物，正言断辞，则备矣。其称名也小，其取类也大。其旨远，其辞文，其言曲而中，其事肆而隐。因贰以济民行，以明失得之报。

【译文】

孔子说："乾卦和坤卦，大概是《周易》的门径吧？"乾，是阳性物质，坤，是阴性物质。阴阳配合德行，刚柔各有体性。利用阴阳刚柔的这些道理来分别天地的万物，通达神明的德行。《周易》中指称事物的概念，庞杂但不混乱。考察《周易》的事迹，透露的大概是殷代末世的意味吧？《周易》能够彰显过去，察知来来，显露细微，阐明隐晦，打开《周易》，用恰当的概念辨别事物，准确的文辞判断事理，其中都已具备无遗了。它指称事物的概念是有限的，用有限的概念比类的事理却是无限的。它的意旨深远，文辞华美，行文婉曲却中肯，叙事直白却深邃。它用一阴一阳的道理辅助人们的行动，阐明得失的原因。

【原文】

《易》之兴也，其于中古乎？作《易》者，其有忧患乎？是故《履》，德之基也，《谦》，德之柄也,《复》,德之本也,《恒》,德之固也,《损》德之修也,《益》,德之裕也,《困》,德之辨也,《井》,德之地也,《巽》,德之制也。《履》,和而至。《谦》,尊而光。《复》,小而辨于物。《恒》,杂而不厌。《损》,先难而后易。《益》,长裕而不设。《困》,穷而通。《井》,居其所而迁。《巽》,称而隐。《履》以和行,《谦》以制礼,《复》以自知,《恒》以一德,《损》以远害,《益》以兴利,《困》以寡怨,《井》以辨义,《巽》以行权。

【译文】

《周易》的创作,大概是在中古时候吧?《周易》的作者,大概是怀着忧患的吧?所以,《履》卦,是说道德的基础。《谦》卦,是说道德的关键。《复》卦,是说道德的根本。《恒》卦,是说坚守道德。《损》卦,是说修养道德。《益》卦,是说充实道德。《困》卦,是说辨别道德。《井》卦,是说道德的环境。《巽》卦,是说道德的自制。《履》卦。是说和悦施德,《谦》卦。是说居尊却能光大谦逊。《复》卦,是说行善从点滴遍及万物。《恒》卦,是说应对繁杂的事物而不厌烦。《损》卦,是说事物先难后易。《益》卦,是说道德长裕不造作。《困》卦,是说困难到头就亨通。《井》卦,是说身居家中却能德泽外播。《巽》卦,是说权衡时势以便退隐。《履》卦教人和悦办事,《谦》卦教人守礼,《复》卦教人自知,《恒》卦教人专一,《损》卦教人避害,《益》卦教人谋利,《困》卦教人少怨,《井》卦教人辨别是非,《巽》卦教人变通。

【原文】

《易》之为书也不可远,为道也屡迁,变动不居,周流六虚,上下无常,刚柔相易,不可为典要,唯变所适。其出入以度外内,使知惧,又明于忧患与故。无有师保,如临父母。初率其辞,而揆其方,既有典常。苟非其人,道不虚行。

【译文】

《周易》这部书难以穷尽,书中的道理灵活多端,各爻在六个爻位之间变化不停,或上或下没有定式,刚柔之间相互转化,所以不可把它当作僵化的模式,而要顺着它的变化走。通过卦变计量本卦和变卦的联系,使人知道警惕,并且晓得忧患和过往的事。虽然没有老师,但是《周易》指导人,就像是父母亲临指导一样。开始时循着卦辞爻辞,揣摩其中的含义,逐渐地就会找出规律来了。如果不是精通《周易》的人,《周易》的道理是不会凭空发挥效果的。

【原文】

《易》之为书也,原始要终,以为质也。六爻相杂,唯其时物也。其初难知,其上易知,本末也。初辞拟之,卒成之终。若夫杂物撰德,辩是与非,则非其中爻不备。噫!亦要存亡吉凶,则居可知矣。知者观其彖辞,则思过半矣。二与四同功而异位,其善不同,二多誉,四多惧,近也。柔之为道,不利远者。其要无咎,其用柔中也。三与五同功而异位,三多凶,五多功,贵贱之等也。其柔危,其刚胜邪?

【译文】

《周易》这部书,是以考察事物的源头,探求事物的结局为本质的。六爻错综交合,反映的是一定时间内的事物。凭借初爻难以把握事物全貌,凭借上爻容易把握事物全貌,这就是本末的区别。初爻爻辞比类事物的开始,上爻爻辞确定事物的结局。至于杂合事物,阐明道德,辨别是非,那么就非凭借中爻不能办到了。呵!探求存亡吉凶,只要坐在家中钻研《周易》就可以知道了。聪明的人只要看过卦辞,就可以领悟到全卦的大半道理了。二爻和四爻都象征着要以柔顺的态度办事,但爻位不同,所以好坏也就不同:二爻多赞誉,四爻多惊惧,这是因为二爻居内卦在近处,(四爻居外卦在远处)。以柔顺态度办事的道理,对身在远处的人不利。二爻大体是无害的,是因为二爻象征柔顺并且居下卦中位。三爻和五爻都象征着要以刚健的态度办事,但爻位不同,(所以好坏也就不同):三爻多凶险,五爻多功绩,这是因为三爻和五爻所居的爻位有贵贱等级的差别。(三爻居下卦的偏位,是卑贱的位置,五爻居上卦的中位,是尊贵的位置。)阴爻居三五爻位,大概是危险的吧;

阳爻居三五爻位，大概是能得胜的吧？

【原文】

《易》之为书也，广大悉备。有天道焉，有人道焉，有地道焉。兼三才而两之，故六。六者非它也，三才之道也。道有变动，故曰爻；爻有等，故曰物；物相杂，故曰文。文不当，故吉凶生焉。

【译文】

《周易》这部书，内容广博，无所不有，有天道，有人道，有地道。兼有天地人三材而用每两爻象征一材，所以有六爻。六爻不是别的，说的是三材的道理。道有变化，所以叫"爻"；爻有等别，所以叫"物"；物错综交合，所以叫"文"。文有得当不得当，所以或吉或凶就产生了。

【原文】

《易》之兴也，其当殷之末世，周之盛德耶？当文王与纣之事耶？是故其辞危。危者使平，易者使倾，其道甚大，百物不废。惧以终始，其要无咎，此之谓《易》之道也。

【译文】

《周易》的创作，大概是在殷代末世，周族德业兴盛的时候吧？反映的是周文王和殷纣王的事吧？所以，它的卦辞和爻辞多有危惧的意味。时刻危惧的人能得平安，一味安逸的人易遭灭亡，这个道理很普遍，万物都不例外。从始至终保持危惧意识，就可以大体无害了，这就是《周易》的道理。

【原文】

夫乾，天下之至健也，德行恒易以知险；夫坤，天下之至顺也，德行恒简以知阻。能说诸心，能研诸侯之虑，定天下之吉凶，成天下之亹亹者。是故变化云为，吉事有祥。象事知器，占事知来。天地设位，圣人成能；人谋鬼谋，百姓与能。八卦以象告，爻象以情言，刚柔杂居，而吉凶可见矣。变动以利言，吉凶以情迁。是故爱恶相攻而吉凶生，远近相取而悔吝生，情伪相感而利害生。凡《易》之情，近而不相得则凶，或害之，悔且吝。将叛者，其辞惭；中心疑者，其辞枝；吉人之辞寡；躁人之辞多；诬善之人，其辞游；失其守者其辞屈。

夫乾，天下之至健也，德行恒易以知险。

【译文】

乾，是天下最刚健的，它的德行是明知艰险却能永远秉持平易；坤，是天下最柔顺的，它的德行是明知阻难却能永远秉持简约。运用乾坤的道能够和悦百姓的心，体察诸侯的疑虑，确定天下的吉凶，成就天下的勤勉的事业。所以，言行顺应变化，吉事就会出现。《周易》象征世间人事，从中可以知道如何规定典章礼制；占问世间人事，从中可以知道未来吉凶。天地确立了高下尊卑的位置，圣人就在其中施展才能；圣人既自己谋事，也通过占筮谋事，还有百姓来助他成功。八卦以卦象示人，爻辞和卦辞以事理示人，阳爻阴爻错综交合，吉凶就可以显现出来了。变不变化要视有利没利而定，吉凶是随着事理的变化而变化的。所以，爱和恶相互碰撞就产生吉凶，远和近相互取舍就产生悔吝，真和假相互感应就产生利害。《周易》的一切事理都说明，人和人离得很近却不能彼此和睦就会凶险，就会有人害他，使他产生悔吝。将要叛乱的人，他的话诈伪；心里疑惑的人，他的话混乱；老实的人话少；浮躁的人话多；污蔑好人的人，他的话游移不定；丧失操守的人，他的话唯唯诺诺。